中国共产党始兴县历史

第三卷（1978—2012）

中共始兴县委党史研究室 编

中国文史出版社
CHINA CULTURAL AND HISTORICAL PRESS

图书在版编目（CIP）数据

中国共产党始兴县历史．第三卷，1978—2012 / 中共始兴县委党史研究室编．-- 北京：中国文史出版社，2024. 10. -- ISBN 978-7-5205-4877-9

Ⅰ．D235.654

中国国家版本馆 CIP 数据核字第 2024PV9164 号

责任编辑：牛梦岳

出版发行：中国文史出版社
社　　址：北京市海淀区西八里庄路 69 号院　邮编：100142
电　　话：010-81136651　81136602　81136603（发行部）
传　　真：010-81136655
印　　装：韶关市典经社彩印有限公司
开　　本：787mm × 1092mm　1/16
印　　张：28.75　　字数：440 千字
版　　次：2024 年 10 月第 1 版
印　　次：2024 年 10 月第 1 次印刷
定　　价：68.00 元

《中国共产党始兴县历史　第三卷（1978—2012）》编纂委员会

《中国共产党始兴县历史　第三卷（1978—2012）》
编　辑　部

主　编：单小红（2016.4—2021.7）

　　　　　邓仁全（2021.7—）

副主编：陈安贵（2016.4—2021.7）

　　　　　胡艳琴（2021.7—）

编　辑：梁恬馨

1984 年建成的县体育馆 （徐孝亮 / 摄　肖松华 / 翻拍）

1985 年投入使用的墨江农贸市场 （苏中朝 / 摄　肖松华 / 翻拍）

樟树湾电站。1985 年动工兴建，1987 年 1 月正式投产
（郑照炎、徐孝亮 / 摄　肖松华 / 翻拍）

1991 年 4 月 2 日广东省委书记谢非（右一）到始兴县视察工业企业和乡镇企业
（罗勇新 / 摄）

1992 年 7 月 5 日至 11 日，全国资源林政管理工作会议在始兴县宾馆召开

（罗勇新 / 摄）

1993 年 12 月 25 日，始兴县 10 位个体私营企业标兵合影　　（始兴档案局 / 提供）

1995 年，始兴县农村水电初级电气化达标验收会场　（县水利局 / 提供）

1995 年 11 月 24 日，省委副书记黄华华（右二）到始兴考察

1997 年 1 月 8 日，始兴县花山水库供水工程竣工剪彩　　（吴智宏 / 摄）

1998 年，北山毛竹深度开发大会战总结表彰大会　　（吴智宏 / 摄）

1998 年，韶关市委书记汤维英（前一）等到始兴县了解生猪品改的情况

（吴智宏 / 摄）

1998 年 5 月 1 日，始兴县劳动模范表彰大会，图为劳模合影　　（吴智宏 / 摄）

1999 年 12 月 10—12 日，始兴县举行旅游招商项目剪彩奠基暨经贸洽谈会
（吴智宏 / 摄）

1999 年，始兴县辣椒流通大户表彰大会，图为大户合影　（吴智宏 / 摄）

2004 年 6 月 24 日，中共广东省委副书记、省长黄华华（右四）率省有关部门负责人到始兴县考察调研

2008 年 9 月，始兴举办首届客家特色菜烹饪大赛，图为获奖者合影　（邓斌 / 摄）

2009 年 4 月 30 日，始兴县劳模表彰大会

（邓斌 / 摄）

2009 年 6 月，“广东始兴杨梅节”系列旅游文化活动和招商经贸活动

（单小红 / 摄）

2009 年 9 月，始兴福满堂旅游文化节

2009 年 9 月 28 日，天元大桥通车

2009 年 9 月 28 日，兴隆大桥正式通车

2010 年 1 月 10 日，澄江大桥通车

2010 年 5 月 13 日，博鳌论坛秘书长龙永图（右二）到始兴考察。图为龙永图先生为盛怡制笔基地题词

（邓斌 / 摄）

2010 年 6 月 19 日，“相约中国最美小城”广东始兴经贸洽谈活动 （单小红 / 摄）

2010 年 6 月 29 日，红围修缮后对外开放 （邓斌 / 摄）

2011 年 10 月 1 日，九龄公园对外开放

2011 年 12 月 27 日，新体育馆启用

2012 年 1 月 23 日，举办龙腾狮舞贺新春活动

世纺厂生产车间
（徐孝亮 / 摄　肖松华 / 翻拍）

粤北铁合金厂厂区一角

工业园区俯瞰图

万达工业园　（邓斌／摄）

始兴县政府大院（旧）

始兴县政府大院（新）

序

1978年12月18—22日，中共十一届三中全会召开，拉开了中国改革开放和社会主义现代化建设的大幕。中共始兴县委根据三中全会确定的“解放思想、开动脑筋、实事求是、团结一致向前看”的指导方针，以“解放思想”为突破口，迈开了改革开放的脚步。

1978年到1982年中共十二大召开前的近4年时间，是始兴改革开放的起步阶段。县委以宣传贯彻十一届三中全会精神为动力，开展思想政治上的拨乱反正、农村和城镇经济的调整、推进各项事业的改革和加强党的建设等重点工作，为此后改革的深化和经济社会的发展奠定了良好的基础。

1982年到1992年邓小平发表“南方谈话”前的9年多时间，是始兴改革开放的稳步推进阶段。县委创新经济发展思路，通过完善家庭联产承包责任制和调整农村产业结构，推动农村经济的转型发展，并且通过城乡结合办工业和招商引资发展外向型经济，为始兴经济的加快发展开拓了新的道路。

1992年到2002年中共十六大召开前的近11年时间，是始兴深化改革，推动经济社会发展阶段。县委提出“为实现始兴小康目标而努力奋斗”的口号，探索开发房地产，发展“三高”农业，实施“奔康工程”，加强建设始兴生态林业县，在深化改革中推动计划经济向市场经济转变。

2002年到2012年中共十八大召开前的10年时间，是始兴创新思路，推进全县社会主义现代化建设阶段。县委先后向全县提出“生态立县、农业稳县、工业富县、旅游旺县”“建设幸福始兴”的口号和部署，全面加快经济社会的科学发展，取得多个方面的重大突破，使始兴呈现出前所未有的新面貌，基本实现“争当全省山区科学发展排头兵”的目标。

经过34年的改革和发展，始兴社会主义现代化建设事业不断推进，经济社会和城乡面貌发生了根本性的变化。通过招商引资推动外向型和内源型经济发展，全县经济实力呈现不断增强的趋势；通过实施十大民生工程、加大社会保障力度等措施，不断提高人民群众生活水平；通过先后制定“科教兴县”“依法治县”以及统筹城乡科学发展、推动可持续发展、建设幸福始兴等一系列战略决策，不仅经受起“非典”和国际金融危机的考验，而且在推动物质文明发展的同时，推动精神文明、政治文明、生态文明同步发展，开创“四个文明”建设的新局面。在本时期，始兴被确定为“全国现代生态示范县”等称号有10多项……

改革开放已走过千山万水，但仍需跋山涉水。眺望新征程，使命更光荣、任务更艰巨、挑战更严峻、工作更伟大。2012年11月，中共十八大胜利召开，向全党、全国提出全面建成小康社会的战略任务，吹响了向新征途进军的号角。只有把握历史发展大势，勇于变革、勇于创新，永不僵化、永不停滞，才能永远立于时代潮头。

为更好地总结这段历史，切实发挥党史存史、资政、育人的作用，我们编写了《中国共产党始兴县历史　第三卷（1978—2012）》。该书运用马克思主义立场观点方法，坚持实事求是的原则，重点突出地方特色，全面、客观地记述了1978年12月党的十一届三中全会至2012年党的十八大召开之前中共始兴县委领导全县人民进行改革开放和现代化建设的艰辛历程以及取得的辉煌成就，深入回顾、总结了蕴含其中的经验启示。在党中央、省委、市委的坚强领导下，中共始兴县委高举中国特色社会主义伟大旗帜，在抢抓机遇中积极作为，在应对挑战中开拓奋进，在攻坚克难中砥砺前行，从而使得始兴各行各业取得长足发展，人民生活发生了翻天覆地的历史巨变。相信该书能加深人们对始兴这段历史的了解，并为始兴未来的发展起到借鉴和指导作用。

编者

2023年12月

目　录

第二章 稳步推进改革开放

第三章 深化改革推动经济社会发展

第四章 深化改革开放 全面推动经济社会发展

第五章　创新思路推进全县社会主义现代化建设

第一章

拨乱反正的实现与改革开放的起步

（1978.1—1982.12）

第一节　全面拨乱反正和落实党的各项政策

一、学习贯彻中共中央十一届三中全会精神

中共十一届三中全会召开后，中共始兴县委根据三中全会确定的“解放思想、开动脑筋、实事求是、团结一致向前看”指导方针，以解放思想为突破口，迈进改革开放的第一步。1978 年 8 月，县委按照韶关地委的部署，开展“真理标准”问题讨论，以进一步解放思想，肃清“四人帮”[①]流毒。由于大家初次接触这类问题，对问题的探讨心里没底，故初次讨论会议主要学习中央、省委有关文件及“两报一刊”[②]中的重要文章。县委书记凌海洋要求与会者多读书看报，结合县内实际多思考。9 月，县委常委“真理标准”问题讨论会再次召开。经过一段时间的学习和思考，与会者对实践与理论的关系已有所领悟，发言踊跃。凌海洋首先谈了自己的看法，认为“实践是检验真理的唯一标准”，观点鲜明正确。随后，县属各单位、各公社党委就“真理标准”问题进行了讨论，在党员干部和群众中解决了对“两个凡是”[③]的认识。县委同时举办培训班，培训党员干部 1.06 万人（次）。由于过去长期受“左”倾错误的影响，有些党员干部、群众的思想观念受到严重束缚，给解放思想带来较大的难度。为推动解放思想，县委于 1979 年 2 月 14—20 日，在县城召开县直机关、公社、生产大队、生产队四级干部会议，凌海洋代表县委传达学习中共十一届三中全会和中央工作会议精神，并作《学习三中全会精神，实现工作重点转移》的总动员。会议指出，县委领导班子要从实际出发，以中共十一届三中全会

① “四人帮”是指“文化大革命”期间王洪文、张春桥、江青、姚文元 4 人组成的反革命集团。

② “两报一刊”是指《人民日报》《解放军报》和《红旗》杂志。

③ 1977 年 2 月 7 日《人民日报》社论：“两个凡是”是指“凡是毛主席作出的决策，我们都坚决维护；凡是毛主席的指示，我们都始终不渝地遵循”。

精神统领全县各项工作。就如何把党的工作重点转移到社会主义现代化建设上来的问题，会议制定了夺取农业生产全面大丰收的主要任务和措施。会议还要求，必须打破思想僵化观念，进一步解放党员干部、群众的思想，继续开展“实践是检验真理的唯一标准”的大讨论。会议还总结了县内近20多年来经济建设发展缓慢的经验教训，提出只有坚持实事求是，克服“恐右”症，才能把党的重点工作真正落在实处。

为检查中共十一届三中全会精神的宣传贯彻落实情况，1979年3月17—20日，县委常委召开了碰头会，全面汇报了县四级干部会议后贯彻三中全会精神的情况，分析全县的形势和存在问题，结合省委书记习仲勋在肇庆地区农村基层干部座谈会上的讲话和韶关地委《关于深入贯彻中共十一届三中全会精神的几点意见》，以及地委书记马一品最近到始兴县检查工作时的讲话，联系实际，着重研究如何深入贯彻中共十一届三中全会精神，夺取早稻丰收等问题，并以县委名义于1979年3月21日向全县各公社、大队党组织下发《关于落实贯彻中共十一届三中全会精神的几点意见》。各公社分别组织召开生产队干部、作业组长以上干部会议，随后又以大队或生产队为单位召开社员大会，使学习贯彻中共十一届三中全会精神在县内迅速展开。据不完全统计，期间参加会议人数4690人；公社办学习班13期，参加人数807人；大队办学习班124期，参加人数12943人。

全县广大党员、干部和群众在学习十一届三中全会精神过程中，对拨乱反正的重要性和必要性的认识虽有一定提高，但对改革开放的重要意义的认识仍处于模糊状态，如什么是改革开放、改革开放是资本主义复辟还是社会主义经济建设等问题仍未形成共识。针对这种情况，县委在1980年1月31日召开全县三级干部会议，凌海洋在会议上作了《继续贯彻落实三中全会精神，为实现1980年的新跃进而奋斗》的报告。报告指出：1980年是大有作为的一年，是继续贯彻落实党的十一届三中全会精神，全党工作重点转移到现代化建设上来，打好“四个现代化”①第一战役的关键一年。报告还强调，1980年一定要坚持党的三中全会精神的再学习、再宣

①“四个现代化”是指工业现代化、农业现代化、国防现代化和科学技术现代化（简称“四化”）。

传、再教育，进一步统一党员思想，坚定不移、毫不动摇地始终贯彻执行党的政治路线，必须组织好党员干部及群众对三中全会精神的再学习，县内各级党委要把组织学习三中全会精神作为头等大事来认真抓好，县党校要把领导干部轮训一遍，各公社要举办短期学习班，恢复、健全学习日和学习辅导制度。报告提出，主要学习中共十一届三中全会、四中全会文件和中共中央副主席叶剑英在中华人民共和国成立30周年大会上发表的重要讲话、邓小平同志关于目前形势和任务的报告及中央、省、地委的重要指示，要联系实际学习。

全县各级党委，通过广泛组织开展学习，使党员、干部和群众进一步把思想统一到党的政治路线上来，加深对改革开放政策的认识，并对拨乱反正的重要性和必要性的认识有了一定提高，为推动各项工作的开展打好思想政治基础，也为贯彻十一届三中全会精神提供了思想保障。

1982年，县委继续贯彻十一届三中全会以来的路线、方针、政策，进一步落实农业生产责任制，整顿工交、财贸企业、打击经济领域和其他领域的犯罪活动，一手抓物质文明建设，一手抓精神文明建设，使全县各项工作都取得了较好的成绩。政治更加安定，经济更加活跃，生产持续上升，人民生活水平不断得到提高。

二、平反冤、假、错案和处理历史遗留问题

平反冤、假、错案和处理历史遗留问题，是中共十一届三中全会的重要议题之一。全会认真讨论“文化大革命”中发生的一些重大政治事件以及“文化大革命”前遗留下来的某些历史问题，提出必须遵循实事求是、有错必纠的原则，妥善解决这些事件和问题。1978年2月，始兴县成立摘掉“右派分子”帽子工作领导小组，下设办公室，正式开展“右派分子”摘帽工作；11月，始兴又成立“复查案件办公室”，开始了全县复查改正冤、假、错案工作。1979年1月，广东省委召开四届二次常委扩大会议，强调要花力气抓好揭、批、查，做好平反冤、假、错案和落实干部政策工作，并先后对全省范围内的冤、假、错案进行平反。接着，省委先后发出落实农村基层干部政策等一系列文件，推动全省落实政策工作的开展。

根据中共十一届三中全会精神和省委、地委的部署，始兴县委把平反

冤、假、错案和处理历史遗留问题作为宣传贯彻中共十一届三中全会精神的重要任务，作为坚持实事求是、团结一致向前看的基础工作，在前期开展案件复查、甄别和纠正工作的基础上，继续开展平反冤、假、错案和处理历史遗留问题工作。

1979 年 2 月 14 日，县委召开了全县四级干部会议，县委书记凌海洋在会议报告中对贯彻中央、落实省委地委关于解决历史案件遗留问题讲了几点意见：一要平反冤、假、错案；二要释放、处理错关错押干部；三要做好善后工作；四要对被错误开除、劝退、不予登记的党员，恢复党籍；五要对被错误处理的干部家属子女要妥善解决；六要销毁一切有关材料；七要对不应撤职而被撤职的要恢复使用；八要落实好地富和反革命分子、坏分子的摘帽工作。最后凌海洋还讲道，对一贯以来老实改造未有明显破坏活动的“四类分子”①一律摘帽。3 月，县委根据此次会议精神，决定对中华人民共和国成立以来的历史案件遗留问题进行了复查处理，平反了大批冤、假、错案件。

中华人民共和国成立初期，始兴划分阶级成分后，至 1956 年县内共有 3430 人“四类分子”。经评议审定，撤销管制的有 584 人，占总人数的 17%。1957 年大办农业合作社时期，经群众评议，有 49% 的“四类分子”改称为农业合作社社员。1979 年，县委根据中共中央文件精神，对全县 2597 人“四类分子”，经群众评议，县政府批准，摘掉帽子 2467 人，占总数的 94.3%，纠正错划错戴 36 人，撤销管制 3 人（剩下 91 人于 1983 年根据公安部文件精神全部摘帽），结束了对“四类分子”的监督改造工作②。对 1970 年“两退一插”③运动里的干部 375 人,已收回安排工作 370 人；“文化大革命”中受三大处分和其他处分的干部 143 人，经复查后免于处分退职的职工 96 人，已收回复工 73 人；对“始兴事件”④已经全面复查改正，对于在这个案件中被处分的干部进行了复查处理并报上级审批；对

① “四类分子”，指“文化大革命”时期列为“专政对象”的地主、富农、反革命和坏分子这四类人群。

②《始兴县志》，广东人民出版社 1997 年版，第 645 页。

③ “两退一插”，指被迫退职、退休和到农村插队落户进行劳动改造。

④ “始兴事件”指 1958 年 12 月—1960 年 5 月期间，由于粮油匮乏导致始兴公社（始兴县并入南雄县）水肿、干瘦、小儿营养不良及子宫脱垂病例猛增，造成始兴非正常死亡人数占始兴公社总人口的 7.7%。

原有右派131人，也已全部摘帽改正；并对长期劳动守法的“地富”分子和“地富”子女新定成分，一律宣布为公社社员的有2636人[①]。全县共有2166人平反，其中131名（含48名教师）错划“右派分子”全部改正；“文化大革命”中受处分干部职工239起错误案件经复查改正；1965年“四清”[②]运动中受处理的干部有298人；1968年“文化大革命”中，在全县中、小学教师874人中揪出150名教师为“阶级敌人”，及中华人民共和国成立以来至“文化大革命”前因各种原因失去公职的干部职工，全部恢复公职；对中华人民共和国成立前参加工作、中华人民共和国成立后因各种原因失去公职的干部职工，给予生活补贴，因错误处理造成家属户口迁到农村的人员，解决将户口重新迁回城镇等问题。

“文化大革命”期间，县内统战工作陷于瘫痪，直至1981年县委重新成立统战部。根据中共中央提出“长期共存、互相监督”“肝胆相照、荣辱与共”的方针，县委“为团结一切可以团结的力量”“同心同德干四化”，在复查落实历史案件的同时，全县共复查落实工商业者政策59起，落实原国民党起义投诚人员政策310人，颁发起义证书440张，退还原国民党政军人员（侨民）出走弃留房产6宗，清退“文化大革命”期间被查抄财物3起，折款退赔911.40元。对于土改时错杀的民主进步人士，均分别平反昭雪，落实了政策[③]。

在本阶段整个复查历史案件、落实政策工作中，县委、县政府自始至终坚持“有反必肃，有错必纠”，实事求是，全错全平，部分错部分平，不错不平的原则，调动广大党员、干部的积极性，使绝大部分人能正确对待组织、正确对待群众及正确对待自己，顾大局识大体，不计较个人恩怨，从而使县内冤、假、错案得以全面顺利平反。

三、思想政治上的拨乱反正

1981年7月4日，县委召开常委会议，专门研究学习和传达中共十一届六中全会精神的具体做法。会议上宣读了中宣部、省委和地委关于传达

① 始兴县史志办公室编：《始兴县人民政府工作报告文献汇编》（2014年6月），第108页。
② “四清”，1963年的“小四清”，即清工分、清账目、清财产、清仓库；1965年开展的“大四清”是指清政治、清思想、清经济、清组织。
③《始兴县志》，广东人民出版社，1997年版，第579~580页。

中共十一届六中全会文件的通知，并且研究决定：一要迅速组织党员干部和群众广泛学习中共十一届六中全会文件精神；二是县四套班子（含县委办、政府办）领导成员，6—7 日集中学习；三是县直属机关党支部书记，8 日上午传达学习；四要召开全县三级干部会议，传达学习及讨论研究贯彻中共十一届六中全会文件精神落实措施。

县委于 1981 年 8 月 16—21 日召开了中共始兴县第四届委员会第二次全体（扩大）会议，学习中共十一届六中全会文件，并听取了县委书记凌海洋关于中共十一届六中全会精神和广东省委全体（扩大）会议精神的传达。根据省委和韶关地委有关学习贯彻中共十一届六中全会精神的部署要求，县委第四届委员会第二次全体（扩大）会议作出了《关于贯彻中共十一届六中全会精神决议》（以下简称《决议》）。县委全体（扩大）会议《决议》指出，要在全县党员干部和群众中，组织好中共十一届六中全会精神的传达学习和贯彻落实，要认真开好各种党员干部和群众会议，要办好县委党校和社会的党员训练班，搞好在职干部的学习；县、社都要组织宣讲员，对广大党员和群众宣讲《决议》精神。通过学习贯彻中共十一届六中全会精神和《关于建国以来党的若干历史问题的决议》以及胡耀邦在建党 60 周年庆祝大会上的讲话，从 5 个方面提高和统一党员和人民群众的思想认识：统一对毛泽东和毛泽东思想及历史地位的认识，一定要肯定毛泽东的伟大功绩，坚持毛泽东思想，又要反对“两个凡是”；统一对建国以来的工作的认识，一定要肯定建国以来的伟大成就，又要看到问题和失误；统一对“文化大革命”的认识，要看到“文化大革命”从理论到实践都是错误的，一定要看到这场内乱带来的严重后果，正确地总结经验教训；统一对中共十一届三中全会以来党的路线、方针、政策的认识，一定要肯定中共十一届三中全会以来逐步确立的适合中国情况的建设社会主义现代化强国的正确道路，澄清各种错误思想和糊涂认识；统一对中共十一届六中全会所作出的中央人事变动的认识，一定要看到这次人事变动充分体现了党内民主，打破了领导职务的终身制和论资排辈的习惯，对于加强中央在马克思列宁主义基础上的集体领导和团结一致，保证中共十一届三中全会以来党的正确路线和方针政策的充分实现的重要作用。县委第四届委员会第二次全体（扩大）会议号召全县各级党组织和全体党员、干部和人民群众，要在中共十一届三中全会的精神指引下，在党中央的正确领导下，统一思想，增强团结，振奋精神，抓好生产。

中共十一届六中全会精神和《关于建国以来党的若干历史问题的决议》的通过，标志着党在指导思想上的拨乱反正任务胜利完成。此后，县内通过拨乱反正，使党在各方面的正确决策得到恢复和落实，“文化大革命”时期及其以前被严重搞乱的城乡社会秩序、工作秩序和生产秩序得到调整，大量历史遗留问题得到妥善解决。这些工作的完成，使得广大党员、干部和群众心情舒畅，精神振奋，对于调动一切积极因素，动员县内广大党员、干部和群众同心同德进行社会主义现代化建设起到了巨大作用。

四、工作重点的转移

中共十一届三中全会提出把工作重点转移到经济建设上来，这是中华人民共和国成立以来党中央作出历史性的重大决策，也是人心所向、民意所指的中心工作。进入1979年，随着“全党工作的着重点应该从1979年转移到社会主义现代化建设上来”[①]这一重大决策的执行，2月，省委发出《关于认真贯彻落实中央工作会议和三中全会精神，联系实际，实现工作重点转移的通知》(以下简称《通知》)，县委根据《通知》部署和结合县内改革开放的新形势，采取切实的措施，逐步把中心工作转移到经济建设上来，把主要精力放在巩固和发展农业、工业两大产业上，并通过调整产业结构、加强责任管理及学习推广“清远经验”[②]，促进产业的发展。

县委在加强思想政治上的引导和教育的同时，进一步贯彻落实中共十一届三中全会以来的路线、方针和政策，加强和改善党的领导，恢复和发扬党的优良传统，增强党的战斗力，扬长避短，发挥始兴优势，并修改加快县内国民经济发展的计划和措施，进行深入研究和部署开展各项工作，明确工作重点，推动工作重点的转移。

①《三中全会以来重要文献选编(上)》，中央文献出版社2011年版，第1页。

② 1978年10月起，清远县17家国营工厂在全国率先实行“超计划利润提成奖”，一举扭转了效益低、经济发展停滞不前的状况，1980年7月时任广东省委第一书记习仲勋到清远视察后将此做法赞称为“清远经验”并在全省推广。1981年国务院发文，要求全国各地推广“清远经验”，搞好县(市)工业管理体制改革。

1979 年 2 月 16 日，县委召开全县“工作重点转移”四级干部动员大会，县委书记凌海洋在动员大会上作了详细的报告。他在回顾 1978 年全县工作的基础上，特别强调：全党全国工作的重点已经转移到四个现代化建设上来，县内也要把工作着重点转移到经济建设上来，要专心致志搞好生产，促进了生产的发展和人民生活的提高，才能更好地贯彻党的政治路线，才能充分调动广大党员和群众的积极性，真正把生产建设作为全党的中心，加快“四化”建设的步伐。为完成好 1979 年的计划，大会要求从 4 个方面来促进和保证工作重点的转移：必须正确分析和处理阶级斗争问题，保持安定团结的政治局面，把发展生产力作为全党的中心任务；必须认真开展“真理标准”问题的大讨论，解放思想，正确理解和坚决执行党的十一届三中全会的路线、方针、政策，充分调动广大党员和群众的积极性，加快“四化”建设步伐；必须恢复和发扬党的优良作风，加强和改善党对“四化”建设的正确领导；必须大力提高科学技术水平，积极开展农业科学实验，培训农业技术人才，使农村尽快富裕起来。

1980 年 12 月 11 日，凌海洋在中共始兴县第四次代表大会上的报告中指出：为使县内全党工作的着重点顺利转移到经济建设上来，必须进行一次中共十一届三中全会的路线、方针、政策再教育，进一步统一认识，解放思想；必须加大力量抓政策，不折不扣地落实党的政策；必须全面贯彻中央 75 号文件《关于加强和完善农业生产责任制的若干问题》，加强经营管理，贯彻按劳分配，完善各项生产责任制，巩固和发展集体经济；必须贯彻农、林、牧、副、渔全面发展，农、工、商综合经营的方针，稳步调整农业内部的经济结构；必须积极调整林业生产布局，加快山区建设；必须贯彻全面富—农村先富—农村富—集体先富—集体富—生产队先富的原则，调整社队企业结构，积极兴办农工商联合企业。

本阶段，县委经过 4 年一系列的工作部署，全县已顺利完成工作重点转移，并使县内各级党组织和干部群众的思想行动统一到加强经济建设上来。

第二节　经济政策的调整

一、经济调整的部署和成效

1979 年 4 月，中共中央召开工作会议，提出“调整、改革、整顿、提高”的方针，会议决定用 3 年时间，认真搞好经济调整。始兴作为粤北山区县，历史以来都以农业、林业为主导产业，县委把县域经济调整的重点放在农林业结构上，促进农林业生产的发展，同时也对工交商贸业开展调整工作。

1979 年 6 月 17 日，县委为贯彻韶关地委召开的各县委书记会议精神，根据县委常委会议和各公社（场）书记会议的要求，召开了全县三级干部会议，县委书记凌海洋代表县委，传达了省委、地委召开的三级干部会议精神，并作了重要讲话，在高度评价了全县在贯彻中共十一届三中全会以来出现的大好形势后，会议认为：中共中央决定对国民经济进行必要的调整，是从实际出发的重要决策，是落实生产责任制，加快生产进度，充分调动广大党员干部、群众积极性的方针。

县委根据中共中央提出对国民经济实行“调整、改革、整顿、提高”的方针，结合县内的实际情况，提出农业是整个县内国民经济的基础，要大力发展农业，必须坚定按党的方针政策办事，坚持执行“以粮为纲，全面发展，因地制宜，适当集中”的方针，做到“宜粮则粮，宜林则林，宜渔则渔”，因地制宜调整生产布局，改革农业经济结构；并落实按劳分配政策，健全和完善农林牧副渔生产责任制，积极推广专业承包、联产计酬的管理形式。从实际出发，调整好粮食与经济作物的关系，充分利用所有荒山坡地、河滩、坝地、河流田基，大力发展黄烟、蚕桑、香菇、油料、豆类、茨类、菜类及水果和石斛等经济作物。在山区调整布局方面，改变单一化的经济结构，林区社队要“以林为主，林粮双举，全面发展”，把大力发展林业放在首位。在工业方面，根据计划调节和市场的需求，在继续办好化肥、水泥等支农工业的基础上，大力发展木、竹和林副产品加工的轻工业、手工业。

1979—1982 年，始兴经济调整工作逐步推进。县委除抓好建立农林业生产责任制这项重点工作外，还开展工业体制改革，狠抓企业整顿，健全各项管理制度，广泛推行承包责任制和超计划利润提成奖。随着形势的发展和商品流通的需要，对商贸业体制进行改革的同时，新增信托贸易公司，使全县经济在改革调整中得到快速发展。1982 年，全县水稻总产量达 90789 吨，比 1978 年水稻总产量 71977 吨增产 18812 吨；农业总产值达到 6903 万元，比 1981 年增加 520 万元；人均年分配达 342 元，比 1981 年增加 172 元。工业总产值 3113 万元，其中集体所有制企业总产值 557 万元，全民所有制企业总产值 2556 万元。经委下属 9 家企业完成年总产值 1283 万元，比 1981 年增长 18.2%；二轻局所属企业完成年总产值 236 万元，比 1981 年增长 3.1%。财贸工作贯彻计划经济为主，市场调节为辅的原则，1982 年完成商品纯购进 1296 万元，比 1981 年同期增长 24%；完成商品纯购销售 2992 万元，比 1981 年增长 4.9%；1982 年全县社会商品零售总额 5182 万元，比 1981 年增长 21.8%[①]。

县委在开展经济调整改革中，采取恢复和建立职能机构、明确职责任务的方式，逐步加强经济管理，通过经济管理体制改革，推动了全县经济的发展，并为此后深入改革开放创造了有利条件。

二、建立农业生产责任制

中共十一届三中全会作出把党的工作中心转移到经济建设上来，实行改革开放的历史性决策，实现了中华人民共和国成立以来党的历史上具有深远意义的伟大转折，开启了我国改革开放和社会主义现代化建设新时期[②]。联产承包责任制是中国农村改革的伟大创造，是农村经济体制改革的

① 始兴县史志办公室编：《始兴县人民政府工作报告文献汇编》2014 年版，第 128~129 页。

② 中共中央党史研究室著：《中国共产党的九十年・改革开放和社会主义现代化建设新时期》，中共党史出版社 2016 年版，第 644 页。

产物。十一届三中全会后，经济体制改革是在党中央的积极支持和大力倡导下，在坚持社会主义制度的前提下，改革生产关系中不适应生产力发展的一系列环节，解放和发展社会生产力，其首先是推行农村家庭联产承包责任制。

1979年，县内大田生产普遍推行了三种形式的责任制：首次是少数规模较小的生产队（15户以下）实行定额管理，包产到组，评比奖励；其次是少数规模较大的生产队（50户以上）先“四固定到组”①，再“三定到组”②，按产计酬，超产奖励；最后是大部分生产队推行“五定到组”③，按产计酬，超产奖励。是年夏收前，全县水稻等大田作物实行几定到组，超产奖励，或管理到人（包到劳力或户），县内超产奖励的有754个生产队，占全县1163个有水稻生产队的65%；实行水稻田间管理小段包工到组或到人，评比奖励的有349个生产队，占全县有水稻生产队的30.6%。经济作物和杂粮生产实行几定到组，超产奖励或定产到人，超产奖励责任制的有577个生产队，占全县1012个有经济作物生产队的57%；田间管理实行小段包工评比奖励的生产队有258个，占全县1012个生产队的25.5%；工副业（林业）实行任务到组、到人，超产奖励，减产处罚，按产品产值或同等农业劳动力计酬责任制的有736个生产队，占全县1012个有工副业生产队的72%；养殖业实行几定到组或到人，按产品、产值或同等农业劳动力计酬的有451个生产队，占全县714个有工副业生产队的63%；实行“社员三定”④的有960个生产队，占全县生产队总数的80%；实行定额管理的有1054个生产队，占全县生产队总数的87.83%；建立了“五账三簿”⑤的有843个生产队，占全县生产队总数的70.25%。实行“一年早知道”（在年初制订生产队一年内的生产计划、财务收支、社员分配等预算规划）的有831个生产队，占全县生产队总数的69.25%。此外，县内还有214个生产队实行花生分到户，谁种谁得；另有99个生产队实行

①“四固定到组”是指固定土地、固定劳力、固定耕牛、固定农具。
②“三定到组”是指定工分、定产量、定成本。
③“五定到组”是指定劳力、定土地、定工分、定产量、定成本。
④“社员三定”是指定出勤、定交家庭肥、定劳动底分。
⑤“五账三簿”，指现金账、实物账、固定资产账、分类账、往来账；工分登记簿、工具登记簿、票证登记簿。

"副业包上缴，门路自己找"的办法，即生产队硬性规定一个劳动力外出搞副业，一年净交生产队现金 250~350 元（也有 500~600 元）[①]，在生产队里不记工分，不参加生产队分配。

在此期间，由于极"左"思潮的影响，生产队普遍存在集体财产管理不善、财务账目混乱等现象，导致集体经济、农户利益受损。如 1979 年城南公社杨公岭大队上厅生产队，就损失大小农具 110 件，折款 1588.64 元，平均每户人家损失 29.6 元，平均每人则损失 5.33 元。又如顿岗公社宝二大队下村生产队，一台拖拉机 3 年内购买零部件和修理费共 2780 元，除燃油外平均每年费用 927 元。再如 1979 年春，陆源公社文路大队第一生产队，死亡耕牛 11 头；而罗坝公社田心大队田下生产队，两年时间里死亡耕牛 20 头。至于生产队育秧用的尼龙薄膜和谷箩的损失浪费更严重，造成生产队生产费用增大，生产成本一年比一年高，甚至超过增产速度。1979 年，全县农村总收入虽比上年增加 18%，但总费用却比上年增加了 20.7%；农业收入增加 18%，而费用却增加了 23.7%。生产队的财务也很混乱，如 1979 年马市公社有 12 个生产队的财务共短款 3500 元；都亨公社和平大队的财务 1978—1979 年共短款 800 元；城郊公社斜潭大队车头坪生产队的财务短款 1100 多元；而在同时期的司前公社大小队干部大吃大喝，开支粮食超过 20 吨；沈所公社大坪大队借安装电灯之际，吃喝花销 2000 元。针对这一情况，1980 年春，县委、县政府组织区、乡干部，认真抓了生产队财务制度的落实和健全，以实现"五增一降"[②]。1980 年 6 月，生产责任制落实工作有新的进展：全县 1183 个生产队中，水稻实行各种责任制的生产队有 811 个，占全县有水稻种植生产队的 68.55%，比 1979 年增加 20.4%；有花生种植的 773 个生产队中，实行"五定一奖"的占 42.7%；有黄烟生产的 167 个生产队中，实行"五定一奖"的占 55%。司前、隘子两个林区公社，还普遍推行了林业生产责任制。马市公社有 3 个生产队实行水稻包产到户，61 个生产队经济作物包产到户，60 个生产队食油包产到户。此外，县内还有 375 个生产队实行副业包纯上

①《始兴县志》，广东人民出版社 1997 年版，第 105 页。

②"五增一降"，指增产、增收、增积累、增贡献、增分配、降成本。

缴，不记工分，不纳入生产队的分配[①]。

1980年9月，中共中央发出《关于印发进一步加强和完善农业生产责任制几个问题的通知》。10月18日，省委发出贯彻执行中央这一文件的通知，要求各地抓好建立生产责任制这个中心环节，从实际出发，允许多种形式的责任制同时存在。至此，在12月21日召开的中共始兴县第四次代表大会上，县委在布置工作时提出："要下决心推广专业承包、联产计酬的生产责任制。加强和完善农业生产责任制，是把集体的优越性和个人积极性统一起来的好形式，是巩固集体经济，发展农业生产的中心环节，各地必须在全面总结今年责任制的基础上，落实好明年的生产责任制。"[②]

1981年2月，县委强调稳定生产大队、生产队的规模，不允许再分小生产队，准予规模较大的生产队进行"四固定到组，小组大包干"；允许少数实行"三靠队"[③]，只要做到"三坚持"[④]，生产队也可以包产到户；个别生产队已实行了大包干的，则可因势利导，逐步进行完善。至此，全县农业生产责任制已日趋定型。其基本形式有三种：一是顿岗公社的统一经营，包产到组，联产到劳；二是隘子公社的统一经营，互助到组，联产到劳；三是江口公社的统一经营，划分三田，互助到组，联产到劳。8月，县委允许"包干到户"在县内一些地区施行，至年底，全县1310个生产队中，实行专业承包、联产到组的生产队有823个，占全县生产队总数的62.8%；专业承包、联产到劳（户）的生产队有107个，占全县生产队总数的8.2%；包干到户的生产队有20个，占全县生产队总数的1.52%。

1982年，县委坚决贯彻中共中央1982年1号文件，全面落实、整顿和完善农业生产责任制。多次召开会议，印发文件和派出工作队，深入农村宣传、贯彻中央1号文件精神，对广大党员、干部和群众进行"一坚持、二不变、三兼顾、四不准"的教育。对健全生产责任制中出现的各种问题进行具体指导，把生产者的权、责、利和国家、集体、个人利益落实在承包合同上。至1982年底，全县94%的生产队已落实农业生产包干责

①《始兴县志》，广东人民出版社1997年版，第106页。

② 中共始兴县委党史研究室编：《中国共产党始兴县历次代表大会文件选编》2006年版，第153页。

③"三靠队"，指吃粮靠统销、困难靠救济、投资靠贷款。

④"三坚持"，指坚持生产资料归集体、坚持统一经营、坚持统一分配。

任制。在完善生产责任制的同时，健全了管理、使用责任制，调动了广大农民的生产积极性，促进全县农、林、牧、副、渔的全面发展。罗坝、隘子、澄江等公社由于生产责任制落实得好，增产增收的成绩特别显著。不少生产队由于实行了责任制，腾出许多劳动力，开辟了一批新的生产项目，致使生活水平不断提高。至年底，全县粮食总产量达 9.31 万吨，比 1981 年增产 1.01 万吨，增长 12.1%，增长的绝对数量是历史最多的一年。

三、农村农业改革的稳步发展

随着农业生产责任制的建立，始兴全面推行家庭联产承包责任制的同时，农业结构调整也开始启动。中共十一届三中全会通过并下发了《关于加快农业发展的决定（草案）》后，1979 年 1 月，省委召开四届二次全体扩大会议，着重研究把广东农业推向一个新阶段，对如何进行农业结构调整提出新要求。县委根据这次会议精神，结合始兴县内实际情况，开展农业结构调整工作，首先是重点放宽一系列政策。比如，允许在坚持生产资料公有制和集体分配的原则下，采取专业承包、联产计酬的管理形式，允许一部分农民依靠集体、依靠生产、依靠按劳分配政策先富裕起来；允许国家、集体、个体等多种经济成分同时存在；允许三类产品和完成任务后的一、二类产品由生产者自行处理；允许集体经济农、工、商综合经营政策，还有尊重生产队的所有权和自主权的政策，发展社队企业和多种经营的政策，提高农副产品的收购价和奖售政策，加强财务管理、按劳分配和清理超支欠款的政策。其次是发展家庭副业，开放农贸市场，对林业的“封、管、造”进行补助，农、工、商联合，利润返还等政策，从而调动起农民的积极性。

1981 年 8 月，县委根据中共中央、国务院《关于保护森林发展林业若干问题的决定》及省委、省政府下发的《关于稳定山权林权落实林业生产责任制的决定》，先在司前公社进行山林发证的试点工作，然后组织 1600 多人的工作队，在全县开展“三定”工作[①]，使县内 1198 个有林生产队 181018 块山、面积 16.0533 万公顷，其中自留山 5333.333 公顷的林权得到

① “三定”，指稳定山林权、划定自留山、确定林业生产责任制。

了确定。“三定”后的山林，实行山林经营权与所有权分离，将集体所有的山林分为自留山、责任山、承包山三种形式，初步理顺县内山林管理的体制机制。

全县经过初步对农村农业内部经济结构的调整，基本解决了农业与林、牧、副、渔各业的关系，推动了农、林、牧、副、渔五业同步发展的良好势头。

在农业生产方面，实行科学种田，推广了良种，1981 年在播种面积有所减少的情况下，仍提高了单位面积产量，总产量达 80927 吨，比 1980 年同期增长 1.3%。花生总产量达 45713 吨，比 1980 年同期增长 1.3%。黄烟生产由于放开政策，加上市场调节发挥作用，调动了广大农民的积极性，并大胆地调整了生产布局，扩大了种植面积，总产量达到 51 万吨，比 1980 年同期翻了一番，增长 110%。县内的传统经济作物香菇、油茶、红瓜子、柑橘、茶叶等，在巩固的基础上有新的发展。苎麻、油桐、蚕桑及中草药材黄柏、巴戟、厚朴、罗汉果等新项目，也有新的突破。由于县委对农业结构进行了调整，全县农村经济得以持续增长，农业经济已由自给自足的自然经济向商品经济转化，使广大农村经济形势进入了一个前所未有的新时期。1982 年，全县农业总产值达到 6903 万元，比 1981 年增加 520 万元，增长 8.1%；社队企业总产值达到 1400 万元，比 1981 年增长 1.8%；社员收入水平也大幅提高，人均年分配达 342 元，比 1981 年增加 172 元。

养猪业也有所发展。1981 年，全县饲养猪量达到 8.3 万口，比 1980 年增加 1342 口，存栏量达到 5.6 万口，超过 1980 年水平，特别是生猪基地有新的起步，50~100 口集体猪场发展到 29 家。基地饲养量增加，经营效果好，其中有 28 家猪场获得了盈利。在新发展的 72 户专业养猪户中，实现户户盈利，其中盈利最高的达到 914 元。1982 年饲养量有所下降，全县饲养猪量达到 7.3 万口，存栏量 5.1 万口。

在林业生产方面，一改过去“以杉唯一，以造为主”的生产模式，推广多林种生产，以封为主，“封、管、造”并举方针。1981 年，全县扩大封山育林面积 10233.33 公顷，累计达到 40000 公顷，为加快林业发展，迅速提高森林覆盖率，保护生态平衡打下良好基础。1982 年新增加封山育林面积26667公顷；造林2566.67公顷；木材虽比1981年少砍伐23000立方米，但林业总收入达1058.2万元。在木材经营上，继续发展和完善木材的经营方式，杜绝多家经营，实行统一归口、联合经营、综合利用、利润返还的办法，执行县委、县政府提出的“少砍树，多收入”目标。

工副业生产有所发展。1982年，社队企业总值1400万元，比1981年增长了1.8%，虽然其中工业生产因原料不足有所减产外，但种养增长17%，民间运输业增长8%，建筑业增长5%，其他企业增长10%。在社队二级企业中，社办企业增长27%，队办企业增长20%。1981年，县内采矿业有很大发展，钨砂生产总量400吨，比1980年同期增长10%，石英石增长2.2倍。还发掘出一批绿柱石、锡等矿产品。小水电发展较快，1982年又有一批电站建成投产，使全县小水电的装机容量提高到74435W，年发电量达1911万度，比1981年发电量的748.1万度增长34.7%。在政策正确的引导下，1981年，农村社员家庭副业也有很大发展。渔业生产在推行投标及专业承包责任制后，养鱼面积达306.67公顷，占可养殖面积的58.5%，总产量达46吨，比1980年增长66%。

四、调整国民经济结构

1980年12月，陈云在中央工作会议开幕会上明确指出：“改革固然要靠一定的理论研究、经济统计和经济预测，更重要的还是要从试点着手，随时总结经验，也就是要‘摸着石头过河’。开始时步子要小，缓缓而行。”①

整个国民经济，农业是基础。县委、县政府在对农村实行家庭联产承包责任制后，效果显著，根据县内实际情况，在对县内国民经济结构的调整中，开始探索仿效农村搞经济责任制。1980年12月11日，中共始兴县第四次代表大会召开，县委书记凌海洋在《同心同德，鼓足干劲，为加快始兴“四化”建设步伐而奋斗》报告中提出：“调整、改革、整顿、提高，调整是关键，是中心。现在看来，调整的任务不是三几年能够完成，而是要更多的时间，今后若干年，要把注意力集中在协调各种比例关系方面，

①《陈云文选》第三卷，人民出版社1995年版，第279页。

特别是调整积累和消费的比例关系方面，并使人民生活逐步有所改善，使城乡人民确实能够得到看得见的物质利益，确实能够体现社会主义制度的优越性，从而同心同德，为实现四个现代化的伟大目标而奋斗。”[①]报告还提出，调整国民经济结构，要从6个方面着手：继续调整和完善农村经济结构，坚持农、林、牧、副、渔全面发展；搞好工业调整和企业整顿，努力增产节约；加强财贸工作，充分发挥财贸部门在经济建设中桥梁和纽带作用；抓好计划生育工作，降低人口增长率，提高人民群众的生活水平；积极发展文教、科技事业，充分发挥知识分子在“四化”建设中的重大作用；要求各部门充分发挥作用，调动一切积极因素，同心同德搞四化。这次会议的召开，正式启动始兴工交企业的调整和改革工作。随后，县委为了更快更有效地促进县内国民经济的调整，向各级政府、各个部门提出十一项主要工作来完成“十项经济指标”：首先要整顿政府作风，加强政权建设；农业要在调整中前进；林业要在调整中发展；工业要在挖、革、改中焕发新的活力；财贸经济工作要在调整中进一步搞活；其次要想方设法稳定人民群众的生活；要抓好计划生育工作；大力加强科教文体卫生事业，提高人民群众的科学文化和健康水平；建设高度精神文明，搞好城镇建设；要抓好民兵、革命老区建设，抓好统一战线工作，关心人民群众生活，调动一切积极因素，建设社会主义；最后提出要加强法制教育，整顿好社会治安。

1981年全县工业总产值2605万元，占年计划的102%，比1980年实绩下降186万元，下降6.6%。从经委9家厂的生产情况分析，松香、水泥、农械、电器、氮肥等生产完成年度计划，其余4家厂除造纸厂因中途停产整顿配改外，也都已完成年度生产计划。从12个主要产品产量来检查，水泥、碳铵、松香、松节油、生活锅炉等9个品种都比去年同期实绩有所增长。力车配件40MM，钢筋切断机、出口家私等略有减少，但出口家私利润却由于加强管理而成倍增长。由于县委、县政府贯彻了调整方针，坚持在调整中对领导班子的思想观念、工作作风进行整顿，并对经营管理进行整顿和必要的革新改造。全年利润原计划为亏损23万元，1981

①《中国共产党始兴县历次代表大会文件选编》，2006年，第146~147页。

年经过调整后，不仅没亏损，还实现利润 76 万元，比 1980 年同期亏损实绩 29.7 万元，实际增加盈利 106.7 万元。氮肥厂实现补贴后盈利 23 万元，并从 1981 年 10 月开始不补贴，仍有盈利，是年完成产值 220.74 万元，利润 20.88 万元。水泥厂 1980 年前年年亏损，1981 年完成产值 60.29 万元，实现利润 23.23 万元，被韶关地区工交系统授予先进单位。1982 年生产水泥 16700 吨，完成产值 84.93 万元，实现利润 57.38 万元。

至 1982 年，县委经过调整国民经济结构，在决不放松粮食生产的同时，大力发展多种经营、农工商综合经营，多方面扶持重点户、专业户和新的经济联合体，鼓励农民发展家庭副业和从事工商、运输、服务等其他事业，鼓励开发性生产，推进农村商品生产的发展。据有关部门统计，在全县农业总产值中，林、牧、副、渔的比重已占 53%，农副产品的商品率已达 38%，单一化的农村经济结构已开始改变。

五、发展乡镇企业

中共十一届三中全会后，县内进行经济体制改革，使农村乡镇企业迅速发展，已成为全县工业总产值的一支重要支柱。1979 年，县成立乡镇企业供销公司，主要经营乡镇企业生产的各类产品和日用百货等，为全县乡镇企业的发展起到了桥梁作用。1980 年，乡镇企业供销公司商品购进总额就达 56.5 万元，销售总金额达 68.1 万元，实现利润 12.8 万元，上缴税利 1.3 万元[①]。

1980 年乡镇企业在调整农村产业结构中，县委书记凌海洋在中共始兴县第四次代表大会上的报告指出："调整社队企业结构，积极兴办农工商联合企业。今后扩大经营和兴办企业，应坚持农、工、商综合经营，走联合的道路，立足于生产队致富，实行利润返还。"[②]

发展乡镇企业，县委提出必须全面开展三查三发动：查技术人才、查本地资源、查对外关系；发动家属亲戚找门路、发动港澳家属找门路、发动外贸部门找门路。有技术、有资源、有门路、有市场、有效益就积极兴办。针对县内实际情况，以发展联合是兴办企业的最好形式，可以上下联

①《始兴县志》，广东人民出版社 1997 年版，第 412 页。
②《中国共产党始兴县历次代表大会文件选编》，2006 年，第 161 页。

合，可以左右联合，可以不同经济成分的联合，可以同外地联合。同时，可以进行单项的经济联合，也可以农、工、商联合经营。江口、城郊随即相继创办了榨糖厂，罗坝也办起了汽水厂。1982年太平镇政府在东郊上围街兴办一家蜂窝煤厂，解决了众多居民由来已久的燃料难题。县内的木材加工贸易联合公司和马市、陆源的烟草联合公司此时宣告成立，迈出了兴办联合企业的步伐，而且比以往的社队企业显示出极大的优越性。还有在毛竹、水果、松香、水电、采矿、蚕桑等单项经营联合和龙斗輋、林工商、罗坝、城南新村的农工商的全面经济联合也开始。太平镇、马市、城郊、城南、沈所、花山等建筑队也迅速壮大。

1982年，全县乡镇企业共有564家，其中乡办企业有154家，村办企业有410家。

六、发展“以林为主，林粮双举”

始兴地处粤北山区，属于湿润亚热带，有极其丰富的森林资源。针对这一得天独厚的资源，1979年县委、县政府切合实际，制定了“以营林为主、定量采伐、限额消耗、青山常在、永续作业”的发展林业的总方针，对林业体制进行全面改革，分工1名县委副书记管林业，各公社党委也指定1名副书记管林业，与林业部门紧密配合，使县内的林业得到迅速恢复和发展。是年，县委和林业部门要求各地发展阔叶林，规定每育1亩（0.067公顷）阔叶树苗，经验收合格后补助50元。当年采集檫树、樟树、苦楝、酸枣、梧桐、桦树等阔叶树种籽，培育阔叶树苗7.53公顷。

据1979年林业部门普查，当时有林面积14.13万公顷，其中松、杉、杂木等用材林12.86万公顷，竹林近1万公顷，油茶、油桐、果树等经济林0.34万公顷。虽然林木生长快，经济价值高，但由于多年来山区的优势并没有得到很好的发挥，且山区资源综合利用很差，木材和其他林副产品年产值才1000多万元，仅相当于县内粮食产值的60%，其发掘潜力还相当大。

1980年，县委、县政府调整林业生产布局，首先纠正计划内过量砍伐、计划外乱砍滥伐，使生态平衡局面向着好的方向推进。县委提出，木材砍伐，一律由林区生产队、伐育场负责，根据当地资源情况，按20年轮换的原则，确保县内青山常在，细水长流。做出砍伐计划，报公社党委审查，转县林业局综合，报县计委批准。下达木材任务的同时，由林业部门发出砍伐证，县林业部门坚持按生产队的批准计划收购，不许超计划收购，超过者取消整个单位的奖金，抗拒者应给予纪律处分或罚款处理，公社、大队也不许强行向林业部门收购。生产队、社队林场和国营伐育场应按照批准计划砍伐，不得超计划砍伐。林区、公社实行以种带砍制度，推行“以种带砍”来分配商品材的采伐任务，但封山、残林改造、抚育也应带一定比例。砍伐木材一律以生产队为单位，坚决取缔过度砍伐，坚决取缔买卖青山，坚决取缔雇工砍伐。县委还要求要坚决贯彻以封山育林为主，造、管、改并举的营林方针，实行每 333.33 公顷配备 1 名专职护林员，并要求生产队也要建立护林制度，做到队队有护林公约，队队有护林专职人员，队队有护林防火线，队队有护林关卡。在抓好封山的同时，还要抓好残林改造，人工促进幼林抚育和荒山造林等工作。是年，全县造林 2438.13 公顷，其中杉木林 1272.07 公顷，经济林 658.13 公顷，其他树种 507.94 公顷。与此同时，实行木材、杉头尾、造纸材、废旧木、阔叶树杂木条及木制品、半成品等产品统一由林业森工部门经营，进一步完善木材统一经营管理的制度，严格遵从县委制定的“统筹安排，定量采伐，限额采伐，适地适砍，充分利用，消耗量必须低于生长量”采伐原则。

1981 年 2 月，县内提倡培育丰产苗，采集优良杉树种，培育苗高 0.3 米以上粗壮杉苗 1.41 公顷，规定次年对超过 0.4 米的优良壮苗每株加补 0.01 元。8 月，县委根据中共中央、国务院《关于保护森林发展林业若干问题的决定》及省委、省政府下发的《关于稳定山权林权落实林业生产责任制的决定》，在全县开展“三定”工作，初步理顺了县内山林管理的体制机制。为进一步加强森林资源的保护，9 月，建立“始兴县人民法院森林审判庭”，编制 10 人，负责调处全县历史遗留的和新发生的山林纠纷案件。

1982 年 3 月，为加快林业生产发展，县内开始推行容器育苗，把松树点播造林改进为实生苗造林，共培育湿地松苗木 9 万多株。是年，县政府与省林业厅签订《“六五”期间用材林基地重点建设》合同，确定始兴县为省用材林基地县。从此，全县造林的重点转向大面积营造杉木速生丰产林，营林技术人员也从原来的34人增至102人。10月，设立“始兴县公安局林业分局”，分局干警14人，并在龙斗輋伐木场、刘张家山林场、河口林场、车八岭自然保护区设立林业派出所，配备必要装备，加强打击滥伐盗伐违法行为力度。同时，还成立林业公路管理站，管理龙斗輋、隘子、坪丰、车八岭、樟栋水、方洞等道班，共养管公路79.5千米，为林业生产提供陆路运输保障，有效促进林业事业发展。仅1982年，全县造林2566.67公顷，其中速生丰产林593.33公顷，总造林比1981年增加113.33公顷；木材比1980年虽少伐23000立方米，但林业总收入达1058.2万元；人均分配收入达390.8元，超过当年全县人均分配收入342.4元的14.4%。其中都亨公社，人均分配收入达488元，比1978年人均分配收入的114元增加了374元，跃居韶关地区第一。全县6个林区公社总收入达2521.6万元。

七、促进财贸流通及市场经济发展

市场经济在资源配置中起到基础性的作用，它通过价格机制、供求机制、竞争机制来配置资源，其市场能通过价格的涨落，较为及时、准确、灵活地反映供求关系变化，传递供求信息，通过商贸流通，来实现资源配置。这有利于生产者调整生产经营活动，推动科学技术和经营管理的进步，促进劳动生产率的提高和资源的有效利用。

中共十一届三中全会后，县委在推进工交企业调整改革和发展中，全面贯彻落实省关于扩大企业自主权、农副产品议价购销等政策，开展商业服务业的调整改革和发展工作，使商业服务业改善服务态度、提高服务质量，更好地为人民群众生产、生活服务。

1979年2月，县委按照省委关于城镇经济调整改革的部署，认真贯彻“发展经济，保障供给”的总方针和党的各项经济政策，粮油集市贸易开始逐步开放，城乡经济日趋活跃。农民在完成粮油征购任务后，可以随时把多余的粮油在市场上出售，粮食部门在发挥主渠道经营作用的同时，允许粮油的多渠道经营。

实行计划经济与市场调节相结合，农村商品生产迅速发展，上市产品增多，购销范围扩大，集市贸易空前活跃。1978年全县城乡集市贸易成交额 378 万元；1979 年上升到 493 万元。1979 年商业纯销售额有 1297 万元；1979 年工业品销售仅商业、供销系统就达 2267.8 万元；财贸战线各部门在把支农支工放在首位，做了大量工作。1979 年财政收入比 1976 年增长 29.8%；支农物资供应不断增长，1979 年与 1976 年相比，生产资料销售总额增长 83.4%。对外贸易也有较大发展，3 年来，外贸收购总额增长 25.5%。1979 年，全县社会商品零售总额达 3412 万元。

县内国营商业分属商业、粮食、物资和外贸 4 个系统。县委在对国营商业进行调整整顿，重点加强企业管理，增加经营品种，提高服务质量，促进商品流通，并对各门店实行简单的经济核算。1979 年 11 月，为了扩大经营范围，适应市场需求，县成立了一家主营华侨商品、家用电器、缝纫机和小五金、小百货及烟酒等品种的信托贸易公司。县供销社和县食品公司执行农副产品派购国家补贴政策，扩大农副产品的收购和销售，加强农业生产资料管理和供应。1980 年，县委根据省革委会关于扩大商业企业自主权、搞好商业体制改革的精神，并学习借鉴清远县财贸经济体制改革的经验，扩大商业企业经营范围，推动商贸和服务业的改革。1981 年 1 月，县百货公司分别成立批发和零售 2 个公司。集市贸易开放，促进城乡农贸市场的发展，全县市场贸易成交额直线上升，改善了人民群众的生产、生活条件。1981 年，全县农贸市场成交额 659 万元，1982 年达到 937.5 万元，比 1981 年增长 70.29%。

县粮食部门 1982 年收购议价粮 320.6 万吨，议价食油 20.625 万吨；县内议价销售大米 12202.5 吨，议价销售食油 1717.5 吨；调出县外议价销售大米 1794.5 吨，议价销售食油 137.5 吨[①]。

1982 年，财贸工作贯彻计划经济为主，市场调节为辅的原则，在一部分紧缺商品计划供应有所减少的情况下，积极开展计划外商品的议购议销业务，尽力采购一些适销对路商品，满足广大消费者对一些紧缺商品的迫切需求，从而活跃了市场。1982 年完成商品纯购进 1296 万元，比 1981 年同期增长 24%；完成商品纯购销售 2992 万元，比 1981 年增长 4.9%。全县社会商品零售总额达 5182 万元，比 1981 年增长 21.8%。城乡市场活

①《始兴县志》，广东人民出版社 1997 年版，第 434 页。

跃，购销两旺，对外贸易扩大，财政收支好转，全县经济转向稳定发展。1982年县内外贸出口完成实绩282万元，占年计划的162%，比1981年增长10.1%。其中发展较快的品种有：工艺类145万元，比1981年增长40%；蚕茧40.85吨，比1981年增长2.17倍。县委对外贸易工作贯彻对外开放政策和灵活措施，初步探索出了一条新路子，为县内日后对外经济工作打开了新局面。随着经济的发展，全县财力也得以增强。虽然1981年财政预算收入没达到预算计划的增长7.5%，但收入总量仍保持1980年的水平。1982年全县财政预算收入556万元，完成年计划的101.8%。金融吸取闲散资金存款，发放贷款支援生产和流通等方面发挥了积极作用。1982年，城乡人民储蓄余额1454.4万元，比1981年增长31.8%。现金净投放776万元。人民银行、农业银行共发放贷款7000万元[①]，有效地支持了县内工农业生产和社队企业及重点户、专业户的发展。

第三节　中共始兴县第四次代表大会的召开与党建工作的调整

一、中共始兴县第四次代表大会的召开

中共始兴县第四次代表大会于1980年12月11—15日在县城太平镇召开，出席大会正式代表312人，代表全县6606名党员，候补代表32名[②]。

这次大会的任务是总结中共始兴县第三次代表大会以来的工作经验和教训，在贯彻执行党的十一届三中全会的路线、方针、政策中，继续清算和批判林彪、“四人帮”的极“左”路线，解放思想，实事求是，同心同德，团结一致向前看。

①《始兴县人民政府工作报告文献汇编》，2014年，第129页。
②《始兴县志》，广东人民出版社1997年版，第565页。

县委副书记刘创致开幕词，县委书记凌海洋代表中共始兴县委在大会上作《同心同德，鼓足干劲，为加快始兴“四化”建设步伐而奋斗》的报告。报告提出全县此后的中心任务是：把工作着重点转移到经济建设上来，充分调动广大党员和人民群众的积极性，同心同德，加快“四化”建设步伐。力争5年的努力，把始兴县建设成为农林牧副渔五业兴旺，农工商三业繁荣，文教科技事业兴盛的文明富庶的社会主义新始兴。

大会工作报告回顾县委第三次党代会以来11年工作情况，从几个方面小结了县委工作中“左”的做法所造成的损失，认为主要是由于掌握运用马克思列宁主义、毛泽东思想水平不高，对许多问题是非界限搞不清；把抓阶级斗争扩大化，在执行农村经济政策、干部政策等方面跟着做了不少蠢事、错事，挫伤了干部、群众积极性，影响了生产的发展，使始兴的面貌变化不大，人民生活提高不快。报告对粉碎“四人帮”后的4年来全县经济和各项工作作了七个方面总结：清算了林彪、“四人帮”极“左”路线，党的各项方针政策得到了贯彻执行；通过党的建设和整顿各级领导班子，党的优良作风得了恢复和发扬，党的领导得到了加强和改善；通过“真理标准”问题的讨论，广大党员、干部、群众思想活跃，精神振奋；国民经济得到比较快的恢复和发展，人民生活水平有了显著提高；文化、教育、科技事业出现了令人可喜的新气象；计划生育取得了显著成绩；公安、检察、司法工作逐步走上了正轨，社会秩序大为安定。报告还归纳出正反4个方面的经验和教训，主要是：必须正确分析和处理阶级斗争问题，保持安定团结的政治局面，才能把发展生产力作为全党的中心任务；必须认真开展“真理标准”问题的大讨论，解放思想，正确理解和坚决执行党的十一届三中、四中和五中全会的路线、方针、政策，才能充分调动广大党员和群众的积极性；必须恢复和发扬党的优良作风，才能加强和改善党对“四化”建设的正确领导；必须大力提高科学技术水平，才能加快“四化”建设的步伐。

大会工作报告提出全县为实现1981—1985年的奋斗目标，必须发挥县内的优势，加快经济建设步伐，全党应集中精力抓好6个方面工作：调整农村经济结构，坚持农、林、牧、副、渔全面发展，农、工、商综合经营；继续搞好工业调整和企业整顿；加强财贸工作；下狠心抓好计划生育工作；积极发展文教、科技事业；发挥各职能部门的作用，调动一切积极因素。

大会工作报告对“搞好党的建设，加强和改善党的领导”作出专题部署。报告根据历史经验教训和“四化”建设的形势要求，提出要重点加强搞好4项工作：抓好党的思想建设，端正思想路线；加强党的组织建设，认真培养和选拔中青年干部，调整充实各级领导班子；坚决贯彻执行《关于党内政治生活若干准则》，搞好党的作风建设；发挥纪检会的职能作用，加强对党员、干部的教育、监督。

县委纪律检查委员会书记石俊标在大会上作中共始兴县委纪律检查委员会工作报告。纪检工作报告回顾总结一年来的3项重点工作：第一，落实了党的干部政策，平反了一批冤假错案。由于县委重视，“文化大革命”遗留问题的复查工作已基本完成；对中华人民共和国成立以来的历史遗留问题，均已进行了复查处理。全县共平反了2166人，对“两退一插”的干部职工也已全部收回安置了工作。在复查历史案件中，实事求是地复查了“始兴事件”，对于被处分的干部进行了复查处理并报上级审批。在整个落实政策工作中，自始至终坚持“有反必肃，有错必纠”，实事求是，全错全平，部分错部分平，不错不平的原则。第二，严肃了党纪，处理了一批违纪案件。为了严肃党的纪律，维护党规党法，对一些违反党纪国法的党员、干部进行了严肃处理。对犯错误的党员、干部，采取“惩前毖后，治病救人”“团结—批评—团结”的方针，本着思想批判从严，组织处理从宽的原则。一年来，共检查处理违反纪律案件39件（其中涉及中共党员和党员干部28人，行政干部11人）。第三，协助县委贯彻了《关于党内政治生活若干准则》，教育党员做合格的共产党员。通过学习、贯彻《关于党内政治生活若干准则》，广大党员、干部有了新的认识，自觉性大为提高，“从我做起，从现在做起，从每一件事做起”的口号，为越来越多的党员、干部所接受。

对今后工作，纪检工作报告提出4大任务：搞好党风，严肃党纪，保证党的十一届三中全会以来的路线、方针、政策的贯彻执行；协助县委监督，保证《关于党内政治生活若干准则》的贯彻执行；善始善终抓好落实干部政策工作；认真处理好信访工作。

纪检工作报告对今后工作还提出要求：要加强党的纪律检查工作，就必须建立健全纪检机构，配备好专职人员，根据省纪委、组织部联合通知精神，并结合县内具体情况，各公社（厂场）党委、总支部、党支部要设纪检委员 1 名，公社有基层单位的局和成立总支的单位都要设 1 名专职纪检干部，部、委、办和没有基层单位的局也要指定 1 名兼职的纪检干部，并要相对稳定下来，不要随便变动。同时，为了适应形势的不断发展，必须加强纪检队伍的思想建设和组织建设，对纪检人员进行必要业务培训，使之不断提高思想水平和业务能力，以达到有效地开展纪律检查工作。

大会根据新党章规定和民主集中制原则，选举产生了中共始兴县第四届委员会委员 27 名：吴灿、梁时坚、蔡超、钟建浩、徐勋平、钟玉修、曹祖和、魏学文、李冬生、陈超、周学扬、王多高、何世裘、石俊标、李国贤、刘创、吴庭、肖光耀、凌海洋、刘照武、邓新、张树梅、江流、魏家胜、田永俭、张业盛、曾永祥。候补委员 4 名：卢金丽（女）、梁桂泽、李植基、朱伦君。经中共始兴县第四届委员会第一次全体会议选举，结果为：凌海洋为县委书记。石俊标、吴灿、梁时坚、刘创为县委副书记。吴灿、陈超、凌海洋、梁时坚、石俊标、钟建浩、蔡超、周学扬、刘创、曹祖和、魏家胜为县委常委。

中共始兴县第四次代表大会的召开，在始兴历史上具有重要的意义。第一，大会是在改革开放初期召开的，承担着在思想政治上拨乱反正、工作重点转移的重任，对始兴党的建设和党的领导起着承前启后的重要作用。第二，大会的召开，恢复中断 11 年的党代会制度，并对过去存在的问题及造成的损失作了沉痛而深刻的反思，还明确了今后党建工作的思路，为此后加强党的全面领导提供了基础保证。第三，大会提出此后全县经济建设、加快始兴“四化”建设及“六五”期间的工作思路、目标和任务，并提出具体的工作要求和措施，改变始兴自第一个五年计划以后五年计划的制订和实施不完整、不正常的状态，为贯彻执行中共中央提出的“调整、改革、整顿、提高”方针提供计划和措施保证。第四，大会按照修订后的党章和民主集中制的原则，选举产生县委新一届领导班子，扭转自县第三次党代会以后县委领导成员主要由上级党委任命的状况，使党的民主集中制开始得到恢复。

二、党建工作的调整

县委在开展拨乱反正和改革开放启动工作的同时，总结了全县党建工作的经验教训，及时按照形势发展要求，加强党建工作。1979—1980年，根据邓小平同志1978年12月13日在中央工作会议上《解放思想，实事求是，团结一致向前看》的讲话和1978年12月22日通过的《中国共产党第十一届中央委员会第三次全体会议公报》关于加强党的建设的精神，把党建工作的重点放在解放思想、健全民主集中制、坚持四项基本原则和严肃党纪等方面，贯彻落实中共十一届五中全会通过的《关于党内政治生活若干准则》，并按照1981年7月召开的省委四届四次全体（扩大）会议提出加强党的建设的部署要求，切实搞好党风，纠正党内不正之风，各级党组织加强领导，加强对纪检部门的领导，抓好严重违法违纪案件的调查处理；整顿党风党纪，调整全县党建工作的思路，提高党建工作的水平。

县委在1980年1月31日召开全县三级干部会议，县委书记凌海洋在会议总结报告中指出："1980年是大有作为的八十年代第一年，是继续贯彻落实三中全会精神，全党工作重点转移到现代化建设上来，打好四个现代化第一战役的关键一年。"全县各级党组织要联系实际，认真学习中共十一届三中全会、四中全会文件和中央副主席叶剑英在中华人民共和国成立30周年大会上发表的重要讲话、邓小平同志关于目前形势和任务的报告及中央、省、地委的重要指示精神。

本阶段，县内各级党委，通过广泛组织开展学习，使党员、干部和群众进一步把思想统一到党的政治路线上来，加深对改革开放政策的认识，并对拨乱反正的重要性和必要性的认识有了一定提高，为推动各项工作的开展打好思想政治基础，也为贯彻中共十一届三中全会提供了思想保证。

三、党组织设置的恢复和调整

1980年12月始兴县第六届人民代表大会第一次会议在县城召开，经选举产生县人民政府，并分设县委办公室和县政府办公室。县委组织部、县委宣传部、县委统战部、县委政法委员会、县委农村工作部、县委党校自1976年10月恢复后仍延续设置。同时，撤销县委财贸政治部、县委工交政治部，成立县委政策调研办公室、县委文教政治部、县委党史办公室、县委老干部局及县委信访办公室。1980年12月，县委纪律检查委员会重新成立。县委采取恢复、重建的措施，重新健全在各部门设立的党组织。1982年，县委设立党组5个，健全党组织，加强党对各部门的领导。

基层党组织是保持党的战斗力的基础，是筑成党的坚实堡垒，县委根据不同部门调整改革的情况，及时调整基层党组织设置。1980年6月，各公社党委和县直属机关党委先后召开党员代表大会或党员大会，按党章规定进行换届选举，并在大会上按县委分配的名额选举产生出席县第四次党代会代表。

1982年，全县完成政社分设工作，除县武装部作为部队党委外，全县共有基层党委22个、党总支部8个、党支部429个，党员6875名，其中少数民族党员75名。基层党组织调整理顺后，有利于贯彻执行党的路线、方针、政策和县委的决议、决定，发挥好党组织的战斗堡垒作用和党员的先锋模范作用。

四、党的思想宣传和党员教育工作的开展

县委重点抓学习、宣传和贯彻中共十一届三中全会以及中共中央和省委的重要会议和文件精神，在县委的直接领导下，各级党组织认真组织党员学习党的路线、方针和政策，学习新党章修改草案和《关于党内政治生活的若干准则》(简称《准则》)，从而提高了广大党员的思想觉悟，不断清除了“左”的思想影响，增强了党性，与党中央在政治上保持一致的自觉性越来越高。

1979年6月初，县委宣传部组织各公社宣传委员赴韶关地委党校，参加为期近一个月的学习党的“四项基本原则”骨干辅导员培训班。6月25—28日期间，全县各公社先后召开党员大会开展学习。随后，县委党校和各公社举办对党员的思想政治培训班20期，参加培训的党员和基层干部5100人。

1980年1月31日县委召开全县三级干部会议，县委书记凌海洋在会议报告上强调：一定要坚持中共十一届三中全会精神的再学习、再宣传、再教育，进一步统一党员思想，坚定不移、毫不动摇地始终贯彻执行党的政治路线，必须组织好党员干部及群众对中共十一届三中全会精神的再学

习，县内各级党委要把组织学习（中共十一届三中全会精神）作为头等大事来认真抓好，县党校要把领导干部轮训一遍，各公社要举办短期学习班，恢复、健全学习日和学习辅导制度。

1981年，县委宣传教育工作的重点是根据1980年12月召开的中共中央工作会议、中共十一届六中全会关于整顿机关作风的精神，继续开展党员干部培训轮训。

1982年9月，县委发出《关于搞好城镇机关和企事业单位基层党组织整顿的意见》，要求县属机关、厂共4个基层党委、6个党总支部、131个党支部，抓好对党员的教育，整顿党的作风和组织，加强和改善党的领导。具体分为三步：第一步，组织学习调查、摸底。在宣传党的十二大精神、学习党的十二大文件和有关整顿党基层组织文件的基础上，讲明整顿的重要性和必要性，提高党员对整顿的认识。组织党员、干部和群众总结回顾中共十一届三中全会以来的成绩和巨大变化，通过召开党支委会、党支部会、座谈会和个别了解等形式，发现党支部存在的主要问题。并对党员进行初步评分排队，对合格、基本合格、基本不合格和不合格这四种类型再进行针对性的思想教育。第二步，根据党员的思想实际和工作实际，采取上党课的形式进行，用《加强党性锻炼，模范执行党的路线、方针、政策》《共产党员必须全心全意为人民服务》《模范执行“三兼顾”方针是共产党员的职责》和《共产党员必须坚定地同资本主义思想腐蚀作斗争》来上课，进行正面教育。与此同时，在支委内部开展批评与自我批评，做到交心通气；大力表彰表现好的党员，抓好后进党员的转化。第三步，建立和健全各种规章制定，调整、充实或改选领导班子，进一步抓好党组织建设。

除此之外，县委多次召开常委会、扩大会带头学习贯彻《准则》，并分期分批轮训党员干部。全县共举办党员轮训班32期，轮训党员6126人，占全县党员的92%。经过轮训，加深了对新党章的理解，增强了做一个合格党员的决心，并克服了“一言堂”“家长式”和不敢开展批评与自我批评的不良作风。随后，各级党组织以《准则》为镜子，联系实际，揭露问题，认真开展批评与自我批评，开展“学大法，立小法，抓教育，促整改”活动。全县281个党支部，就有224个定了整改措施。

在开展党的思想宣传和党员教育工作中，县委以党校和区、战线党训班为阵地，组织党员认真系统地学习新党章。几年来，参加学习的党员占全县党员总数的94%。同时，各级党组织注重做好吸收中青年和中青年知识分子为新党员，给党组织增添新血液。1980—1982年，县内共有189位同志加入了党组织，吸收了42名知识分子入党，不断给党增添新鲜的血液。

五、党风党纪建设的开展

1979年10月，经县委全委会选举产生了中国共产党始兴县委纪律检查委员会（简称县委纪委）成员7名，并报韶关地委批准，石俊标任书记，张帆、李植基任副书记，王庭香、肖光耀、张学清、卢修銮任委员，从此恢复县委纪委。当年县委纪检工作主要是围绕党的“四化”建设，保证党的路线、方针、政策的贯彻执行这个中心，搞好党风，严肃党纪，坚持实事求是的原则，在县委统一领导下，会同有关部门开展平反冤、假、错案和落实干部政策工作。全县有2166人得以平反，对被逼“两退一插”的干部职工已全部收回安置了工作。

1980年12月11日，县委召开第四届委员会第一次全体会议，学习《关于党内政治生活的若干准则》（简称《准则》），制定县委带头抓好党风的十项规定，县委纪委据此制定并印发《共产党员应遵守的几项规定》，对端正党风、严肃党纪提出明确的要求。

1981年上半年，县、社两级举办以《准则》为主要内容的党员干部轮训班，在全县党员中开展党规党章、党风党纪的教育。通过办学习班、上党课和利用广播宣传、发通报等形式，向广大党员干部传达贯彻中共中央和中纪委制定的《关于严防干部侵占农村社员劳动所得，用来大吃大喝，请客送礼的不正之风的通告》及《关于在受理华侨捐献中严禁违反政策和营私舞弊的若干规定》等党纪规定。全县372个党支部在深入学习《准则》的基础上，对党风党纪进行一次认真整顿。这次整顿了比较突出的五个问题：第一是党的观念淡薄、组织纪律性松懈。有的党员长期不过组织生活，不交党费；有的党员工作拈轻怕重，不服从工作调动；有的党员不请示、不报告，随意离开工作岗位。第二是民主作风差，个人主义严重。

有的党员干部，老子天下第一，搞一言堂。第三是脱离群众，脱离实际，官僚主义，作风不深入，怕苦怕累，不蹲点，不调查研究。第四是生活特殊化，请客送礼，大吃大喝，以权谋私，走后门，拉关系。第五是有些党员带头闹事，带头乱砍滥伐，甚至有的党员无视党纪国法，贪污受贿，腐化堕落。

下半年，县委抓好贯彻中共中央工作会议精神和中共十一届六中全会的决议，坚持四项基本原则，反对资产阶级自由化倾向，克服领导班子存在的派性和宗派情绪；克服相当部分单位机构臃肿、人浮于事、办事效率低等状态；处理好领导班子年龄偏高和干部作风不正以及贪污、受贿、不讲党性、不讲原则、不讲真话等问题。各级党组织以正面教育为主，采取小整风的形式进行党风党纪整顿，用党员标准来认真检查对照，进行批评和自我批评，发扬成绩，克服缺点，自觉端正作风，加强党性修养，使党员、干部认识到在政治思想上同中央保持一致是党内一条最重要的政治纪律。

1982 年 10 月，中纪委发出通报，要求坚决刹住建房分房中的歪风。县委开始组织相关部门人员对县内党员干部建私房进行摸查。

六、推进党的统战与侨务工作

1981 年县委重新恢复了统战部，根据中共中央提出“长期共存、互相监督、肝胆相照、荣辱与共”的方针，县委统战部开始开展港、澳、台“三胞”工作。9 月，韶关地委统战部和县委、隘子公社联合出资 4000 元，为国民党原陆军上将张发奎之弟、东征阵亡烈士张贵斌的衣冠冢进行修复，重新修葺张发奎父母的坟墓，并通过省政协参事室副主任张显歧与张发奎家属联系。1982 年，张发奎之妹张三姑、副官李三余返始兴隘子彩岭家乡探亲，远在港澳及海外的始兴同胞闻此信息，纷纷归乡。

为贯彻中共中央“一国两制”[①]方针，县委统战部利用广播电台、电视和报刊等宣传媒体，以“家信”“寻人启示”“家乡消息”等形式，寻找始兴籍住台湾同胞，使 60% 的台属与在台亲人取得联系，同时还安排 6 名台

① “一国两制”，一个国家，两种制度，指的是在中华人民共和国境内，国家的主体实行社会主义，香港、澳门和台湾实行资本主义。

胞、台属就业，照顾台胞、台属生活补助费1200元，并争取“三胞”支援家乡建设。

自恢复了统战部起，县委统战部按照中共中央批转中央统战部《关于落实国民党起义、投诚人员政策的请示报告》，开展原国民党起义、投诚人员的复查和落实，并开展从工商业地主中区别工商业者工作。落实原国民党起义、投诚人员政策310人；复查落实工商业者政策59起；并平反了少数民族干部中的冤、假、错案，处理落实了长期以来未能解决的少数民族山林权属问题。

1982年，县委统战部“为团结一切可以团结的力量”“同心同德干四化”，少数民族工作在县委、县政府的重视和关怀下，加强了对少数民族干部的培训，在政治思想、经济建设和文化教育等方面有了很大发展，瑶区人民的生活得到了较大改善。全县60%的瑶族人民告别了茅屋而住进了砖瓦房，在县内各地瑶区兴办小学19所，在校学生共604人。侨务工作也有所进展，认真贯彻党的侨务政策，积极为归侨、侨眷解决一些实际问题。同时，还抽调人员开展“三胞”普查工作，了解了县内“三胞”共508户的基本情况，其中归侨6户、侨属127户、港（澳）属153户、台属222户，并认真做好华侨、港澳同胞回乡探亲和旅游的接待工作。

第四节　各项社会事业和计划生育工作

一、推动科学技术开展

始兴县科技事业在粤北地区起步较早，尤其在农业科技方面。1979年冬，县重新组建始兴县科学技术协会并选举了第一届委员会，随后开展各种科技活动。1980年，县科协邀请华南农学院教授曾天勋、庞雄飞、徐燕千、张维球和广东省昆虫所专家亲临始兴，举办“水稻病综合防治”“水稻的一生”“捕捉家鼠”“林业生态平衡”等科技专题讲座。随着科学技术协会的重新组建，县内各专业学（协）会、基层科普协会相继成立，各据其宗旨、任务及专业实际，广泛开展学术交流、技术推广、普及科学知识、技术咨询和提供技术帮助。仅1980年，县内首批建立的农学会、林学会、水利学会、畜牧学会、中华医学会始兴分会，获县科研成果奖5项，科普奖19项。在此期间，水稻病虫害生物防治研究站开展的食用菌研究和试验，为农户提供香菇、蘑菇、木耳、草菇、平菇等菌种467746瓶，以及栽培技术和经验，并为各乡镇培训了一批专业技术人员，有效地促进了县内食用菌生产的发展。

1981年，县供销合作总社果科所、畜牧业科学研究所相继建立。是年，县内举办种果、养鱼、养鸡、养猪等科学种养专题学术讲座14场，参加专题学术讲座的有1680人（次），促进了高产栽培柑橘、葡萄和科学育猪、养鱼、养鸡等科技知识水平的提高。

1982年3月，县科协与县科学技术委员会联合成立科技发展公司，使县内农业科学技术推广应用更为广泛。

从1980年成立始兴县职称改革办公室开展专业技术职称评定工作，1982年全县共评定晋升初级技术人员15人，其中助理农艺师4人、技术员11人；套改初级技术职称17人，其中助理工程师2人、助理农艺师1人、助理兽医师1人、技术员13人；晋升中级技术职称18人，其中主治医师10人、工程师5人、兽医师2人、畜牧师1人。还选送22人次到省培训，至1983年，全县共有197人取得中级技术职称。

为更广泛地开展科学技术知识的推广普及工作，县科委、科协在县城红旗大道设立科普宣传橱窗，以文字、图片传递科技信息，介绍农业先进技术、经验。此外，还通过编印《始兴科技》《科技信息》《科技专刊》，介绍依靠科学技术成功的典型事例，开展学术讨论和经验交流。同时与县广播站联合举办科学技术广播讲座，每星期两晚，每晚一节。各公社也以成人教育中心为基地，采用幻灯片、录音、讲座等形式进行科普宣传和教育。

二、调整学校布局提高教学质量

在“文化大革命”艰难探索的10年中，教育事业受冲击特别严重，不少教师挨批斗或被逼“退职”，师生惶惶，教学秩序混乱不堪。“文化大革命”后期，县内又实行贫下中农管理学校，教学无不以政治和阶级斗争为标准，文化知识的教学质量严重下降。

党的十一届三中全会后，县委、县政府在认真落实知识分子政策的同时，按照中共中央决定，推翻错误的“两个估计”①，加强学校领导班子建设，改善办学条件和教师生活待遇，动员广大教师抓紧普及小学义务教育，积极改革教学。各级学校调整布局，抓好重点，营造社会和学校尊师爱生的风气，教学质量普遍有所提高。

在调整教育学校布局方面，1979年，全县16所中学，保留始兴中学、墨江中学和城郊中学为完全中学，其他中学停办高中，只招收初中学生。1981年司前中学高中改为林业高中班，小学附设的初中班逐年压缩，初、高中学制恢复3年制。至1982年，全县小学附设初中班全部撤销。1982年始兴中学定为重点中学。8月，创办良源中学和在县内成立始兴广播电视大学工作站。当年，“电大”工作站招收汉语言文学专科学员26人，英语单科学员16人。按照中共中央、国务院《关于教育事业必须坚持“两条腿走路”的方针》文件精神，县委、县政府在县地方财政还比较困难的情况下，做到逐年增加教育方面的投资。1981年，教育经费183万元，占县财政总支出的29.14%；1982年为250.7万元，占县财政总支出的34.84%。在此期间，对全县中小学进行“一无两有”②的建设，基本达到“一无两有”的要求。其中太平镇一小，国家先后拨款和社会集资26万元兴建了两座三层教学楼，建筑面积达1600平方米，共有教室30间，教学办公室6间，学校占地面积11245平方米，设有田径运动场1个，池塘1口；顿岗集资38.1万元兴建新的中学教学大楼、教师住宅大楼、学生宿舍大楼各1座；城南公社胆源大队集资6.4万元，兴建了配套的完全小

① “两个估计”是1971年8月13日中共中央转发的《全国教育工作会议纪要》中提出的：“文化大革命前17年教育战线基本上是资产阶级专了无产阶级的政，知识分子大多数世界观基本上是资产阶级的。”

② “一无两有”，指学校无危房，上课班里有教室，学生有课桌椅。

学1所；司前公社江草大队小学由大队投资7.5万元，兴建教学大楼、住宅大楼各1座。至1983年，全县拥有中小学172所，在校学生人数达到38870人，教职工2146人。

在调整学校布局的同时，始兴教育工作坚持全面贯彻党的教育方针，加强学生的思想和文化教育，狠抓普及小学教育，抓好师资培训和开展业余教育。1981年，县内小学的语文、数学两科，学期考试和毕业考试由县教研室统一命题，印制试卷。中学主要学科由韶关地区教研室统一命题并印制试卷，实行同一时间考试，交叉监考，集中改卷，并进行试卷分析。同时，建立县教研室、公社教研员（中心教研组）和学校（教研组）的三级教研网，成立中小学各科教学研究会，有计划地开展教学研究，总结、推广教学经验，不断提高教学质量。1982年，全县适龄儿童入学率达到95%，高考录取率达到预选参加考试人数的15.53%，其中考入大学本科14人，专科26人，省属中专14人，区（市）属中专19人。1983年，高校录取人数达到51人。

三、扩大文化体育事业覆盖面

县委根据党和国家关于文化工作的路线、方针和政策，坚持贯彻“百花齐放，百家争鸣”方针，结合始兴实际情况，制订文化体育事业规划，扩大文化体育事业的覆盖面，推动全县文化体育事业的发展。1979—1982年期间，县内先后调整和新建文化事业的相关机构，在文学、戏剧、音乐及电影、电视事业方面都有所发展。1979年6—7月，先后建立澄江、城南公社文化站；9月，隘子、顿岗公社又建立了文化站。此后，乡镇文化事业进一步发展。1980年，新村、石下、顿岗等地率先成立业余采茶戏剧团。10月，石下业余采茶戏剧团代表始兴县参加韶关地区农村业余文艺汇演，深受广大群众的喜爱；县文工团以粤语演出《七十二家房客》，该剧在韶关红旗剧院演出一个星期，场场爆满，在从化县城一天演三场也场场满座，日收入达千元，创始兴文艺团体外演日收最高纪录。县文工团同年还以最大阵容排演歌剧《江姐》，巡回演出于翁源、乳源、乐昌、英德、清远等地。1982年，县文工团以传统采茶戏《俏妹子》《十带货》等赴广州市文化公园中心台连演9天，颇受欢迎，连国外游客也冒雨看至谢幕。

为此，《羊城晚报》也曾载文评论。在戏剧创作上，1979—1982 年，采茶戏、话剧、歌剧、儿童剧、喜剧等剧种共 15 部，其中 1980 年由女作者李万球与李君桃合作创作的采茶戏《山村恋》，获韶关地区戏剧创作入选奖。

文学、摄影、美术等创作也日趋繁荣。1981—1982 年，顿岗公社七北大队石坑村新屋社员曾敞胜创作的故事《队长的故事》《驼家婆与儿媳妇》先后获韶关市业余群众文艺评选三等奖；县知名摄影师练华的摄影作品《诊》《乡村女教师》《调弦》参加广东省 1981 年人像艺术摄影展览。

1980 年，县电影管理站易名电影公司，统管全县影片发行和放映。至 1982 年，县内共有 7 家影剧院。

在广播电视设施建设方面，1979 年增架罗坝、深渡水的广播专线，各公社也先后将广播线路架设通往各大队、生产队，喇叭发展到 12020 只。全县 134 个大队中，有 95 个大队通广播，54 个大队建了扩音站，通播率和喇叭入户率均达 70%。在宣传内容方面，广播节目中有自制文艺节目、专题报道、县内新闻，播音时间从原来的 2 小时 30 分钟增至 3 小时 30 分钟。

县委加大对电视事业发展的投入。1979 年 10 月，县内开始筹建电视差转台。1980 年县委拨给开办经费 4.3 万元，省广播事业管理局无偿提供 1 台 10W 的电视差转机，差转台设在城郊五里山，发射功率 10W。1981 年元旦开始以八频道转播广东电视台节目，覆盖面遍及城郊、城南、江口、沈所、马市、顿岗等公社。至 1982 年，全县共建有 4 座电视差转台，总功率 80W。

体育事业主要是发展学校体育，适时组织群众性体育运动。成立于 1972 年初的始兴县革命委员会体委办公室（以下简称“体委”），至 1982 年，体委办公室由主任主持日常工作。

1979 年，全县中小学校认真贯彻中央颁发的《中小学体育工作暂行规定》（试行草案）及《中小学卫生工作暂行规定》（试行草案），坚持两课两操活动的学校有 420 所，参加两课两操活动的学生达 22096 人[①]。在贯彻两个《暂行规定》过程中，县体委采取积极有效的措施，对县内所有的中

①《始兴县志》，广东人民出版社 1997 年版，第 857 页。

小学校体育教师进行培训，另一方面给各中小学校分配体育专业的大、中专毕业生，充实体育师资队伍，努力提高体育教学质量，增强学生体质。是年，通过验收《国家体育锻炼标准》达标学生有 2822 人，1980 年通过达标学生有 3045 人，1981 年上升至 3751 人。1982 年，仅墨江中学通过达标率为 54.5%[①]。

体委积极组织县内各中小学校参加各类运动竞赛。1979 年 1 月，在连县（今连州）举行的韶关地区业余体校田径对抗赛中，始兴代表队获得 5 个单项第 1 名；1980 年，墨江中学、太平镇二小的田径项目列为韶关地区体育重点项目；1981 年，在英德举行的韶关地区中小学生田径运动会上，始兴代表队甲、乙组均获团体总分第 4 名。为进一步扩大体育事业的覆盖面，1982 年，县城 4 所中、小学校及部分公社中学、中心小学均成立业余运动队。

在群众体育方面，县委、县政府给予了大力支持。改革开放后，县总工会、团县委、县妇联以及财贸、教育等单位，利用周末和节假日，积极组织篮球赛，"五一"职工运动会，国庆和春节期间举办小型多样的球类、棋类竞赛活动。1981 年 12 月，县体委举办了太极拳和第六套广播体操学习班后，打太极拳这一传统体育运动在县内得到迅速推广。而划龙舟，虽然当年只有河南、罗所、机关、太平镇 4 支队伍，但每年端午节期间，墨江河两岸都会吸引数万名群众观看龙舟赛。

四、卫生和计划生育工作的开展

县委调整和增设卫生机构，加强对卫生事业的管理。1979 年，县卫生局取消局内办公室，设人秘股、医务股。全县有 13 个公社 1 个镇，改设为 15 所卫生院；县内一些厂、场、事业单位的医疗卫生机构有卫生所 14 间，职工总数 143 人，其中卫生技术人员 113 人，病床 200 张。

卫生防疫部门加强饮食卫生的管理，贯彻"预防为主"方针，实行各种生物制品免疫接种，有效地防止和控制传染病的发生和流行。1979 年后，全县未发生过小儿麻痹、乙型脑炎、白喉等急性传染病。同年，县内

① 《始兴县志》，广东人民出版社 1997 年版，第 858 页。

一批中医、中药人员先后通过晋升考核，取得技术职称。

1980 年 1 月，中华医学会始兴县分会成立，学会分设外科、内科、儿科、妇产科、传染科和防疫、护理、检验、药学等学组。县内医药科研开始有组织、有计划地进行，各学科组每年制定科研、科普项目，发展始兴卫生事业。1981 年，县人民医院增设中医科，有病床 30 张，开展针灸、按摩、穴位注射等新疗法。1982 年，县人民医院开展颅脑科。1983 年，增设花山公社卫生院，刘张家山林场卫生所。同年，县内整顿农村大队卫生站，全县重新审批核发办站证书 132 份，设卫生站 132 间，采取多种形式办医。卫生县属医疗单位有人民医院、卫生防疫站、工人卫生院、妇幼保健站、慢性病防治站、药品检验所及县级医学教育培训基地始兴县卫生学校。

流行性脑脊髓膜炎（简称流脑）在始兴流行是呈分散而平稳，且有轮回流行的现象。每隔 3—5 年出现一次小流行，隔 7—10 年出现一次较大的流行，又以县内平原、丘陵地区 15 岁以下少年儿童为发病段。针对这区域性和年龄阶段期疫情，县委、县政府和卫生部门发动群众开展群防群治，采用西药、中草药及服吃酸蒜头等多种预防措施，使流脑这类阶段性的疫情得到有效控制。1983 年，全县进行“流行菌苗”免疫接种，共接种 3.9 万人。

1979 年 11 月，县委根据省委组织部粤组干〔1979〕180 号文件精神，在县内各公社（乡、镇）配备了专职计划生育干部共 18 名。与此同时，根据《中华人民共和国计划生育法》总则和韶地革发〔1979〕86 号文件精神，县革委颁发《关于计划生育问题的通知》(以下简称《通知》)，规定提倡一对夫妇只生育一个孩子，确有困难的经过批准，可有计划地安排生育第二个孩子，但不能生第三胎。《通知》还规定计划生育的奖惩措施：实行晚婚、晚育，每对育龄夫妇实行一孩放环，二孩结扎，严格控制多胎；农村育龄夫妇进行人工流产加放环者，生产队给予补助 20 元，稻谷 25 千克，手术后休假 30 天。男方结扎补助 10 元，休假 10 天；女方结扎补助 20 元，稻谷 25 千克，休假 30 天。所有实行“四术”者，休假期间照记工分，参加生产队劳动分配。对夫妇终生只生一个孩子，已采取落实绝育措施者，经本人申报，计划生育办公室审查出具证明，公社（乡、镇）党委领导批准，其子女入托免收保育费，入学免收学费，并发给一次性补助费50~100元。农村和城镇无业人员其补助由计划生育经费开支[①]。1980年12月20日，县委书记凌海洋在始兴县第六届人民代表大会第一次会议上的政府工作报告中对抓好计划生育工作作为一个重点任务提出：第一，各级政府一定要牢固树立控制人口增长的战略思想，把计划生育工作摆到议事日程上来，列入国民经济计划，真正做到书记挂帅，全党动员，全民动手，粮、钱、人一起抓。第二，大力宣传计划生育工作的重大意义和党的有关政策，运用政策的巨大威力把人口出生率降下来，在群众中造成计划生育光荣，违反计划生育可耻的良好社会风气。第三，计划生育的主要任务是抓一孩化，以党中央、国务院的“公开信”为动力，贯彻好《广东省人口计划生育条例》，鼓励每对夫妇终生只生一个孩子。当前的工作重点是采取经济手段和其他有效措施，做好计划外怀孕的人流、引产，坚决刹住计划外生育。严格按有关政策办事，该奖则奖，该罚则罚，对违反者决不迁就姑息，特别是对各级领导干部和共产党员更要严格要求。第四，计划生育是经常性的工作，要用经常抓与突击抓相结合的方法，每年突击抓它几次，当作一场硬仗来打[②]。1981年1月8日，始兴县人民代表大会常务委员会《关于计划生育工作的规定》，对自愿终生只生育一个孩子的，已采取有效绝育措施者，除按省《计划生育条例》规定外，县机关干部、职工每月享有独生子女保健费7元。

1982年6月、10月，县委、县政府在全县范围内分别掀起了一次抓好计划生育的高潮。据统计，当年全县落实“四术”7345例，其中男扎3945例，女扎704例，人流892例，引产452例，放环1352例。全年全县出生4280人，比1981年多生143人，出生率上升了0.71‰，人口自然增长率为16‰，比1981年上升了0.98‰。

①《始兴县志》，广东人民出版社1997年版，第82页。
②《始兴县人民政府工作报告文献汇编》，2014年版，第113页。

第五节　精神文明建设的开展

一、开展群众性精神文明创建活动

社会主义精神文明是社会主义的重要特征，是社会主义制度优越性的重要表现。通过开展精神文明的系列活动，全县人民的精神面貌发生了很大的变化，涌现出一批有共产主义理想、有高尚道德情操的一代新人。这些人中有普通工人、农民、党员干部、知识分子和在校学生。同时涌现出一批建设精神文明的先进单位、先进党支部、文明村、文明学校、文明商店等。改革开放之初，县妇联围绕搞好精神文明建设，组织开展“三八红旗手”“文明村”“五好家庭”活动，积极鼓励妇女学文化、学科学、勤劳致富。在“改革、开放、搞活”的形势下，县妇联还组织设立致富信息网，帮助全县妇女提高技术及文化水平。1978 年 12 月，团县委开展“争当新长征突击手”活动，号召团员参加植树造林，至 1979 年底，团员共造林 1333.67 公顷。1980 年，团县委发起开展“学雷锋、树新风”活动，组织起学雷锋小组 1734 个，为治理县内“脏、乱、差”作出了巨大贡献。

1982 年，县委、县政府专门成立了精神文明建设领导小组。在“全民文明礼貌月”活动中，县委、县政府主要领导带头参加扫街、植树，带动了精神文明活动的开展。充分利用广播、宣传栏、橱窗等各种宣传工具和形式，大张旗鼓地宣传在精神文明建设中涌现的新人新事新风尚。在学校开展“学雷锋、树新风”活动，在工厂开展“文明生产”活动，在街道开展“文明街”“文明楼”活动，在农村开展“文明村”“文明家庭”活动，在商贸开展“文明经商”活动等。通过广泛地开展这些活动，全县精神文明建设具体化、经常化、群众化、制度化，在社会上收到了显著的效果，从而使县内的精神文明建设开展得有声有色，扎扎实实，推动了物质文明和精神文明建设的共同发展。

二、开展“五讲四美三热爱”活动

县委根据精神文明建设涉及面广、工作量大的特点，全县精神文明建设由县委、县政府专门成立领导小组，会同全县党政机关、群团组织开展，形成齐抓共管精神文明建设的工作机制。

改革开放后，县委、县政府坚持在建设物质文明的同时，大力开展精神文明建设，以共产主义思想教育为核心，以“五讲四美三热爱”[①]为主要内容的精神文明建设。1981 年 3 月，县委、县政府从整治“脏、乱、差”入手，开始第一个全民文明礼貌月活动，并在机关、厂矿、学校组织学雷锋、学张海迪和“为振兴中华读书”等各种有益于心身的活动，对青少年进行生动活泼的思想教育；在农村建立一批文化站、文化室，活跃农村的文化活动；在全县范围内建设了一批文明单位、文明村镇。组织巡回报告，宣扬先进集体和先进个人的事迹，大力提倡共产主义的新道德、新风尚。与此同时，开展反对封建迷信，打击赌博、卖淫宿娼，防止和抵制精神污染。通过开展“五讲四美三热爱”活动，加强了共产主义理想、道德、纪律和全心全意为人民服务的教育。

1982 年 6 月底，县委、县政府为深入推进精神文明建设，专门召开了全县“五讲四美三热爱”表彰大会，评选出“文明家庭”2233 户，先进“四有”[②]新人 146 人。

三、建设高度文明的社会主义新城镇

自县委召开第四次党代会以来，县委坚持贯彻中共十一届三中全会的路线、方针、政策和党的十二大精神，坚持在建设物质文明的同时，大力建设精神文明，使县内的城乡面貌有了较大的变化。文化、教育、卫生、体育，是精神文明建设的一项重要内容，县委给予了应有的重视。从 1980 年以来的近 3 年中，用于这类投资不断增加，设施逐步得到完善。尤其是

① “五讲四美三热爱”，指讲文明、讲礼貌、讲卫生、讲秩序、讲道德；心灵美、语言美、行为美、环境美；热爱祖国、热爱社会主义、热爱中国共产党。
② “四有”，指有理想、有道德、有文化、有纪律的“四有”新人。

作为战略重点的教育事业，在国家、地方、部门、集体和群众的共同努力下，共投资797万元，其中地方财政66万元，使教育事业规模及学校布局与经济建设和精神文明建设的发展较为适应，教育结构渐趋合理，精神面貌与教育质量大大提升，为高一级学校输送了大批合格的新生。

1981年12月28日，县长梁时坚在始兴县第六届人民代表大会第二次会议上的政府工作报告中提出："必须建设高度的社会主义精神文明，才能保证经济建设的顺利进行，才能保证物质文明建设的社会主义方向。"①县委、县政府在全面抓好文明村镇、文明单位建设中，由浅入深，逐步提高，向着综合治理的方向发展。同时，加强思想政治战线上的社会主义教育，使全县党员、干部和群众都广泛地树立起社会主义和共产主义的思想、道德风尚和劳动态度，树立高尚的思想情操和生活方式。坚信社会主义制度的优越性，坚持个人利益服从整体利益，顾大局、识大体、讲原则、讲风格、学先进、争先进，自觉抵制和克服各种资产阶级腐朽思想和生活方式，建设高度文明的社会主义，把社会主义和共产主义的思想境界提升到一个新高度。

1982年，随着建设高度精神文明，搞好城镇建设的不断深入，县委、县政府除在预算内拨款外，还从预算外拨出200万元，用于文化、教育、体育、卫生事业。其中用于教育事业40万元；用于电影院、公园溜冰场、儿童风车和广播、电视差转台等公共设施建设100万元；拨给卫生部门40万元；用于修筑县城和公社墟镇等街道、公共厕所、垃圾池等卫生设施款13万元。是年，全县基本建设总投资412万元，占年度投资计划的111%，比1981年增长38.2%。其中非生产性建设投资占62.5%。房屋施工面积达43088平方米，其中住宅50068平方米，建成住宅面积30917平方米②。同时，县委、县政府有规划、有步骤地新建了一批文化教育、体育和生活公共设施，使县城和农村墟镇的市容市貌有了显著的改观。

①《始兴县人民政府工作报告文献汇编》，2014年版，第126页。

② 始兴县史志办公室编:《始兴县人民政府工作报告文献汇编（1950—2013）》2014年版，第129页。

第六节　恢复和加强民主法制建设

一、民主政治制度的恢复建立

1949 年 9 月始兴县和平解放后，中共始兴县组织接管了国民政权，建立了县人民政府。同时，成立中共始兴县委员会，开始建立在县委统一领导下的民主政治制度，“人民公社”建立后，强调党委的一元化领导。“文化大革命”开始后不久，这种党领导下的民主政治制度遭到破坏，县委及其工作机构陷入瘫痪状态，不能行使职权。1969 年 12 月，中共始兴县第三次代表大会召开，大会重新选举产生了中共始兴县第三届委员会。虽然当年县委机构得到重新恢复，但县委与县革命委员会的职能难以区分，县委的职能仍旧受到较大的制约。直至 1980 年 12 月召开中共始兴县第四次代表大会，选举产生了中共始兴县第四届委员会。同月，根据新修订的《中华人民共和国宪法》(简称《宪法》)和《中华人民共和国各级人民代表大会代表选举法》(简称《选举法》)以及《中华人民共和国各级人民代表大会和地方各级人民政府组织法》(简称《地方组织法》)规定，召开了始兴县第六届人民代表大会(简称县六届人大)第一次会议，宣布撤销始兴县革命委员会，并选举产生始兴县人民政府。至此，县委领导下的民主政治制度得以恢复。

县委加强对政权机关的领导，通过设立县人大常委会党组、做好国家机关工作人员的考察推荐等工作，支持县人大依法行使职权。县第四次党代会闭幕后，先后于 1980 年 12 月和 1981 年 12 月分别召开了县六届人大第一次和第二次会议。县六届人大第一次会议在县城太平镇举行，会议代表共 213 人，出席会议代表有 203 人，列席会议的县政治协商会议委员 61 人。会议宣布撤销始兴县革命委员会，并以无记名投票和差额选举的方式，选举产生了县第六届人民代表大会常务委员会（简称县人大常委会），组成人员15名，其中主任1名，副主任5名。同时，选举出县长1名，副县长5名；县法院院长1名，县检察院检察长1名。会议收集到代表提案共113件。闭会后，由县政府办理并答复代表提案有63件，占提案总数的55.75%。第二次会议出席会议代表有214人，列席会议的县政治协商会议委员58人。会议中心议题是：听取和审议县人民政府工作报告，批准1982年县国民经济发展规划和1980年县财政决算以及1981年县财政预算的执行情况，1982年县财政预算报告。同时，还听取和审议了县人大、县人民法院、县人民检察院的工作报告；会议收集到代表提案共120件。闭会后，由县政府办理并答复代表提案有75件，占提案总数的62.5%。

这两次县人代会按照新修订的《宪法》行使职权，把县委重大决策按法定程序转化为权力机关的决定，推动全县经济社会各项工作的开展。其中县六届人大一次会议的召开，恢复自1963年9月召开始兴县第五届人代会第二次会议以后中断18年之久的县人民代表大会制度，并且选举产生始兴县人民政府，结束自1968年2月以后持续13年的始兴县革命委员会的领导体制。会议还选举产生县人大常委会作为县人民代表大会的常设机构，从而健全始兴县的最高权力机关。

基层民主选举制度的恢复工作顺利进行。1980年10月，全县13个人民公社1个镇，根据新的《选举法》和《地方组织法》规定，在完成县第六届人大代表选举工作后，分别召开公社、镇第六届人大会议，选举产生公社管理委员会正、副主任和委员，红旗镇（县城镇）的正、副镇长和委员。这次公社、镇人代会，也是在1962年12月召开公社、镇第五届社员代表大会以后重新恢复召开的，标志着基层民主法制的恢复并走向正常化。

在县和基层政权机关恢复后，县委着重抓好政权建设的四大重点工作。一是抓好党的思想建设，端正思想路线。县委要求各级政权机关和行政机关的领导班子成员，必须继续深入学习中共十一届三中、四中、五中全会精神，自觉坚持党的思想路线，实事求是，一切从实际出发，理论联系实际，一心一意致力“四化”建设上，引导、激发农民发展集体生产，使农村尽快富裕起来。二是抓好党的组织建设，培养和选拔中青年干部，充实各级领导班子。县委坚持“任人唯贤”的干部路线和“德才兼备”的用人标准，对具有专业知识、精通业务技术的大、中专毕业生和有实践经验能刻苦学习的工农干部，选拔担任各种领导职务，同时，注意培养妇女干部，着力把政权机关的领导班子配备好。建立和健全对干部任用、考试、考核、奖惩、训练、提拔、调动、辞职、退休等制度，并对政府的各职能领导班子，明确职责范围，提高办事效率，以适应“四化”建设的需要。三是搞好党风建设，克服官僚主义。县委在抓党风建设的同时，着重改进领导作风，坚决反对领导干部的“一言堂”、脱离实际的官僚主义，坚决禁止生活特殊化、请客送礼、大吃大喝和以权谋私等不正之风。四是发挥纪检会的职能作用，加强对领导班子的监督。对营私舞弊、受贿收礼、滥发奖金和利用职权搞特殊，目无党纪、压制批评、打击报复甚至诬告、陷害、蓄意中伤等破坏社会主义法制现象，必须严肃处理，做到有法必依，违法必究，执法必严，促使政府工作人员致力把政府工作做好。

1982年，县委贯彻省委《关于开展法制宣传教育活动的通知》，加大法制宣传教育力度，并建立相关制度，保证人民拥有各种渠道和方式来行使“参加管理国家，管理各项经济事业和文化事业，监督国家机关和工作人员”的权利。县委要求，县、社（镇）两级行政机构严格按照国家法律规定，真正向本级人民代表大会负责，定期报告工作，认真听取人民代表的批评和所提出的建议，对人民代表所提出的各种质询应作出负责的说明和答复。在日常工作中，政府各部门和企事业单位的重要决策和重要工作，注意集思广益，倾听人民群众意见，广泛征求合理化建议，特别要注意充分发挥熟悉业务和有专业技术人员的作用。各企业单位还推行职工代表大会制度，企业负责人要向职工代表大会报告工作，并听取职工代表的意见，不断改进领导工作。对人民群众的来信来访工作，也建立专门的机构及人员负责，重大的信访问题由领导亲自处理。

县委按照党政分开的原则，支持县政府正确行使职权，改变过去“以党代政”“党政不分”的状况。同时，按照县党政领导交叉任职的规定，县委提名并经上级党委批准，由县委副书记作为县长候选人。此外，在县政府、县法院、县检察院中设立党组，并设立县委政法委，对司法机关履行监督、联系和协调的职能，发挥好县委对县政府和行政司法机关的领导作用。

二、整治社会治安

县委根据中共中央和省委关于立即开展一场群众性的整顿社会治安秩序的通知以及韶关地委紧急会议精神，1979 年 4 月 5 日召开全县三级干部会议，专题部署整顿社会治安工作。由于当时正处于改革开放初期，始兴和其他地方一样，出现扰乱社会治安、破坏社会秩序行为增多的情况。在这次会议上，县委书记凌海洋首先列举县内发生的种种扰乱社会的现象：乱砍滥伐林木，搞封建迷信活动，赌博和卖淫嫖娼等行为。对一些扰乱社会的行为，尤其是乱砍滥伐林木现象，部分地方的党员干部不敢抓、不敢管，致使违法犯罪案件有所增多。凌海洋对此在会上进行严厉的批评，部署打击违法犯罪行为，同时整顿干部队伍中对违法犯罪行为不抓不管的不负责任状况。这次会议后，由县委政法委牵头，各公社、大队、生产队开展查、摆、揭，有力地打击了违法犯罪行为，社会治安有了很大好转。

1980 年底，县委、县政府成立始兴县整顿社会治安领导小组，全面开展社会治安整顿工作。1981 年，公安、政法部门依靠专业队伍和群众相结合的办法，集中精力针对 222 起刑事案件，组织侦破了 173 起。并先后组织开展了 2 次整顿社会治安的活动，发动群众揭发和处理数百起大小案件。先后召开了 9 次宣判大会，依法宣判和逮捕了各类罪犯 36 人，有力地打击了反革命分子和各类刑事犯罪分子的破坏活动，打击了走私和投机倒把活动，保证了社会安定，保障了县内各项工作的顺利进行。

1982 年，健全了公、检、法和司法机构，调整了班子，充实了队伍，加强了业务培训，使整个政法工作向前推进了一步。通过法制宣传教育，通过各地制定《乡规民约》，在社会生活中既发扬民主，又严格按法律程序办事，使社会治安逐步好转。全县 56 个内保单位，都建立健全了治安岗位责任制；县内共建立起 152 个治安保会，145 个调解会。是年，审结民事案件 117 起，比 1981 年同期多 4 起，防止械斗 20 起；对 177 名违法帮教对象逐个建立帮教小组，有帮教人员 344 人。由于实行了综合治理，当年全县共发生刑事案件 167 起，比 1981 年下降 55 起，下降 32.9%；破案 144 起，破案率达 86.2%，比 1981 年提高 8.3%。从而及时有力地打击了犯罪分子的破坏活动，巩固和发展安定团结的政治局面，保证了“两个文明”建设的顺利进行。尤其是通过组织以保护森林为重点的整顿社会治安工作，使过去一度成为始兴严重社会治安问题的乱砍滥伐歪风基本得到扼制。

三、打击经济领域严重犯罪活动

随着农村体制改革的不断深入发展，经济领域的违法犯罪现象也有抬头倾向，扰乱社会的正常秩序。1982 年 1 月 11 日，中共中央发出《关于打击严重违法犯罪行为的紧急通知》(以下简称《紧急通知》)，2 月，县委认真传达贯彻中共中央《紧急通知》精神，把打击严重经济犯罪活动作为重要工作来抓，加强领导，健全机构，充实办案力量，并抓紧对贪污盗窃、投机倒把、行贿受贿、走私贩私等经济犯罪案件的立案查处工作，组织县委政法委、县纪委和公、检、法等部门迅速投入打击行动。4 月 13 日，中共中央、国务院公布《关于打击经济领域中严重犯罪活动的决定》(以下简称《决定》)，省委、地委相继发出相关文件，部署坚决打击经济领域犯罪活动的工作，并按照《决定》中规定的 50 天坦白从宽期限执行。县委召开三级干部会议，传达省委、地委文件精神，继续部署全县开展打击经济领域违法犯罪活动。

自 1982 年 2 月县委传达贯彻中央《紧急通知》以来，县委纪委把打击严重经济犯罪活动作为重要工作来抓，加强领导，健全机构，充实办案力量。联系实际，分析情况，采取有效措施，集中力量查处大案要案，及时清理“死角”“死面”，不断把纪检工作引向深入。1980—1982 年，全县共揭出经济案件线索 124 条，其中贪污盗窃 51 条，投机倒把 18 条，行贿受贿 42 条，走私贩私 4 条，其他案情 9 条。据这些线索反映，共牵涉国家资金 46.6 万元，个人非法牟利 10000 元以上的 4 条，1000~5000 元的 17 条，1000 元以下的 103 条。立案审查 44 起，已结案 41 起，占立案总数的 93%，追回赃款 110421 元。在处理 41 件案里共 62 人中有县机关科局级干部 2 人，公社正副书记、公社正副主任 7 人，一般干部 29 人，其他人员 24 人。给予党纪、政纪处分的 34 人，免除纪律处分(包括销案)的 20

人，逮捕法办的8人。至1983年，县内共立案查处违纪案件78起，处理88人，其中开除党籍25人，留党察看30人，撤销党内职务5人，严重警告17人，警告3人，行政处分4人，刑事处分4人[①]。同时选择15起群众反响强烈、影响较大的典型案例印发通报，对广大党员干部进行“敲警钟”方式的教育。

本章小结

在1979年1月至1982年12月改革开放的初期和工作重点转移阶段，也是中国第五个五年计划的第4年和第六个五年计划的第2年阶段。在本阶段，县委贯彻执行中共十一届三中全会以及此后的文件和重要会议精神，把工作重点转移到经济建设上来，坚持实事求是的思想路线，清除“左”的思想影响，在贯彻执行“调整、改革、整顿、提高”和“对外开放、对内搞活”方针中，改革生产关系和管理制度，推动改革开放的启动和经济建设事业的发展。

通过建立农业生产责任制，粮食生产逐年提升，农林牧副渔业同步发展；工业在改革管理体制中稳固发展，主要产品产量增加；交通运输、邮电、供电、水利事业取得较好成绩；林业方面完善木材的经营方式，封山育林，提高森林覆盖率，保护了生态平衡发展；财贸流通促进市场经济发展，购销趋旺。全县粮食总产量从1979年的77451.2吨，至1982年达90789吨，总产值6903万元；全县工业总产值从1979年的2832.74万元，至1982年达3113万元；地方财政预算收入从1979年的441.4万元，至1982年增加到556万元；1979年，全县消费品零售总额3412万元，至1982年达5182万元。

人民群众生活水平有所提高。1979年，全县农民人均年纯收入120.5元，至1982年增加到342元；在岗职工人均年工资1979年为658元，至1982年增加到920元；城乡居民储蓄存款余额从1979年524.8万元，至

①《中国共产党始兴县历次代表大会文件选编》，广东人民出版社2006年版，第229页。

1982 年增加到 1454.7 万元。

在社会事业和社会治安方面，通过加强文教卫生、计划生育和科技工作，加强法制宣传教育和整顿社会治安，给违法犯罪行为有力打击，社会环境和经济秩序得到优化。

在党的建设方面，思想建设、组织建设和党风党纪建设得到加强，为经济社会发展提供领导保证。

本阶段处于改革开放初期，政治制度、经济和社会事业面临调整、改革、转型，加上“文化大革命”“左”的错误思想影响仍有残留，以致在发展思路、领导方式方法上都存有一些薄弱环节，有些工作仍存在许多困难。主要表现在经济工作面临较大的困境，工业发展不快，财贸及商品流通渠道不畅通；人民群众生活水平提高不快。

对以上取得的成绩和存在的问题，县委认真分析研究，有针对性地总结成功经验，继续发扬成绩，并采取相应措施加以解决。通过本阶段的工作，开启了始兴改革开放和建设中国特色社会主义的征程，并为此后的发展奠定了基础。

第二章

稳步推进改革开放

（1983.1—1992.12）

第一节　经济体制改革的推进

一、调整农村产业结构

中共十二大确定中国从1981年到20世纪末经济建设总的奋斗目标、经济发展分两步走的战略部署，并对推进经济体制改革提出明确的要求。根据中共十二大确定的方针路线，1983年1月，中共中央发出《当前农村经济政策的若干问题》(1983年中央1号文件)，并在1984年10月召开的中共十二届三中全会上通过《中共中央关于经济体制改革的决定》。此后，中共中央根据改革形势的发展，对各阶段的改革作出具体部署。1983—1986年每年发布对农业农村工作的中共中央1号文件，省委根据中共中央的部署，1985—1991年召开第一至第六次全省山区工作会议，推动全省山区改革的深化。县委根据中共中央和省委的部署，加强调查研究，结合始兴实际情况，创新发展经济的思路，通过完善家庭联产承包责任制和调整农村产业结构，推动农村经济的转型发展，并且通过城乡结合办工业和招商引资发展外向型经济，为始兴经济的加快发展开拓了新的道路。

实行家庭联产承包责任制后，县内农村一些家底厚、劳力强、有技术、有经济头脑的农户，则因地制宜，持己所长，从传统经营里，逐渐开始转移经营经济效益较好的种植业、饲养业和工商副业，成为专业户、重点户。县、乡两级党委和政府对专业户、重点户从传授技术、传递信息、疏通渠道到发放专业贷款等方面，都给予大力扶持。1983年底，县内经营得较好的专业户有9户，共67人，总收入达11.18万元，纯收入8.2540万元，人均收入1230元，为当年县内普通农户平均收入425元的3倍。至1984年，该9户专业户虽然由于产品价格下跌和经营管理跟不上，人均收入下降至830元，但仍比县内普通农户人均收入435元高52.4%。

1984年上半年，全县共有各类专业户、重点户4551户，占全县总农户的14.78%。其中农业专业户423户，林业专业户1908户，畜牧业专业户343户，工副业专业户203户，商业专业户1480户，其他行业专业户194户。

1984年9月，县内普遍调整了责任田、责任山、自留山和延长土地、山林的承包期。至1985年3月，全县1431个有水田的生产队调整了责任田，占全县1465个生产队的97.67%。承包责任田的农户有30654户，占全县总农户的99.6%。承包鱼塘的有1341户，总面积120.27公顷。承包果园的有143户，总面积83.2公顷。全县1464个有山林的生产队中，落实了责任山、自留山的有708个生产队，占总生产队数的48.4%，落实面积共11.507万公顷，占全县总林用地的（1978年总体规划面积）65%，其中责任山9.57万公顷；自留山1.95万公顷，人均0.107公顷。责任田承包期延长为15年，山林承包期延长为45年[①]，从而消除农户怕政策多变的思想顾虑，使农户放心地增加投入，扩大发展。

1985—1992年，是县内深化农村产业结构调整阶段，在稳定粮食生产的基础上，建立健全了农村合作社经济组织，发展多种经营和综合利用，加快林牧副渔业发展。实行山区抓“两香”（香菇、松香），平原丘陵抓烟、果、麻、桑的农村经济发展战略，专门设立水稻、烟麻、水果、蚕桑、香菇、松香等生产领导小组及办公室，固定人员，实行专业指导，大力发展这些短、平、快的项目，促进农村商品率的不断提高。据始兴县统计局1985年公布数字（下同），全县农村经济总收入首次突破1亿元大关，比1978年的2682万元增加了7582万元，增长282.69%。1989年全县农村人均分配812.5元，比1978年全县农村人均分配101.2元增加了711.3元，达7倍之多。农村商品率也有明显增长，1989年全县农村商品率占62.71%，比1978年的56.6%增长近11个百分点。农村产业结构的调整，同时也带来了效益的增长。1989年，全县农村第一产业产值共17630万元，比1985年的8776万元增加了8854万元，增长了100.8%，占农村三大产业总产值（含乡镇村企业）的82.1%，比1985年的75.3%增长了9%。而第二、第三产业产值为3844万元，比1985年的2873万元

①《始兴县志》，广东人民出版社1997年版，第106页。

增加了 971 万元，增长了 33.79%，占全县农村三大产业总产值的 17.9%，比 1985 年的 11.7%增长了 52.99%。

1990 年，为发展经济作物和养殖业，县内早造水稻种植面积调减到 544.4 公顷，用于发展经济作物，其中黄烟种植面积比 1989 年增加 396.93 公顷，蚕桑种植面积比 1989 年增加 276.87 公顷，提高了农业产出率和商品率。1991 年，依靠科技兴农，县内组织开展了形式多样的科技推广活动，全县推广杂交水稻 14926.67 公顷，占总面积的 87.2%，推广了“单两大”“双两大”的先进栽培技术，提高了单位面积产量。

至 1991 年，经过几年调整农村产业结构，因地制宜，大力发展经济作物和养殖业，农村经济得以全面发展。全县农业总产值（1990 年不变价）达 3.64 亿元，比 1990 年增长 6.2%；粮食总产量 11.13 万吨，比 1990 年增长 0.08%，单产超始兴历史最好水平；黄烟总产量 5324 吨，比 1990 年增长 20.7%；蚕茧总产量 432 吨，比 1990 年增长 1.26 倍；松脂总产量 2053 吨；水果总产量 9127 吨；西瓜总产量 19000 吨；茶叶总产量 98 吨；红黄麻总产量 2163 吨；香菇总产量 340 吨；花生总产量 4779 吨；生猪饲养量 17.4 万口；三鸟出栏量 93 万只；水产总产量 2641 吨。

二、巩固完善家庭联产承包责任制

自 1983 年 1 月中共中央发出《当前农村经济政策若干问题》，将中共十一届三中全会以后实行的农业生产责任制统一改称为家庭联产承包责任制后，县委加强检查，要求各地继续完善家庭联产承包责任制。

县委在认真贯彻中央一系列关于农村工作的文件精神的同时，结合始兴实际情况，采取了有效措施巩固完善家庭联产承包责任制，调整农业生产布局，改革农业经济结构；进一步稳定、整顿、完善联产承包责任制，扩大农民的自主权，积极向广大农民宣传党的责任制将长期不变。在组织全面的大检查，帮助农民逐步完善、提高农业生产责任制，与农民签订各种承包合同的同时，各级党委、部门做好机耕、水利、植保、防疾、制种和配种等统筹安排、统一管理工作。县委还强调，不管采取哪种形式的承包责任制，都必须保证公积金、公益金和干部、民办教师报酬及照顾五保户、困难户、烈军属的基本生活需要。这些措施，给县内农村经济注入了强大活力，带来了整个农村的大好形势。1983年，全县粮食总产量比上一年增长6.3%，创历史新高。经济作物产量也大幅度增长，与1980年相比，黄烟增长1.6%，花生增长18%，柑橘种植面积达到433.33公顷，总产量增长2倍；西瓜增长48%，茶叶增长58.3%，蚕桑增长69倍。畜牧水产业也有发展，尤其是养殖面积和水产品产量成倍增长，解决了始兴山区以往吃鱼难的状况。1983年，全县农业总产值达7811万元，比1980年增长17.2%。其中林、牧、副、渔产值所占的比重由1980年的47.6%上升到53.5%。农村商品生产总值4002万元，商品率达38.7%。全县专业户和新的经济联合体4551户，投入劳力9549个，分别占总农户和农业总劳力的14.8%和14%。全县开发“五荒”①2666.67公顷。

1985年底，县内经营得较好的专业户已有106户，共675人，总收入86.7万元，纯收入57.9万元，人均收入857.8元，为县内普通农户人均收入的180.98%，其中有13户收入超万元，有26户出售商品粮农户平均出售7.948吨（含交售给国家和社会销售两部分）②。这些数据表明，联产承包制已逐步改变了过去那种“以粮唯一”的思想观念，从而使农、林、牧、副、渔得到全面发展。

1989年，县委的经济工作指导思想是以“抓生产，促发展；抓调整，保重点；抓改革，求效益”为中心，对农村的改革，完善双层经营，推行土地适度规模经营，办好创汇型农业和乡镇企业。重点发展产值高、能出口创汇的经济作物和养殖业，使农业由产品生产向商品生产转化，由内向型向外向型转化。5月4日，《韶关日报》在头版头条以《城南乡耕地连片承包见成效》为题报道了始兴县城南乡耕地连片承包的做法，提高了土地使用率和机耕化程度，节省工时，方便管理。

1990年3月，中共始兴县第七次代表大会召开后，县委继续农业产业结构的调整，巩固家庭联产承包制，大力发展效益高的黄烟、蚕桑、水果以及反季节蔬菜等经济作物，全县经济作物与水稻种植面积之比由原来的4∶6调整为6∶4，对经济作物的种植面积进一步扩大，建立起一批农业商品基地，促进了农村经济的发展。

①“五荒”，指荒山、荒地、荒坡、荒滩、荒水。

②《始兴县志》，广东人民出版社1997年版，第108页。

1992 年，全县农业总产值实现了 3.7748 亿元，比 1989 年增长 26.3%；乡镇企业总产值 21476 万元，比 1989 年增长 68%；农村人平收入比 1989 年增长 24.6%，年均增长 8.1%。

三、全面封山育林，发展林业事业

林业是始兴经济结构的重要组成部分。中共十一届三中全会之后，县委、县政府切合实际，调减县内采伐计划，大力开展封山育林和植树造林，落实林业“三定”，调动了林农生产积极性，促进林业生产大发展。根据中共中央、国务院《关于制止乱砍滥伐森林的紧急通知》，县人大常委会针对始兴森林采伐面临失控的状况，于 1983 年 3 月在县第六届人民代表大会第三次会议上作出《关于清除当前三大隐患，发展大好形势》的决议公告，把森林滥伐列为应控制的隐患之一，规定“消耗量不能大于生长量”的原则。接着，县委、县政府制定出“九项规定”，同时提出“一封到底，封出成果”，将过去的“以杉唯一，以造为主”改为“以封为主、封管造并举”；将无节制砍伐改为“封管造带砍带销”的限额砍伐。通过改革经营方法、改革营林技术，是年森林覆盖率由 1978 年的 61%上升到 63%；木材蓄积量达到 899 万立方米。随着林业生产责任制的落实，一大批锐意经营林业的专业户和联合体不断涌现，林业经济出现进一步发展的好势头，林区社队集体和个人经济收入得以增加。全县共 7 个林区总收入达到 3140 万元，比 1980 年增长 175%，人均分配达到 463 元。

1984 年 6 月 8 日，始兴县林业森工局改称始兴县林业局。县内开始实行木材采伐“一本账”，即全县商品材、自用材都列入计划内，严格控制采伐量。

1985 年通过落实“两山到户”① 山林经营体制，推行多种形式联产承包责任制，林业部门将原来的无偿造林改为有偿贷款造林，实行林业专业户、重点户和联合体，向银行贷款造林，以“联合造林，山权不变，林权共有，界址分明，投资偿还，通力协作，风险共担，利益分成”为原则，通过乡（镇）、林业站与村三级联营造林；部门与村、社联合造林；部门承包荒山

① “两山到户”，指集体山林承包到户、增划社员自留山到户。

造林；联合办林场造林；租山造林；农户兴办小庄园造林等6种形式进行造林，使县内山林在得到充分保护下又增加林农的经济收入。当年，全县林业联营集体和1905户林业重点户，承包荒山造林达846.67公顷。1985年11月，广东省山区工作会议召开，县委按照会议要求，结合县内具体状况，提出“三年消灭荒山，五年绿化始兴”的目标，实行各级领导定点、层层办造林绿化点，全县兴办周前（县委书记点）、贤丰（林业局长点）、高留（农委主任点）等59个点，共新造林3266.67公顷，占全县同期荒山造林面积的24%。之后3年来，县委、县政府采取多渠道集资来消灭荒山，共投入造林资金871万元，荒山造林14666.67公顷（含封山成林8066.67公顷），其中丰产林1860公顷，1987年、1988年分别造林5466.67公顷、5933.33公顷，为1985年造林数的3倍。1986年中央绿化委员会授予始兴“全国绿化先进单位”称号。1988年夏，经省验收，始兴成为广东省第一批无荒山县。1989年，又造林1980公顷，造林绿化和林木营护成效突出，受到省委、省政府通报表彰。同年，始兴县被林业部定为全国森林资源和林政管理示范县。自1985年5月县林业局增设了林政股后，林政工作有了专职管理，对森林资源的档案、木材采伐、木材放行、护林防火工作不断完善和健全。特别是护林防火工作，是保护和发展全县林业的一项根本措施，建立起一支庞大的护林队伍。至1988年全县护林中队里有63人，护林站有49人，合约封山员有204人，边界护林员51人，自筹封山员70人，总共有437人[①]。这支队伍是宣传和贯彻执行《森林法》的先锋队。林业部门每年印发上万张《森林法》实施细则及“五不烧”“七禁止”等护林防火准则，使全县人民群众知法、守法，对保护森林资源效果显著。

1990年3月，县委为保障农业丰产高产，城镇园林绿化普及，生活生产环境清洁、优美、安静，生态环境能适应生产发展和人民生活水平提高的要求，作出建设始兴生态林业县的重要决策，并作出4项具体决议：一是林业建设上“三个台阶”。造林种果，培育资源，改善生态环境；建立林产品商品基地，实行多种经营，适度规模经营；把资源、技术市场结合起来，发展林副产品的深度加工。二是抓好“四化”[②]，抓紧城镇、公路两

① 始兴县林业局编印：《始兴县林业志》1989年版，第83页。
② “四化”，在这里指树种、林种结构科学化，生产基地化，经营商品化，管理法规化。

旁绿化及农田林网化建设；认真进行林种结构调整，下功夫培育速生丰产林；建立造纸、松香、香菇基地，以林业资源为主的造纸、家私、林产化工及林副产品加工等工业体系；建设一批生态村、生态区、生态乡（镇）、生态林场，以点带面，逐步推广。三是办好森林资源和林政管理示范点，制定出建设生态林业县的经营方案，分段实施；强化林政管理，坚持“以封为主，封、管、造、节、用并举”，实行依法治林，采取强有力措施，严格控制山火，坚持制止乱砍滥伐，防治森林病虫灾害。四是加强党组织领导，成立以县委书记和县长为首的建设生态林业县委员会，今后历届相传，直至实现目标。委员会下设办公室，负责日常事务工作。

县委还下大力气开展绿化达标和山林双层经营，对林业实行“封、管、造、节、用”，抓好林业生产，并制定了《始兴县森林采伐限额全额管理实施细则》《始兴县森林采伐伐区管理规定》，提高林政管理水平。完善山林双层经营管理体制，对责任山实行山林适度规模经营。在自愿互利原则下，全县共成立各种联营体1201个，联营责任山13173.33公顷。还发动和组织广大群众掀起全民性造林绿化高潮，全县绿化义务打穴8.7万个，人工造林2000公顷，占计划141.5%，其中低产林改造1866.67公顷。与此同时，县委、县政府推行的改燃节柴也显成效，一年折合节省木材近10万立方米。

为使始兴尽快实现绿化达标，县委要求各级领导把绿化达标纳入领导班子岗位责任制，实行层层包干，签订绿化达标合同书，级级落实责任制。大搞改造残次林和低产林，发展速生丰产林。加强林政管理，完善限额全额管理，抓好护林防火、防治病虫害和改燃节柴等工作，致力建设成为生态林业县。

1991年，经省委、省政府验收，始兴实现了绿化达标和改燃节柴达标，成为全省第一批绿化达标县，被中央绿化委员会、国家林业部授予“全国造林绿化先进单位”。绿化达标后，林业资源培育工作主要是迹地更新，采伐迹地实行谁砍谁种，火烧迹地实行经营者更新责任制，县林业部门对集体经营的迹地更新实行资金补助，每亩（0.0667公顷）补助约50元（不含苗款）；对股份林场，返还其采伐前所交缴的育林金的30%作为迹地更新补助；县林业局下属林场则由林业部门全额投资，自负盈亏。

1992 年，全县造林 1772.67 公顷，其中杉树林 1574 公顷，松树林 108.4 公顷，其他树林 80.27 公顷。

四、整顿和改革工业及城镇经济体制

随着改革开放的形势，县内工业企业大搞经济体制改革，企业由纯生产型转向经营型，推行承包责任制和经营目标管理制度，缩小国家指令性计划，扩大指导性计划和市场调节导向。1983 年，县委继续贯彻“调整、改革、整顿、提高”的方针，在县内广泛推行承包扭亏工作，在县属工业企业整顿工作中，围绕提高经济效益这一中心，按经济规律办事，调整了领导班子，对企业实行“计划利润包干、超计划分成”的经济责任制；对企业内部实行“车间、班组包干”“计件工资”和“工时、产品定额，超时超产计奖”等多种形式的生产责任制，健全各项管理制度，调动企业和职工的生产积极性，提高经济效益。交通、邮电、商业、供销等服务行业及其公司、门店也实行多种形式的经济承包责任制。县委、县政府实施四大举措推进工商企业改革：调整企业领导班子，按照“四化”要求配备干部，进一步健全企业管理制度；改革人事劳动制度和工资制度；按国务院《关于进一步扩大国营工业企业自主权的暂行规定》和市政府关于工业若干政策的六条规定，对企业松绑放权；抓紧企业整顿，落实经济责任制，改“官办”为“民办”。

1984 年 10 月《中共中央关于经济体制改革的决定》下发后，县委迅速调整改革思路和措施，全面启动工业和城镇经济体制改革。1986 年 9 月，中共中央、国务院颁布《全民所有制工业企业厂长工作条例》(以下简称《条例》)、《中国共产党全民所有制工业企业基层组织工作条例》(以下简称《条例》) 和《全民所有制工业企业职工代表大会条例》(以下简称《条例》) 后，县委贯彻执行以上《条例》中，认真落实“三句话”①，坚持党对企业的领导，把企业改革引向深入，对小型企业实行租赁或承包经营。实行合同用工制度，鼓励人才和劳动力合理流动，发展多种形式的用

① “三句话”，指《中国共产党全民所有制工业企业基层组织工作条例》中规定的“充分发挥企业党组织的政治核心作用，坚持和完善厂长（经理）负责制，全心全意依靠工人阶级”指导方针。

工办法。

在工业改革中，一是试行民主选举厂长、厂长组阁和实行厂长负责制，扩大企业在生产经营计划、产品销售、价格、物资选购、资金使用、资金处理和机构设置、人事劳动管理及工资奖金分配等方面的自主权。二是实行所谓改税，部分企业内部实行车间、班组或个人的经济承包制和定额计件、浮动或半浮动的工资奖金分配办法，打破企业靠吃国家“大锅饭”和职工靠吃企业“大锅饭”的依赖思想。三是加强企业供销工作，实行以销定产、产销共谋，变单纯生产型企业为生产经营型企业，扩大产品销路。在城镇经济体制改革中，商业局所属各公司共35家小型零售门店，按“国家所有、集体经营、按章纳税、自负盈亏”和租赁经营两种形式放开。供销社也在恢复“三性”的基础上，按合作性质企业进一步健全各项管理制度。1990—1992年，县委加强对工业的领导，把工作重点放在上项目、抓技改、抓投入和抓效益上来。期间全县新上工业项目39个，总投资8203万元，实行了项目负责制和扭亏增盈责任制，使工业企业减亏。

在交通事业管理改革中，自1981年9月撤销县经委交通科，恢复始兴县交通局后，随着物流量日渐增多，交通事业的发展得到县委、县政府高度重视。1983年4月，遵照省政府制定的《公路路政管理暂行规定》，县政府颁发《关于加强路政管理，严禁在公路上堆放杂物的通知》，并于12月成立县整顿路政领导小组，抽调公安、公路、林业等部门人员开展“爱路、护路”的广泛宣传和路政大检查。1984年，县交通监理站改称县交通管理所，主要工作是对机动车和驾驶员进行管理及纠正违章、处理交通肇事和维护交通秩序等。1986年11月，根据国务院文件，县交通管理所移交县公安局接管，改称为始兴县公安局交通警察大队，下设车管、交管、行政秘书股。翌年增设城镇交警中队，专管县城交通安全秩序。此后，运输市场随着改革开放形势的发展，县委、县政府提出“国家、集体、个体一起上”的经济建设策略，改变了过去长期单一经济所有制和独家经营的旧模式，促进了公路和水运运输市场的繁荣。为加快公路建设和改造步伐，至1989年，新建公路投资额共1215万元，修建公路92条，总长721.3千米。是年，全县陆路货运量79.1万吨，货物周转量7741万吨千米，客运量98.2万人次，旅客周转量3818万人千米，客运每天发班车34辆次[①]。1989年末，县交通局管辖县交通管理总站、县地方公路管理站、县航道管理站、县水运公司、县装卸运输服务公司。1990—1992年，县委在交通方面重点抓了公路建设，3年来扩建、新建公路89条共160千米。完成了县城出口道、红旗大道、红旗西路和上围街的道路改造。

在邮政方面，传统业务包括：函件、包件、汇兑、特快专递、报刊发行、储蓄、集邮和机要通信等八项。县邮电局负责管理全县的邮政、电信技术及业务，行政管理只设局长、副局长。1985年2月，局长办公室下设人秘、计财、业务3个股室，对口分管县内邮电通信的劳动人事、安全保卫、安全生产、教育、技术、业务、统计、计划、财务、审计等工作，是全县邮电通信的各类信息反馈中心。1987年6月恢复办理邮政储蓄业务。1989年9月，召开第五届职工代表大会，根据中共中央批转《国营工业企业职工代表大会暂行条例》，实行县邮电企业党组织领导下的职工代表大会制。12月，县内开通中文电子电传业务。1990—1992年，全县邮政业务收入192.07万元，其中邮储收入增幅最大。1990年邮储收入9万元，至1992年已上升到14.27万元，增长58.55%。

五、打破粮食单一经济，促进农林牧副渔全面发展

党的十二大报告指出："农业是我国国民经济的基础，只要农业上去了，其他事情就比较好办了""要在有限的耕地上生产更多的粮食和经济作物，并且全面发展林、牧、副、渔各业，以满足工业发展和人民生活提高的要求。"党的十二大报告明确阐述了农业的重要性。

始兴农业在经济中占的比重很大，是决定全县经济形势发展的关键。县委高度重视，在认真贯彻1983年中央1号文件精神，进一步抓紧农业的经济结构改革、管理体制改革和技术改革，走农、林、牧、副、渔全面发展，农工商综合经营的道路，着重采取了四大措施，一是积极、稳妥、有领导、有步骤地继续推进以家庭经营为主的联产承包责任制，极大地调动农民的生产积极性。二是切合当地实际调整农业生产布局，发展多种经营，使单一的农业生产结构向多元化发展。三是放宽农村的经济政策，鼓

①《始兴县志》，广东人民出版社1997年版，第342页。

励农民劳动致富，在许多方面扶持各种专业户和新的经济联合体，鼓励开发性承包，鼓励发展商品生产。四是加强农田水利基本建设，改善农田水利设施。

经过调整农作物布局，全县商品经济得到全面发展。虽然 1984 年粮食因调减种植面积和遭受水旱灾害而减产 10 万吨，但经济作物在全县共同努力下全面增产，林牧副渔也全面增收。与 1983 年相比，全县花生增长 8.5%，黄烟增长 21%，红瓜子增长 1 倍，西瓜增长 2.3 倍，橘橙增长 1.4 倍，茶叶增长 22%，蚕茧增长 72%，猪肉增长 19%，塘鱼增长 34%。林业人工造林首次突破 3333.33 公顷大关，创历史最高水平，木材生产与 1983 年基本持平。农村工副业产值集体部分增长 2.3%，家庭个体部分增长较快，达 687 万元。农业的调整，使农村经济单一的状况有较明显的改变。1984 年全县农业产值 8143.2 万元，比 1983 年增长 4.25%，其中林、牧、副、渔产值 4285.3 万元，超过粮食生产产值。农村生产商品率也从 1983 年的 38%提高到 55%。农村人均分配也比 1983 年增长 3.3%，达到 435 元①。

1990 年，县委根据省委于 7 月批转省委农村工作部《关于完善农村集体土地经营管理体制的意见》，结合推动农村奔小康的目标、措施和要求，继续落实农村各项政策，在反复宣传联产承包责任制政策长期不变稳定民心的同时，积极引导农村把第二步改革引向深入。在稳定粮食生产的前提下，动员各行各业支援农业，大搞农田基本建设，兴修水利，改善生产条件。1991 年，全县农田水利建设共投入 89.4 万个工日，资金 180.48 万元，完成土石方 55.8 万立方米，改造中低产田 1533.33 公顷。是年，全县早造调减水稻种植面积 544.4 公顷，用于发展经济作物，其中黄烟种植面积比 1990 年增加 396.93 公顷，蚕桑种植面积比 1990 年增加 276.8 公顷。全县农业总产值（1990 年不变价）达 3.64 亿元，比 1990 年增长 6.2%。粮食总产量 11.13 万吨，比 1990 年增长 0.08%，单产超历史最好水平。黄烟总产量 5324 吨，比 1990 年增长 20.7%；蚕茧总产量达 432 吨，比 1990 年增长 1.26%；松脂总产量 2053 吨；水果总产量 9127 吨，比 1990 年增长

①《始兴县人民政府工作报告文献汇编》，2014 年版，第 149 页。

35.3%；西瓜总产量 1.9 万吨，比 1990 年增长 61.6%；茶叶总产量 98 吨，比 1990 年下降 3.9%；红黄麻总产量 2163 吨，比 1990 年增长 138.7%；香菇总产量 340 吨，比 1990 年增长 14.48%；花生总产量 4779 吨，比 1990 年增长 4.1%；生猪饲养量 17.4 万口，比 1990 年下降 2.1%；三鸟出栏量 93 万只，比 1990 年增长 21.7%；水产总产量 2641 吨，比 1990 年增长 16.4%[①]。

经过 1983—1992 年的农村经济体制改革，全县农、林、牧、副、渔各业呈现出稳定发展的态势。1992 年作为“八五”计划实施的第 2 年，县委确定此后全县农业继续调整农村产业结构，促进农村经济全面发展的方向，贯彻执行《中共中央关于进一步加强农业和农村工作的决定》，不断完善统分结合的双层经营体制，积极发展农业社会化服务体系，逐步建立和健全国家、集体和农民个人相结合的投资体系，特别是依靠农民的劳动积累，不断增强农业发展后劲。

六、外引内联决策的实施

通过改革开放以后的发展实践，县委认识到，在始兴这样的山区，华侨少，离港澳远，要建立市场经济体制，扩大开放，发展经济，必须要以县内丰富的山区资源，给外商创造比沿海地区更优惠的条件，加强外引内联，积极引进外来资金、技术和人才兴办项目，促进始兴发展。

1984 年 8 月，县委书记周学扬在中共始兴县第五次代表大会上的报告中提出：利用外资，要明确主攻方向，一是开发县内的山区资源，二是加快现有企业的技术改造。周学扬还指出：始兴矿产丰富，可以引进矿山设备发展采矿业。有的矿产品还可以深度加工，如石英加工玻璃，瓷土加工日用瓷、建筑瓷、工艺瓷。还有竹木加工、香菇等菌类生产等。

县委在实施外引内联和城乡结合办工业决策中，首先在互利互惠的基础上采取更优惠的政策，改善投资环境，整顿社会秩序，打好基础，筑巢引凤，提高办事效率，提供优质服务，增强投资者的信心，吸引更多的外资。同时，进一步扩大内联，充分吸收和利用国内的资金、技术、设备、

①《始兴县人民政府工作报告文献汇编》，2014 年版，第 212 页。

项目和产品扩散、人才、关系，继续走横向联合办工业的路子。此外，县委利用始兴县人民政府驻广州办事处，继续巩固发展扩大与广州的关系，接受中心城市经济开放的辐射，密切与市直属各部门各县的“血缘”关系，开拓港澳台海外的关系，加强与周边市、县的关系，争取更多的帮助和支持。

1985年，县二轻服装厂以“三来一补”①的方式与港商签订合同，成为始兴第一家开展“三来一补”业务的企业，当年就加工出口服装13万件，完成产值86.6万元。在引进港商投资办工业方面也开始有了新突破。1986年与香港泛马企业有限公司合资在县城东郊兴办港兴拼木地板厂，投资140万元，引进联邦德国制造的拼木地板生产线，1987年再引进联邦德国的万能铣床1台，当年加工木地板6万平方米，产品30%销往香港。1987年9月，县电器厂与香港中满实业公司合资创办广东始兴世纺企业公司，建厂投资35万美元，引进毛织和服装加工生产线各1条。主要设备有织机240台，缝盘机66台，高速电动平缝衣机30台，特种缝衣机12台及服装电剪、熨斗和毛衣洗烫全套设备，生产针织、毛织，年产量96万件，产品全部运往香港销售。1989年10月17日，香港金马企业贸易公司向始兴县对外经济工作委员会提出兴办外商独资经营企业的申请，经县外经委审查同意，在县境内设立外商独资企业，并于10月30日转报韶关市对外经济工作委员会审查，11月3日批准外商独资经营的《始兴县兴马木业有限公司章程》，同时发给批准证书，在韶关市工商行政管理局办理工商登记，领取营业执照。公司厂址设在县家私厂内，车间占地面积1800平方米。该公司总投资50万美元，其中注册资金35万美元，折合人民币129.9万元（按当年牌价计），有设备300台（套），计25万美元，经营珠宝箱及其他木制品。台湾顶峰企业有限公司派来4名技术人员和部分管理人员驻厂进行技术指导和管理，实行自主经营，自负盈亏，产品全部销往美国、日本、中国香港和中国澳门。1990年，该公司被广东省外经贸厅确认为“出口创汇型企业”。经过几年的经营发展，该公司在太平镇瑶村坳建立新的基地，占地3万平方米，总投资达到187万美元，有员工

① “三来一补”，指来料加工、来样订货、来料装配和补偿贸易。

800人。

1992年，县委、县政府在实施外引内联和城乡结合办工业决策中又有新的举措，结合县内山区资源，在年底隆重举办了“广东省首届香菇节暨广东始兴客家联谊会庆典活动”，应邀参加香菇节的国内外各界人士和客商550人，其中外商有80人。香菇节期间全县签订合同意向性项目有23项，招商总投资23835.4万元，其中签订利用外资的意向性项目有9项，投资意向总额6371.4万元；签订内联合同6项，总投资470万元；签订内联意向项目2项，总投资890万元；签订对外贸易合同，意向金额共416万美元。利用始兴特色农产品，发展乡镇企业。是年，新成立6家“三资企业”①，合同利用外资比1989年的180.66万美元增长56%，外贸收购调拨完成1100万元，比1989年增长58%。

七、完善城乡市场流通体制改革

1983年全县国营商业分属粮食、商业、物质、外贸四个系统，其中商业系统有8个专业经营公司，集体商业有6个专业经营公司（场）。县委按照省政府《关于放宽农副业产品购销政策，畅通商品流通渠道若干问题的通知》，确定商业、供销服务业的转型发展重点。建立开放式、多渠道、少环节的流通体制，做到货畅其流，物尽其用；放宽农副业产品的购销政策，逐步缩小统购统销的品种和数量，扩大自由购销的范围，对完成派购任务后的产品和非派购产品，允许自由购销、自由论价、灵活经营；清理过去制定的政策，凡不符合中央1号文件精神，有碍商品生产、流通的规定要取消，除县政府统一设置检查站外，任何部门和区、乡都不得设立关卡和乱收费用。

县委在改革国营商业的批发和物资供应体制中要求，冲破一、二、三级批发的层次，允许产销见面、择优选点进货，并在县城建立批发市场，在墟镇设立批发点。较大的零售商店开展兼营批发业务，简化批发和物资供应手续。广泛开展工商联营、农商联营、商商联营和省内外联营，建立起新型的产销关系，搞直线流通。同时，办好始兴驻广州和韶关的办事

① “三资企业”，指外商独资企业、中外合资企业、中外合作经营企业。

处，将县内产品，尤其是特色产品打进韶关、广州等地市场。

在供销社的改革中，实施解决实质问题的四条措施：一是取消对入股的限制，坚持入股自愿，退股自由的原则，不仅农村农民可以入股，干部职工和城镇居民亦可入股。股金分红比例要提高，可占年终税后利润的20%~30%；鼓励多入股，多得益。二是改革劳动人事制度。干部改委任制为选举制，能者上，无能者下；职工改统包制为合同制，能者进，无能者退；专门人才实行国家分配、企业培养和公开招聘相结合。三是改革财务管理制度，实行分级核算、自负盈亏。四是改革分配制度，实行多劳多得、按劳分配，把供销社在经济上同广大群众的利益联系起来，成为群众集体所有的合作商业组织。同时，给供销社下放人事、财务的管理权和分配形式的决定权；按集体所有制经济对待，给予放宽政策、打破原来体制的限制，扩大经营范围、开拓新的服务领域，实行购销结合，综合经营、综合服务；在商品价格上给予灵活性，并在税收政策上给予适当照顾，取消不合理收费。

无论是国营商业还是集体商业，都立足于为生产服务，为消费者服务，并在搞好服务中求得自身发展。在建立和健全经济责任制，形式多样化，采取“店组定额、岗位定责、全面考核、有奖有罚、工资浮动”和“几定一奖，包死上交，超基数计奖”等，从而改善经营管理和提高服务质量。同时，把原有按行政区划、行政层次统一收购和供应商品的流通体制，改变为开放式、多渠道、少环节的流通体制，形成城乡畅通、地区交流、纵横交错、四通八达的流通网络。

1992年，全县市场（消费品、专业）成交额8059万元，比1985年2221万元增长了262.85%；商业系统完成商品纯销售2567.4万元，比1985年的1950.2万元增长了31.64%。

在本阶段，县委始终有领导、有计划地实行“全民所有，集体经营，国家收税，自负盈亏”的方针，积极采取县乡两级一系列搞活流通、开拓市场的政策措施，协调好产销关系，加强内联，搞好市场建设，使流通规模迅速发展扩大。

第二节 改革经济管理方式和加强基础设施建设

一、改革经济管理方式

（一）计划管理方式的转变

县委根据经济体制改革的需要，逐步改革计划管理方式，下放计划管理权限，缩小指令性计划，扩大指导性计划，使计划管理逐步由微观管理向宏观管理转变，发挥市场调节的作用。在农业方面，放宽对种植计划的限制，允许农村在计划指导下发展多种经营，开展经济结构调整。在工业方面，扩大企业自主权，给企业提供产、供、销的计划权、支配权。在商贸流通方面，由国营独家经营改为国营、集体、个体多种形式经营，逐步放宽对商品流通的限制，形成多种经济成分并存，多渠道流通的体系。在固定资产投资结构方面，逐步改变由国家资金单一投资的状况，鼓励与吸引社会资金和市场主体等多方面投资。同时，按国家关于加强固定资产管理的政策，不断完善和加强投资计划管理，使固定资产投资迅速增长，投资结构不断改善。

县委、县政府加强对统计、物价工作的领导，于 1981 年重新设立统计局，发挥统计工作的服务功能。在确保统计数字准确的基础上，加强统计分析，针对全县国民经济和社会发展中的新情况、经济体制改革和人民群众关心的问题进行调查分析，对全县国民经济和社会发展起着信息指导作用，使县委能正确、快速、有计划地制定经济建设中的各项工作目标。县委根据工农业产品价格逐步放开的新形势，加大物价管理的力度，坚决执行物价政策。1985 年 1 月，始兴取消生猪派购任务，价格放开；取消肉票牌价猪肉供应；取消粮食统购、统销制度，实行合同定购，调整价格。除粮、油和木材的价格仍由国家制定外，其余均放开购销价格，实行国家指导价（浮动价）或市场调节价（议购价）。1987年，工业消费品价格除食盐外，已全部放开。一些高档消费品除彩色电视机实行国家指导价外，其余也均已放开。生产资料价格实行“双轨价格”制度，即计划内执行国家定价或指导价，计划外实行市场调节价。

1979—1989年，始兴经历过3次物价上涨。第一次是1979—1983年，由于国家较大幅度调高了粮油等18种主要农副产品收购价格，以及1980年提高猪肉等8种主要副食品的销售价格，引起连锁反应，价格直线上升。第二次是1985—1987年，由于取消了农产品统派购制度，放开生猪、蔬菜、水产品等鲜活食品价格，放开收录音机、自行车等商品和进一步放开749种小商品的价格，以及对石油等生产资料和短途交通运价等作了调整，国家定价的日用工业品又实行浮动价的范围扩大和幅度增大。第三次是1988—1989年，由于价格开放品种日益增多，价格再度上涨。为保障人民群众生活稳定，县委、县政府采取发放生活补贴、加快商品流通、扩大商品供应量等方式，在较短的时间内消除因价格上涨造成的影响。

1991年，价格改革工作进入了一个关键年，县委、县政府围绕以“既要稳定物价，又要振兴经济”为中心内容的工作思路，深入开展价格改革工作，加强物价调控，稳定物价总水平。

1992年，县委、县政府在认真执行国家定价政策和抓好关系国计民生商品和服务价格的政府定价、政府指导价和政府宏观调控工作的基础上，进一步转变物价工作职能，向建立社会主义市场价格管理体制转变，向间接调控为主转变，向市场形成价格转变。大力宣传《中华人民共和国价格法》，依法行政。深化收费管理，重点放在管理水、电、油、燃气和农资、交通、行政、教育以及医疗等与人民群众生产、生活息息相关的收费方面。根据县内实际情况，适时取消或新增一批收费项目，调整部分收费项目的收费标准。开展节前节后、年度、专项和重点物价大检查，并强化监督审查工作，取消或调整农资收费、水电收费、行政事业性收费、医疗收费和教育收费中擅自设立的收费项目、擅自提高标准的收费项目及其他不合理、不切实际的收费项目，深入治理损害广大群众利益的不正当收费。

（二）经济运行管理工作逐步加强

县委、县政府通过健全机构、理顺关系、协调配合等措施，加强对经济运行的管理。1984年6月成立始兴县审计局，1986年8月成立始兴县标准计量管理局，同时加强工商行政管理。1984年2月国务院发布《关于在我国统一实行法定计量单位》，规定我国的计量单位一律采用《中华人民共和国法定计量单位》，全县计量管理和监督开始纳入法制轨道。1988年1月25日，县政府发出《关于对强制检定的工作计量器具实行强制检定的布告》，对用于贸易结算、安全防护、医疗卫生、环境监测和公文、统计、报刊、印刷品、新闻出版、广播电视等，一律采用法定计量单位，对计量器具凡检定不合格或超出周期的，不准使用。同时，计量监督员不定期地对县内的计量器具进行巡回检查，发现使用旧杂秤的依法没收和处理，对失准的计量器具视情节轻重进行查处。

为使《中华人民共和国法定计量单位》在各单位得到落实，计量管理部门在全县工业企业中开展计量定级、升级工作，有效地降低了企业消耗，节约了能源，提高了产品质量，增加了经济效益。至1991年，县生活锅炉厂、松香厂、铁合金厂、康雅保健用品厂、水泥厂、家私厂、造纸厂、建筑机械厂、印刷厂、服装厂等10家企业通过计量验收，先后定为三级计量合格企业，其中粤北铁合金厂、生活锅炉厂2家企业经考核合格，升为二级计量合格企业，所生产的生活锅炉、工业硅、松香3项产品，被评为省优产品。

在审计工作中，1985年起，实行“划分税种，核定收支，分级包干，一定五年”的财政管理体制，先后开展经济行为的检查、监督以及追缴违规金额工作。1989年，全县共查出违规金额267万元。1990—1991年，市核定始兴县1985年工商贸统算财务包干计划是亏损33.9万元，此亏损计划一直执行到1991年底。1992年，县审计局、财政局、粮食局按全省统一布置，落实放开粮价和经营的改革，对粮食企业亏损挂账进行联合审计，核定全县粮食企业政策性亏损挂账1615万元。

工商行政管理的重点工作是加强集贸市场管理、工商登记管理、经济合同管理和工商执法与维权等。在工商登记管理方面，1983年，完成全县工业建筑企业登记复查和验收工作。1984年，对县内商业、饮食、服务和交通运输4个行业的企业进行了全面登记复查和验收，共验收178户和79家分机构，其中商店115家，发现并处理有违反企业管理和经济法规的共40家。1985年，连续组织了两次对录像放映点进行整顿，全县28家录像放映点，符合开办条件的有22家，其余6家违法违规被撤销。1986年，通过清理整顿，对县属工商企业全面换发全国统一营业执照，同时，共整顿公司133家，经整顿核准44家，降格9家，合并4家，停业注销76家，全县换发工商企业全国统一营业执照共352家。1991年，县工商行政管理局为加强经济合同及商标广告的管理，将商标广告合同股分为经济合同股和商标广告股，同时，增设第一市场工商所。1992年，县内个体商业户共有3878户，从业人员有5607人，总营业额达4695万元。

在集贸市场建设管理方面，1983年2月，始兴县执行国务院关于城乡集市贸易管理方法，按照“取之于市场用之于市场”的原则，建立和健全管理机构，加强市场管理，做到“管而不死、活而不乱”，并将市场管理费用于市场建设、维修。至1992年底，全县共建有农贸市场15个，总面积21435平方米；城乡集市贸易成交额8059万元，比1989年增长59.77%。

在国土管理方面，重点工作是改革管理体制，建立县、乡（镇）、村土地管理网络。县委、县政府于1986年6月成立始兴县国土局，下设办公室、地政股、地籍股和监察股，作为县政府管理全县土地资源的职能机构，代表县政府依法对全县城乡土地实行统一管理。1987年6月，县政府决定成立乡（镇）国土所，统管各乡（镇）行政区域的土地管理工作。7月，全县16个乡（镇）的国土所全部组建完成。按照“统一管理土地”的原则，全县建成县、乡（镇）土地管理系统，形成县、乡（镇）、村、组四级土地管理网络，从组织机构上保证全县国土资源、城乡土地的统一管理。1990年5月，国务院颁发《城镇国有土地使用权出让和转让暂行条例》，1991年4月县政府制定《始兴县城镇国有土地使用权出让和转让暂行规定》，土地使用制度开始实行全面改革，在全县推行非农建设用地土地使用权有偿使用制度。1991年10月，县政府发出《关于进一步加强我县城镇土地管理的通知》，进一步明确县国土局主管全县土地，统一管理县内土地资源和城乡地籍、地政工作，统一审核、征用、划拨建设用地，土地使用权的出让由县政府负责，委托国土局实施。期间，县国土局代表始兴县政府认真实施土地管理“五个统一”[①]，将始兴县土地管理推进到法制化、规范化的轨道。

1992 年 3 月，县委、县政府颁发《关于开发房地产业的若干规定》，在全县 15 个乡镇（1989 年 2 月撤城郊乡建制归太平镇管辖）、118 个管理区依据“取之于户、用之于村、收费适度、使用得当”的原则，推行土地有偿使用制度，全面开创县内国土资源管理的新局面。

（三）开展整顿经济秩序专项行动

中共中央、国务院《关于打击经济领域中严重犯罪活动的通知》的文件下发后，县委、县政府在全县范围内进行认真的传达贯彻，通过广泛深入的宣传教育，广大干部群众充分认识开展这场斗争的重要性、必要性和迫切性。1983 年，政法、工商部门处理经济案件 37 起，追缴赃款 17.23 万元；1985 年侦破投机倒把和违章违法案件 15 起，处罚金额 6 万元，其中石人嶂矿山倒卖钨砂 260 吨，没收金额 2.5 万元，有效保证了经济秩序的正常化。1986 年 9 月，县人大常委会成立了《经济合同法》检查领导小组，采取点面结合的方法进行检查。1987 年，检查领导小组加强与部门之间的联系，全县建立多层次的合同管理网络，共有合同管理小组 22 个，管理人员中懂专业知识的占 80%，并建立了严密的合同管理制度，做到机构、人员、制度“三落实”。是年，受理 6 起合同纠纷案，经过审理全部结案，总金额 305 万元。其中属调解的 4 起，金额 13.9 万元；确认无效合同 2 起，金额 291.4 万元。通过调解处理，为县内外企业挽回经济损失 4.5 万元，有效地维护了经济秩序。

1988 年 7 月县内开展了一次合同大检查，共检查 31 个单位，占应检查单位的 81%。检查发现，全县签订经济合同 2924 份，总金额 6194.89 万元，实际履行合同的仅有 2250 份，共计金额 4172.04 万元，履约率 73%；未履行合同的有 591 份，金额达 1276.98 万元；违约纠纷有 11 起，涉及金额 84.5 万元；无效合同 199 份，涉及金额 123.4 万元。涉外经济合同 1 份，金额 5.2 万港元，已履约[②]。根据中共中央、国务院《关于清理整顿公司的规定》，1988 年底至 1989 年上半年，县委、县政府在省、市统一

①“五个统一”，指统一规划、统一征地、统一管理、统一出让、统一开发。
②《始兴县志》，广东人民出版社 1997 年版，第 459 页。

部署下，组织开展清理整顿工作。这次清理整顿的重点是1986年下半年起成立的各类公司，尤其是综合性、金融和商品流通领域的公司，县内共清理整顿了79家公司。在这些公司中，有的政企不分，有的是“四无”[①]的“皮包公司”。经清理整顿，撤并的公司有28家，其中属商业流通领域的公司14家，其他类型的公司14家。

1990—1992年，县工商部门在加强市场管理的同时，狠抓市场经济秩序整顿，严厉查处打击各种经济违法活动；广泛开展“重合同、守信用”企业的创建和评比，促进县内经济秩序良好发展。

二、加强基础设施建设

县委把加强基础设施作为改善广大人民群众生产、生活环境的重要工作任务来抓，在抓经济发展和事业进步的同时，千方百计筹集所需资金，发动基础设施受益地单位和群众的积极性，开展各项基础设施建设工程。

1983—1992年，县内在公路建设方面主要是改造扩建。1989年，全县共建成公路92条，合计721.3千米，其中国道323线三级公路38.6千米；省道244线57.2千米、343线30千米；县道12条，总里程153千米；乡道47条，总里程324.5千米。每百平方千米平均有公路33.2千米，比全省公路密度高3%。1985年投资222万元，对县境内国道323线全线进行大修，重点为江口路段、马市寡婆桥弯道和俄井路段进行改线降坡。为提高公路等级，县委、县政府把改造始兴境内国道323线工程作为发展经济，改善投资环境的突破口之一。1991年11月成立县公路扩建指挥部，由县委书记罗继胜任总顾问，县长胡浩民、县委副书记李鸿涛、副县长吴显汉任顾问，县政协主席魏家胜任组长，把国道323线县城出口路段4.88千米改建为水泥路面，实现了始兴水泥路面“零”的突破。

为实现始兴绿化达标，县委、县政府决定在全县掀起公路建设高潮，对公路进行改造和绿化。1991年，全县改造公路132千米，并对改造后的公路全面绿化，12月，经省市验收，县内国道、省道和县道全部绿化达标。

① “四无”，指无场地、无资金、无专职从业人员、无明确的经营范围。

在水利设施建设重点项目的蓄水工程上，1982—1984年，对花山水库进行土坝灌浆处理；1984年8月至1985年，进行改建溢洪道工程和安装弧形闸门。1984年冬，结合兴建樟树湾水电站，在清化河兴建了樟树湾水库，是县内在较大河流上兴建的第一座浆砌石重力式闸坝。工程的建成，既为工农业生产提供电力，又为下游农田灌溉调节了水源。1985年，完成对潺坑水库的安全加固，处理好大坝和放水隧洞的渗漏，并安装好启闭闸门设备。还完成了大山背水库的扩建工程，由原来的小（二）型改为小（一）型水库。1991年12月，完成兴建坳背水库1座。该水库位于太平镇斜潭村，属浈江支流，水库集雨面积1.2平方千米，总库容15.5万立方米，最大坝高12米，坝顶长68米，累计完成土方8.13万立方米，沙石方0.96万立方米，砼0.1万立方米，工程总投资28.6万元，灌溉面积23公顷。至1991年，全县水田耕地面积11160公顷，水利灌溉面积9966.67公顷，保证灌溉面积6660公顷，有效发挥水库在农业生产中的效益功能。

引水工程，至1989年底，县内已有引水设施工程共357座，其中灌溉666.67公顷以上的工程有凉口陂和丰收陂，灌溉66.67公顷以上、666.67公顷以下的有管湖陂、小台陂、兴周陂、花管陂、东陂和黄口陂6座，全县引水灌溉面积达5673.33公顷，占当年县内灌溉面积10366.67公顷的54.9%。1991年，县委、县政府重视对原有水陂工程的改造，拨出专款对一些水陂进行硬化改建，并将一部分改建为永久性工程。1992年，全县水利灌溉面积11206.67公顷，保证灌溉面积6686.67公顷。

在治理水土流失上，1985年7月，县成立水土保持领导小组和水土保持办公室，下设马市水土保持工作站，负责发动和组织群众对水土流失地区进行综合治理，并采取了四条措施：专业队伍与群众运动相结合；工程措施与生物措施相结合；综合治理与开发利用相结合；造林绿化与封山育林相结合。经过采取有效措施，水土保持工作得以顺利发展。至1989年底，全县共治理水土流失面积49.116平方千米，其中，沟状流失面积6.056平方千米，面状流失面积43.06平方千米；修建谷坊958座，开沟洫58千米，挖鱼鳞坑3.9万个，筑水平梯田13.33公顷，完成土方9.68万立方米，石方56.5万立方米，投入劳力51.2万工日，总投资达143.95

万元[①]。

能源设施建设的重点是电力设施。1983年，为配合樟树湾电站建设，县供电公司架设了凉口变电站至樟树湾电站35千伏线路的同时，是年冬又架设了樟树湾至司前、隘子10千伏线路。其间，利用自身技术力量，将赣州供电局转售的110千伏变电改造为35千伏变电站，主变容量为2500千伏，由凉口变电站35千伏送电，还将师姑山坑口35千伏线路接入罗坝站，将凉口变电站10千伏供电的罗坝、澄江改由罗坝站各一路10千伏出线供电。此电力设施的改造，不仅缩短了供电半径，而且减轻了凉口变电站10千伏开关柜的负荷压力。此外，县委、县政府积极组织兴建水电站，1983—1985年这3年县内共兴建并已投产的水电站10座，总容量3835千瓦，年均发电量1464万千瓦时。1989年6月，新架设三角塘变电站—小地电站35千伏线路，全长9.5千米。7月，新建赤土岭变电站，1号主变投产，容量20000千伏，有效地改善了工农业生产及广大群众生活用电需要。从1982—1989年，县城供电量为21856.37万千瓦时，平均每年用电量为2732.04万千瓦时。能源设施还有县石油公司，在县城郊五里山和县城西郊狮石下各建立1座加油站和1间石油门店。五里山加油站油库房面积900平方米，安全容量500立方米，设有油台1座。1986年4月，公司升为副局级企业单位。1988年底，在马市镇另设立1座加油站。此外，能源设施还有2家煤球厂。1992年，县委重点抓了山口一级水电站和一批乡镇水电站建设，是年建成投产的水电站有车八岭水电站、马市红梨水电站、隘子湖湾水电站，装机容量共385千瓦，年发电量120.5万千瓦。至此，全县完成发电量7142万千瓦，比1989年增长55.7%。

为了确保卫生健康饮食用水的需求量，县委、县政府高度重视供水设施建设发展。1985年起，在县城东南3千米罗坝河与清化河汇合处兴建3口直径4米沉井和1口直径4米的提水井，设计能力为日供水量2万吨。1986年，在白石坪山岗上兴建1座二级泵站和1座千吨容积量的净化池。同时，县政府投资170万元，铺设直径400毫米的主管道3.7千米，与县城内原有44.16千米大、小管道连接。至1987年，已完成第一期直接供水

①《始兴县志》，广东人民出版社1997年版，第256页。

工程。

始兴通信设施建设起步于1989年，省电信局拨给始兴一套共电式JT-03型30门人工交换机设备，县内用户可直拨国内外电话。4月，开通3000门史端桥步进制机电式自动电话交换机，从此淘汰了800门磁石人工交换机。为了安放这套交换机设备，专门建造了五层1508平方米的自动电话大楼。1992年，县内市话用户2517户。

城乡建设的规划和实施工作逐步进行。1985年4月，县委、县政府根据省、市建设部门的部署，按照《城市规划法》的规定，开始正式编制《始兴县太平镇总体规划》(1986—2000)，并于年底完成。规划内容包括：城市性质及规划定位，规划期限，发展规模，发展方向和布局，新建的道路，近期市政工程项目等，其中把县城（太平镇）定性为“林产品、农产品加工工业和支农服务业的综合性城镇”，总体规划面积为3.5平方千米。这次编制的规划于1986年经县人大七届二次会议审议通过，1987年7月经呈报韶关市人民政府批准实施。1989年12月国家颁布了《中华人民共和国城市规划法》，1990年始兴宣传实施《城市规划法》，并根据工农业和国民经济发展的需要，于1991年修编《始兴县太平镇总体规划》(1990—2000)。此次修编在原总体规划的基础上，增加3个小区（五里山至县城综合开发区，瑶村坳工业开发区，丹凤山公园），使县城总体规划面积从原来的3.5平方千米扩展为4.8平方千米。1992年，县委、县政府把加快城市基础建设作为改善投资环境的一件大事来抓，继续开展“城镇建设管理年”活动，加大了市政工程投入，城市面貌有了很大的变化。是年，市政工程投入30万元。

县城公共设施建设项目主要是对城内街道和排水排污管道进行改造、修建、扩建。1984年东门街建成混凝土路面，全长0.273千米，宽10米。1987年，墨江北路重修为水泥混凝土路面，全长0.273千米，宽10米；公园前路重修为水泥混凝土路面，全长0.275千米，宽10米。1988年红旗横路重修为水泥混凝土路面，全长0.155千米，宽8米；振兴路建成为水泥混凝土路面，全长0.291千米，宽20米；剧院前街建成为水泥混凝土路面，全长0.16千米，宽15米，行人道宽8米；文化路建成为水泥混凝土路面，全长0.723千米，宽12米。1990年红旗西路完成路基工程，长

0.3千米，宽10米；同年，北门路铺上水泥沙石路面。1991—1992年，县委加强对城镇环境的改善，先后建成了丹凤山公园和中山公园；完成了对县城内主要道路的改造。

城区的建设，县委、县政府坚持先建下水道为原则，按城镇建设规划再建房。1983—1992年，县城区排水排污管道，随着城镇发展需要，不断进行改建，已形成了合理的排水排污网络。至1992年，新、旧城区新建改建及护城下水道总长4.792千米，改变了过去遇雨天街道污水横流的状况。

其他公共设施建设。1983年起，在低坝兴建县体育中心，县体委办公地同时由县城西郊场迁至低坝。至1984年9月，体育中心建成面积2.54万平方米的标准田径场、游泳池3个，同年，开始兴建占地面积4830平方米有2000个座位的始兴县体育馆，至1990年完成工程。农贸市场建设，1985年，县政府投资36万元在公园前路西侧、墨江大桥北岸以东建起1.03万平方米的第一农贸市场；同时，又在墨江大桥南岸兴建了面积3000平方米的城南农贸市场。文化设施建设，1988年7月县图书馆大楼竣工。该楼高三层，属中西合璧的建筑风格，各业务室设置齐全，使用面积1250平方米，藏书45000册，每周星期二至星期天对外开放，每天开放时间7小时。1991年起，县电影公司投资近20万元购进新型投影设备，先后开办影院厅。8月，迷你影院开业，面积150平方米，设有142个座位，以放映投影为主。

教育设施建设。至1984年底，全县共集资993万元，建筑教学大楼20座，平房教室17座，教师住房、学生宿舍26座，总面积17.7万平方米，同时添置一批学生课桌椅，实现校校无危房，班班有课室，人人有课桌椅的“一无二有”县，被省评为校舍建设一级县。1985年以后，校舍建筑向钢筋水泥结构的楼房方向发展。至1989年底，相继有始兴中学实验大楼、墨江中学第二教学大楼、教学仪器站的电教大楼和罗坝、马市、沈所、城南、隘子等乡镇中学，太平镇一小、二小、东郊小学、马市镇中心小学、内二小学等15座教学大楼落成，建筑总面积2万平方米。1990年以后，电化教学越来越受重视。1990年实验小学被定为省电教馆电教研究联系点。1992年，始兴县定为广东省电化教育综合实验县。全县小学有仪器室 31 间，816 平方米，仪器柜架 161 个，数学、自然、音乐教学仪器 5769 件；电脑、电视、录像、录音和幻灯等电教设备 707 台。全县开展电化教学的学校 51 所，使用电教进行教学的教师 271 人，使用幻灯投影机教学的教师 168 人。

第三节　开展政治体制改革和民主法制建设

一、政治体制改革的启动

（一）始兴县人民代表大会制度的健全

人大、政协在经济建设和政治生活中随着改革开放的深入，越来越发挥出重要的作用，人民群众享受到更多更切实民主，为经济体制改革和经济发展以及社会安定团结提供了重要政治保证。中共十一届三中全会及其后制定的一系列方针政策中，对逐步推进政治体制改革作出部署，推动改革开放的全面铺开。县委根据中共中央关于政治体制改革的部署，坚持以中国共产党领导为前提，以建立民主政治为核心，按照《中华人民共和国宪法》的规定，健全始兴县人民代表大会制度和下辖行政区域的人民代表大会制度，建立和健全政协始兴县委员会，同时加快政府职能转变。

召开人民代表大会，是权力机关按照《中华人民共和国宪法》的规定集体行使职权的主要形式。自 1980 年 12 月召开县第六届人民代表大会第一次会议后，县人民代表大会作为县级最高权力机关，在改革中不断完善，按照《中华人民共和国宪法》的规定，每年召开 1 次例会，并建立县人大常委会作为县人民代表大会的常设机关。县人民代表及其常委会依法行使职权。1983—1991 年，先后召开县人大会议共 9 次，其中第六届人代会任期内 1 次，第七届人代会任期内 3 次，第八届人代会任期内 4 次，第九届人代会任期内 1 次。

县七届人大一次会议于1984年6月25—29日在县城召开。这次会议是在完成县内撤社建区的形势下召开的。此次会议代表们听取和审议了县人民政府工作报告，听取了3年来全县国民经济与社会发展计划的执行情况，审议了今后3年的工作规划和主要任务。中心议题是：坚持两个文明建设一起抓，进一步解放思想，放宽政策，加快引进，大力发展商品生产。会议还听取和审议了1983年县财政决算和1984年县财政预算报告，以及县人大、法院、检察院的工作报告。第二次会议于1985年3月29—31日召开。这次会议的中心议题是：贯彻中共中央《关于经济体制改革的决定》，加快改革的步伐，解放生产力促进经济建设的新飞跃，促进各项事业的新发展，创造一个新局面。第三次会议于1986年3月26—29日召开。这次会议的中心议题是：以1986年中央1号文件为动力，继续深入进行改革，加快引进内联步伐，进一步开发山区资源，全面提高经济效益，打好经济起飞基础，争取经济建设持续稳定协调发展。

县八届人大一次会议于1987年3月2—5日召开。这次会议是在完成县内撤区建乡（镇）后召开的。这次会议代表们听取和审议了县人大常委会、县人民政府、县计划委员会、县财政局、县人民法院和县人民检察院的工作报告。会议的中心议题是：坚持四项基本原则，坚决反对资产阶级自由化，坚持社会主义物质文明建设和精神文明建设一起抓，继续深化改革，坚持开放，发展生产，搞活经济，厉行增产节约，增收节支，保证国民经济持续、稳定、协调发展。第二次会议于1988年3月23—25日召开。这次会议听取、审议县1987年人民政府工作报告、《始兴县1987年国民经济和社会发展计划执行情况及1988年国民经济和社会发展计划安排（草案）的报告》《始兴县1987年财政决算和1988年财政预算（草案）的报告》《始兴县人民代表大会常务委员会工作报告》《始兴县人民法院工作报告》《始兴县人民检察院工作报告》。会议的中心议题是：争取实现“一个翻番，两个明显好转”①。第三次会议于1988年11月28日召开。第四次会议于1989年3月18日召开。这次会议代表们听取和审议县1988年人民政府工作报告、1988年国民经济和社会发展计划执行情况及1988

①“一个翻番，两个明显好转”，1988年始兴县委、县政府提出“工农业总产值力争在1990年的基础上翻一番，城乡建设和地方财政收入有明显好转”的主要工作目标。

年计划安排意见；听取和审议县 1988 年财政决算和 1989 年财政预算报告；听取和审议县人民代表大会常务委员会工作报告和人民法院、人民检察院工作报告。会议补选了 2 名副县长。会议的中心议题是：抓生产，促发展；抓调整，保重点；抓改革，求效益。

县九届人大一次会议于 1990 年 3 月 27—31 日召开。这次会议听取和审议了《始兴县人民政府工作报告》《始兴县计划工作报告》《始兴县财政（预算）工作报告》《始兴县人大常务委员会工作报告》《始兴县人民法院工作报告》《始兴县人民检察院工作报告》。会议通过了《关于建立始兴县人民教育基金的决议》和《关于建设始兴生态林业县的决议》2 项决议。此次会议的中心议题是：把思想和行动统一到五中全会精神上来，树立自力更生、艰苦奋斗的思想，进一步搞好治理整顿和深化改革，保持始兴经济的持续、稳定、协调发展。

1992 年 3 月 18—21 日，县九届人大三次会议召开。会议主要通过了《关于始兴县实现绿化达标后林业工作再上新台阶的决议》和《关于始兴县在 1994 年实现乡镇卫生院“一无三配套”的决议》；大会补选始兴县人民政府县长。此次大会代表提出议案、建议、批评和意见共 58 件，其中《关于有计划开发疏残林，提高林地经济效益的建议》《关于扩大县城自来水用户，提高水质量问题》《关于实施科技兴县，增加科技投入问题》等议案 13 件，建议、批评和意见 45 件。

县人大常委会作为县人大的常设机关，在县人大闭会期间行使职权。县人大常委会不定期召开全体会议，研究和决定县内重大事项。同时，组织代表调研视察和执法检查，根据民情民意，结合实地察访，并召开代表座谈会，进一步解决问题。通过以上方式，健全人民代表大会制度，推动民主政治建设。

（二）政协始兴县委员会的成立

1980 年 12 月 19—25 日，政协第一届始兴县委员会第一次会议在县城召开，选举产生政协第一届始兴县委员会主席 1 名、副主席 5 名、常务委员 12 名，并作出了相应的政协决议。此次会议的召开，标志着政协始兴县委员会的成立。

第二次全体会议于 1981 年 12 月 27—31 日召开。这次会议听取和审议了常务委员会工作报告；增选副主席 1 名、常务委员 1 名。1982 年 8 月 24 日委员会召开临时全体会议，主要议题是：听取副主席钟履耀传达广东省政协常委扩大会议精神；听取副主席刘照武传达广东省统战工作会议精神，并学习和讨论了《中国人民政治协商会议章程（修改草案）》。第三次会议于 1983 年 3 月 18—22 日召开。会议听取和审议了主席吴灿作的《政协始兴县常务委员会工作报告》，听取副主席钟履耀作的关于政协第四届广东省委员会第五次会议精神的传达报告。

政协第二届始兴县委员会第一次会议于 1984 年 6 月 24—29 日召开。会议由上届副主席陈方畴致开幕词，政协韶关市委员会副主席李子德到会致贺词。会议听取和审议了第一届常务委员会工作报告；选举产生了政协第二届始兴县委员会常务委员会组成人员；听取和讨论了县人民政府工作报告和有关部门的工作报告；协商县人大常委会主任、副主任和委员候选人，以及县长、副县长候选人和县人民法院院长、县检察院检察长候选人。第二次会议于 1985 年 3 月 28—31 日召开。这次会议听取和审议了主席刘照武作的《政协始兴县常务委员会工作报告》。第三次会议于 1986 年 3 月 25—28 日召开。这次会议听取和审议了主席刘照武作的《政协始兴县常务委员会工作报告》；中共始兴县委书记周学扬在闭幕会上讲话。

政协第三届始兴县委员会第一次会议于 1987 年 3 月 2—5 日召开。县委统战部部长游华生首先在预备会上作《关于换届工作情况的报告》。这次会议听取和审议了上届副主席梁霭雯作的《政协第二届始兴县常务委员会工作报告》、听取和讨论了中共始兴县委书记罗继胜的讲话和政协始兴县委委员刘远廷作《关于第三届委员会第一次会议选举说明》。选举产生了政协第三届始兴县委员会常务委员会组成人员。会议还听取和讨论了县人民政府工作报告和有关部门的工作报告；协商县人大常委会主任、副主任、委员和县长、副县长以及县人民法院院长、县检察院检察长人选。

1990—1992 年，分别召开了政协第四届始兴县委员会第一、二、三次会议，此 3 次会议都听取和审议了当年的常委工作报告及提案办理情况工作报告。

政协第四届始兴县委员会下设 4 个专门委员会：文史工作委员会、学习委员会、“三胞”工作委员会、提案工作委员会。政协始兴县委对全县经济和社会发展的重大问题、人民群众普遍关注的热点和难点等重要问题，认真履行政治协商、民主监督、参政议政职能。

（三）行政管理体制改革

1983年8月，省委、省政府发出《关于政社分开，建立乡政权的通知》。县委按省委、省政府的文件精神，于12月对全县撤销公社改为区建制，马市、陆源、北山、城郊、城南、江口、沈所、花山、顿岗、深渡水、澄江、罗坝、都亨、刘张家山、司前、隘子改建为16个区公所，设太平镇1个区级镇，以生产大队为单位建立102个乡。公社管委会改为区公所后，设区长1名，副区长1~3名。大多数的乡干部由原大队干部担任。1984年2月19日，隘子区石堂乡分为石井、满堂乡，取消石堂乡；隘子区双水乡分为湖湾、井下、建国乡，取消双水乡；城郊区城郊乡分为城郊、斜潭乡；城郊区瑶沙乡分为沙水、瑶村乡，取消瑶沙乡；城郊区黄江乡分为黄江、北山乡；马市区安水乡分为红梨、安水、涝洲水乡；马市区马市乡分为高水乡、陂田乡、马市镇（取消马市乡）；城南区东一乡分为东一、东南、石桥头乡；城南区周前乡分为周前乡、皇沙乡。司前区河口划归司前区。3月16日取消龙斗峯民族乡，建立隘子、冷洞瑶族乡。至此，县内共有120个乡。1986年5月，省委、省政府发出《关于撤区建乡（镇）完善农村基层政权的通知》。县委根据省委、省政府的文件精神，1987年1月15日，撤区建乡（镇），设太平镇、马市镇（陆源归并马市）、顿岗镇、澄江镇、罗坝镇、司前镇、隘子镇、城南乡、城郊乡、北山乡、沈所乡、花山乡、江口乡、都亨乡、深渡水乡、刘张家山乡共16个乡镇，原区公所改为乡，原乡改为村。乡政府机构和人员与原区公所相同，原区长改任乡长或镇长，原副区长改任副乡长或副镇长。

全县区乡机构改革工作结束后，按照干部队伍“四化”的要求，调整区、乡两级的领导班子，县属机关部委办局的机构改革接着开展。机构改革的重点是解决权力过分集中、兼职过多、机构重叠、人浮于事、党政企不分和领导干部年龄偏大、文化偏低以及官僚主义等问题。这次改革主要把好政治关、年龄关、文化关，要求在年龄、专业、文化的结构上有一个新突破。

在本阶段，县委按照发展社会主义市场经济的要求和任务，在放得更开、搞得更活的同时，把工作的重点迅速转移到加强和改善宏观管理上来，加强在统筹规划、制定政策、信息引导、组织协调和服务监督等方面的职能，强化政府运用经济杠杆和产业政策推动经济增长，促进“四化”建设。此外，相应地加快财税、金融、物价、统计和审计等部门的改革，提高对宏观经济运行的综合协调能力。

二、民主法制建设的开展

（一）普法工作的启动及实施

1984 年 9 月，为配合严厉打击刑事犯罪活动的斗争，由县司法局主办大型法制教育图片展览，用 35 天时间先后在县城和 17 个区（镇）、始兴中学、墨江中学、城郊中学、太平镇一小和二小等地巡回展出 35 场（次），观展人数达 6 万人次，较好地推动始兴普法工作的开展。

1985 年 5 月，县委根据中央、省、市向全体公民开展普法及法律常识五年规划和实施计划的指示要求，发动广大党员干部、职工、农民征订《法律常识读本》33768 册，并制订了《全县公民普法及法律常识五年规划》，向全县人民普及“十法一例”[①]。8 月，成立始兴县普及法律常识领导小组，由县委领导任组长，县司法局、公安局、法院、检察院、广播局、总工会、教育局、文化局、团县委、县妇联、县直属机关党委等单位负责人组成小组成员，办公室设在司法局内。11 月，县委组织县五套班子领导、县股级以上干部及各区（镇）主管党群政法的副书记、宣传委员和司法助理员，举办了一期共 634 人参加的普及法律知识骨干学习班。

1986 年 3 月，在区（镇）、乡两级开展整党工作中进行普法教育，全县 17 个区（镇）、120 个乡、4 个管理区、1 个居委会，共 5123 名党员，在整党过程中学习了《宪法》《刑法》《森林法》和《婚姻法》等。4—7 月，结合“严打”斗争，选择典型案例制作图片展览，配录音解说，分别在县城、顿岗、马市、澄江、罗坝、司前、隘子等区（镇）和石人嶂钨矿、墨江中学、始兴中学、城郊中学、职业中学进行巡回展出。10 月，县又组织了第三次展览，观展人数达 6.45 万人次。此外，在县属机关、企

① “十法一例”，指《宪法》《刑法》《经济合同法》《继承法》《刑诉法》和《民诉法》《民法通则》《婚姻法》《兵役法》《森林法》以及《治安管理处罚条例》。

事业单位干部、职工范围内进行《宪法》《刑法》《经济合同法》《继承法》《刑诉法》和《民诉法》考试，进一步深入普法工作。

1987 年下半年开始，全县 19 所中学已按省教育厅、司法厅的规定，开设了法制教育课。至 1989 年 6 月，县内农村也全面完成了“十法一例”的学习和考试，从而把法制宣传工作不断引向深入。

1990 年，围绕治理整顿，进行普法教育和验收工作，在全县党员干部、职工、农村（居民）中开展《中华人民共和国集会游行示威法》《中华人民共和国行政诉讼法》的学习活动，并在一定范围进行辅导，增强学习效果。同时，对普法工作进行了验收，全县 128 个副科级以上单位验收合格，并发给了合格证。

1991 年 3 月，县内调整充实了各级普法领导机构，调整后的县普法领导小组由县委副书记杨木忠担任组长。随后，开展以《中华人民共和国宪法》为核心，以专业法律法规为重点的普法教育实施工作。11 月，举办了 2 期普法培训班，共培训普法骨干 210 人。此外，还进行了全县普法考试，参考人数达 94073 人。

1992 年，全县深入开展“二五”普法教育，实行依法治县、治乡镇，增强了广大群众的政策法制观念，初步走上了依法治理的轨道。

（二）开展社会治安整治行动

县委根据改革转制时期出现的一些社会治安问题，由县委政法委协调各政法机关，开展社会治安整治工作，打击社会各项违法犯罪活动，维护经济和市场秩序，加强社会治安管理，为经济社会发展和人民群众生产、生活营造良好安定的环境。

1983 年 8 月，按照中共中央和省、市委政法部门关于“从重从快、一网打尽”的方针，县委组织县政法机关在打击刑事和经济犯罪活动中，加强社会治安整治工作，县公安机关重点开展打击车匪路霸、流氓恶势力、带黑社会性质团伙等工作，组织人员对城镇居民户口的清查行动，重点加强对车站、旅店、饭店、出租屋“三无”[①] 人员的清查工作，对“黄、赌、毒”行为加大打击力度。同时，开展对违法青少年的帮教工作，组织公

① “三无”，指无身份证、无暂住证、无计划生育证。

安机关人员到县城各中小学校讲解法制知识。9月2日，县委贯彻全国人民代表大会常务委员会《关于严惩严重危害社会治安的犯罪分子的决定》，在全县开展“严打”行动。在这次行动中，全县各区（镇）、乡和各单位共同配合，出动干部、职工、民兵配合公安机关对重点场所、旅店、路边店进行调查摸底，连年进行打击行动。1985年，县内开始建立群众性治安责任承包队（简称治安队），以承包责任制的形式开展工作，协助公安派出所负责管理和处理承包区域内的治安问题。1987年，先后组织力量于4、6、7、8月进行了4次打击卖淫嫖娼、聚众赌博的专项行动。全县共查获卖淫嫖娼者122名，其中暗娼28名、嫖客94名；捣毁卖淫窝点5个；打掉赌博团伙4个，抓获赌徒159人，缴获赌具一批，并在太平镇、顿岗、司前等地召开公开处理大会，对上述违法犯罪人员视情节轻重分别处以行政拘留、罚款、劳教、判刑等。至1989年，县内共破获各种案件640起，抓获各种犯罪分子2897名，摧毁犯罪团伙105个，收缴赃款赃物折款共29.1876万元[①]。

1990年，县公安部门先后开展“扫黄”除“七害”和“打流窜、破大案、挖团伙”“打击抢劫犯罪”以及“南海行动”等一系列的专项行动。在“扫黄”除“七害”专项行动中，采取突出重点区域的打击对象，以集中行动与经常性打击相结合的方式，着重抓了隘子区域的聚众赌博和县城路边店卖淫嫖娼的取缔打击。县公安部门在继续抓好贯彻落实《旅馆业治安管理办法》的同时，重新对县内各旅馆修订合约书，由各旅馆业的治安责任人与所在地派出所重新签订《旅馆业治安管理合约书》，明确规定双方职责，共同遵守。1991年，加强对特种行业管理，尤其是对路边店、旅馆业的管理，在清理整顿的基础上，落实各项管理制度和措施，要求每家路边店、旅馆在每间住房张贴有关管理规定和全国人大发布的《关于禁止卖淫嫖娼的决定》。同时对未办理暂住证手续的外省外县的“三无”人员坚决清退。在“打流窜、破大案、挖团伙”“打击抢劫犯罪”和“南海行动”等专项行动中，破获刑事案件90起；打掉犯罪团伙10个共41人；抓获违法犯罪分子111人，其中流窜犯7人[②]。经过强有力的打击，另有12

①《始兴县志》，广东人民出版社1997年版，第646、547页。
②《始兴县志（1990—2000）》，广东人民出版社2011年版，第397页。

名违法犯罪人员在法律震慑下，自觉到公安机关投案自首。1991 年 5 月，县公安部门在罗坝南蛇坑石人嶂钨矿疗养所附近岭上查获始兴有史以来第一起种植罂粟案件[①]。

1991 年，县内全年受理治安案件 446 起，查处 441 起，治安处罚 626 人。同时，打掉带黑社会性质团伙 3 个，成员 21 人[②]。

1992 年 3 月，公安部下发《关于修改盗窃案件立案统计办法的通知》，盗窃案件的刑事立案标准由原来的 80 元修改为 400 元，不到 400 元的案件被立为治安案件。同年，全县开展打击车匪路霸专项斗争，打掉团伙 2 个，抓获违法罪犯分子 11 名。

（三）打击严重经济犯罪

随着改革开放的深入，打击破坏经济建设和改革开放中的严重经济犯罪活动日益成为一项迫切的任务。

县纪委继续贯彻《关于打击经济领域中严重犯罪活动的决定》，加强对查处案件的领导，健全机构，充实办案力量，集中力量查处大案要案，及时清理“死角”“死面”，深入查处破坏经济建设、破坏改革开放的大案要案。1983 年，全县共查处经济案件 71 起，107 人受处分，追回赃款 7.306 万元。1985 年开展打破“关系网”工作，清退乱补贴 2205 元，红包 1710 元；刹住党政机关经商、办企业歪风 12 家；清查出经商党政干部 54 人，查处乱收费单位 66 个，项目 104 个，乱涨价单位 18 个，共 13 万元；查处贩卖、复制、传播淫秽录像的违法分子 9 名；查处经济案件 15 起，追回赃款 2.72 万元。1988 年，贯彻《始兴县 1988 年党风检查实施方案》，全县有 124 人拒收红包共 1.51 万元（另有手表、金条、金戒指等），审理违纪案件 7 起[③]。

由于商品生产的发展，个体和联合经营的涌现，公民之间、公民与集体之间、专业户与个体户之间的借贷、买卖、加工等关系增多，债务纠纷以及一些违法犯罪行为也有萌发的趋势。1983 年，县内受理债务案件就有 7 起。至 1984 年，全县调解合同纠纷 11 起，金额 84.5 万元；责成违

①《始兴县志（1990—2000）》，广东人民出版社 2011 年版，第 398 页。
②《始兴县志（1990—2000）》，广东人民出版社 2011 年版，第 401 页。
③《始兴县志》，广东人民出版社 1997 年版，第 580 页。

约赔偿金额 2 万元；确认无效合同 199 份，涉及金额 1203.4 万元[①]。为此，县政法、县工商部门根据《经济合同法》，加强对合同的监督检查，发现合同条款不全、内容含糊、责任不明均进行帮助，督促其完善和改进，以防一些不法分子利用合同进行违法犯罪行动。此外，县工商部门还会同公安、税务、物价、卫生、文化等部门进行市场整顿，结合社会治安综合治理，组织开展打击走私、倒卖、套购、黑市等违法活动，以及处理掺假掺杂、短斤少两、以次充好、哄抬物价等违章违法行为。1986 年 9 月 21 日，县人大常委会成立了经济合同法检查领导小组。1988 年 3 月，县检察院成立税务检察室，随后又相继成立了烟草专卖、丝绸、工商和财政检察室，采取点面结合的方法，协助有关部门打击行业经济违法犯罪行为，维护县内经济秩序的稳定。7 月，县内开展合同大检查，共检查 31 个单位，发现签订经济合同 2924 份，总金额 6194.89 万元，实际履行合同的仅有 2250 份，总金额 4172.04 万元，履约率 73%；未履行合同有 591 份，总金额 1276.98 万元；违约纠纷有 11 起，总金额 84.5 万元；无效合同 199 份，总金额 123.4 万元；涉外经济合同 1 份，金额 5.2 万港元，虽已履约，但港方拖欠货款 2.62 万元，其中港元 2.02 万[②]。1989 年，县检察院先后设立贪污贿赂举报中心、接待投案自首办公室机构，拓宽打击经济犯罪路径，加强打击力度。当年，通过受理涉嫌经济犯罪举报，发现一起特大贪污案，原县农业银行城郊信用社某干部利用职务之便共贪污金额 15.87 万元。1990—1991 年，县检察院共受理贪污案件 6 起，涉案人员 9 名；贿赂案件 1 起，涉案人员 1 名。

1990 年，县工商部门配合政法部门开展多次严厉查处打击各种经济违法活动。在开展打击走私贩私活动中，查获走私进口、国产卷烟 29460 条，烟叶 0.25 吨，彩电 136 部，录像机 83 部，空白录像带 950 盒，化纤布 20.486 千米，涤纶丝 150 箱，进口旧西服 1400 件（套）等。开展查处假冒伪劣食品商品活动，共查处伪劣低压电器 428 件，劣质棉花 57 捆，冒牌卫生巾 60 箱，假冒进口彩电 10 部。同时，积极开展农资打假活动，维护广大农业生产者的利益。是年，共查处过期无效农药、化肥 15 吨。

①《始兴县志》，广东人民出版社 1997 年版，第 459 页。
②《始兴县志》，广东人民出版社 1997 年版，第 459 页。

1991年，查缴不合格化肥17吨[①]。

1992年，县委在加大对经济犯罪打击力度的同时，加强了党员干部党的基本路线、马克思主义基本理论和广泛开展反腐倡廉教育，经济犯罪明显下降。是年，县检察院受理贪污贿赂等经济案件，贪污案和贿赂案各1起，涉案人员各1名，比1991年贪污案3起、涉案人员5名大幅减少。

第四节　社会事业发展和精神文明建设

一、各项社会事业加快发展

（一）推动科学研究和推广工作

科技事业主要是健全科技网络和推广应用科学技术。1983年，始兴县科学技术委员会改选第二届委员会后，县科学技术协会下属的协会、学会范围扩大，逐步遍布县内各个乡镇，涉及各个行业，基层科普组织也相继建立。县科委、县科协为了推广科学知识，利用街道宣传橱窗，制作图文并茂的专栏传递科技信息。举办经济作物、粮食作物、林业、果树、畜牧和水产等科技讲座，编印《始兴科技》《科技信息》《科技专刊》等读物，宣传科学技术知识。

1983年，县内开展节柴灶推广工作。引进广赣一型、台一型节柴灶，经抽检证明，已达到国家颁布的3个10[②]的标准。经测试、推算比传统柴灶可节省柴50%。随后，太平镇、城南、城郊和顿岗、马市5个公社（镇）共500户人家启用节柴灶3个月，实践结果为节柴75吨。为更好地保护森林资源，同年还开始引进用煤作燃料烧制红砖、青瓦技术。试验成功后，全县250座砖瓦窑，有230座改用煤作燃料。按每窑用柴量1吨计

①《始兴县志（1990—2000）》，广东人民出版社2011年版，第81页。

②“3个10”，指10市两（500克）柴，10市斤（5千克）20℃水温的水，10分钟可煮沸到100℃。

算，每窑年烧10窑（次），一年可省用燃料木材2300吨。除此之外，县科委积极指导农户建立沼气池，利用沼气烧水、煮饭等，从而达到既节省木柴又环保的效果。

1987年，县委、县政府贯彻实施国家的“星火计划”①，成立县科学技术改造领导小组，加强经济建设与科学技术的协作。3月召开的中共始兴县第六次代表大会上，县委书记罗继胜在《坚持四项基本原则，坚持改革开放搞活方针，为建设繁荣富裕文明的社会主义新始兴而奋斗》中，根据“科学技术第一生产力”的理念，在强调大力推进科学技术进步，普及科研成果，使科学技术转化为直接生产力的同时，提出促进科技与经济相结合的四个要求：加强科技方面的领导，通盘考虑工业技改，组织攻关，突破重点；建立和健全科技信息、商品信息网络；积极引进科学技术和外地先进的科学管理经验；组成各业生产的技术指导专业队伍，加强对各业生产具体的技术指导。同时，对发展职业技术教育和各类成人教育、进一步落实党的知识分子政策，充分调动知识分子的积极性提出具体措施。1987—1989年，县委、县政府在实施“星火计划”中，把科技攻关、技术开发、成果推广有机地结合起来。县财政也逐年增加对科技的投入，为全县科研的推广和培训开辟稳定的资金来源。

1990年，县委、县政府提出“科技兴农”，把科技工作摆上了重要位置。配备1名科技副县长和科技副乡镇长，各管理区、经济合作社也有专管干部，使各级都有专门领导管科技工作。各乡镇还成立了科技领导小组，建设和健全了乡镇、管理区的科技信息网络，并做到县有农技培训中心，乡镇有农技站，区有农技员，社有科技示范户。为实行“科技兴农”，县科委组织科技人员，应用增产耐氨固氮菌，推广“单两大”和“双两大”的先进栽培技术，提高了水稻单位面积产量。同时，积极发展食用菌的生产，大力推广优良品种和先进的栽培技术。

在工业方面，县委、县政府狠抓技改和新产品开发，不断提高产品竞争能力。大力发展外向型合资和独资企业，利用外资引进技术兴办了兴发纸制品厂和兴马木业制品厂。狠抓技改重点工程建设。如县造纸总厂的

①“星火计划”是党中央、国务院1986年批准实施的依靠科技进步、振兴农村经济，普及科学技术、带动农民致富的指导性科技计划。

万吨牛皮卡纸和卷烟盘纸生产线，在县委、县政府尤其是金融部门的支持下，1990 年已完成烟纸主体工程和卡纸设备的安装，并试产出了烟纸。二轻康雅保健用品厂，在产品改良上采取“走出去、引进来”的方法，深挖自身产品的缺陷，不断进行技改，开发了新产品，其中“晚安型”卫生巾在国内占据了一定的市场。在开展“双增双节”活动中，县内各企业厂家革新挖潜，利用技改，降低物耗，提高经济效益。县造纸总厂对用电设施进行改造，降低电耗，年节约电费 10 万元；家私厂改用“蒙古包”式简易烘干炉，年节约费用 20 万元；二轻竹香骨厂，通过技改，产品成本每吨降低 2000 元。同时，各企业积极采纳合理化建议，加大技改，全县共采纳 606 条建议进行技改，创造、节约价值 110 万元。仅 1990 年，经委系统就有 20 个项目获县科技进步奖。

1991 年，县委、县政府组织企业开展“质量、品种、效益年”的活动，进一步引导企业深化技术改造，提高产品质量。县水泥厂投入 10 万元增加微电脑控制的自动包装机和自动进箱机，水泥包重量、质量稳定率均达到 100%。县内各企业都努力开发新产品，其中有 9 家国营企业共开发 14 个新产品，松香增塑剂列入国家的“火炬计划”[①]，卷烟盘纸的生产填补了省内的空白；有 5 家厂进行了节能技改，年节电 77 万千瓦，节省电费 22.5 万元。县委、县政府在继续实施“星火计划”的同时，增加对科技的投入。是年，共投入资金 160 万元。推广了一批先进适用的成果，有 2 个项目列入国家级“星火计划”，有 3 个项目列入省级“星火计划”。抓好科研、科普活动和搞好科研培训，全县共培训 5 万人次，有 60 项科技成果获奖；评出高、中级技术人员 210 名[②]。

1992 年，县委加强对科技工作的领导，实施“科技兴县”战略取得了新的进展。是年科技投入 340 万元，比 1989 年增长了 127%；1990—1992 年这 3 年来，县内获奖的科技成果就有 160 项。

（二）完善教育设施提高教学质量

县委、县政府根据省委、省政府《关于努力开创广东省教育事业新局

① “火炬计划”是 1988 年由国家科委制定的促进高技术、新技术研究成果商品化，推动高技术、新技术产业形成和发展的部署与安排。
②《始兴县人民政府工作报告文献汇编》，2014 年版，第 213 页。

面的决定》，按照“长远抓教育”的理念，全力抓好普通教育、职业教育和成人教育工作，先后开展学校布局调整、校舍危房改造、教师队伍建设和职称评定等工作，千方百计提高教育质量。

1983年开始，贯彻邓小平关于“教育要面向现代化、面向世界、面向未来”指示，县教育部门组织教师学习教育学、心理学，学习最新教学理论，组织各科教研会，加强对教学工作的检查、指导，开展教学改革试验。小学以太平镇一小、二小为阵地。每学期举行全县教改现场教学，上示范课。围绕“打好基础、培养能力、开发智力”，培养自学能力这个中心，深入开展县、社、校三级教改试验。组织多层次的经验交流，编辑出版《始兴教研》，开展评选优秀课例等活动，教师的教学水平和教学质量逐年提高。

改革开放初期，县委、县政府为恢复正常的教育秩序，大力发展教育事业。1981年组织开展“一无两有”建设，对全县中小学校进行危房改造。至1984年底，全县共集资993万元，建筑教学大楼20座，平房教室17座，教师住房、学生宿舍26座，总面积17.7万平方米。同时，添置学生课桌椅，实现了校校无危房，班班有课室，人人有课桌椅的“一无两有”县，被省评为校舍建设一级县。1985年，县内第一台用于教学的卫星接收天线安装成功，标志始兴电化教学步入新的历史阶段。从此，由电教站配备给县内各校的“双机一幕”进入课堂，各中小学校开始使用电化教学。1988年，始兴中学实验大楼落成。至1989年底，相继有墨江中学第二教学大楼和教学仪器站的电教大楼，以及罗坝、马市、沈所、城南、隘子等中学，太平镇一小、二小、东郊小学、马市镇中心小学、内二小学等15座教学大楼落成，建筑面积共2万平方米①。1990年起，校舍建设在加强“改薄”的基础上以混凝土框架结构的楼房为主。

始兴中学实验大楼投入使用后，始兴中学、墨江中学的学生可分组进行实验课题，其他15所中学分别设立有仪器室、实验室，供学生做课堂演示实验。全县各中学配有物理、化学和生物实验员。至1989年7月，全县小学有仪器室31间，面积共816平方米，仪器柜架161个，数学、

①《始兴县志》，广东人民出版社1997年版，第751页。

自然、音乐教学仪器5769件。1990年开始，电化教学越来越受重视。是年，始兴县实验小学被定为省电教馆电教研究联系点。1992年，始兴县定为广东省电化教育综合实验县。

始兴县广播电视大学于1984年8月经广东省高教局批准备案正式成立，校址从进修学校迁往城南区河南路原卫生学校内，校园占地面积1764平方米，校舍建筑面积1180平方米。学校有卫星地面接收站1座、计算机30台和录放像机、速印机等一批电教仪器设备，图书资料6100册，录音、录像带2900盒。教室装有闭路电视系统，可直接接收中央电大播出的教学节目，还可同时播出录像教学和录音教学节目，教学设备初具规模。学校教学管理机构设有教务室、电教室；教学研究机构设有文科教研室、理科教研室。实行“中央电大、省电大、市电大、县电大”的“四级管理”体制，通过电视和文字媒介及面授辅导进行教学工作。至1989年，已培养出大、中专毕业生160人。1992年，始兴电大已开设有11个专业：财务会计、行政管理、汉语言文学、工业企业管理、计算机应用、法学、会计学、文秘、小学教育、商业企业管理、制浆造纸。

体育场地建设和器材也向标准化发展。自改革开放初期开始，县内各中心小学逐渐开辟田径运动场，添置体育器材，县教育局规定每学期向中小学生收取设备费（小学2元、初中3元、高中5元），其中30%用于体育器材购置，加上省每年拨专款，逐年添置。其中1987学年购置体育器材7.8万元，1988学年购置7.6万元。按照省规定标准，中学体育器材不得少于50种，小学38种。至1989年底，始兴中学、墨江中学、太平镇一小、二小均已达到标准。太平镇一小拥有体育器材40种共540件；始兴中学50种近千件。全县学校共有体育室14间，田径场地40个，体育器材25091件[①]。1992年，县内各中小学校体育设施在不断地得到完善，学校体育达标合格率有所提升。是年，全县161所学校参测学生有27259名，及格有11479人，体育达标合格率51.85%，比1990年体育达标合格率的37.58%上升了14.27%。

幼儿教育在改革开放后得到恢复和发展。1983年开始，县通用厂、生

①《始兴县志》，广东人民出版社1997年版，第753页。

活锅炉厂、水泥厂、商业局、供销社、刘张家林场以及澄江、都亨、马市等公社和新村、河南、罗所、沈北、罗围等乡（村）相继建立起幼儿园。1987 年 9 月，香港同胞官子明先生捐资人民币 2 万元在隘子镇满堂村兴办“大围幼儿园”，后又在坳下八家祠兴办第二所幼儿园，全部费用概由官子明先生支付。1989 年，县机关幼儿园四层教学大楼落成，建筑面积 1280 平方米。至年底，全县共有幼儿园 68 所，入园幼儿 1789 人，占全县幼儿总数的 10.36%。是年，机关幼儿园、育苗幼儿园被韶关市评为先进单位①。1992 年开始，全县幼儿教育稳步发展，县城、乡镇、农村、部门、企业、私人办园多种办学形式发展较快。

（三）多形式发展文化体育事业

县委、县政府注重推动文化事业的多元化发展，加强对基层文化事业的领导，完善各区（镇）文化站设施，各乡（村）相继组建业余剧团。1984 年，全县 16 个区（镇）全部建立了文化站（室），村民自发组建的乡（村）业余采茶剧团有 40 个。是年成立的千家营、桃村坝业余剧团，通过自编自导自演的采茶戏，不但在当地演出深受群众的喜爱，而且桃村坝业余剧团还到翁源、连平等县演出，受到热烈的欢迎。1986 年司前、隘子两区联合成立清化采茶剧团，不仅在县内演出，还到翁源、连平等县表演，节目中有表现民间生活、爱情故事的《亚妹舞》，有改编的《笑面无私》《妯娌恩怨》等。同时，顿岗、澄江两区也联合成立剧团，演出《阿三戏公爷》《龟蚌舞》《钓蟹》等。这段时期，农村各地业余剧团在县文化馆和当地文化站的组织指导下迅速发展，异常活跃。1989 年起，由于受轻音乐和卡拉 OK 的冲击，县内业余剧团逐渐解体。至 1992 年全县有农村文化站（室）101 个，负责管理和组织群众文化业务工作；乡镇有录像播放室 6 家，卡拉 OK 厅 13 家。

在历史文化方面，县委、县政府大力挖掘和保护历史文化。1984 年 7 月设立县博物馆，馆建在县城中心坝。1985 年 10 月博物馆大楼竣工启用，使用面积 1000 平方米，设展览室 3 间共 400 平方米；仓库及文物修复、接待、办公室和宿舍等共 600 平方米。展品有县内出土的历史文物、恐龙

①《始兴县志》，广东人民出版社 1997 年版，第 732 页。

蛋化石和其他生物化石，客家传统嫁娶习俗及生产工具等民俗文物。

在群众性文体方面，全县各地象棋、舞狮、舞火龙、划龙舟等民间活动发展迅速。尤其是划龙舟，1984 年在县城墨江河举办龙舟赛，县委、县政府部分领导登船观看，韶关报社、电视台记者现场采访，沿河两岸观众数万人。是年，河南乡和罗所乡两条龙舟代表始兴队参加了韶关市首届龙舟竞赛。1985 年 6 月 23 日，在墨江大桥上游河段举行龙舟赛，分大小龙舟两项，且首次有女子队参赛。此次龙舟赛共 11 支队参赛，男子组河南队夺冠，女子组墨江中学队获冠军。1988 年 6 月 18 日，始兴有两支龙舟队参加在韶关市区举行的“88 龙舟赛”，始兴县一队获第三名，二队获第五名。1989 年 6 月 9 日，县内大龙舟 6 支龙舟队、小龙舟 6 支龙舟队在县城墨江河举行比赛，刘镇营二队获大龙舟比赛第一名。至 1991 年，全县共有大龙舟队 8 支，小龙舟队 6 支。1992 年始兴县举办了首届香菇节活动，全县以乡镇为团队，组织了民间艺术展演和游演等传统文艺活动，活跃了群众性的文化生活。

在文艺创作和文艺宣传方面，县文化部门积极指导开展群众性文艺创作。1983 年，吴一明、王建光创作的《沧海恨》、朱祖周改编的采茶戏《妯娌恩怨》、曾仑改编的喜剧《出租的新娘》及吴一明创作的儿童历史剧《三颗小星星》和王建光创作的武打戏《双龙夺珠》，还有一批采茶戏《槟榔山下》《穿山甲的奇遇》《喜怒哀乐》等，由专业剧团排演，深受群众喜爱。1984 年，王建光创作的《笑面无私》，获全国戏剧影视函授学员作品一等奖，获省 1984—1985 年度专业创作三等奖，并在上海戏剧学院《新剧作》发表。1989—1991 年，曾啟胜创作的小戏《人间真情》《真情曲》先后获韶关市业余群众文艺评选二等奖，小戏《晨雾飘过公路》获广东省业余群众文艺评选三等奖；1991 年陈玉梅根据曾啟胜创作的小戏《晨雾飘过公路》改编为同名戏剧小品，获广东省业余群众文艺评选二等奖。摄影创作方面，庞海清的艺术摄影作品《木场晨曲》被《广东林业》（1983 年第 5 期）选作封面，并选入 1984 年国庆《广东省群众摄影艺术展览》；陈兆德的艺术摄影作品《今天好太阳》发表于《中国摄影》（1985 年），并在韶关市《粤北之春》（1986 年 1 月）和《广东省摄影艺术作品展览》（1987 年 10 月）中获优秀奖。

在社会文学活动方面，1983 年，在马市镇文学爱好青年刘照丁组织的知音读书社影响下，县城太平镇文学爱好青年陈志强、钟良江等人组织起丹凤文学社，在县委宣传部、文化部门领导的指导下，由县委宣传部副部长吴孙周、文化局专业创作员吴一明、文化馆馆长邓良汉（丁汉）为文学社成员举办文学创作学习班，参加学习达 37 人。是年，丹凤文学社开始油印《丹凤》文艺刊物，与县内文学爱好者相互交流。从此，激发起全县文学创作热情。随后，隘子镇组织起青年文学社并编印《金鸡》文艺刊物；顿岗、澄江镇的文学爱好青年也相继组织起文学社并编印出《天涯路》《南石岩》文艺刊物在县内进行交流学习，促进群众文艺发展。1987 年，县城文学爱好青年魏家坚组织起雏鸣文学社，并编印出《雏鸣》文艺刊物。至此，县内有群众文学社团 8 个，成员有 250 人。

1988 年 3 月 28 日成立始兴县文学艺术界联合会（简称文联）以来，积极指导开展群众性文艺创作。1988—1992 年，据不完全统计，全县业余作者在市级以上报刊发表的小说、散文、诗歌和民间文学等作品共 352 篇，其中省级以上 86 篇，获市级以上二等奖作品有 6 篇，三等奖作品有 9 篇。饶欠林的散文《玲珑仙室》获河南省文心出版社主办的全国小学教师征文比赛优秀奖；曾敨胜的故事《三千元》《石坑村的桃色事件》分别获韶关市业余群众文艺评选二等奖和广东省业余群众文艺评选三等奖。此阶段，始兴业余作者创作的长篇小说和结集出版童话作品共 5 部。美术、书法和歌曲创作也得到进一步发展，作品参赛获奖或被市级以上报刊采用的有 15 件，其中魏传广、李月凤、何伟斌 3 人共 4 件作品参加 1988 年“三溪杯”全国硬笔书法大赛并获奖；廖应魁获“安徽龙年全国硬笔书法大赛”奖。

1983 年 12 月，县广播事业局更名广播电视局。广播电视节目播放围绕县委、县政府的中心工作，遵循“为其服务，适其需要，合其口味，使其理解，引其参与，与其交流，对其引导，受其监督”的原则，以科学的理论武装人，以正确的理论引导人，以高尚的精神塑造人，以优秀的作品鼓舞人。

在广播设施方面，1984 年县委、县政府决定建无线调频电台。至 1986 年，已有 602 型录音机 5 部，6161 型声宝录音机 2 部，海立牌录音机 1 部，调频发射机 1 台，2500W 扩音机 2 部。1989 年 7 月成立始兴人民广播电台，有播控台设备 1 套，10W 和 100W 美多牌调频发射机各 1 台，乐声牌采访机 2 部。广播传输方式采用有线与无线调频相结合。县城有线广播线路 12 千米，喇叭 400 只；乡镇有线广播线路 296.5 千米，喇叭 4000 只。无线调频电台发射功率为 100W，覆盖县城及周边乡镇 65%区域。1990 年，根据上级的计划要求，结合始兴实际，先后在澄江、司前、隘子、罗坝和顿岗、江口等乡镇建设安装了 10W 小调频广播发射设备。至此，县内广播的传输方式主要以无线为主。

在电视设施方面，1983 年 5 月，县内再购入一台 50W 彩电电视差转机，用 6 频道转播广东岭南台节目，7 月起增播中央台节目。1985 年 7 月县财政拨款 3 万元，购入一台 100W 彩电电视差转机。1988 年下半年开始在县城内建有线电视网络，传输 6 套电视节目。1990 年，县城有线电视网络干线 12.8 千米，支线 23 千米，有线电视用户有 3100 户。为加大多套电视节目覆盖率，是年底，先后在司前、隘子、罗坝和深渡水等乡镇安装了有线电视网络，节目套数逐年增加，至 1992 年，传送电视节目已有 12 套；县城有线电视用户发展到 4500 户。

报刊工作得到加强。《始兴文艺》是县文化馆内部报刊，1981 年复刊，为八开四版，以发表县内文艺动态和各类文学作品为主。《始兴革命斗争史料》改名《始兴革命历史资料选辑》后，于 1982 年底由始兴县党史资料征集领导小组办公室编辑。该刊为不定期十六开版，主要刊载中国共产党领导下新民主主义革命时期始兴革命斗争回忆录。《墨江诗草》于 1984 年 7 月创刊，墨江诗社社刊以发表格律诗为主、新诗为次的不定期诗刊，后改为竖排 32 开本。《始兴文史》于 1985 年 9 月创刊，为始兴县文史委员会编辑出版。该刊为 32 开版本，是不定期的地方文史类专刊，内容广泛，史料性强，发行至港澳台，影响颇大，12 月出版的第八期，是为纪念张九龄诞辰 1310 周年专辑，正文达 246 页。《始兴县志通信》是始兴县志办公室于 1986 年 8 月 1 日创刊出版的刊物。出版宗旨：刊登修志资料，指导资料收集整理工作；刊登专志工作信息，交流修志工作经验；选载方志学理论文章，开展方志学理论的学习与研究。《艺林》创刊于 1989 年 7 月，为县文联与县林业局合办的不定期文学报刊，以发表林业题材的文学作品为主，八开四版。《始兴工交》创刊于1991年，为始兴县经济委员会编辑出版。该报为八开四版，第一版以宣传贯彻上级有关文件精神为主；第二、第三版着重刊登经委战线上涌现的新人新事新动态；第四版发表以企业为题材的文学作品。其他刊物还有县教育局1984年创刊编印的《始兴教育》及1987—1988年分别创刊编印的《始兴教育信息》《始兴教育小报》等。

档案工作的加强。1984年11月，县人民政府档案科更名为始兴县档案局，共有干部4人。1985年县档案局按《机关档案工作条例》规定，对全县副科级以上单位的档案进行接收存档，是年底共接收了文化局等19个单位移送423卷永久卷。1985—1986年，县档案局对所接收残缺不全的民国档案采取抢救措施，共抢救民国档案506卷；清理和建立会计档案1.8万卷（册）。同时对馆藏内20世纪五六十年代党政档案进行修复。为确保档案的安全，加强档案的管理，1987年制定并颁发《始兴县档案馆收集档案范围实施细则》，进一步明确档案接收进馆的意义、目的及范围。与此同时，制定一系列制度，制作《档案鉴定销毁清册》《温湿度登记簿》，对档案销毁进行严格鉴定，切实把握库房温湿度，并在档案柜施放长效杀虫、防虫药物。1989年冬，还采用熏蒸方法对库房档案进行全面消毒。1986—1989年，利用资料编写出《档案馆指南》《始兴县概况》《始兴土特产简介》和《民国时期始兴封建会道门的活动》及《始兴县三十五年大事记》等资料。1992年，县档案局内设有档案库房、资料库房、办公室、阅档室。档案设施有木质双面档案柜250个，铁皮柜、目录柜10个；灭火器5个；打字机1部；电风扇4台；照相机1部；温湿度计4个；装订工具1套和阅档桌8套。

（四）医疗卫生和计划生育事业取得新发展

始兴医疗卫生事业有较快的发展，医院管理逐步走向规范化、制度化、科学化。20世纪80年代，县内丝虫病、地方性甲状腺肿病已达到国家规定的基本消灭标准。白喉、乙型脑炎、脊髓灰质炎、疟疾等发病率明显下降，麻风病人经院内外治疗，患病率下降到0.0094 ／万。1990年，县卫生局为适应卫生工作发展的需要，撤销业务股，分设办公室、计财股、人事股、医政股、防保股、药政股、新设审计股。是年，经韶关市编委会批准，始兴县人民医院、县中医院升级为正科级事业单位，隶属关系不变。全县农村卫生站共132间，乡村医生182人。1991年8月1日起，对全县16所卫生院实行县卫生局与乡镇政府两级管理，以乡镇政府管理为主的新体制。

医疗设施不断更新。1987年，全县乡镇卫生院已有医疗器械500台（件），县人民医院有千元以上设备46台（件）；1989年乡镇卫生院增加较贵重医疗器械38台（件）。1990—1991年，马市镇党委、镇政府筹资25.4万元建设马市卫生院，并为手术室、产房、B超室、图室和X光室、心电室添置10万元医疗设备。

1992年，县人大作出《关于在1994年实现乡镇卫生院“一无三配套”①的决议》，县政府先后印发了《关于加强农村卫生工作的决定》等，并成立以县长李石保为组长的工作领导小组，作出了三年完成乡镇卫生院“一无三配套”建设的总体规划。县委、县政府决定从1992年起到1994年，每年从县财政中拨出10万元作为乡镇卫生院的专项资金。各乡镇也相继成立了由主要领导任组长的领导小组，制订规划，采取积极措施，广泛发动群众筹措资金，马市、顿岗、江口、城南及沈所、深渡水等乡镇作出了集资建设卫生院的决议。是年，在第一、第二批乡镇卫生院整顿建设的基础上，有计划地着重进行第三批乡镇卫生院（隘子、沈所、江口、刘张家山、顿岗共5所卫生院）整顿建设，共添置200MAX光机、B超、心电图机等医疗设备31台（件）。1月9日，投资近40万元建成了澄江镇卫生院综合大楼。

医疗队伍不断加强壮大。1983年，全县共有乡村医生和赤脚医生182人，经审批发放办站证书132份，设立大队卫生站132个。至1987年卫生机构医疗队伍发展到758人，其中卫生人员645人，占85%；主治主管医师19人，医师113人，士级人员260人，医务人员达到每千人口3.47人②。1988年，县卫生系统共23个单位，有卫生技术专业人员344人，其中副主任医师5人、西医主治54人、中医主治9人、主管护师4人、主

①“一无三配套”，指通过医疗条件的逐步改善，实现无危房和房屋、设备、人员的配套。

② 始兴县卫生局编:《始兴县卫生志》2007年版，第24页。

管药师1人、麻醉主治2人、X光主治1人、西医师40人、中医师18人、护师41人、中药师1人、西药师2人、检验师5人、其他技师5人；西医士49人、中医士7人、护士63人、检验士6人、西药士15人、中药士13人，其他技士3人。1989年，仅乡镇卫生院在职卫生工作人员244人，其中卫生技术员209人，占85.7%。在卫生技术员中有中医师9人、西医师33人、护师5人；中医士7人、西医士31人、护士28人、助产士5人、中药剂士7人、西药剂士7人、检验士1人，其他剂士6人；其他中医4人;护理员14人、中药剂员6人、西药剂员5人、检验员3人①。1992年2月9日，县人民医院被指定为“韶关大学医学院教学医院”。

在县爱国卫生运动委员会的组织下，继续开展群众性的爱国卫生运动。1984年以后的几年里，县委、县政府先后拨款20万元，进一步增设卫生设施，新建砖砌垃圾池28个。1985年购置活动铁壳垃圾桶218只，拉运垃圾的丰田牌小型货车1部，自动装卸垃圾车2部，工农12型手扶拖拉机2部，铁壳手推车10辆，每天一早一晚对城内各街道进行垃圾清除。1988年，在城区中心汽车站西南边附近兴建了一间三叉式拱顶大型公共厕所，可日供数以千计来往行人及居民使用。是年，购置洒水车1部，除雨天外，每日为主要街道洒水2次。为进一步治理生活污染，县委、县政府采取四项主要措施：一是新建下水道11条，共4.79千米，使城内地面积水及污水直通下水道排出，减少污染水排出的臭气，改变市容卫生。二是新建楼房规定必须建设三级无害化厕所；对城内4间公共厕所坚持每天清洗2次。三是垃圾排污物每日用车运走，减少臭气污染，控制蚊蝇滋生；街道每天清扫2次，用洒水车洒水降温、除尘2次。四是加强园林绿化建设，各主要街道、机关、学校、医院和工厂、园林所等专用绿化面积2133.33公顷，同时，凡公共空地，每年由县绿化委员会、园林所规划绿化（植树）工程。此外，县委、县政府着重进行路面街道的改造，建设自来水工程，支持县内各地农村自来水建设，解决农村居民饮水卫生问题，广大农村普遍建有自来水或手压吸水泵式自来水设施。至1989年，全县总农户34817户，使用自来水或手压吸水泵式自来水有29594户，占总农

①《始兴县志》，广东人民出版社1997年版，第837页。

户的 85%[①]。

在本阶段，计划生育工作进一步加强。1983 年，县委下发《关于处理干部、职工违反计划生育案件的若干规定》后，是年底，违反计划生育受处理的共有 6 人，其中有 2 名干部，4 名职工。1984 年，县委颁发了《关于处理干部、职工抢生、超生小孩问题的补充规定》，对 1984 年 1 月 1 日以后抢生、超生小孩的干部和职工作出一律开除公职，党员、团员同时除名。11 月，县计划生育办公室改称为始兴县计划生育委员会（简称县计生委）。为了更有效落实计划生育政策，县计生委根据省委和县委、县政府的有关精神，广泛宣传教育广大党员干部、群众实行避孕节育。为了弥补县内医务人员在做节育、绝育手术中人员缺乏的状况，1985 年，县计划生育技术领导小组特聘请江西省有关医院医务人员前来指导结扎技术，并通过多种形式培训县内医务人员，加强医务队伍。其间还引进男子输精管粘堵新技术，以取代输精管结扎绝育术。是年，全县男扎手术 630 例，女扎手术 174 例。1986 年开始，各区（镇）卫生院都配备了男结扎、女放环医务技术人员各 1 名。从此男结扎、女放环手术可在当地卫生院施行。在计划生育高潮时期，县医院、县党校、县政府招待所还让出床位，接待手术人员并妥善安排食宿。

1991 年 8 月起，执行省委、省政府关于计划生育“一票否决权”的决定，加强计划生育责任追究，强化计划生育各项措施的落实，全县计划生育工作逐步趋向正常化。至 1992 年底，全县男扎手术 1387 人，女扎手术 518 人，女放环 2548 人，人工流产 2253 人。是年，全县人口自然增长数为 3286 人，自然增长率为 14.46‰[②]。

（五）史志事业的启动

1984 年 3 月，粤赣湘边党史协作座谈会在县城召开。6 月，县委成立中共始兴县委党史资料征集研究领导小组，并设办公室（简称党史办），重点开展中国共产党在始兴的史料征集、整理和研究。1985 年 9 月，成立始兴县志编纂委员会办公室（简称县志办），编制 6 人，开始筹备《始兴县志》的编纂工作。1990 年 11 月党史办更名为县委党史研究室。

①《始兴县志》，广东人民出版社 1997 年版，第 559—560 页。
②《始兴县卫生志》，广东人民出版社 2007 年版，第 25 页。

1985—1990 年，在县委、县政府大力支持下，抽调专人负责编修县志的具体业务工作，以及党史资料的征集、整理、研究工作。通过公开征稿、调查采访等形式收集整理资料共计 110 万字、照片上百幅和革命文物一批，坚持实事求是，从实际出发，认真编修《始兴县志》，1988 年 10 月县志办首先出版了《修志体例荟萃》。与此同时，各行业部门也掀起“盛世修志”热潮。1990 年 8 月，出版了《始兴县邮电志》《始兴县金融志》；10 月，出版了《始兴县财政志》，为县委、县政府在重大决策中发挥历史的借鉴作用。

1985 年 5 月 6—12 日，应始兴县委的邀请，新民主主义革命时期的中共始兴历任县委负责人、抗日战争时期的东江纵队（简称东纵）和珠江纵队（简称珠纵）北上五岭部队主要成员、始兴风度抗日大队（简称风度大队）队员、老地下中共党员及解放战争时期武装斗争的主要干部 150 多人，在县城参加党史座谈会。中共始兴县委原第一任书记温盛湘、第二任书记张华、第三任书记袁鸿飞等革命老领导在党史座谈会上讲了话。13 日，县委又在影剧院召开“始兴人民风度抗日自卫大队建队 40 周年纪念大会”，出席纪念大会共 1400 多人。原东纵、珠纵和风度大队主要领导发来贺信或在会上发言。原东纵政委、广东省人民政府原副省长杨康华在贺信里说：“始兴风度抗日自卫大队不愧是我党领导下的一支英雄部队！其光荣事迹，将永远载入革命史册。”原五岭地委副书记、广东省军区副司令员黄业在贺信里指出：“始兴的中国共产党是用马克思列宁主义、毛泽东思想武装起来的坚强的党，久经考验的党，是英雄的党；始兴人民是英雄的人民；始兴游击队是英雄的部队。”中共始兴县委原第二任书记、原五岭地委书记、北二支队司令员兼政委、全国政协广西壮族自治区委员会副主席张华在大会上发言说：“风度大队是中国共产党领导的抗日有功部队，在日寇侵略、国土沦陷时期，能够以一个县的力量，在共产党领导下起来抗日自卫，不断地打了许多胜仗，作出了可歌可泣的贡献，直到日寇投降。这是了不起的。所以要开会永远纪念它！”在会上，他还强调说：“像（始兴风度大队）这样的部队从起来抗日到打击国民党反动派，长达 5 年的武装斗争，直到最后胜利，功劳很大。因此，今天就在这里开大会永远纪念它！”

这次党史座谈会和风度大队建队纪念大会的召开，对了解中国共产党在始兴活动史迹有着深刻的积极意义。

1987 年 7 月 31 日，在抗日、解放战争时期指挥过始兴人民进行艰苦战斗的原东纵政治部主任、原中共广东区党委粤北党政军委员会书记、广东省人民政府原副省长杨康华，原风度大队政治部主任、广东省原储备二局副局长陈培兴和原始兴游击队独立第八大队教导员、广东省委党史研究室原主任陈遐瓒及原风度大队北山中队长、原海南行署农垦总局副局长唐胜标等一行人重临当年的战场南山区域的八一村、北山区域的新屋场等地进行视察，并忆述当年的战斗经历。

《始兴革命历史资料选辑》自 1982 年 8 月由县党史资料征集领导小组办公室编辑以来，至 1989 年已出版 15 期。记录了很多中国共产党在新民主主义革命时期始兴革命斗争的史迹，提供了宝贵资料。

1991 年 1 月，县委根据市委党史工作会议精神，召开了县委党史工作会议，结合《始兴县志》编修工作情况，着重研究“八五”期间的工作设想和当年工作部署，确定工作目标，推动全县党史工作的开展。

1992 年，根据中共中央和省、市委的部署，始兴县委就组织人员开始申报评划解放战争游击根据地（统称为革命老区）工作。县委成立评议领导小组后，开展征集、整理材料和申报工作。同年，编修出版了《始兴县税务志》和《客家源流与风俗》。

二、精神文明建设的推进

（一）广泛开展群众性精神文明活动

1983 年以来，县委、县政府“两个文明一起抓”，为了适应新形势的需要，1984 年初，县委根据韶文明〔1984〕1 号文件精神，结合精神文明建设工作涉及面广、工作量大的特点，构建齐抓共管精神文明建设的组织网络。调整充实了县“五讲四美三热爱”活动委员会领导机构，委员会主任由县委副书记陈木汉担任，组成人员有县委办、宣传部、组织部、武装部、政法委和经委、建委、科委、直属党委及工会、团委、妇联等部门主要领导，形成了齐抓共管精神文明建设的工作机制。

1984 年 8 月召开的县第五次党代会，对加强社会主义精神文明建设作出了专题部署，强调各级党委、政府部门、单位要把建设文明单位作为“五讲四美三热爱”活动的基本形式和内容与建设文明单位的目标和规划相联系，并纳入建设文明单位这个总的要求中，实行“五抓五治五变”和“十好”[①]，大力开展文明单位、文明村（镇）建设。并指出思想建设是文明单位的中心环节，要把思想建设放在领先地位，抓好文明建设总体规划，推动建设文明建设。

始兴县总工会在1984年第八次代表大会上，提出开展“职工之家”活动的决议。1985年为建设合格“职工之家”定出了6条标准、34条实施细则。1986年10月县成立劳动竞赛委员会，进一步把精神文明建设与职工岗位业务结合开展，在县内经委、二轻、财贸、农林水、外经委、建委和石人嶂矿这7个赛区进行“创先、创优、创新”劳动竞赛，评出230个先进集体，1950名先进个人。1990年4月，县总工会召开“五一”庆祝大会及组织相关庆祝活动，表彰4个先进局工会工作委员会，20个先进“职工之家”，47名优秀职工之友，17名优秀积极分子；举行县总工会第一届“主人翁”杯篮球赛。

共青团县委围绕全县精神文明建设积极广泛开展活动。1983年继续开展“学雷锋、树新风”活动，组织好学雷锋小组，带头治理“脏、乱、差”，树立良好的社会风尚。1984年根据中央关于开展“振兴中华”读书活动的指示，组织了读书小组1583个，有8952人参加了活动，并与县总工会联合举办“振兴中华”读书活动和有奖知识测验，印发测验卷1.2万份，还组织演讲报告团到各机关、厂矿、学校巡回演讲20多场。1986年，组织全县325个团支部学习法制教育，参加学习的人员达1.07万人。1990年在开展创建“青年岗位能手”和“青年文明号”活动中，钟艳坤（女）、伍国虾（女）、邓细平、邓向明、卢旺生、杨简川、林祥林共7人荣获韶关市“青年星火带头人”称号。

县妇联在积极维护妇女儿童合法权益的同时，推动全县妇女的精神文明创建活动，组织开展“三八红旗手”“文明村”“五好家庭”活动，鼓励

① “五抓五治五变”：抓思想教育，治旧变新；抓文化科学，治愚变智；抓环境卫生，治脏变净；抓社会秩序，治乱变安；抓生产发展，治穷变富。“十好”是指：村容村貌好，党风好、民风好、治安好，文化生活好，教育和科学普及好，完成任务好，计划生育好，生产生活好，军民关系好，工农关系好，民族关系好。

妇女学文化、学科学、勤劳致富。1987年，全县建设14个“移风易俗理事会”，有30个乡（镇）、村把破除婚姻陋俗列入《乡规民约》。是年，江口乡总甫村妇女干部宋兴娥荣获“全国三八红旗手”称号，县内另有5名妇女受到省妇联表彰。1989年初，全国妇联联合农业部、林业部、水利部、国家科委、国家教委等12个部委，在全国各族农村妇女中开展“学文化、学技术、比成绩、比贡献”的“双学双比”竞赛活动。县妇联根据实际，联合县农业局、林业局、丝绸公司等6个单位开展“农业生产女能手”大赛，由县委副书记张方伦任“农业生产女能手”大赛领导小组组长。1990年，响应全国妇联等13个部委发出的开展“巾帼建功”活动的号召，在全县范围内组织妇女开展“四自”“四有”[①]女性教育的“巾帼建功夺杯赛”活动。同时，结合县委宣传部精神文明办公室开展的创建“文明家庭”活动，县妇联在“家”字上做好文章，推进家庭美德教育，提高家庭成员素质。1992年，组织举办以幸福家庭欢乐会为主题的“植保杯”活动。

此外，县委加强对工商业联合会、县个体劳动者协会的领导，支持这些组织发挥职能作用，共同参与精神文明建设。1990年县委成立了始兴县精神文明建设领导小组办公室，解决了定编和配备专职干部等问题，使全县的精神文明建设有了专门的组织机构。通过表彰先进，推进精神文明建设的向前发展。同年春节期间，马市镇马市村有家农户发生火灾，村民李步周奋不顾身冲上火海为民救火，不幸从高处跌落下来，英勇牺牲。县委得知情况后，立即派出人员赶赴马市采写李步周的事迹，并在全县范围进行广泛宣传。在李步周精神感召下，全县71个单位共6894人为解决李步周家庭困难开展募捐活动，共捐款15000元。助人为乐的共产主义精神在县内得到真正体现。同时，县委结合李步周的事迹，于2月在全县开展学雷锋活动月，此次活动月共有27021人参加，做好事7606件。为深入开展学雷锋活动，县委组织召开表彰大会，共有59个先进单位和73名先进个人受到表彰。与此同时，组织获“中国小英雄”称号的黄永泽同学和在全国好少年评比中获“孝敬奖”的陈志锋同学以及获“助人奖”的刘海生

① “四自”“四有”：自尊、自信、自立、自强和有理想、有道德、有文化、有纪律。

同学组成先进事迹报告团，在全县17所中小学校进行巡回报告，有13500名学生受到教育。这次学雷锋活动月，参加活动有27021人次，做好事7606件，深受广大群众的称赞。另外，在县内开展“破除封建陋习，树立文明新风”活动，通过县电视台和乡镇播放《反对封建迷信》，将《科学战胜愚昧》等书籍发放全县15个乡镇145个管理区及123个机关单位组织宣传学习。举办积极向上的书画展、舞龙舞狮和农民体育运动会等，丰富农民文体生活，同时开展《婚姻法》宣传活动，积极引导乡镇为村民举办集体婚礼，用多种形式来树立文明新风。

1990年3—5月，县委为深入贯彻中共十三届六中全会《中共中央关于加强党同人民群众联系的决定》精神，使党员干部能深入基层为群众办好事办实事，组织县直属机关党员干部下基层。第一批派出122人，其中副处级以上干部16人，科级干部49人，其他党员干部57人。6月，县委专门成立了第二批党员干部下基层领导小组，由县委副书记李鸿涛任组长，副县长华培强、人大常委会副主任赖书耀任副组长，并设立一个办公室，抽调138人，其中处级干部14人，科级干部40人，分15个组下到县内各个乡镇，倾听群众意见，为民办好事，推动始兴的社会主义文明建设。

1991年，县委广泛开展树新风、讲奉献、创建文明单位等一系列活动，使全县人民群众的政治思想觉悟和道德素质都有了新的提高，涌现出一批先进单位和个人。是年，全县评出文明单位30个，文明家庭60户，先进单位55个，先进个人76名。被上级表彰的先进单位68个，先进个人126名。在华东等地区发生特大水灾时，全县人民积极响应党的号召，短时间内就为灾区募捐12.5万元，表现出始兴人民日益增强的社会责任感和公德心。1992年，县文明办在全县范围组织开展“岗位学雷锋，行业树新风”以及“礼貌、安全、服务月”活动。

（二）开展农村社会主义思想教育

1991年，县委根据省委《关于在全省农村开展社会主义思想教育的通知》，决定在全县农村开展社会主义思想教育（简称社教）工作。8月，县委成立“农村社会主义教育办公室”，并从县直机关抽调党员干部244名，组成58个工作组，分赴顿岗、马市、司前和花山共4个乡镇开展首批

“社教”活动，县委同时决定分3批进行，历时17个月。县委对开展农村社会主义思想教育作出了5项决定：一要充分认识开展农村社会主义思想教育是农村工作的一项重要战略任务；二要认真理解和掌握开展农村社会主义思想教育的指导思想、工作任务和重点内容；三要始终坚持思想政治工作和法制教育，深入基层调查研究，拓展与群众的联系渠道；四要明确农村社会主义思想教育的安排和步骤；五要切实加强党的领导，高标准、高质量地搞好全县农村社会主义思想建设。县委、县政府还作出关于扶助贫困地区发展经济的五项决定：县成立由一名县委副书记为组长的山区扶贫工作领导小组，加强扶贫工作的领导；实行县机关与管理区对口挂钩扶贫；县财政在农业发展基金中每年拨出一定比例的资金作为扶贫基金，主要用于扶贫贷款贴息，扶持贫困地区经济发展；推行积累工制度；实行创业科技奖。县委、县政府同时要求，通过农村社教工作与扶助贫困地区发展结合起来开展，紧紧抓住社会主义思想教育这条主线，以发展经济为中心，认真抓好社会治安综合治理，加强以党支部为核心的农村基层组织建设，达到组织健全、责任明确、制度落实、关系理顺、运转正常的目标。

1992年3月，第二批社会主义思想教育工作队共有691名机关干部分赴县内各农村，继续开展农村社教。结合农村社会主义思想教育工作，社教工作队在农村开展“党支部目标管理”和“党员目标管理”活动，提高基层党组织的战斗力。此外，继续坚持县直机关以及四套班子领导扶贫挂钩联系点制度，努力为群众办实事办好事，进一步改善和密切党同人民群众的联系，推动农村经济和社会事业的全面发展。

通过开展农村社会主义思想教育，搞好群众来信来访和实施《行政诉讼法》，拓展了与群众的联系渠道，妥善解决了农村很多有关土地、山林、水利、债务等纠纷，提高了党和政府在人民群众中的威望，促进社会风气的进一步好转。

第五节　中共始兴县第五至第七次代表大会的召开

一、中共始兴县第五次代表大会的召开

中共始兴县第五次代表大会于 1984 年 8 月 24—27 日在县城太平镇召开，出席大会正式代表 350 人，代表全县 7030 名党员[①]。

这次党代表大会的议程有三项：一是听取和审查中国共产党始兴县第四届委员会的报告；二是听取和审查中国共产党始兴县纪律检查委员会的报告；三是选举中国共产党始兴县第五届委员会和中国共产党始兴县纪律检查委员会，选举始兴县出席中国共产党韶关市第五次代表大会的代表。

大会总结了中共始兴县第四次代表大会以来的工作经验和教训，在坚决贯彻党的十一届三中全会的路线、方针、政策和党的十二大精神中，把工作重点放在经济建设上，坚持两个文明一起抓，不断加强党的组织建设，在农业、工业和财贸以及领导体制等方面进行改革，使全县的政治、经济形势发生了可喜的变化。

县委副书记李鸿涛致开幕词，县委书记周学扬代表中共始兴县委在大会上作《解放思想、勇于改革、团结奋斗，努力开创我县各项工作的新局面》的报告。大会报告回顾了县委第四次党代会以来 3 年多的工作情况，并从四个方面作了总结：第一，反复进行党的十一届三中全会路线、方针、政策的再教育与党的十二大精神的学习，不断清除“左”的错误影响，促进了思想的解放和统一。第二，贯彻国民经济“调整、改革、整顿、提高”的方针，放宽经济政策，进行体制改革，推广科学技术，促进了物质文明建设。第三，加强了党的思想教育和纪律检查工作，进行了领

①《始兴县志》，广东人民出版社 1997 年版，第 565 页。

导机构的改革，促进了党的组织建设和作风建设。第四，坚持在建设物质文明的同时，大力建设精神文明，城乡面貌有了较大的变化。

报告还指出过去 3 年多来工作上的缺点，认为思想还不够解放，改革的步子也不大。另外，工作上还存在一定程度的党政不分的现象，党组织的主要精力还没有完全放在抓原则、抓大事、抓调查研究上；有些单位党的组织生活不够健全，党员教育抓得不紧，党风不正的状况还未根本改变等问题。

报告提出全县此后的中心任务：要进一步调整生产布局，改善经济结构；要加快各个方面的体制改革，进一步解放生产力，促进“四化”建设；要积极引进外资、技术和人才，加快经济建设步伐。报告还特别强调，在建设高度物质文明的同时，努力建设高度的社会主义精神文明，是一项具有重大意义的战略任务，要求县内各级党组织要大力抓好五个方面的工作：第一，要进一步提高认识，牢固树立“两个文明一起抓”的战略思想。第二，要花大力气全面抓好文明村镇、文明单位建设。第三，要把思想建设放在领先地位。第四，要进一步加强文化建设。第五，全党动手，各方配合，切实加强对文明村镇、文明单位建设的领导。

大会工作报告最后就“执政党的地位和新的历史时期党所肩负的重任”作出专题部署：第一，一定要认真抓好党的思想建设，进一步实现全党思想上政治上的高度一致，充分发挥广大党员在两个文明建设中的先锋模范作用。第二，一定要抓好党的组织建设和干部队伍的“四化”建设，确保党的政治路线的贯彻执行，巩固机构改革的重大成果。第三，一定要抓好纪检工作，搞好党的作风建设，加强党的纪律，促进党风的根本好转。第四，一定要加强社会主义民主与法制建设，确保“四化”建设的顺利进行。第五，一定要继续落实好统战、侨务、侨房和少数民族政策，调动一切积极因素，促进“四化”建设和祖国统一大业。

县委纪律检查委员会书记张达辉在大会上作中共始兴县委纪律检查委员会工作报告。纪检工作报告回顾总结过去几年来的六个方面重点工作：第一，深入学习贯彻《关于党内政治生活的若干准则》、开展党风党纪教育，教育党员做一个合格的共产党员。第二，狠抓打击经济领域严重犯罪活动的斗争，教育、挽救了一批失足的党员、干部。第三，积极宣传贯彻中纪委的《公开信》，纠正党员干部建房、分房中的不正之风。第四，坚决维护党规党法，严肃党的纪律，检查处理了一批违纪案件。第五，认真做好党员群众的来信来访工作，进一步密切党群关系。第六，加强纪检机构和队伍的建设，提高纪检的战斗力。对今后工作，纪检工作报告提出四大任务：搞好党风，严肃党纪，保证党的十一届三中全会以来的路线、方针、政策的贯彻执行；协助县委监督，保证《关于党内政治生活若干准则》的贯彻执行；善始善终抓好落实干部政策工作；认真处理好信访工作。

纪检工作报告对今后工作还提出四点要求：要围绕整党，抓好党性党风党纪教育，为实现党风根本好转作出贡献；要把打击经济领域中严重犯罪活动的斗争，继续深入地开展下去；要认真端正党风、严肃党纪，保证经济建设和各项改革工作顺利进行；要进一步加强纪检机构和队伍建设。

大会通过《解放思想、勇于改革、团结奋斗，努力开创我县各项工作的新局面》的报告和《中国共产党始兴县第五次代表大会关于第四届县委工作报告的决议》，以及通过《中国共产党始兴县第五次代表大会关于县纪律检查委员会工作报告的决议》。

大会按照党章规定和民主集中制原则，选举产生了中共始兴县第五届委员会和中共始兴县纪律检查委员会。中共始兴县第五届委员会委员27名：邓华胜、邓克辉、叶瑞湘、华培强、华富嫦（女）、刘照武、朱光南、陈木汉、陈超、张达辉、张方伦、李鸿涛、李国贤、李冬生、李柏霞、肖光耀、陆志军（女）、周学扬、郑乙星、郭苏、徐勋平、曹祖和、曹鸣、黄成玉、曾惠坤（女）、魏学文、戴尊胜。候补委员4名：卢道均、卢爱群（女）、冯学贤、周大菊（女）。经中共始兴县第五届委员会第一次全体会议选举通过，委员会书记、副书记和常委是：周学扬为县委书记；陈木汗、张达辉、李鸿涛为县委副书记；张方伦、郭苏、曹祖和、黄成玉、华培强为县委常委。中共始兴县纪律检查委员会委员15名：王衍三、卢修銮、刘远庭、吴庭、吴显汉、张达辉、张学清、陈尚彪、钟旭暹、钟均先、胡国平、徐维德、黄国云、彭健生、戴尊胜。中共始兴县纪律检查委员会书记、副书记、常务委员名单：张达辉任书记，戴尊胜、卢修銮任副书记；张学清、黄国云、吴庭、彭健生任常委。

县委副书记张达辉作会议闭幕词。这次中共始兴县第五次代表大会，是贯彻执行改革开放的方针，动员各条战线进行全面改革的大会；是实现新老干部交替合作和继往开来的大会，经过民主选举一批年富力强的党员进入第五届县委，使作为全县战斗指挥部的县委领导班子更加充满朝气和活力。县纪律检查委员会经过选举也得到了加强，将在维护党风党纪方面，担负起艰巨而光荣的责任。新产生的两个委员会，为实现这次大会确定的各项任务，为党的事业继往开来提供了组织保证，进一步开创始兴社会主义现代化建设的新局面。

二、中共始兴县第六次代表大会的召开

中共始兴县第六次代表大会于 1987 年 3 月 23—25 日在县城太平镇召开，出席大会正式代表 350 人，代表全县 7496 名党员[①]。这次大会的主要议程有三项：一是听取和审议中国共产党始兴县第五届委员会的工作报告。二是听取和审议中国共产党始兴县纪律检查委员会的工作报告。三是选举中国共产党始兴县第六届委员会和中国共产党始兴县纪律检查委员会。

大会由县委副书记黄秉耀致开幕词，县委书记罗继胜代表中共始兴县委在大会上作《坚持四项基本原则，坚持改革开放，搞活经济，为建设繁荣富裕文明的社会主义新始兴而奋斗》的报告。报告提出全县此后的中心任务是：要紧紧抓住经济建设这个中心，坚持四项基本原则，坚持改革、开放、搞活的方针，深入进行城乡改革，大力发展商品经济，确立始兴工业体系，实现财政根本好转，为建设繁荣富裕文明的社会主义新始兴而奋斗。

大会工作报告总结了中共始兴县第五次代表大会以来 3 年里的工作经验和教训，在党的十一届三中全会的路线、方针、政策的指引下，在省、市委的正确领导下，县内各级党组织和广大党员坚持实事求是，解放思想，坚持改革、开放、搞活的方针，坚持把经济建设作为工作的重点，各项工作都有新的起色，政治、经济、思想、文化领域都发生了可喜的变

①《始兴县志》，广东人民出版社 1997 年版，第 565 页。

化，各条战线都在改革中前进。

在回顾县委第五次党代会以来的工作情况，从几个方面小结了县委工作中存在的缺点和问题，认为主要是由于没有紧紧地抓住经济建设这个全党的工作中心，决策有些失误，重点不够突出，措施不够得力，致使经济发展速度缓慢，没有达到预期的目标，制约和影响了各项事业的发展；思想认识水平和政策水平还不能适应改革、开放和搞活经济的形势，破除小农经济旧观念的措施不够得力，调整农村产业结构的步子迈得不够大；对全县性综合改革和深入改革研究不够，重大问题的决策能力和总揽经济全局的能力不够强；横向经济联系不够广泛，经济还搞得不够活；执行党的民主集中制原则尚有欠缺之处；有些党员、干部的工作作风仍不够扎实。

大会工作报告提出此次党代会到下次党代会3年内的奋斗目标：一是认真搞好城乡改革。二是继续贯彻执行“调整、改革、整顿、提高”的方针，建立具有始兴特色的工业体系。三是充分发挥自然资源优势，大力发展乡镇企业。四是继续因地制宜地调整农业结构，促进农村经济向商品化、专业化方向发展。五是大力推进科学技术进步，普及科研成果。六是加快智力开发，大力培养“四化”建设人才，充分发挥知识分子的作用。七是继续抓好计划生育工作，严格控制人口增长。八是大胆地加大实行对外开放，积极引进国内外各地资金、技术，合作开发利用山区资源，发展始兴经济。

大会工作报告对“切实加强党的建设，进一步提高党的战斗力”作出专题部署。报告根据历史经验教训和“四化”建设的形势要求，提出要重点加强搞好四项工作：一要加强党的思想建设和党风建设。二要加强党的组织建设。三要加强党员干部培训工作。四要加强和改善党的领导。

大会工作报告还针对社会主义精神文明建设作了“把精神文明建设提高到新的水平”的专题部署。要求各级党组织必须贯彻执行中共中央《关于社会主义精神文明建设指导方针的决议》，围绕经济建设和全面改革，大力推进精神文明建设，对精神文明建设一定要做到在思想上有位置，计划上有安排，工作上有措施，组织上有保证。着重抓好三个方面的工作：一是加强理想道德风尚教育，深入开展创建文明单位、文明村镇和先进个人活动。二是进一步加强科学文化教育工作，提高全县教育科学文化水平。三是加强社会主义民主、法制和纪律教育，巩固和发展安定团结的政治局面。

县委纪律检查委员会书记郭苏在大会上作中共始兴县委纪律检查委员会工作报告。纪检工作报告在回顾总结自1984年8月中国共产党始兴县第五届代表大会换届以来，遵照中共十一届三中全会以来的精神和上级纪委的部署，围绕党的中心工作，在六个方面较好地发挥了纪检职能作用。

第一，统一认识，初步形成全党抓党风的局面。对党员干部加强党的路线、方针、政策的学习，组织全体党员认真学习《中共中央关于整党的决定》和有关整党的一系列文件，播放省纪委录制的《党性教育片》供党员干部观看。全县有党员7074名，均进行党性、党风和党纪的轮训教育。制定《关于建立各级领导班子抓党风责任制的决定》《实现党风根本好转的规划》，提高各级党组织对抓党风的认识。全县97个科局级单位的党组织，全部制定了抓党风责任制，有85个单位制订了实现党风根本好转的规划。

第二，认真清理了六股不正之风和整顿了机关作风。一是刹住了党政机关和党政干部经商办企业的歪风。全县党政机关经商办企业原有12家，经清理后停办7家，合并1家，脱钩留办4家，经商的党政机关干部172人已全部脱钩。二是查处了违反政策假捐赠进口汽车和倒卖洋货的问题。全县假捐赠进口汽车158辆，彩电74台，冰箱2台，录像机1台，收录机1台，已全部作了处理，收回罚款54.3万元上缴县财政。三是纠正了乱收费、乱罚款、乱涨价以及用公款旅游和在转干、招工等方面出现的新的不正之风。检查了153个单位，发现114个有“三乱”问题，经过查处，非法收入款有8.5万元。四是清退了乱发的钱物以及“回扣”“红包”和拖欠的公款。县内各级领导干部主动退回下级送的红利3100元，退“红包”的有12人共计金额3510元；全县有9个乡镇的385人拖欠公款，总金额10.6万元，已清退3.1万元。五是清查了非法占用农田建私房问题。全县违法用地建私房1358户，总面积27.13公顷，已处理复耕2公顷，停建7.47公顷，罚款21.5万元；拆除还地0.53公顷，补办手续6.07公顷。六是查处了贩卖、播放淫秽录像等问题。清查出播放黄色录像点17个，收缴淫秽录像带 21 盒，录像机 1 部，彩电 2 部，25 人被罚款[①]，并查封了一批非法出版报刊。

第三，查处、审理了一批案件，保证改革开放的顺利进行。根据中央纪委关于端正党风要从查处案件入手的指示，县纪委立案调查已作出处理的各种违法违纪案件共 65 起 75 人，其中属经济问题 36 起 43 人，以权谋私 2 起 3 人，利用公款旅游 1 起 1 人，嫖宿 1 起 1 人，赌博 1 起 3 人，强奸 2 起 2 人，生活作风败坏 4 起 4 人，违反计划生育政策 5 起 5 人。根据党的有关政策对案件和涉案人进行了处理，其中给予开除党籍 15 人，留党察看 10 人，撤销党内职务 3 人，党内严重警告 3 人，受行政处分 6 人，追究刑事责任 4 人[②]。

第四，充分运用正反两方面典型，广泛开展党性党风党纪教育。采用《通报》《纪检情况反映》和专题材料、会议等形式，大力宣传正面典型，表彰先进、树立榜样。同时，总结了城郊乡加强思想建设，增强党员素质，促进党风根本好转和县公安局“党委抓支部、支部抓党员、党员带干警，一级抓一级，一层带一层”的好经验，以及结合城南乡各级党组织抓党风责任制的成功经验，推动全县各级党组织建立抓党风责任制的工作。运用反面典型，达到处理一案，教育一片的效果，使党员干部的党性不断增强。

第五，认真做好群众来信来访工作，发挥纪检职能作用。县纪委通过成立信访科，共受理来信 649 件，接待来访 157 人次，并从中发现一批案情线索。县内基层也设有信访组织 163 个，成员 536 人，其中县机关 26 个，成员 90 人；乡（镇）16 个，成员 86 人；村 120 个，成员 360 人。16 个乡（镇）还建立起群众来访接待室，定了接待日，提高了信访的办结率。

第六，不断加强纪检机构和队伍的建设。在上级纪委和县委的重视下，县纪检机构逐步健全，人员配备逐年增加，组织建设不断加强。县纪检会有 4 个科室，有干部 14 人；全县 16 个乡（镇）有专职或兼职纪检人员 16 人；农村乡镇机关党支部 133 个和村党支部 138 个，均有专职或兼

①《中国共产党始兴县历次代表大会文件选编》，广东人民出版社 2006 年版，第 283 页。
②《中国共产党始兴县历次代表大会文件选编》，广东人民出版社 2006 年版，第 284 页。

职纪检委员。县机关、厂、场党组织都有 1 名委员分管纪检工作[①]，做到各级有纪检干部，为实现全县党风的根本好转奠定了基础。

对今后工作，纪检工作报告提出着重抓好五项：一是坚持党的四项基本原则，反对资产阶级自由化。在理论、政治、思想上解决好民主与集中、自由与纪律的辩证关系，在行动上严格按照共产党员的标准要求自己，在政治上与中央保持一致；坚持四项基本原则，坚决执行改革、开放、搞活的方针，遵守党的纪律，令行禁止，大力推动社会主义物质文明和精神文明建设的发展。二是抓好党性党风党纪教育，提高党员政治素质。统一全党的思想，加深对端正党风的重要性、长期性、紧迫性的认识，把端正党风工作列入重要议事日程，做到党委（总支、支部）书记亲自抓，行动领导配合抓，主管领导重点抓，纪检部门具体抓，层层落实的责任体系。领导做好表率，把思想教育放在端正党风的首位，建立健全端正党风的民主生活制度，落实党风责任制和党风检查制度。三是继续查处违法乱纪案件，纠正不正之风。四是坚决支持、保证、促进改革、开放、搞活经济的顺利进行。五是加强纪检机构和队伍的建设，按定编配足符合纪检干部条件的人员，充分发挥纪检机构的职能作用。

大会根据党章规定和民主集中制原则，选举产生了中共始兴县第五届委员会和中共始兴县纪律检查委员会。中共始兴县第六届委员会委员 27 名：邓华胜、邓克辉、王惠云、古永琛、阳日成、朱祖平、华培强、华富嫦（女）、李柏霞、李鸿涛、何荣桢、杨木忠、张方伦、张发均、林宏达、罗继胜、郑乙星、周文敏、钟建浩、郭苏、梁桂泽、黄成玉、黄秉耀、黄尚武、曾惠坤（女）、赖书耀、戴尊胜。候补委员 4 名：冯学贤、庄英城、周大菊（女）、廖达平。经中共始兴县第六届委员会第一次全体会议选举，结果为：罗继胜为县委书记。黄秉耀、李鸿涛、张方伦为县委副书记，罗继胜、黄秉耀、李鸿涛、张方伦、郭苏、华培强、朱祖平、阳日成、杨木忠为县委常委。中共始兴县纪律检查委员会委员 14 名：王万兴、邓兴汉、卢道均、刘照周、肖银优（女）、罗甫贵、张木春、张树生、郑扬发、郭苏、袁福明、黄德明、彭健生、戴尊胜。中共始兴县纪律检查委员会书

①《中国共产党始兴县历次代表大会文件选编》，广东人民出版社 2006 年版，第 287 页。

记、副书记、常委名单：郭苏任书记，戴尊胜、王万兴任副书记，郭苏、戴尊胜、王万兴、肖银优（女）、彭健生、邓兴汉任常委。

大会由县委副书记李鸿涛致闭幕词。这次大会，是继续坚持四项基本原则的大会，是继续坚持改革、开放、搞活方针的大会，是继续开创始兴各项工作新局面的大会，是一个民主、团结的大会。召开大会的重要成果是确定了始兴今后 3 年经济、社会发展的任务、目标和方向，对进一步推进始兴的全面改革、开放，提前实现始兴“七五”规划的总体目标，加速社会主义现代化建设的进程，将产生重大、深远的影响。

三、中共始兴县第七次代表大会的召开

1990 年 3 月 17—19 日在县城太平镇召开了中共始兴县第七次代表大会，到会代表 338 人[①]。这次大会是在贯彻中共十三大精神，坚持四项基本原则、坚持改革开放、反对资产阶级自由化、执行治理整顿方针的形势下召开的。大会由县委书记罗继胜作工作报告。

中共始兴县第七次代表大会，围绕“勇于开拓，奋发图强，精诚团结，排除万难，努力把始兴两个文明建设推上新台阶”这个主题，提出了始兴此后 3 年工作的指导思想是：坚持以经济建设为中心；坚持实事求是的思想路线；解放思想更新观念；加大改革开放的力度；加强团结增强合力；坚持依靠科技进步。大会认为，报告提出的今后经济发展战略、任务和措施是符合中共十四大会议精神，符合始兴实际情况和全县人民愿望的，是切实可行的。各级党组织要进一步加强党的建设和改善党的领导，增强党的凝聚力、战斗力和号召力。全县各级党组织和全体共产党员，要进一步解放思想，更新观念，把握机遇，开拓前进，集中全力把经济建设搞上去，为早日实现小康目标而努力奋斗。

县委纪律检查委员会书记郭苏在大会上作中共始兴县委纪律检查委员会工作报告。纪检工作报告回顾总结自 1987 年 3 月中国共产党始兴县第六届代表大会换届 3 年以来主要四项重点工作：第一，协助县委抓好党风，集中力量管好党纪。这 3 年来，县纪委大力提高各级领导干部对党风

①《始兴县志（1990—2000）》，广东人民出版社 2011 年版，第 307 页。

建设的思想认识，建立健全各级领导班子抓党风责任制，进一步完善落实各项规章制度，协助县委抓好一年两次党风检查评比和民主生活会工作。组成党风检查组，由县五套班子党员领导成员带队，交叉检查全县各单位的党风建设情况。此外，还利用电化形式为党员进行教育，联合县委组织部、县公安局和广播局等单位拍摄《鹰之歌》电教片，向全县播放，并配合县委组织部等有关部门，共举办党员轮训班 385 期，轮训党员 18924 人次。第二，坚决纠正不正之风，严肃查处违法违纪案件。3 年来共查处副科以上干部 5 人，股级干部 8 人，一般干部 22 人，共追回赃款（含非法收入）金额达 36079.33 元，党员干部犯错误受处分占党员总数的 0.4%。第三，认真抓好廉政建设和“两公开一监督”工作，促进党风好转。通过编印《廉洁简报》和编写廉洁教育辅导材料发至全县各单位，使党政机关广大党员干部和工作人员，提高了对保持廉洁重要性、紧迫性和必要性的认识。据不完全统计，全县共有 179 人次自觉拒收贿赂，金额达 18181 元①。第四，适应新时期的需要，加强纪检队伍自身建设。3 年来，全县共配备专职纪检干部 95 名，兼职纪检干部 158 名。为提高纪检干部的政治、业务素质，采取以会代培举办专业培训班。1989 年 4 月，派出 29 名纪检、监察干部到北京大学和中央党校联合举办的“纪检与监察理论研讨班”进行学习，进一步开阔视野，拓宽工作思路，提高政治理论和专业水平。

对今后工作，纪检工作报告提出各级党委和纪检机关必须遵循中共十三大提出的党建工作的指导思想，并以中共十三届四中、五中全会精神和邓小平同志的几次重要讲话精神为指针，聚精会神地抓好党风党纪建设，充分发挥纪检机关“保护、惩处、监督、教育”的职能作用，保证党的基本路线的贯彻落实。纪检工作报告对今后加强纪检工作还提出五个方面的意见：坚决维护党的政治纪律，保证改革开放的顺利进行；坚持从严治党，坚决惩治腐败；协助党委管好党风，突出抓好廉政建设；大力加强党员的党性、党风、党纪教育，努力提高党员的政治素质和思想素质；加强纪检队伍的自身建设。

大会根据党章规定和民主集中制原则，选举产生了中共始兴县第七届

①《中国共产党始兴县历次代表大会文件选编》，广东人民出版社 2006 年版，第 307 页。

委员会委员27名，候补委员4名，县纪律检查委员会委员15名。选举罗继胜、胡浩民、李鸿涛、郭苏、杨木忠、阳日成、张发均、黄尚武为中共始兴县第七届委员会常务委员；罗继胜任县委书记，胡浩民、李鸿涛、杨木忠任县委副书记；郭苏任中共始兴县纪律检查委员会书记，聂仲瑶、吴佳华任县纪委副书记，任迈业、吴佳华、邱拔奎、聂仲瑶、郭苏任县纪委常委。

本阶段召开的县第五至第七次党代会，紧紧结合改革开放稳步推进的战略目标，在会前加强调查研究，分析存在的有利条件和不利因素，在会上认真总结上次党代会以来的工作，提出明确的战略决策和目标任务，在会后加强督查落实，使党代会部署的各项工作取得较好的进展。从1983年起，县委根据改革开放的发展，结合始兴丰富资源的有利优势，打破粮食单一经济，加大农林牧副渔的全面发展新思路，尤其在继续执行县委制定的“以营林为主、定量采伐、限额消耗、青山常在、永续作业”发展林业总方针，使本阶段承接改革开放启动的成果，推动始兴经济社会各项工作的开展，取得较好的成效。

第六节　聚精会神地加强党的建设

一、党建工作的战略部署

中共十二大和十三大先后对加强党的建设提出了要求。中共十二大提出“把党建设成为领导社会主义现代化事业的坚强核心。”同时部署健全党的民主集中制、改革领导机构和干部制度、密切党同人民群众的联系、有计划有步骤地进行整党四大任务。中共十三大鲜明地提出新时期党的建设的指导思想：“新时期党的一切工作，都必须保证党的基本路线的贯彻执行。党的自身建设也必须进行改革，以适应改革开放的新形势。”同时提出加强党的建设的任务和一系列方针措施。1989 年 8 月，中共中央根据反对资产阶级自由化的新情况和党的建设中存在的问题，发出《关于加强党的建设的通知》，对党的建设进行全面的部署，强调各级党委必须按照党的基本路线的要求，聚精会神地抓党的建设，进一步改进党的建设思路和方法，下决心解决好党的建设中迫切需要解决的问题。

县委坚持按照中共十二大、十三大和中共中央《关于加强党的建设的通知》的部署要求，把加强党的建设作为重要任务，根据各阶段的形势、任务和党建工作的实际情况，提出部署要求，以改革的精神全面加强党的建设。

1983 年，县委按照新党章要求，把加强各级党组织建设作为党建工作的重点任务来抓。当时，始兴党的建设方面存在问题主要是：一些党支部党的组织生活不健全，党组织和党员作用发挥不出来；有的党员领导干部实行“一言堂”“家长式”，忽视民主集中制；有的不敢开展批评与自我批评；一些党员党的观念淡薄、组织纪律松懈，热衷不正之风；有的对新党章理解不深，对党的路线、方针、政策没有正确理解，在思想上存在怀疑。以上问题的存在，都严重地影响和损害党的威信，削弱党的战斗力。根据以上情况，县委采取三项措施：各级举办轮训班、学习班，开展三中全会路线和十二大精神的教育，认真系统地学习新党章；以调查考察、民主选举和上级审批相结合的方法，调整各级党组织领导班子，发挥好党支部作用；注重吸收新党员工作，选送中青年干部到大专院校学习，提高党组织、领导干部队伍的素质。

1984 年 8 月 24 日，县委书记周学扬在中共始兴县第五次代表大会上的报告里提出：“加强党的思想、组织和作风建设，坚持和改善党的领导。”同时提出全党思想上政治上要高度一致；党的组织建设和干部队伍的“四化”建设；党的作风建设和加强党的纪律；社会主义民主与法制建设；落实党的各项政策等五个问题。

根据中共中央关于开展全面整党的通知，县委于 1986 年 4 月发出《关于建立各级领导班子抓党风责任制的决定》，要求进一步抓好党风，尽快实现全县党风的根本好转，以保证和促进改革、开放的顺利进行，共制定各级党组织抓党风责任制的十项措施：把抓党风列入各级党组织的重要日程；建立健全纪检组织机构；把党的思想教育工作放在整顿党风首位；领导干部要以身作则，带头端正党风；分级负责，一级抓一级；上下左右齐动手，条块结合抓党风；坚持正面教育、思想教育、自我教育；发挥党员先锋模范和党组织战斗堡垒作用；建立抓党风的检查、汇报制度；把抓党风作为考核领导班子和干部的重要内容。

在县第六次和第七次党代会上，县委分别对党建工作作出具体部署。1987 年 10 月县委发出《关于开展党风检查的通知》(以下简称《通知》)，要求各级党组织一定要高度重视，认真按照《通知》检查内容，结合实际，通过组织生活和民主生活会的形式，认真分析、研究和总结近 5 年来的党风状况，迅速组织好力量，作好党风自查。1990 年 3 月，县委召开中共始兴县全委（扩大）会议；4 月在刘张家山林场召开县五套班子党员领导会议，结合传达中共省委六届三次全体（扩大）会议精神，进行学习党的十三届六中全会精神；6 月县委召开七届二次全委（扩大）会议。这几次会议的主要议题都围绕整顿党风、提高认识、加强党组织和领导班子的建设来进行。

1991 年 2 月，县委召开七届三次全委（扩大）会议，专题研究和部署党建工作。县委书记罗继胜在会上回顾上年党建工作基本情况的基础上，提出："继续加强党的建设，抓好'两公开一监督'，密切党群关系，提高干部政治素质。"这次会议根据县委的思路，部署全县贯彻"党要管党"方针，加强干部队伍的马克思主义理论，特别是哲学、政治经济学的学习。经过县委全体委员讨论，形成全委全体决议，县委印发学习计划和学习篇目到各乡镇、机关，通过学习来增加"政治营养"，加强党的建设，推动全县党风建设向前发展。

二、加强思想理论学习和专题教育工作

1983 年起，县内党员干部的理论学习和培训重点是学习贯彻中共十二大精神。根据中共十二大关于加强理论武装的部署，县委组织开展学习中共十二大报告精神和 1983 年中共中央 1 号文件以及整党文件资料。在学习中共十二大报告中，以县委党校和区、战线党训班为阵地，分系统、分层次，组织党员认真系统地学习，着力解决三个重点问题：进一步解放思

想、坚持改革开放，继续消除“左”的影响，推进农村和城镇经济体制改革；认真学习中共十二大制定的路线、方针、政策，系统地学习新党章，明确两个文明建设的奋斗目标；联系思想和工作实际，贯彻执行《关于党内政治生活的若干准则》，增强党的宗旨意识，提高党性觉悟。

县委把学习中共十二大通过修改后的新党章作为理论学习培训的重点内容。新党章颁布后，县委迅速组织党员学习，同时学习《邓小平文选》《陈云文选》以及《党员必读》和中央领导同志的有关讲话。采取定期上党课、分期分批轮训、健全党组织生活、检查考核评比党支部工作、评选先进党支部和优秀党员等多种形式，开展多种多样的学习活动。

1984 年成立广播电视大学、干部培训中心，县委、县政府组织党员干部进行学历培训。同时，做好选拔推荐干部到省、市委党校和各类学校学习。办好县委党校，开设正规化理论培训课程。至 1986 年，全县共选送了 114 名干部到大专院校学习，114 名干部参加省委党校函授学习，使各级领导班子群体结构和个人素质进一步改善。

1987 年 6 月，县委根据省、市委的部署，组织干部学习“两本书”①，全县副科级以上干部分批到县委党校参加培训学习。至 1989 年近 3 年来，县委充分利用和发挥各级党校和电化教育优势，紧密配合组织、宣传、党校等部门，采取多层次、多渠道、多形式地开展党风党纪教育，使党员“三性”教育经常化、制度化。全县共举办党员轮训班 385 期，轮训党员 18924 人。

1989 年春夏之交，国内发生政治风波，国际发生东欧剧变、苏联解体事件，1990—1991 年，县委加强形势教育，进一步加强理论学习和培训。组织党员干部观看市委宣传部制作的《关于东欧局势的讲话》录像带，全县共播放了 150 场，有 12000 人进行了观看学习，其中副科级以上干部达 400 人。通过观看学习，使党员、干部在思想上对国内外的形势有了清醒的认识，从而坚定了党的领导和改革开放的信心。与此同时，县委狠抓干部正规化理论教育的学习和考试。1991 年上半年，组织党员、干部对《中国近现代史》《哲学》《政治经济学》和《建设有中国特色的社会主义简明

① “两本书”，指《坚持四项基本原则，反对资产阶级自由化》《建设有中国特色的社会主义》。

教程》进行学习并参加考试，全县有370名副科级以上干部参加学习，有299人参加考试，并考取了好成绩，收到良好效果。此外，县委还组成由县四套班子领导的县委学习中心组，主要学习马克思列宁主义、毛泽东思想等一些经典著作，采取个人自学和集中辅导、讨论相结合的方式进行学习。县五套班子领导和部委办领导共有109人参加辅导学习，提高了认识，武装了思想。这2年来，县委党校共培训党员干部1445人，通过学历考试毕业共190人，其中大专毕业88人，中专毕业102人。

1992年，县委对解放思想更新观念，组织党员干部认真学习贯彻了邓小平同志“南方谈话”和党的十四大精神，使全县党员干部和广大群众进一步解放思想，更新观念。

三、坚持四项基本原则、反对资产阶级自由化

“要旗帜鲜明地坚持四项基本原则，否则就是放任了资产阶级自由化，问题就出在这里。”[①]1989年春夏之交在北京发生政治风波，中共中央、国务院于6月5日发出《告全体共产党员和全国人民书》，号召全党和全国人民团结起来，旗帜鲜明地反对资产阶级自由化。

县委在开展坚持四项基本原则、反对资产阶级自由化教育活动中，认真宣传贯彻中共十三届四中、五中全会及中央领导同志重要讲话的精神，澄清各种模糊认识，坚持四项基本原则，反对资产阶级自由化，维护安定团结的政治局面，坚定改革开放的决心和信心。同时，县委强调维护安定团结的政治局面，要求全县各级党组织认真细致地做好党员、机关干部和青年学生、教师、工人及农村群众的思想政治工作，特别要教育好青年学生遵纪守法，不要集群闹事。县委根据中共中央文件精神和省、市委的部署，先后几次召开全县领导干部会议，传达、学习中共中央的指示精神。县委还先后发出文件，要求各级党组织认真学习邓小平同志几次重要讲话，学习中共十三届四中、五中全会和江泽民同志国庆讲话的意见。与此同时，县委还会同县委宣传部、县委组织部、县纪委、县委党校等部门成立党风检查团，并从各乡镇抽调干部组成党风检查组，由县五套班子党员

①《邓小平文选》(第3卷)，1993年版，第194页。

领导成员带队，交叉检查全县各单位的党风建设和拒腐保廉的能力。1989年底，通过各单位自查和全县检查评比验收，在全县158个副科以上单位中，党风好的17个，占10.8%，较好的112个，占70.9%，一般的29个，占18.4%；全县440个党支部，好的247个，占56.1%，较好的199个，占45.2%，一般的89个，占20.2%，差的4个，占0.91%；全县共有党员7470人，合格的7403人，占党员总数的99.1%，不合格的67人，占0.9%。这次学习和评比，把全县党员、干部、群众的思想统一到中央精神上来，在思想上、政治上、行动上与中央保持高度一致，促进了全县党风建设，维护了社会安定团结的政治局面。

1990年，县委继续加强党员干部队伍的马克思主义理论，特别是哲学、政治经济学的学习，拟订学习计划和学习篇目，下发到各乡镇各机关遵照执行。通过多种形式的学习、教育，澄清了各种模糊认识。抓好综合治理社会治安工作，采取果断措施，将各类犯罪的嚣张气焰打下去，维护始兴的安定局面。全县各种秩序正常，没有出现社会混乱现象，各项工作顺利进行。

1992年，县委广泛组织开展反腐蚀教育，对违纪的党员干部进行严肃查处，教育了党员干部，促进了党风的好转和廉政建设的发展。

四、按“四化”要求调整配备各级领导班子

加强各级领导班子的建设，是党的组织建设的核心内容。按照干部队伍“四化”[①]方针配备各级领导班子，是加强各级领导班子建设的首要任务。县委按照“各级领导班子建设必须服从和保证党的基本路线的贯彻执行”的原则，根据改革发展的形势特点，为贯彻干部队伍“四化”方针提供组织保证。

1983年12月，公社改为区，县委按照干部队伍“四化”要求，调整区、乡两级的领导班子。区公所作为县的派出机构，区的党委、政府领导班子，由县委组织统一考察后，在全县内进行统一调配，由县委、县政府直接发文任免。继全县16个区1个镇完成政社分设、建立区（镇）党委、

① 干部队伍“四化”，指革命化、年轻化、知识化、专业化。

政府领导班子后，1984 年县委又顺利完成了县机关的机构改革，一批老干部主动让贤荐能，退居二、三线，一批德才兼备、年富力强的优秀中青年党员、干部走上领导岗位，实现了新老交替、新老合作。全县共有 139 名年轻党员、干部提拔到各区（镇）、部、委、办、局领导班子，其中有 59 名知识分子提拔到领导岗位上来，使各级领导班子群体结构和个人素质进一步改善，更好地适应“四化”建设的要求。

1987 年 1 月，实行撤区建乡（镇）的行政区域调整，进行乡（镇）级领导班子换届选举。在换届选举工作中，根据市委的部署要求，坚持“相对稳定，适当调整，改善结构，提高素质”的方针，严格按照党的原则和法定程序，在全县范围内深入开展“三民”① 活动，促进干部选任的民主化和规范化，较为顺利地完成换届选举工作。

1989 年底，全县乡（镇）党政领导班子任届期满，按照党章的有关规定，县内各乡（镇）如期召开党代会和人代会，统一进行换届选举。根据市委的指示精神，按照县委的部署要求，县人大常委会、县委组织部于 1989 年 10 月底就如何做好乡（镇）党政领导班子换届工作提出意见。1990 年 1 月，全县乡（镇）党委换届选举工作结束，根据上级的指示精神，各乡（镇）成立纪律检查委员会，进一步完善乡（镇）级党的组织机构。

1990 年 3 月 17—19 日，县第七次党代会召开，选举产生了新的县委领导班子。7 月，根据县委的指示，县直属机关党委管辖的县造纸总厂党组，成立县造纸总厂党委；12 月县公安局党组撤销，成立县公安局党委。1991 年 6 月，撤销县财贸委员会党组，成立县财贸委员会党委；7 月，撤销县农林水系统党组，成立县农林水系统党委。这 4 个党组织相继另外成立基层党委，使党的组织建设和党的活动阵地得到加强。

1992 年 3 月，为加强党的基层组织建设，县第二批社会主义思想教育工作队分赴农村基层。10 月，在全县 15 个乡镇开展乡镇换届领导班子的调整配备工作，进一步加强基层领导班子。

① “三民”，指对干部的民主考评、民主评议、民主推荐。

五、开展党风廉政建设

1983 年，中共始兴县委纪律检查委员会改称中共始兴县纪律检查委员会（简称县纪委），并从 1984 年 8 月召开县第五次党代会起，由大会直接选举产生县纪律检查委员会。县委按照上级党委和纪委的部署，开展党风建设和纪检工作。

县委把党风廉政建设教育与各级领导班子思想作风建设、党的思想政治工作结合起来开展，在先后召开的重要会议和发出的文件中，根据党风廉政建设的要求和县内党风党纪教育的实际情况提出部署要求。1982 年起，县委继续执行县第四次党代会的决议，组织党员干部学习贯彻《关于党内政治生活的若干准则》（简称《准则》），进行坚持四项基本原则的教育，健全党的组织生活和民主集中制度、发扬党的优良传统作风。特别是在贯彻中共中央、国务院《关于开展打击经济领域中的严重犯罪活动的决定》以来，党风党纪明显好转。1983 年，县、社两级举办以《准则》为主要内容的党员轮训班，使全县党员受到一次较广泛的党风党纪的教育。同时，以中共中央文件和中共十一届六中全会《关于建国以前党的若干历史问题的决议》为教材，对全县党员干部进行四项基本原则的教育，使党员认识到在政治上同中央保持一致是党内一条最重要的政治纪律。中共十二大召开后，在县委的统一部署下，各级党委举办党员轮训班，分期分批组织党员学习新修订党章和《邓小平文选》《中共中央关于整党的决定》《陈云文选》以及《党员必读》，进行党性、党风、党纪教育，为全面整党做好思想准备。

1984 年 6 月，县纪委根据省委《关于认真贯彻全省纪律检查工作会议精神的通知》，要求各级党委认真抓好党风党纪教育工作，8 月在县纪检工作报告中提出：今后 3 年，全县党的纪律检查工作的中心任务是坚决执行党的十二大关于纪律检查工作的一系列重要指示和规定，积极参加整党整风，开展党性、党纪、党风教育，大力纠正政治上、组织上的软弱涣散、纪律松弛的现象，动员全体党员和各方面的力量，坚决同一切歪风邪气进行斗争，进一步健全各级纪检机构，建立一支党性坚强，作风正派，敢于斗争，精干有力的纪律检查队伍。根据中纪委三次全会精神和省、市纪检工作会议的部署，全县纪检工作总的要求是：抓好党性、党纪、党风教育，实现党风根本好转；县委要成立打击经济犯罪活动的常设机构，加强领导，充实办案力量，继续深入打击经济领域中严重犯罪活动；加强纪检机构和队伍的建设，各级党委要配备专职纪检委员，对有违反党的纪律特别是违反党的政治纪律的错误倾向，要及时反映，深入调查，坚决纠正。

1986年4月，县委发出《关于建立各级领导班子抓党风责任制的决定》后，进一步抓好党风，全县党风有了根本好转。1987年，县委抽调264人组成检查团，先后在全县进行了2次党风检查，经过评选，评出36个较好的先进党组织，建立信访小组163个。1988年初，县委制定出《始兴县1988年党风检查实施方案》，要求各级党委认真贯彻。经检查，当年全县有124人拒收红包共计1.51万元（另有手表、金条、金戒指等贵重物品），审理违纪案件7起[①]。

1990年按照县委的指示，为开展经常性党风廉政宣传教育和加强廉政建设，县纪委在人员紧缺的情况下，仍调整了2名干部专抓党风廉政宣传教育，共组织监察对象廉政学习5次，参加人数达2575人，总结正面典型4个，反面典型3个，办学习专栏14期，编辑印发《始兴监察》3期，提高广大党员干部遵守党规党纪的自觉性和拒腐防变能力。同时，上半年对全县进行党风检查，好的党组织20个，较好的110个，一般的28个，党风建设先进单位18家，纪检工作先进个人30名。

1991年5月底起，在全县党员中开展学习党内法规教育活动。6月24日，县纪委向全县发出《关于开展上半年党风自查工作的通知》，11月4日县委向全县发出《关于开展党风检查的通知》，对县内上半年、全年开展党风自查作出了具体部署，根据县委部署，从县纪委、组织部、监察局、人事局、直属党委共抽调12人组成县委党风自查组，并分4个小组对全县15个乡镇和148个县直副科以上单位的党风廉政建设情况进行检查。通过检查，评选出县建委、县公安局、县纪委等17个先进单位和29名先进个人。同时，县委还制定了办事“十公开”制度：领导决策公开、干部考核公开、招工招干公开、农转非公开、中学招生公开、住房分配公开、救灾物资公开、财政收支公开、国有土地使用审批公开、基建项目

①《始兴县志》，1997年版，第580页。

公开。全县各单位相应共制定出廉政为民措施 838 项，公开办事制度 334 项，有效地推进了党风廉政建设。

六、继续抓好政策落实工作

1984 年 8 月，县委对继续抓好政策落实工作提出具体部署：要克服“左”的影响和各种偏见，冲破各种阻力，在党内营造尊重知识、尊重人才的氛围，调动一切积极因素，把知识分子政策、干部政策、老干部政策和统战及侨务政策落实好。

1985 年县委制定《关于落实知识分子政策的若干补充规定》，给全县知识分子解决了一些长期没有得到解决的问题，也是对知识分子的关心和爱护的具体体现。1986 年，县委组织部认真做好各单位的协调工作，根据市、县委的文件精神，统一部署落实知识分子政策的自检自查；认真协调各部门之间的关系，凡涉及部门之间的问题，组织部门牵头协调解决；明确规定各级的职责范围。组织部门牵头抓好分类指导，加强检查督促，坚持实事求是，坚持政策原则，切实解决知识分子的历史遗留问题。对待知识分子做到政治上信任，工作上放手使用，生活上关心照顾；要大胆地、大量地从知识分子中选拔德才兼备的中青年到各级领导岗位上来。是年，县内发展了 144 名知识分子入党，同时，按照市委的政策规定，给县内 1653 名知识分子向上浮动了一级工资，给 69 名知识分子评定了职称。至 1988 年，在本阶段落实党的知识分子政策中，全县共提拔了 86 名优秀教师担任学校或行政部门的领导；解决了 636 名教师的 2329 名家属入城户口和吃商品粮的“农转非”问题；解决了一些夫妻长期两地分居的知识分子工作安排或调动的实际问题。1990—1991 年，根据市委组织部文件精神，县委继续关心知识分子的政治和生活待遇、改善知识分子工作环境。在完成专业技术人员职称评定工作后，继续抓好优秀专业技术人员和拔尖人才的培养、引进、管理、使用，选拔和管理好拔尖人才，充分发挥专业技术人员的技术专长。1991 年，选拔出始兴县第一期专业技术人才 8 名。

在落实老干部政策上，根据国家政策规定，全县国家干部实行男年满 60 周岁、女年满 55 周岁的离休制度。1982 年 4 月起，县委组织部老干组开始进行办理已退休改办离休和离休干部工作。离休干部按照基本政治待遇不变、生活待遇略优的原则，抗日战争胜利以前参加革命工作的离休人员，不仅100%除照领离休前的工资数额外，还按先后不同年限规定，每年加发本人一个月、一个半月或两个月的标准工资作为生活补贴。易地安置无住房的，由原单位拨给一定数额的建房费。由于瘫痪等疾病原因，生活长期完全不能自理的，可领取一定数额的护理补助费。离休干部病故后，配偶可在一般遗属生活补助标准的基础上另增8元。离休后继续享受国家规定的探亲待遇。1983年2月，县委根据省委《关于认真做好离休干部工作的若干规定》，县委组织部老干组结合县内情况，每月增发5元退职干部补助费。12月，中共始兴县委老干部局（简称老干局）成立。根据中央、省市文件规定，县委和老干局认真落实中华人民共和国成立前（1949年9月31日前）参加革命的老同志办理离休手续，离休后属老干局管理。同时，认真解决离休干部的实际问题，做好调查研究工作，让离休干部继续发挥余热。1989年7月，始兴县老干活动中心大楼建成后，老干局搬迁到老干活动中心三楼办公。至是年底，全县共办理干部退休686人，其中国家机关179人，事业单位253人，企业单位254人。退休干部的待遇除按国家规定标准发放外，还可享受原单位非生产性的各种补贴，每月补贴粮食差价2元、物差价5元、电费2元、清凉饮料费1元、洗理费5元、肉菜补贴3元和燃料费10元、生活补贴20元（企业单位退休干部生活补贴15元）。1990—1991年，县委把老干部工作作为一项重要的工作来抓，由老干局开展正常工作，认真落实老干部的"两个待遇"。同时，积极组织各种有益老干部身心健康的文体活动，不定期地举办老干部歌咏比赛和门球运动会。

1983年，县委继续落实党的统战及侨务政策，进一步复查平反历史上的冤假错案。1984年，县委指出："统一战线是党的三大法宝之一。"并且要求"各级党委都要对党员和干部进行统一战线理论政策的教育，搞好党员干部与党外人士的合作共事，进一步落实好统战、侨务、侨房和少数民族政策，促进'四化'建设，促进祖国统一大业。"[①] 至1987年底，在复查落实历史案件的同时，全县共复查落实工商业者政策59起，落实国民党

①《中国共产党始兴县历次代表大会文件选编》，广东人民出版社2006年版，第225页。

起义投诚人员政策310人，颁发起义证书440张，退还国民党原军政人员（侨民）出走弃留房产6起，清退“文化大革命”期间被查抄财物3起，折款退赔911.40元。对于“土改”时错杀的著名民主进步人士，均分别平反昭雪，落实了政策。1990年，县委作出《关于党政领导成员联系民主党派、工商联、无党派人士的规定》，县内党政领导成员每人挂钩联系民主党派、工商联、无党派人士1名。1991年4月初，县委召开全县统战工作会议。县委统战部部长游华生传达全国、全省对台工作会议精神，并结合县内情况，部署了全县统战工作任务。5月，国民党原陆军总司令、抗日名将张发奎将军夫人刘景容女士，在家属和政协广东省委员会副主席杨应杉以及政协广东省委员会副主席、省委统战部部长肖耀堂等25人的陪同下，自中华人民共和国成立后第一次返回家乡始兴县隘子镇彩岭村探亲和扫墓。同年底，始兴县成立了县民间企业家公会，广泛团结联谊港澳同胞、海外侨胞，为引进外资，建设始兴起到了一定的桥梁作用。

七、整党和民主评议党员等党内重点工作的开展

1982年9月召开的中共十二大提出了“把党建设成为领导社会主义现代化事业的坚强核心”的任务，并要求有计划有步骤地进行全面整党，促进党风根本好转，同时强调加强党员和干部队伍的建设。根据中共十二大的部署，1983年10月召开的中共十二届二中全会，通过《中共中央关于整党的决定》（简称《决定》），对这次整党的任务、步骤和基本方法作出明确的部署。《决定》“列举了‘三种人’[①]，严重的经济犯罪和其他刑事犯罪分子，以权谋私、严重损害党和群众关系的人，长期在政治上不同中央保持一致，或者表面上保持一致实际上另搞一套的人，等等。所有这些，都是党内，危险因素，腐败因素，是党内思想不纯、作风不纯、组织不纯的严重表现。”[②]《决定》要求全党下定决心，用坚决、严肃、认真的态度来进行这次整党。根据中央部署，全国各地整党工作从1983年上半年开始。

在1984年8月召开的县第五次党代会上，县委对即将在全县铺开的整党工作提出了要求。总的要求是，必须切实加强党的思想、组织和作风

①“三种人”，指在“文化大革命”中造反起家的人、帮派思想严重的人和打砸抢分子。
②《邓小平文选》（第3卷），1993年版，第37页。

建设，坚持和改善党的领导，搞好全面整党，确保社会主义现代化建设的顺利进行。同时提出五项具体要求：一是要坚决贯彻执行整党决定，认真组织党员、干部学习新《中国共产党党章》《关于党内政治生活的若干准则》和《中共中央关于经济体制改革的决定》，学习党的十二届二中全会文件，深刻理解这次整党的意义、目的和要求，明确整党的任务、步骤、方针、政策和方法；二是树立搞好整党的决心和信心，全体党员自觉地投入到整党中来；三是各级党组织要集中时间、集中力量把以权谋私和官僚主义这两个问题作为突破口进行整党；四是对直接关系到人民群众利益的问题，要立即整改，对那些利用职权和工作之便谋私的歪风要坚决刹住，坚决整改。特别是由于官僚主义造成巨大损失的典型案件，由事到人，要坚决查清，坚决处理；五是要边整边改，开展批评与自我批评，犯有各种错误的党员和党员干部，应当在学习中提高觉悟，自觉整改。与此同时，县委还要求各级党委抓住在贯彻执行党的路线、方针、政策上，在作风上和组织上存在的重大问题，作出具体的整改部署和规划；各个党支部也要结合整党，围绕如何发挥党支部的作用，如何做一个合格的共产党员，制订切合实际的整改措施和个人计划，为整党的全面铺开打下良好基础。

始兴县的整党工作从1985年7月起，进行县、乡镇、村三级整党。在这次整党中，县委在市委的领导和帮助下，坚持“既解决问题，又不要搞乱”的原则，坚持正面教育、思想教育、自我教育的方法，引导各级领导干部和广大党员联系实际，总结经验教训，不断地提高广大党员干部贯彻执行党的十一届三中全会以来的路线、方针和政策的自觉性，使县内各条战线的改革步步深入。在整个整党过程中，县委始终保持清醒的头脑，排除来自各方面的干扰，理直气壮地坚持四项基本原则，旗帜鲜明地反对资产阶级自由化。自县第五次党代会以来，县委还着重抓了清“左”破旧，教育、组织广大党员干部转变思想，更新观念。各级党组织在整党过程中，提高了对抓党风的重要性的认识，把端正党风作为整党的一个中心环节来抓，对于违反党章党纪的党员干部，决不心慈手软，不留情面地坚决处理。在整党工作部署上，县委抽调264人组成检查团，参加两次党风检查，建立163个信访小组。

通过这次整党，提高党员的思想政治素质，统一对党的改革开放路线方针政策的认识，彻底否定“文化大革命”，从根本上清理派性。通过整党，使党政机关和党政干部经商、乱发奖金实物、接收红包礼品、贪污挪用公款、乱收费、乱罚款、偷税漏税等不正之风基本上得到纠正，进一步端正了党风。此外，通过整党纯洁党员队伍，维护了党的先进性。全县7320名正式党员，已进行登记的有6858名，占全县党员总数的97.7%；有80名问题较多的党员予以缓登，40名问题严重的党员予以除名或开除处分。

县委根据省、市委部署，认真核查了“三种人”，纯洁了党的队伍。经过检查验收，基本达到了整党的要求。

民主评议党员根据中共中央在1988年12月批转中央组织部《关于建立民主评议党员制度的意见》开展。1989年8月，中共中央在加强党的建设的通知中，强调各地、各部门要认真做好民主评议党员工作。

1989年3月，县委批转县委组织部《关于建立民主评议党员制度的意见》，挑选顿岗镇作为试点开展民主评议党员试点工作。民主评议党员工作是新形势下把党员教育、管理、监督融为一体的新机制，以党支部为单位进行，每年对党员进行一次民主评议，健全《民主评议党员制度》。在评议试点工作结束后，县委组织部、县委宣传部、县委党校、县纪委联合举办民主评议党员骨干培训班。1990年在全县开展评议工作。至5月底，第一轮民主评议党员活动结束，共评选出303名优秀党员，50名优秀党务工作者，45个先进基层党组织。同年底，第二轮民主评议党员活动结束，在全县7470名党员中，合格的有7403名，占党员总数的99.1%，先进个人74名，受市表彰的有9人。与此同时，县委先后组织了两批县直机关干部下基层，深入贯彻中共十三届六中全会《中共中央关于加强党同人民群众联系的决定》精神，联系始兴的实际，为群众办好事办实事。第一批派出122人下基层，其中副处级干部16人，科级干部49人，其他党员干部57人；第二批抽调138人分15个组于1990年6月奔赴县内各乡镇，其中处级干部14人，科级干部40人。为使工作能顺利进行，县委还专门成立了第二批干部下基层领导小组，由县委副书记李鸿涛任组长，副县长华培强、县人大副主任赖书耀任副组长，并设立办公室，专门负责和督促各工作组的工作进展。

1992年下半年，县委根据省、市委通知，始兴县民主评议党员工作从1993年起改为每两年进行一次。

本章小结

1983年1月至1992年12月，是改革开放的全面展开时期，也是“六五”计划的第3年至“八五”计划第2年的10年时期。本阶段由于有了改革开放启动阶段打下的基础，全县经济建设和社会事业得以顺利进行，党的建设也得到相应的加强。

在经济建设方面，“六五”和“七五”计划的预期指标均得到完成，经济发展速度加快。1990年全县国内生产总值34538万元，比上年增长19.9%（1990年不变价）；工农业总产值23373万元，其中县属工农业总产值22198万元；地方预算内财政收入1434万元，预算内财政支出2368.7万元。1992年全县国内生产总值42259万元，比上年增长7.6%；工农业总产值54913万元；地方预算内财政收入1966万元，比上年增长6.1%。1990—1992年，全县社会商品零售总额共1.46亿元，城乡集市贸易成交额8059万元，分别比1989年增长21.67%和59.77%

人民群众生活水平持续提高。1983年全县农民人均年收入421元，至1991年提高到1140元；在岗干部职工从1985年人均年收入1169.7元，至1992年提高到2902元；农村人均年收入1012元，比1989年增长24.5%。

在社会事业方面，一是各项事业全面得到恢复，健全县人大常委会工作机构，充分发挥了政协始兴县委员会的职能作用。二是城乡改革力度加大，基础设施建设开始加强，交通、能源、水利、通信和教育、体育以及集贸市场等城乡设施建设逐步开展并取得一定成效。三是抓住有利的自然资源，在建设始兴生态林业县的同时，建立起林副产品加工等工业体系。

在党的建设方面，建立由县党代会产生县纪委的制度，各级党组织的思想建设、组织建设、作风建设有所加强，执政能力有所提高，顺利完成整党、核查清理“三种人”以及治理整顿等各项任务，经受起反对资产阶级自由化、反对动乱等一系列考验。同时，开始建立民主评议党员制度，恢复乡镇一级的党委换届选举制度，标志着民主集中制的党内制度已经恢复并得到加强。

在本阶段，由于受经济基础差和地理环境等条件的影响，在改革发展过程中也存在不少的困难和问题。主要表现在：思想不够解放，改革的步子迈得不够大，政府机关转变职能的改革相对滞后；电力不足，资金短缺的状况没有彻底扭转；国有工业和国有商业活力不足，经济效益还没有根本好转；乡镇企业发展较慢，农村集体经济脆弱；投资环境还不够理想，外向型经济薄弱；财政收入增幅不大，资金短缺，影响了部分企业和事业的发展，制约了全县经济的发展步伐。面对上述的困难和问题，县委在深入研究分析的基础上，采取积极的应对措施，通过进一步解放思想，更新观念，牢牢把握经济建设这个中心，抓住机遇，开拓前进。

第三章

深化改革推动经济社会发展

（1993.1—1997.12）

第一节　结合实际学习贯彻党的基本路线

一、以基本路线为依据解放思想完善领导机制

中共十四大和十五大提出并完善党在社会主义初级阶段的基本路线，都是以邓小平理论为指导，为中国改革发展指明了方向，奠定理论了基础。县委在学习贯彻党在社会主义初级阶段的基本路线中，强调突出几个重点：认真学习邓小平同志的战略思想和理论观点，运用建设有中国特色社会主义理论来武装全党，解决新问题的科学态度和创造精神；广大党员、干部进一步坚定社会主义、共产主义信念，坚持党的基本路线不动摇；党的组织工作要贴紧经济建设的实际，着眼于优化整体结构，选好干部、配好班子，为加速始兴经济发展提供组织保证；牢固树立纪检工作为经济建设服务的指导思想，实事求是地处理加速经济发展中出现的新问题新情况，探索出一条符合始兴实际的纪检工作新路子，使纪检工作为经济建设保驾护航；全体党员要服从党组织的决定，在思想上、政治上和行动上同党中央保持高度一致；要重视、加强和改善党对人大、政协的领导，充分发挥人大、政协的职能作用。

县委在组织学习邓小平同志“南方谈话”中，重点学习社会主义市场经济理论、党的基本路线理论以及改革开放理论。由于始兴属于欠发达基础薄弱的山区县，人们的思想观念、思维方式均受到自然条件和经济基础的制约，加上在 1993 年和 1994 年连续遭受几十年一遇的自然灾害，累计损失达数亿元，使本来经济基础就不怎么好的始兴雪上加霜。此外，仍有一些人在“文化大革命”期间受“左”的思想影响和旧的观念束缚，主要表现为：一些干部思想不够解放，观念转变跟不上形势发展的要求，现代意识、市场意识、竞争意识不够强；追求不正当的个人利益、小团体利

益在一些部门的干部中不同程度地存在；经济发展效益不理想，国有企业困难较大，历史包袱重，问题突出；腐败现象、不正之风和群众关心的热点问题仍未能得到很好解决；资金紧缺、财政困难，严重制约着经济的发展；交通状况不能适应经济发展的需要，影响了投资环境的改善。此外，还有一些人存在因循守旧、墨守成规的思想观念；等待观望、坐失良机的思想情绪；拖拉疲沓、按部就班的思想作风；怕苦畏难、贪图安逸、作风漂浮、弄虚作假等不良倾向。根据以上情况，县委为推动学习活动的深入开展，重点引导党员、干部、群众解放思想，转变观念。各级党组织在学习贯彻落实党的十五大精神的基础上，进一步把学习党的十五大精神与学习邓小平理论结合起来，县委要求重点把握好 6 个要点：一是深刻认识邓小平理论的历史地位和指导作用；二是深刻认识社会主义初级阶段理论的现实意义和深远意义；三是深刻认识经济体制改革要有新突破的重要性；四是深刻认识推进政治体制改革的意义；五是深刻认识建设有中国特色社会主义文化的重要性和紧迫性；六是深刻认识面向新世纪加强党的建设的重要性。同时，县委还强调各级党员领导干部要做到理论联系实际，运用辩证的、理性的、动态的思维方法，研究改革与发展中的新情况、新问题，把握事物发展的内在规律，创造性地开展工作；各党委、各单位、各部门和社会各行业要强化全县“一盘棋”思想，做到互相支持、配合，形成步调一致、齐心协力建设始兴的良好局面。

1995 年 11 月县委新班子组建后，致力完善县委集体领导机制。县委认真履行“党要管党”的原则，根据始兴前几年存在的一些党员干部违法违纪问题，县委新班子一上任就着力抓好党建工作和干部工作，坚持严格要求、严格教育、严格管理，狠抓各项管理制度的落实。同时，以坚持党的民主集中制为核心，建立县委集体领导与成员分工负责相结合的制度，形成县领导班子成员既各自履行职责，又互相支持配合的领导格局和工作机制。这次党委机构改革的重点是理顺关系，精简机构和精减人员，调整干部队伍结构；尽量撤并党委与政府业务交叉、对口设置的机构，确实需要党政共同管理、职能相近的部门，实行一个机构两块牌子。为促进县党政领导班子思想和行动的统一，县委主持制定党政班子联席办公会议制度，召开党政班子联席办公会议，邀请县人大、政协始兴县委员会主要负责人参加。凡县内重要事项、重大基建项目和大额资金使用，都要经过联席办公会议或五套班子会议集体讨论决定。干部提拔、人事任免和干部惩处，则由县委常委会议集体讨论决定，按有关法律法规程序执行。

1997 年 4 月，始兴县机构编制委员会根据市《关于批转〈广东省市县乡镇机构改革的实施意见〉的通知》和市机构编制委员会《关于始兴县党政群、乡镇机构改革方案的通知》精神，县机构编制委员会印发了《始兴县党政群、乡镇机构改革方案的通知》。全县党委工作部门的设置为县委办公室、组织部、宣传部、统战部、政法委员会、直属党委共 6 个部门。其中，县政策调研室、机要、保密局和信访办挂靠县委办公室；老干局挂靠组织部；对台办、民族与宗教事务局挂靠统战部；综合治理办挂靠政法委员会；文联、社科联挂靠宣传部；县机构编制委员会办公室为县机构编制委员会的常设办事机构，属正科级，挂靠人事局；县农业委员会改为县人民政府农业办公室，撤销县委农村工作部；县监察局挂靠县纪律检查委员会。此次党政机构改革，进一步解决了党委政府各部门之间、部门内设机构之间存在的职能交叉、管理重复等问题，有关工作由相关职能部门承担，提高了工作水平和办事效率。

在此阶段，县委根据中共中央和省、市委关于机构改革的文件精神，稳妥推进全县机构改革工作。1994 年 2 月，县委、县政府成立始兴县机构改革领导小组，由县委书记杨木忠任组长。1995 年 9 月，县委、县政府召开全县机构改革和推行国家公务员制度工作会议，贯彻省、市机构改革和推行国家公务员制度工作会议精神，部署全县直属机关及乡镇级机关的机构改革和推行国家公务员制度工作。1997 年 4 月，制定实施了《始兴县党政群、乡镇机构改革方案》。县委、县政府召开全县乡镇级机构改革动员大会，要求机构改革要做到“两个到位”“三个结合”。所谓“两个到位”，即机构精简到位、人员编制精减到位。“三个结合”，则是指把机构和人员编制精减与转变政府职能结合起来，与深化干部人事制度改革和提高干部队伍素质结合起来，与建立机构编制管理和财政预算管理相配套的约束机制结合起来。经机构改革后，党政群机构为 44 个，精简率为 31%；人员编制为 549 人，精减率为 17.6%；乡镇机关由原来的 367 人增加到 570

人[①]。由于精简了机构，裁减了富余人员，大大提高了机关办事效率，为推行国家公务员制度工作打下了良好的基础。与此同时，县委、县政府还突出抓好政府职能转变，大力改革行政审批制度，进一步理顺各部门之间的职能关系，并清理整顿行政执法队伍，促进依法行政。

二、对全县发展思路的调整

县委在贯彻中共十四大、十五大精神中，根据始兴各阶段的实际情况，对全县发展思路进行了调整。在实施“八五”计划期间，根据全县治理整顿工作已经完成的实情，将实施“山区抓两香，平原丘陵抓烟果麻桑”的农业发展战略调整为“山上抓两香，山下抓烟果桑，依托资源搞加工，办好基地促流通，集体、个体一齐上，富县富民奔小康”的发展思路，并在实践中进一步充实完善，确立“立足‘三高’，突出两大强项（黄烟、水果），推进三大产业（林业、水果、黄烟）”的农村经济发展战略。在工业产业上，县委明确“以改革为动力，以市场为导向，以科技为依托，以效益为中心，突出重点企业，创建支柱产业”的工作改革发展路子。

1993年3月召开的县第八次党代会提出1993—1997年全县工作的总体思路是：一切工作的出发点和归宿点都要服从和服务于经济建设；破除自然经济、计划经济旧观念；建立市场经济体制；发展“三高”农业；发展规模经营；发展乡镇企业，抓好第三产业的发展；抓好精神文明建设，促进社会全面进步。

1994年起，县委、县政府对各有关职能部门进一步调整思路、转变观念，对旧的、束缚生产力发展的计划经济体制进行了大刀阔斧的改革：一是转变计划管理职能。从根本上改变传统的以指令性计划为基本特征的“统得过多，管得过死”计划制度，建立以市场为基础，适应市场经济要求的指导性计划制度。实行“大的方面管住管好、小的方面放开放活”的办法，突出抓大事、抓协调、抓重点项目。二是生产计划方面，1994年3月县委、县政府决定，在农业生产上指令性计划只保留竹木砍伐、土地

①《中国共产党始兴县历次代表大会文件选编》，广东人民出版社2006年版，第370页。

利用这 2 项。农业对主要农产品的生产实行指导性计划，对粮食等关系国计民生的大宗农产品的收购，超过收购计划部分全部放开，其他农产品实行市场调节。三是在工业生产上，只下达全县工业产值、工业经济效益指导性计划，全部取消工业企业生产和产品产量计划，把生产经营权归还企业。1994 年 7 月，韶关市二轻系统第一家股份制企业广东康雅股份有限公司在始兴挂牌成立，标志着始兴企业向市场经济发展迈出了坚实的一步。四是在固定资产投资计划方面，对全社会固定资产投资实行指导性计划，对财政性资金、政府性基金，以及利用国际金融组织和外国政府的贷款、国外商业贷款等投资实行指令性计划管理。五是在利用外资计划方面，1995 年 5 月县委、县政府出台《关于鼓励引进资金和项目暂行办法》，规定对利用外资总额实行指导性计划。此外，县委、县政府还规定：商贸计划方面，对全社会商品零售总额、对出口总额实行指导性计划；物资分配计划、劳动工资计划全部取消；文教卫生计划方面，权力下放给部门。

1995 年 4 月县委、县政府组织由县计划委员会牵头开展始兴“九五”计划编制工作。1996 年 3 月经县人大第十届五次会议审议批准《始兴县国民经济和社会发展第九个五年计划纲要》。在“九五”计划的内容中，根据全县经济社会发展的新形势、新特点，确定 1996—2000 年各项指标任务，并确定主题思路是：以经济建设为中心，以改革开放为动力，以科技进步为手段，发挥资源优势，大力发展主导产业，加快发展以旅游为主的第三产业。主要奋斗目标为：一是经济总量目标。切实转变经济增长方式，实现经济持续、快速、协调发展，提高经济整体素质和效益。计划到 2000 年，全县生产总值达到 92200 万元，5 年年均增长 11%；地方财政收入 4360 万元，5 年年均增长 15%；实际利用外资 3950 万元，5 年年均增长 50%；全县固定资产投资 27000 万元，5 年年均增长 25.7%。二是经济结构目标。三大产业结构由 1995 年的 52.16∶17.08∶30.76 调整为 2000 年的 42.3∶25.4∶32.3。三是人民生活质量目标。在经济发展的基础上，不断提高人民生活水平和生活质量。计划到 2000 年，城镇职工年均人收入 8000 元，5 年年均增长 7.2%；农村居民年均人收入 3100 元，5 年年均增长 9.3%。四是社会事业发展目标。逐步普及高中阶段教育，大力发展职业教育；提高医疗保健服务水平，严格控制人口增长，逐步建立完善社会保障体系；规划建设的重点项目有国道323线（高基岭至古市）、省道1912线改造（凉口至亚吉山）、县道104.9千米改造以及花山供水工程、山口三级电站、程控交换机和刨花板厂、高档妇女卫生巾生产线、标准微型马达厂、德宝玩具厂等①。

全县“八五”计划和“九五”计划的制定实施，为本阶段全县经济社会各项工作的开展提供依据和动力。

第二节　农林业的改革和发展

一、农村农业改革的思路和决策

（一）以调整农业结构为重点发展“三高”农业

县委进一步巩固和加强农业基础地位，积极推进农业农村经济结构调整，加快农业产业化进程，加快农业和农村经济的发展，千方百计增加农民收入，带领广大农民实现从“温饱”向“小康”目标跨越。

1993年3月，根据党的十四大精神和结合始兴奔“小康”赶“四龙”的规划要求，县委提出调整农业生产结构必须从三个方面入手：一是从“三调整”入手，发展“三高”农业。“三调整”一要调整作物布局，加大经济作物的比重，继续努力引导农民以市场为导向，以效益为中心，什么值钱就种什么，更快地提高经济作物的种植面积；二要调整产品结构，大力发展优质谷等名、优、稀、特产品，坚持行之有效的“山上抓‘两香’，平原丘陵抓烟果麻桑”方针的同时，发展蔬菜、马蹄、西瓜、生姜、花生等“拳头产品”；三要调整种植季节，改一年两造为一年多造，大力发展反季节作物，充分挖掘土地和科技的潜力。二是从抓基地化入手，发展规模经营。抓好以形成地方区域特色的基地为重点，办好666.67公顷反季

①《始兴县志（1990—2000）》，广东人民出版社2011年版，第65页。

节蔬菜种植基地、1333.33 公顷蚕桑种植基地、4000 公顷水果种植基地和 6666.67 公顷黄烟种植基地、10000 公顷优质谷种植基地以及 33333.33 公顷速生丰产林种植基地，提倡一镇一个支柱产业，一村一个拳头产品，创一品富一村。三是从抓加工业入手，大力发展乡镇企业。加强乡镇企业工作，从实际出发，发挥自身优势，继续巩固和发展“绿色企业”，大搞资源的开发利用。同时，县委强调要拓宽思路，既要“靠山吃山”，也要“闯海捉鱼”，大力发展加工型外向型企业，千方百计外引内联，争取上一批有规模有效益的工业项目。县委还提出要实施重点扶持区域推进战略，在太平镇、马市、隘子和顿岗镇要努力实现乡镇企业亿元镇。同时，要扶持一批乡镇企业超千万元的管理区，使乡镇企业有一个更大的发展。

1994 年 12 月，县委对农业发展思路进行了适度调整，从原来的“山上抓竹木‘两香’，山下烟果菜桑”调整为“立足三高，突出两强，推进三大”① 的效益农业发展思路。

1995 年 3 月 21 日，县委副书记李石保在始兴县第十届人民代表大会第四次会议上的政府报告中，再次将发展“三高”农业提了出来，报告指出:“创造良好的‘三高’农业发展条件，第一，要深化农村改革，促进适度规模经营。对农村土地结构进行适当调整，逐步建立‘一镇一业、一村一品’② 的商品基地，形成农贸一体化、产供销一条龙的生产格局。第二，要增加‘三高’农业投入。金融部门要在信贷方面向‘三高’农业倾斜，支持‘三高’农业发展。同时争取上级支持，积极引进外资，发展外向型农业。第三，逐步建立起三大服务体系，一是科技服务体系，培训农业科技骨干，推广农业科学技术，提高劳动者素质和劳动生产率；二是社会化服务体系，重点抓好农副产品的产前、产中、产后服务和信息、流通等服务；三是融资服务体系，通过金融部门贷款、引进外资、集结社会资金等形式筹集资金，保证‘三高’农业的资金投入。第四，加强农村基础设施建设，继续抓好农村道路、电力、通信和农田水利基本建设。”这次

① “三高”，指高产量、高质量、高经济效益的农产品（或项目）；“两强”，指黄烟、水果；“三大”，指林业、黄烟、水果。

② “一镇一业、一村一品”指一个乡镇拥有一个主导农业产业；一个村拥有一个主导农产品。

会议后，县委通过抓规模，抓基地，抓专业大户示范，抓科技服务，以及组织开展“学梅州，看始兴”，以开发山坡地为主的“三高”农业活动，使“三高”农业在县内、特别是偏僻山区得到较好发展。是年，全县新增灌溉面积 64 公顷，改善灌溉面积 480 公顷，改造低产田 33.33 公顷，治涝面积 53.33 公顷，为“三高”农业发展奠定较好的物质基础。全县农业总产值 4.6332 亿元，比上年增长 6.2%；农村经济总收入 7.9112 亿元，比上年增长 41.2%；农村人均纯收入 1974.8 元，比上年增加 526.6 元，增长 36.4%。

县委为加快发展“三高”农业，依托资源办加工，强化流通加工环节。1995 年提出要加大力度办好四大加工基地：竹木深度加工基地，要在改造造纸厂、家私厂、乡镇竹木加工企业，完善竹木工贸城的同时，投入一个 1 万立方米木材烘干、年产 1.6 万立方米刨花板、年产 2 万立方米竹木复合板的项目；蚕茧深度加工基地，丝厂在 6 组机正常生产后，着重稳定、提高质量，搞好回收利用，搞好副产品加工；食品深度加工基地，以县食品厂为主，充分利用始兴马蹄、水果、香菇等原料，开发各种市场适销对路的产品；林产化工基地，拓展市场，扩大松香、聚酯多元醇生产量。

另一方面，县委又相继制定了《始兴县鼓励外商投资优惠政策》《始兴县外商投资管理办法》等政策措施，坚持“先让利，后得利，求发展”的指导方针和“以诚招商、优惠引商、服务稳商”的原则，抓住机遇，积极参加省在香港举办的“三高”农业招商会和在广州举办的“珠三角”招商会，使县内的外经外贸和招商引资取得突破。1995 年，新批准合同项目 15 个，合同利用外资 2957.6 万美元，比上年增长 7 倍；实际利用外资 518.39 万美元，比上年增长 5 倍；出口创汇总值 437.2 万美元，比上年增长 3 倍，其中一般贸易出口 252.2 万美元，实现历史性突破。

1996 年，为加快始兴的黄烟、水果、蔬菜、优质谷、马蹄、香菇、毛竹和速生丰产林等经济作物的基地化生产步伐，县委通过政策、资金、技术等方面扶持，涌现一批种养大户和专业村、镇。特别是水果和甲鱼养殖基地的建设，取得可喜成绩。是年，全县新开发山地种果面积 2566.67 公顷，种植果树 177.2 万株，签订承包开发租赁合同 1590 户；投资 570 万元，建立甲鱼养殖基地20.07公顷。1997年全县新开发种果面积5133.33公顷，建有规模以上的开发基地12个，新挖鱼塘289.93公顷。另有水果6666.67公顷、优质谷10000公顷、速生丰产林13333.33公顷、竹子11333.33公顷、甲鱼养殖20公顷、优质烤烟3333.33公顷、蔬菜场地1333.33公顷等农业商品基地初步形成。

1993—1997年，县委在推动“三高”农业发展上，结合脱贫奔康、绿化达标等中心工作，以市场为导向，以提高综合生产能力、提高效益、增加农民收入为中心，大力调整农业和农村经济结构，努力发展具有始兴山区特色的农村经济。同时，充分挖掘资源优势，重点发展“竹木两香，烟果菜桑”，大力发展具有地方特色、科技含量高、经济效益好的经济作物，以及竹林深加工，提高农产品的商品率和市场竞争力。

（二）全面落实第二轮农村土地承包

1997年，县委印发了《始兴县关于进一步稳定和完善农村土地承包关系的实施意见》，规定把第二轮土地承包期在原有的基础上延长30年不变。打消了广大农民对政策的顾虑，从而克服短期行为，使得农民能放心对农业投入的增加，敢于调整种植结构，争取达到农业产值的最大利益化。

县委在第二轮土地承包具体做法：一是对第一轮土地承包期满后进行了调整的要尽量引导农民保持原承包办法，承包地块不变，继续延长土地承包期；第一轮土地承包期满后尚未进行调整的可进行一次小调整，但必须尊重农民意愿，并经村民代表大会2/3以上成员同意形成决议，签字盖章后报乡（镇）人民政府和县人民政府农业办公室审批。二是认真整顿“两田制”，稳定“口粮田”、分包“责任田”也应充分尊重农民意愿，并经村民代表大会2/3以上成员同意形成决议，签字盖章后按以上规定审批。三是对少数村委会向村民小组抽调土地发展壮大集体经济的到县农村承包合同办理处办理鉴证手续，被抽调土地所承担的国家、集体粮食任务不能分摊到农户，变相增加农民负担。四是延长土地承包后需要签订土地承包合同书，由乡（镇）人民政府做好签证和档案管理工作，颁发县人民政府统一印制的土地承包经营权证书。五是建立和健全土地使用权流转制度，解决人地矛盾和适度规模经营问题；土地使用权流转，应坚持自愿、有偿、不搞强迫命令和平调，经集体经济组织同意，农民可将自己承包的土地转包给他人经营；农民可将不耕种或暂不耕种的土地交回集体，在一定期限内由集体发包给他人经营。

通过落实新一轮土地承包责任制，土地承包期再延长30年以上措施，除种植业、林业、畜牧业、养殖业及其他副业都有较大发展外，黄烟、蚕桑、花生、蔬菜、西瓜、马蹄、枇杷、杨梅等，都有较大规模的种植。与此同时，县委实行以个体承包经营山坡地为主要内容的山地开发，制定实施了《关于发展“三高”农业的优惠政策》和《关于鼓励开垦荒坡荒滩的若干规定》等一系列优惠政策，按照“统一规划，山权不变，连片开发，立体发展，分户承包，双层经营，共同致富”的原则，动员千家万户向山地进军，打响了一场山地开发总体战。至1998年2月，全县山地开发总面积已达2.66万公顷，水果种植面积达到6666.6公顷。此外，县委在广泛深入调查研究的基础上，从有利于经营管理、有利于连片和规模开发的原则出发，坚持以农民自愿为前提，进行了土地承包责任制的调整完善连片工作，促进了农业生产从零星分散向适度规模和集约化经营迈进。

二、推动全县农业稳步发展

1993年3月中共始兴县第八次代表大会召开以来，新一届县委坚持以经济建设为中心，继续深化农村经济体制改革，推动全县农业的稳步发展。

在发展粮食生产方面，通过依靠技术进步，大力推广种植杂交优质水稻，推广农科新技术，促进了农业生产稳步发展。全县农村大面积种植杂交水稻。1995年杂交水稻种植面积占水稻种植面积90%以上。在推广杂交水稻优良品种方面有：温优3、汕优77、汕优4480、汕优晚3、D优162，中晚造主要水稻优良品种有：汕优46、汕优桂33、汕优桂99、金优桂99、培杂山青、汕优63。通过种植杂交水稻优良品种，提高水稻产量，使全县粮食自给有余。在推广农业科学技术方面，以县农业技术推广中心为重点，在太平镇、马市、沈所、顿岗、司前、隘子6个乡镇设立农业技术推广站，指导、推广农业技术，逐步推行水稻直播和薄膜覆盖育苗、抛秧栽培技术，大大减轻劳动强度，提高劳动效率。同时，开展改造低产田、农田水利建设，改善耕作环境。此外，县委通过建立和落实粮食生产责任制，稳定种植面积，广泛开展粮食创高产活动，1993—1997年粮食生产连续5年获得丰收。1997年粮食总产达11.2万吨，比1992年增长12.5%，创历史最高水平。因此，始兴县先后被确定为全国和省商品粮基地县。

在经济作物方面，县内主要有黄烟、蚕桑、茶叶、水果、蔬菜、西瓜、马蹄、花生、大豆等。其中20世纪90年代开始，城南、沈所、太平镇、顿岗等平原乡镇大面积种植反季节辣椒，引进湖南省农科院选育的湘研2号、湘研12号等良种，晚稻收割后，选用F1代，11月播种，翌年春节期间移植，到4—5月可收获上市。上市季节比湖南、江西等地的辣椒早1个月。且辣椒产量高，收益好，成为始兴农村一大经济作物。前景好、发展快的其他经济作物有种桑养蚕业。1994年始兴缫丝厂建成投产后，县委、县政府动员各乡镇农民种桑养蚕，种桑养蚕主要分布在罗坝、都亨，其次是城南、沈所、司前、隘子等乡镇。县丝绸公司派出技术员对种桑养蚕户进行产前、产后技术指导，产后确保蚕茧收购，解决蚕茧的销路问题，有效地带动了县内种桑养蚕业的发展。至1997年，蚕桑种植面积234.33公顷，产茧272吨。黄烟成为县内主要传统经济作物之一，种植面积2000公顷，总产量350吨，比1996年增长118.8%；收购总额3285.6万元，比1996年增长67.9%；销售总额4571.9万元，比1996年增长52.3%；实现利润386.2万元，比1996年增长32.5%。

三、以创建始兴生态林业县为动力推动经济发展

1993年始兴县被列入为全国林业综合发展示范县后，县委按照示范县的要求，围绕全县经济发展和林区脱贫致富的目标，深化林业体制改革。通过“封、管、节、造”等措施，森林资源的培育，林政管理和资源的利用得到发展。7月，以国营林场原有面积为基础，建立省级刘张家山森林公园。林场下设刀坑、横路下、麻坑、老谷坑和野猪湖共5个工区，集中在林场办公，设有办公、计财、生产、供销和工会等机构。

1993年，始兴在全国率先开展森林分类经营，被省委、省人民政府授予“绿化先进单位”，被林业部授予“全国森林资源林政管理先进单位”。

1994年推广适度规模经营和山林折股联营，推行股份制，是年底，全县农村股份制合作企业已发展到180个，股金总额达到3100万元。10月1日起，竹类资源实行“归口管理、放开经营”，竹类资源的生产开发、林政管理由林业部门统一负责，鼓励国有、集体和个体承包经营竹林，由林业部门统一征收税费，统一凭证运输，统一办理放行；县供销社参与毛竹流通环节的管理。

1995年开展森林资源资产化管理，进一步强化林政管理。批准兴办了8家股份制林场，并完成了示范点的各项工作。9月15日，始兴县股份合作林场建设办公室正式挂牌成立。

1996年是实施“九五”计划的第一年，县委为更好地调动群众的营林积极性，提出今后工作的3个要点：一是要逐步实现由粗放经营向集约经营转变，由传统林业向现代林业转变，提高林业资源的综合利用率和经济效益；二是要不断完善林业发展的保障机制和折股联营体制，国家、集体林场可实行一场多制的体制，充分调动林场职工的积极性，在鼓励国家、集体、私营联合或单独办林场的同时，发展股份合作林场；三是要继续强化林政管理，抓好森林资源的培育和管护，努力建设生态公益林体系。

本阶段林业经营和管理体制在数次改革和发展中，以营林为基础，采育相结合，科学育林，积极发展多种经营，实现森林资源永续的方针，大力发展林业，创出了一条以营林生产为基础，多种经营为辅的林业生态良性循环之路。1993—1997年，县委一是开展了森林资源资产化管理试点和森林分类经营的探索；二是调整林业产业化结构，加快了林产工业的发展，全县已初步形成以竹木资源加工为特色的纸制品、刨花板、林产化工、家私、单板和竹制品6个产品系列；三是建立了保护和发展森林资源目标责任制，林区秩序稳定，多年来未发生重大森林火灾和乱砍滥伐的现象；四是加快了股份合作林场的发展，全县已审批20家股份合作林场，总面积达11333.33公顷；联办林场74家，总面积达30666.67公顷。1997年7月始兴通过争创“全国造林绿化百佳县”的检查验收后，各乡镇迅速掀起了林业第二次创业高潮。至1997年底，全县已培育毛竹4333.33公顷，山地开发备耕1426.67公顷。使县内的林业工作正向着绿山富民的方向迈进。

四、实施扶贫攻坚和脱贫奔康工程

1993 年 3 月中共始兴县第八次代表大会召开以来，新一届县委明确发展是硬道理，只有发展才能摆脱贫困。根据中央提出“五个好”的目标，县委对全县农村基层组织建设作出全面规划，分期分批组织实施。县四套班子成员分别挂点联系贫困管理区，县直机关抽调干部组建工作队进驻贫困管理区，重点帮助各管理区抓好班子建设，选配好党支部书记，找准经济发展路子，并对各管理区干部实行了“定人员、定任务、定责任；效益与个人利益挂钩、政绩与个人使用挂钩；养老保险”的“三定两挂一保”制度。提拔任用一批年轻有为的优秀党员为管理区书记，优化农村党支部成员的年龄结构和文化结构，把此项工作作为扶贫工作中的重要环节来抓。

1997 年，为使扶贫工作顺利开展，县委将扶贫工作作为一项硬指标、死任务来抓，坚持领导办点，部门包干、工作队驻点制度，调整充实了挂钩扶贫单位，同时，选派优秀中青年干部到贫困管理区挂任指导员，具体指导脱贫工作。对绝对贫困户实行“一帮一”“千干扶千户”等制度，通过制定政策引导贫困管理区和绝对贫困户因地制宜选准发展经济的项目，从而确保了全县 54 个贫困管理区全面脱贫，全县 142 个管理区的集体收入均超过 3 万元；全县 335 户 1350 名绝对贫困人口已脱贫，绝对贫困户年人均纯收入达 1519.8 元，实现脱贫的目标，并顺利通过了省扶贫检查组的验收，并得到上级的充分肯定和群众的赞扬。

“授人以渔”的农村小水电，是始兴山区产业帮扶最好的扶贫项目之一。水电站工程建设时，涉及建筑、运输、电力设备等多个行业，无形中带动了当地民营企业发展，也逐渐改变了山区的产业结构。水电站建好后收益稳定，能永续利用，几十年后还能给山区村委、村民留下一笔优质资产。县委、县政府启动贫困村由帮扶单位或和村委双方共同投资入股水电站的形式，确保建立扶贫长效机制，确保扶贫收益稳定可靠。农村小水电扶贫工程既开发了县内水利资源优势，又加快了始兴山区贫困村的脱贫步伐，推动农村小水电快速、有序、健康发展。

1995年7月，县委开始实施“奔康工程”[①]。10月31日，县委决定将建设现代文明新村作为“奔康工程”的一项重点来实施。主要指导思想是以邓小平同志建设有中国特色社会主义理论为根本指导方针，以实现经济繁荣、社会文明、环境优美、城乡一体化为目标，以农民投资为主，县、乡镇、社会扶持为辅，有领导、有组织、有计划、有步骤地建设现代文明新村，使农民安居乐业，共同奔康致富。基本目标是：从1995年起用5年的时间基本消除农村泥砖房，分期分批改造旧村和兴建现代文明新村，经过全社会的共同努力，在20世纪末全县农村住宅基本实现红砖瓦房结构或楼房化，让农民住上舒适、方便的房子。实施步骤是：全面规划，分年实施，抓点带面，逐步推开。并要求设立机构，加强领导，制定优惠政策，采取“五个统一”原则：统一领导、统一规划、统一安排用地、统一设计、统一施工。确定新村建设基本标准，平原近街、近路或近水陆交通方便的地方，以10户以上组建为一个文明新村；丘陵山区适合搞立体开发农业的地方，可单家独户建新宅，迁进新宅后，旧住宅一律拆除，土地归集体统一规划使用。农户新建住宅必须全部是水泥钢筋或红砖瓦房结构，建筑实用面积人均不少于18平方米。此外，实行农户新建住宅审批制度，农户新建住宅必须向乡镇“奔康工程”办公室提出书面申请，经县建委土地管理部门批准后发给新建住宅许可证方可动工。

县委积极引导农户多方筹措建房资金，以自愿为原则组织建房储金会，按先后建顺序逐年参股承担利息，建宅本息两清的办法建房。有条件的农户，可鼓励其自烧红砖、瓦、石灰，以降低建房投入。县、镇和集体的帮助方面，重点放在完善公共基础设施上。

1997年起，掀起“奔康工程”建设高潮，各乡镇相继成立“奔康工程”领导小组，采取领导挂点、干部包户，制定每户补贴1000~2000元、水泥1~2吨或红砖3000~5000块的物质扶持。并全免或减免各种建房办证费用2000~5000元。同时还动员挂点机关单位捐款捐物，增加资金投入，大力推进农房改造。是年底，全县新建水泥钢筋楼房或红砖瓦房的农户有6720户，占农户总数的17.5%。

① “奔康工程”，指进行农房改造或重建农房。

第三节　工业发展思路的调整和实施

一、转变思路促进工业企业发展

1993年，县委在总结始兴经济发展历史经验教训的基础上，重新审视始兴，并根据始兴的实际，把“围绕林业办工业，办好工业促林业”的工业发展战略，调整为“巩固发展农业，重点发展工业，突破第三产业，搞好基础设施建设，促进全面发展”的始兴经济发展的指导思想，对工业企业明确“以改革为动力，以市场为导向，以科技为依托，以效益为中心，突出重点企业，创建支柱产业”的工业改革发展路子，树立“工业富县”的思想，促工业大干快上。3月13日在中共始兴县第八次代表大会上的报告里，县委书记杨木忠把“工业富县”作为一个专题，提出：一抓投入。要瞄准市场，只要效益好的产品，就要大胆投入，适时地上规模、上批量，要创造条件组建企业集团。使始兴在近期内建立起几个、十几个千万元至亿元产值以上的大企业和企业集团，这样才能经得起市场竞争的风浪，取得更好的经济效益。二抓改造。依靠科技，对新老企业不配套的设备进行改造，提高产品质量和档次，经委口1993年计划投入5865万元，上22个技改项目，各级党委和各有关部门要想方设法实现这个计划，并在今后逐年加大技改方面的投入。三抓外引内联。走出去，请进来，引进外地的资金、项目、技术和人才，有条件的企业可以搞股份制，搞嫁接企业，利用原有的厂房、土地、技术、资金和设备等，部分或全部与外商合资、合作经营，或承包、租赁给外商经营，以便更有效地转换企业经营机制，提高企业竞争能力。四抓销售。要高度重视企业的营销工作，建立一支强干的销售队伍，扩大销售网点，制定鼓励销售的激励机制，大力拓展国内外市场。同时，要十分重视产品的装潢和广告宣传工作，努力提高企业及其产品的知名度，加大销售量。五抓考核。要对各工业企业的各项经济指标进行认真的综合考核，奖勤罚懒，对有突出贡献者给予重奖，对失职者及没有贡献者予以处罚。六抓服务。各级党委、政府和部门要根据企业转换机制的要求，相应进行配套改革，要转变工作职能，提高办事效率，为振兴和发展始兴工业做好服务工作。

1993 年 11 月，撤销县造纸总厂，成立广东省始兴县造纸实业总公司，下辖县造纸厂和金叶造纸厂，各自独立核算，自负盈亏，各具法人代表资格。1994 年起，县内实行以租赁、承包经营为主的经营体制改革，造纸总公司、金叶纸厂、食品厂、水泥厂、锅炉厂等企业先后实行租赁经营。1995 年初和 1996 年 4 月，造纸总公司先后将 1092 卡纸生产线及 2400 卡纸生产线租赁给东莞石龙联兴实业总公司经营。1996 年，县松香厂由企业职工股组建了林产化工有限公司；同年，县印刷厂与香港雅式装订有限公司合资成立始兴县雅兴彩色印刷有限公司，引进国外一套四色彩印设备，增加胶版、制版彩印业务，结束了铅字排版印刷的历史。

本阶段，县委认真贯彻落实“抓大放小”的方针，以转换企业经营机制为突破口，加大改革力度，采取“一厂一策，分类指导”的方法，使国有工业企业焕发生机和活力。1996 年县委加强企业改革进展，由主管党群工作的副书记阳日成抓国有企业改革工作。通过探索适应始兴工业企业改革，组建股份公司、租赁承包经营、兼并企业、全员注资经营、利用外资嫁接、“零价转让”和“注资认购国有净资产”、分立经营等多种方式，使有潜力的企业加快发展、困难企业走出困境，特别是全县人民关注的造纸厂，通过租赁承包经营，不但使企业得以正常生产，而且还投资 800 万元配套完善碱回收设备，使环境污染得到有效控制。

二、乡镇企业和民营企业的发展

始兴境内的乡镇企业以自然资源丰富的竹木为主，传统的养殖业为辅。随着改革开放形势的发展和对乡镇企业管理的加强，很多乡镇企业原来存在的资源浪费、运作随意性等问题越来越突出。在“八五”期间，县委提出“围绕林业办工业，办好工业促林业”的企业经济发展战略，走出一条具有始兴特色的资源型开发的企业建设路子。

1992年12月，隆重举办了“广东省首届香菇节暨广东始兴客家联谊会庆典活动”，应邀参加香菇节的国内外各界人士和客商550人，其中外商有80人。香菇节期间全县签订合同意向性项目有23项，招商总投资23835.4万元，其中签订利用外资的意向性项目有9项，投资意向总额6371.4万元；签订内联合同6项，总投资470万元；签订内联意向项目2项，总投资890万元；签订对外贸易合同，意向金额共416万美元。利用始兴特色农产品，发展乡镇企业。

1995年，县委分别组织了山区、平原、丘陵3个调查组，就始兴发展“三高”农业和乡镇企业、民营企业等问题进行了广泛深入的调查研究，并分别召开了老干部、乡镇领导和科技人员座谈会，共商发展始兴经济大计。根据新形势的要求，县委、县政府相继制定了《始兴县鼓励外商投资优惠政策》《始兴县外商投资管理办法》等政策措施，坚持“先让利，后得利，求发展”的指导方针。提出发展乡镇企业重点要从三个方面下功夫：一是适应“三高”农业的要求，把乡镇企业的重点转到农林产品的加工上来，要重视采用先进的技术和工艺，提高产品的档次和水平，实现产品的多次增值；二是资源开发，要把山区的资源优势转化为经济优势；三是采用股份合作制等方式，推动乡镇企业的迅速发展。同时还要主动与珠江三角部分产业的转移结合，发展“三来一补”等外向型企业。

始兴县太平镇以“竹木工贸城”工业开发区及房地产开发公司为龙头发展四级企业，1995年先与县国土局、财政局、地财服务公司、供电局、自来水公司共5个单位，合资投入近百万元兴建了“始兴竹木工贸城”，引进近300万元兴办了南洋木线厂、中兴宝力生食品饮料厂、顺兴木业制品有限公司等6家合资、合作企业和29间门店。同时，以房地产开发公司为主体，先后筹集资金300万元，在国道323线旁兴建了150间门店和3幢占地面积15000平方米的综合住宅楼，以推动四级企业的发展。同年，顿岗镇石坪管理区有各类乡镇企业和民营企业114家，从业人员325人，企业总收入达1448.9万元，上交税款41.9万元。主业是利用当地“能工巧匠”发展传统的加工业，从事碾米、榨油和食品加工，办起腐竹厂、养殖场，利用当地“竹、木、藤”加工成各种产品出口外销。石坪管理区有300多人亦商亦农，搞建材批发或开饭店、开糖烟酒店；有20多人成为运输专业户；有50多人租赁邻近管理区荒山66.67公顷，办起4家果菜场，1家煤场。全区年收入达50万元的家庭企业大户有6家。其中徐胜祥和徐安祥投入50万元，引进外地技术办起的筛网厂、腐竹加工厂和猪场，是年收入就超过100万元。

1997年，县委认真贯彻执行《中华人民共和国企业法》，积极为企业持续健康发展，取得合法权益，规范企业行为，繁荣城乡经济提供了法律保证。县委根据《企业法》采取公司+基地+农户，以及招商引资等形式，在全县形成“一乡一品”“几乡一品”和“一村一品”的产业格局。同年，刘张家山乡新建的单板厂和胶合板厂年收入均达2000万元。投入100万元兴办甲鱼养殖场。全乡人均种果0.13公顷。新办企业安置了林场100名职工就业，就业人员月工资平均达600元。3月，由刘锡维、王建平、沈正良3人合资兴办的蓝宇饲料有限公司，是以生产各种禽畜饲料为主，集生产、饲养、销售于一体的民营企业。当年生产饲料600吨，产值140万元；饲养肉猪200口，鸡鸭4500只，年企业收入突破200万元。公司还投入300万元兴建2000平方米的猪舍、500平方米的住宅办公楼、800平方米的仓库和加工车间，进一步扩大企业生产。1997年全县乡镇企业有2719家，从业人员14825人，总产值43691万元，比1992年的总产值22372万元增长了1.95倍。

本阶段，始兴在发展乡镇企业和民营企业中，不断探索进取，尽管遇到不少困难，但第二产业总体仍呈现出曲折发展的趋势。按始兴县国内生产总值（GDP）统计，1992—1997年，第二产业产值从6078万元增加到11922万元，增长1.96倍；第二产业产值在始兴县国内生产总值（GDP）中的比重，从14.88%增加到19.01%。

三、兴办工业园区

改革开放后，随着外引内联战略的实施，始兴县内兴办的工业项目越来越多。1992年6月，县委制定了《关于鼓励投资的优惠规定》，不断更新招商引资优惠政策，吸引更多外商到始兴投资置业。为更好地解决新办工业项目对用地、劳力等方面需求，形成集约化、规模化的工业基地，县委开始考虑兴办工业园区。1993年6月，经省政府批准，始兴工业园区正式成立，行政级别为正科级，工业园区主要负责全县工业园区土地的规划、利用、开发、建设，负责招商、服务、协调、管理等工作。按照“三为主、二致力、一促进”的发展方针和“高起点规划、高标准建设、高效能管理”的原则，稳步推进园区的规模扩大和功能完善，不断壮大园区经济实力，形成了规范高效的经济运行和管理体制。

工业园区作为始兴改革开放的“试验区”和“排头兵”，自1993年起，县委不断尝试和探索各种超前的改革和试验，推动县城经济的持续快速发展，使之成为全县乃至全市经济发展中重要的增长点。工业园区开发，坚持以经济建设为中心，遵循市场经济发展规律，围绕建设始兴现代生态县的战略目标，不断与时俱进，大胆创新，主要做法如下：

理清思路，立足长远，坚持走新型工业化道路。县委对园区工作高度重视，把园区工作作为“一把手”工程来抓落实。1995年，县委、县政府提出“引资、兴工、促农、旺商、富县”的发展战略，制定了“以诚招商，优惠引商，服务稳商，以商带商”的十六字方针，形成“路途遥远感情补，硬件不足软件补，资金不足政策补，欢迎来始兴投资”的“三补一来”招商理念。园区对投资项目和投资者的选择始终注重“两个坚决”“五个选择”。“两个坚决”，即坚决不引进严重污染环境而无法治理的项目和严重破坏资源、破坏生态、贻害后代的项目；“五个选择”则是指引进项目注重选择创税能力强的项目，选择产业链条长的项目，选择就业岗位多的项目，选择有实力的投资商，选择有带动能力的投资商。

县委、县政府为吸引更多的外商到始兴投资置业，出台优惠政策，落实责任，提高园区招商竞争实力。在原有《始兴县招商引资优惠办法》的基础上，相继出台了加快民营经济发展、鼓励生产加工型创税企业发展、优化投资环境“八不准”等一系列政策规定。这些政策的出台，既创建了更宽松的投资环境，提升了竞争力，又促进了经济结构的调整。政策出台后，园区注重抓好“两个落实”，做到“三个更加”。两个落实即落实《始兴县招商引资责任考核制度》和《始兴县窗口服务行业评议考核制度》，真正做到招商与服务相结合，业绩与奖罚挂钩，调动各部门、各乡镇参与招商引资工作的积极性和自觉性，有效改善了投资环境，推动招商引资工作的深入开展。三个更加，即在招商载体上，更加重视“筑巢引凤”；在招商项目上，更加重视资源加工型、创税型企业的引进；在招商环境建设上，更加重视软环境建设。1997 年 4 月 12 日，香港兴记粉面公司薛声兴、林国俊先生抵达始兴，通过实地考察和了解县内的一系列政策后，洽谈木制品加工各项事宜，决定在始兴投资 520 万港元独资经营“广东始兴德兴记木业有限公司”；5 月 22 日，港商投资 500 万港元独资经营的“广东始兴源兴隆纸品厂有限公司”举行投产剪彩仪式。县委、县政府为鼓励更多外商投资始兴经济建设，6 月 19 日制定印发了《始兴县鼓励外商投资优惠政策》。

以情招商，优化服务，营造良好的投资环境。按照“围着客商转、围着项目转、围着问题转”的工作思路，努力构筑全方位、多层次、立体化服务网络，不断改善投资的硬环境和软环境。实施“一个窗口办事、一个口子收费、一条龙服务”的“三个一”办事制度和提高办事效率的“马上办制度”。同时，组建了一支能力强、素质高，深受外商好评的服务队伍。通过完善招商引资责任制，形成“一切围绕招商想，一切围绕招商转，一切围绕招商干”的良好氛围，打造“诚实守信，少说多干，艰苦奋斗，廉洁高效”的服务品牌。除此之外，县公安局还建立了外资企业警务队，专职为外商提供治安服务。

创新方式，打好“四牌”，加大园区招商工作力度。一是打好“乡情引资牌”。通过举办春节茶话会、中秋恳亲会等活动，密切联络“老始兴”“始兴佬”，加强外引内联，掌握引资线索，提高引资实效。二是打好“驻点招商牌”。充分发挥招商小分队作用，加强与珠三角地区各类商会、协会的沟通联系，及时掌握引资线索，把握珠三角产业转移信息，从“等客上门”向“会客敲门”转变。三是打好“中介招商牌”。积极与海内外有实力的招商中介机构（或个人）建立合作伙伴关系，开展委托招商、代理招商，按引进项目的资金、产生的效益兑现奖励金，降低招商成本，提高招商成功率。四是打好“以商带商牌”。通过在始兴县投资置业外商的牵线搭桥，联络客商到始兴考察投资环境，投资置业。

坚持原则，依法征地，努力提高资源利用率。县委、县政府在用地上始终坚持“四个符合”：一是坚持项目用地符合土地利用总体规划和城镇规划的原则。在工作项目建设用地过程中，坚持国土、建设、环保、计划等有关部门共同把关，做好工业项目的具体规划、设计，做到工业园区的发展与城市的扩展统筹规划。二是坚持项目开发建设符合用地政策的原则。工业用地坚持以山坡地、荒地、滩涂等类型的土地为主，做到珍惜土地，合理利用土地。三是坚持以项目带开发的原则。所有项目开发建设前，都是与投资方签订合同，根据项目的投资额和规模，会同有关部门勘察后，结合始兴实际，充分论证后再进行征地、开发建设，从而避免土地闲置现象的发生。四是坚持统一管理的原则。在工业建设用地管理上做到“四个统一”：园区项目用地统一规划，项目基础设施统一建设、统一管理、统一服务。

1995 年，黄花园工业园建成，地处县城北郊，属城乡接合部，交通便利，占地面积 66.6 万平方米。是年底，香港标准摩打有限公司投资 800 万美元，在该园区兴办标准微型马达有限公司，从事微型马达生产。引进香港五福企业有限公司投资 400 万美元，在园区兴办新法实业有限公司，后更名为德宝玩具实业有限公司，主要从事塑胶玩具生产。两家企业用工均达 5000 人。1996 年 8 月，香港永联织造厂进驻园区，投资 100 万美元，兴办天山制衣有限公司，生产各式针织时装。随着黄花园工业园区设施进一步完善，进驻园区的项目也越来越多。

1997 年，始兴县外经贸对外贸易合同资金 280 万美元，实际利用资金 1210 万美元，外贸出口总值 1150 万美元。

第四节　加快第三产业发展

一、加快第三产业发展的部署

县委根据“开放、改革、搞活”的方针，努力推动第三产业的发展，把它纳入城镇经济体制改革的重要内容。在 1991 年制订的全县“八五”

计划中，提出“继续整顿流通秩序，搞活流通，繁荣市场，增加效益”，并采取3项措施：切实加强市场的培育；切实加强税收征管；加强金融管理，坚持为生产和建设服务。强调商业、供销部门要发挥主渠道和“蓄水池”作用，建立和健全信息网络和信息研究机构，采取多种形式，利用多种渠道组织货源和推销商品，保障有效供给，搞活流通，繁荣市场，提高经济效益。

1993年初，县委、县政府根据省委、省政府《关于加快发展第三产业的实施意见》，运用市场机制推动第三产业发展，鼓励机关精减人员、企业富余人员以及城镇待业人员、农村剩余劳动力，参与发展第三产业。发展了房地产开发，扩建了一批专业市场，成立了5家实业总公司，扶持了一批个体流通机构，并认真进行了金融和国合商业的改革。3月，始兴县第八次党代会的报告中以“大力促进第三产业的发展，加快我县现代化经济建设的步伐”为专题，部署了今后5年工作主要任务：第三产业的兴旺发达，是现代化经济的一个重要特征，各级党委、各部门要努力抓好第三产业的发展，提高第三产业在国民经济生产总值中的比重。专题还指出，要大力发展旅游、房地产、金融和各种社会服务业、旅游业，要充分利用车八岭国家级自然保护区的优势，广开利用外资渠道，增添旅游设施，完善服务体系，大力开发森林、古生物化石、客家民居习俗、陨石坑、温泉和人文历史景观等方面的旅游资源，吸引更多的国内外游客，使之成为第三产业的“龙头”。房地产业要拓展领域，搞好综合开发，以地生财，以财招商。要重视外经贸工作，加快外经外贸的发展步伐，力争外向型企业和出口创汇额逐年增加。要抓好国合商业的改革，抓财税部门的改革，保证财政收支平衡，确保重点建设的需求。同时，要加快社会保险制度的改革，完善各种社会保险，还要按照市场规律，采取措施大力培育和发展多样有规模的新型专业市场，完善市场体系，健全各种市场组织、调控系统和法规，促进市场的繁荣发展。

1996年制订的全县“九五”计划中，提出推动始兴第三产业发展的基本思路：加快能源、交通、通信建设；发展旅游事业，充分利用各方面的资金开发集游玩、观光、考察、科研、度假、休养于一体的车八岭国家级自然保护区生态旅游项目，并以此为“龙头”，进一步开发始兴“十大景点”，与全市旅游线路接轨；加快科技、教育、卫生、社会保障事业发展，提高全县的综合实力。并对第三产业发展提出三大任务：一是深化国合商业改革，提高经济效益；二是以旅游业为重点，加快第三产业的发展；三是强化税收征管，增加财政收入。

本阶段，县委按照第三产业各行业的方针政策和既定的目标任务开展工作，推动全县第三产业发展。按始兴县国内生产总值（GDP）统计，1992—1997 年，全县第三产业产值从 10223 万元增加到 23311 万元，增长 2.3 倍；第三产业产值在全县国内生产总值（GDP）的比重，从 19.43%增加到 32.42%。

二、商业贸易工作搞活商品流通

1992—1995 年，商业贸易工作承接前几年调整改革的成果：积极开拓市场，深化商业贸易体制改革，加强外引内联，激活市场，搞活流通。县委重点是抓国有商业企业改革，尤其是加大商品流通领域改革力度。开拓农村市场和县外市场，把拓展市场、扩大购销作为流通企业扭亏为盈、提高效益的有效措施来抓。加强党组织领导和营销队伍建设，提高服务质量，采取多种方式，进一步搞活全县工农业产品的流通。具体做法有：一是认真贯彻省政府关于进一步搞活流通的通知以及“经营放开、价格放开、用工放开、分配放开”的精神，把实现“两权分离”[①] 作为进一步深化商业企业改革的目标，积极探索试行“国有民营”的经营方式，转换企业经营机制，深化劳动用工和劳动工资制度的改革，完善承包责任制。至 1995 年底，商业系统共发包门店 38 间，出租经营场地 9744 平方米，员工停薪留职共 157 人。二是结合始兴实际，制定增强企业活力的措施，理顺各种关系，调动党员、企业干部和职工的积极性和各方面的积极因素，增强企业活力。三是解放思想、更新观念，敢于冲破束缚，用足用活政策，落实具体措施，放宽经营范围和经营方式，鼓励扶持发展多种经济形式。四是建立多层次、多渠道、多形式、多环节的服务体系，采取多种形式扩大流通。

① “两权分离”，指资产所有权和经营权分离。

商业、供销、粮食部门以推进企业经营体制改革为动力，努力提高经济效益。由于取消农副产品派购政策，商品市场逐步形成多元化主体、多种经济成分以及多渠道购销并存的格局，国营和集体商业的商品购进额、销售额均有所下降。1992—1995 年，县商业总公司商品总购进从 2201.3 万元减少到 1627.9 万元，商品总销售从 2567.5 万元减少到 2026 万元。1996 年，商业系统各专业公司都停止以公司名义组织商品购销活动。企业转而致力盘活自身的存量资产，努力实现资产的保值和增值，真正实现企业所有权和经营权分离。

1997 年 4 月，县机构编制委员会《关于始兴县党政群、乡镇机关改革方案的通知》规定，县商业局转为企业单位，不挂局牌子，原商业局行政职能划转贸易局。其后，商业总公司率领所属公司一方面继续多方面努力，做到不发生经营性亏损；另一方面根据上级“国有资本从一般竞争性行业退出和国有劣势企业从市场退出”的政策精神，继续积极做好进一步深化企业改革的工作，争取加快实现“两个退出”，逐步退出一般性竞争领域；粮食、外贸、物资等部门也从原来的行政管理部门转变为经济实体。同年底，国营集体商业停止农副产品购进。社会力量从事商品流通的经营情况，纳入社会消费品零售总额统计。

三、金融体系改革和发展金融市场

县委根据经济社会发展对金融市场服务的需要，认真整顿金融机构，按照治理整顿期间的金融工作任务要求，以“继续紧缩银根，稳定金融，控制信贷总规模，积极组织资金，合理调整结构。努力提高资金使用效益，逐步消化市场过多的货币”为基本任务，积极整顿治理经济环境和金融秩序，从而抑制了始兴当地市场货币过多，市场物价上涨过高的局面。县内各金融机构曾停止了托收承付等不适应当时经济发展的结算方式，并加强了结算纪律，清理了资金拖欠和“三角债”，改善了结算管理制度，扩大了支票的使用范围，同时开办了保值储蓄，开办有奖储蓄，按照利率政策下调了贷款利率。经过治理整顿后，使县内的经济金融得到稳健发展。

1993—1996 年，县内金融业进入了全新发展模式的阶段。其标志是金融体制改革取得了重大进展，专业银行走上了商业银行之路。农业银行和农村信用社脱钩，市场机制被引入了金融领域，以市场取向的资金配置模式替代计划经济时期资金供给模式。此期间，中国银行始兴县支行退出市场；始兴县太平城市信用社停业整顿；实行银行业和保险业分业经营和分业监管；人民银行的监管工作实现了由合规性监管到风险性监管为重点的转移。

1997 年，全县金融业的工作主要围绕在金融秩序、适度控制信贷总量、调整信贷结构、加强信贷管理、规范信贷行为、保证资金支持重点企业和“三高”农业的发展、改善金融服务、加强金融监管及维护金融稳健发展等方面，《中华人民共和国人民银行法》《中华人民共和国商业银行法》《中华人民共和国保险法》《中华人民共和国票据法》和《贷款通则》相继实施，全县金融机构实行了分业经营、分业管理和进行有序竞争，始兴县人民银行对县国有独资商业银行的资金来源和资金运用、房地产信贷业务及围绕信贷规模发放贷款情况进行专项清理，人民银行实行了基本账户制度，建立电子联行支付系统。1997 年全县金融机构各项存款余额 7.97 亿元，比 1992 年增存 5.73 亿元，增幅 227%。其中储蓄存款 6.57 亿元，比 1992 年增长 439%；各项贷款余额 4.76 亿元，比 1992 年增加 2.65 亿元，增幅 126%。

县委支持和推动保险业务的开展，努力拓展保险事业。经过多年的实践，各险种业务均有较大发展。中国人民保险公司始兴县支公司“重合同、守信用”，在理赔工作中贯彻“主动、迅速、准确、合理”的八字方针，及时做好遇险受灾户的赔款工作，财产保险为始兴经济的发展，受害人利益的保障，企业灾后迅速恢复生产等提供了可靠的保障。中国人寿保险公司始兴县支公司开办业务有：人寿保险、健康保险、意外伤害保险、人身保险的再保险以及国家法律法规允许的或国务院批注的资金运用。公司遵循“笃守信誉，忠诚服务”的宗旨，致力为客户提供热情、真诚、准确、高效的服务。1996 年人身险保费收入 520 万元，赔款 52 万元。1997 年，保险公司的保费收入 1190 万元，比 1992 年增加 578 万元，增幅 106%；保费赔付支出 750 万元，比 1992 年增长 336%，充分发挥了保险业的经济补偿作用，有效地促进和保障各项事业的顺利发展。

四、生态旅游建设

旅游业是始兴的新兴产业，起步较晚，1993 年 3 月召开的县第八次党代会上，县委正式提出开发利用旅游资源、发展旅游经济的部署：要充分利用车八岭国家级自然保护区的优势，广开利用外资渠道，增添旅游设施，完善服务体系，大力开发森林、古生物化石、客家民居习俗、陨石坑、温泉及人文历史景观等方面的旅游资源，以吸引更多的国内外游客，使之成为第三产业的“龙头”。12 月，成立始兴县旅游公司，为事业单位企业管理，标志着始兴旅游业的起步。

车八岭国家级自然保护区于 1981 年 7 月建立，总面积 7545 公顷，最高峰天平架海拔 1256 米。主要保护对象为中亚热带常绿阔叶林及珍稀动植物，是中国综合性自然保护区之一。共有高等植物 1928 种，隶属 290 科，968 属，其中珍稀濒危植物有野茶树、观光木、野大豆等 14 种，并且发现有世界新种 6 种；野生动物 1505 种，隶属于 49 目 253 科 968 属，其中珍稀濒危动物 34 种，国内新纪录 26 种，如华南虎、云豹、水鹿、海南虎斑鸠等。1992 年兴建了一座面积达 3700 平方米的车八岭国家级自然保护区博物馆，收藏有 3 万多号（件）动植物标本。1995 年，保护区被省列为“广东省环境教育基地”，并加入中国生物圈保护区网络成员。县委、县政府重视利用保护区内丰富的自然优势，种茶种果，建水电站，开发旅游产品，开展生态旅游，对外开放博物馆、开发了漂流、原始森林探险、蕨菜园、野生植物园等 10 个生态旅游项目，是人们休闲度假、亲近自然、探索自然奥秘的胜地。每年接待游客达 3 万多人次。

1996 年制订的全县“九五”计划中，根据县委的建议，把旅游业列入计划第三产业发展战略，提出发展旅游事业，要充分利用各方面的资金开发集游玩、观光、考察、科研、度假、休养于一体的车八岭国家级自然保护区生态旅游项目，并以此为“龙头”，进一步开发始兴“十大景点”，与全市旅游线路接轨。12 月，经国务院批准，始兴隘子满堂客家大围被国家文物局命名为“第四批全国重点文物保护单位”，这是满堂客家大围作为反映客家民居的古建筑，在全国首次公布，为游客观赏和学者研究粤北客家民宅建筑艺术留下了宝贵的实物资料。

本阶段，县委、县政府亦逐步将发展旅游业提上议程，先后开发了车八岭国家级自然保护区、东湖坪客家民俗文化村、满堂客家大围等旅游景区（点）。与此同时，一些配套酒店、宾馆等旅游基础设施也开始兴建。

第五节 基础设施建设的规划及实施

一、基础设施建设的规划部署

始兴县的基础设施主要是能源、交通、通信以及城镇设施等方面。县委在各阶段根据发展和需要，加强对基础设施建设的领导，推动全县基础设施的改善，为持续发展创造良好的环境和条件。1991 年制订的全县“八五”计划中，把加强能源、交通、通信和城镇设施等基础设施建设列入改善投资环境，促进经济持续、稳定、协调发展的战略重点，并制定出以上重点建设项目的目标，明确措施和任务。

1993 年，县委提出：努力搞好基础设施建设，尽快改善始兴的投资环境。同时指出：基础设施建设是经济建设的排头兵，各级党委、各部门要高度重视和加强基础设施的建设和发展。县委要求要抓好全县境内的国道、省道、县道和乡村道路的改造，重点是国道 323 线始兴路段的改造工程，要积极主动地做工作，努力提高县内公路等级，争取“南始”线铺上柏油，努力增加乡镇至县城的水泥路面，实现路通财通。要加快能源建设，大办小水电，筹集好资金，完成山口梯级电站和平山等水电建设，扭转县内电力不足的局面，把水电建设提高到一个新水平，同时要发展工业压差发电，千方百计增加电能，加强电网和输变电设施建设，确保 1995 年前实现电气化县。抓好投资环境中的邮电通信工作，在开通县城和各乡镇程控电话的基础上，扩大寻呼机的覆盖面积，并尽快与省市联网，做好开通移动电话的规划。县委还要求抓好城镇建设，不断完善公共服务设施，抓好环境保护和国土管理工作，把县城建设成为绿化、美化、净化的城市。

根据广东省20年基本实现现代化的要求，始兴于1996年3月制订了全县“九五”计划，确定全县基础设施的重点项目和建设目标：一是要按照市委、市政府的部署，实现县通市为一级或二级加宽路，县通乡镇为二级路，乡镇通管理区为等级路的规划。重点继续抓好国道323线第二期工程改造的完工和高基岭至中古坑路段的改造；省道1912线凉口至亚吉山部分险要路段的改造；鱼珠潭大桥、周所大桥要竣工通车，兴罗大桥要完成桥墩等主体工程；要完成地方公路上等级113千米，逐步实现农业基地和较大的村社通公路。二是进一步加快通信、能源建设。在通信建设方面，主要是完成县城至乡镇的光纤数字传输工程，增加电话用户。同时，全县各管理区开通程控电话，进一步改善县内的通信条件。在能源建设方面，重点是搞好电力建设，大力发展库容电站。动工兴建三卡水一级电站和南方电站，加紧山口二级电站的开发，积极动员和扶持各乡镇、各部门办电站，使全县发电总装机容量有较大的提高，满足工农业生产和人民群众的生活需要。三是按整体规划抓好城镇建设。抓好县城永安大道的前期工作，完成征地、拆迁任务；搞好城北小区、河南小区排水管道的建设和路面整治；加快花山水库供水工程建设，提高县城的供水能力和水源质量；加强对县城“脏、乱、差”的整顿治理，进一步绿化、美化县城，改善市容市貌。各乡镇以发展的眼光、现代化的要求，结合“奔康工程”建设，科学地对小市镇进行规划和建设，强化服务功能，使之成为乡镇经济和文化的中心。

县委紧紧抓住省委、省政府把公路建设的重点向山区倾斜的有利时机，千方百计取得上级支持，多方筹资投入对县内国道323线、省道1912线和地方公路“四改二”①等工程建设。

1993—1997年，共改造了国道17.7千米，省道11.5千米，兴建和改建县道246.9千米，修建和兴建了顿岗大桥、鱼珠潭大桥、周所大桥；通过多方筹措资金1亿多元，投入水利、电力和供水工程建设，花山供水工程和凉口灌区工程全面如期竣工；兴建电站14座，装机容量达1.2万千

①“四改二”，指将现有的四级公路提升为二级公路的改造工程。

瓦；以扩充装机容量和增加电话为主要内容的邮电通信建设，全县装机容量已扩充到2万多门；城镇规划步入法制化的轨道，县城的生活和服务设施也得到了明显的改善。

二、掀起交通公路建设高潮

国道323线是贯通始兴东西的公路主干线，对国道323线始兴段改造扩建，是本阶段交通建设的重点。1991年11月，始兴成立了由县委、县政府主要领导组成的县公路扩建指挥部，开始对国道323线始兴段进行改建，实现了始兴水泥路面"零"的突破。

1993年3月，国道323线始兴段第一期改造工程启动，由韶关市公路局按一级公路标准规划设计，二级公路标准施工。首期工程由新寨岭至东湖坪小学，长9.662千米，路宽12米，柏油路面宽9米，最大陡坡5%，其他标准以省公路局批准的设计为准（其中，县城至东湖坪路段为超二级），工程造价1640万元。资金筹集由省公路局补助772.96万元，其余费用以及征地拆迁等均由县委、县政府包干解决。此次工程征用土地570762平方米，迁移长话线杆103条，农话线杆93条，乡话线杆32条，军话线杆3条，低压线杆17条，变压器3台；拆迁房屋37户共1785.16平方米及迁移坟墓79穴。6月，韶关市公路局路桥梁第二工程队进场施工。首期工程于1994年10月竣工。

1994年12月，国道323线始兴段第二期改造工程启动。第二期改造工程为鱼珠潭至高基岭路段，长4.4千米。此路段曾于1973年5月因战备需要进行了一次改线，但改线后此路段仍弯多坡陡，通车能力低，难以适应现代化运输。为此，县委决定改道原江口线路，大幅提高路基以防水毁公路。经省交通厅同意，由市公路局测量设计，按一级公路规划，超二级路施工；路基宽18米，路面宽15米。改造工程由韶关市公路局路桥梁第二工程队承建，1996年竣工通车。

国道323线始兴段第三期改建工程于1996年7月开工。改建高基岭至中古坑路段，长5.93千米。经招标后，由湖南中亚公司以1306万元中标承建，省按规定补助474.4万元，其余由县包干。改建工程由县兴隆公司负责填挖路基1.8千米，柏油路面全部由市公路局工程第三公司铺设，此路段于1997年12月竣工通车。

与此同时，县委在省道、县道和乡道的改建上加大力度。1994年3月成立了县公路建设指挥部，由县委副书记、县长李石保任总指挥，县委副书记邓国祥、县委常委吴友明、副县长陈尚彪和副县长李摩生任副总指挥，日常工作由陈尚彪负责。7月，省道244线始兴县城至凉口路段第一期改建工程正式拉开序幕。由韶关市公路局路桥梁第二工程队承建，按二级路面施工，其中山塘山至县造纸厂3千米铺水泥路面，其余铺柏油路面，并扩建顿岗桥，把原桥面宽7米加宽到12米。工程预算1482.7万元，省公路局补助474.48万元，世行贷款415.95万元，其余征地拆迁等费用均由县自筹资金解决。此工程在保证日车流量超千次通行的情况下，不到一年的时间里，把长12千米的公路从原来三级路标准改建为宽9米的二级标准公路。

1996年7月，县委根据省交通厅“九五”期间县乡道路上等级、实现硬底化以及结合始兴“奔康工程”提出的道路建设要求，开始在县城至周前路段浇筑水泥路面。此路段长9.2千米，其中新村至周前路段5.3千米是等外乡村路，改建后的水泥路面宽为6米。县公路站派出工程技术员组织施工，确保工程符合质量要求。此路段的改建，填补了始兴地方道路水泥路面的空白。

1997年底，县委要求公路、交通部门要全力以赴，各乡镇要高度重视，各部门要积极配合，动员社会各方面力量，加快道路建设步伐。并把交通建设作为重点工作进行了工作部署：一是搞好国道323线第二、三期改造工程的完善配套，抓好第四期国道323线新寨岭至马市路段的扩建、改造前期工作；二是继续抓好省道、县通乡镇道路的等级、硬底化工作；三是从1998年起，连续3年开展“城镇建设年”活动，争取用5年期间，在县城增设永安大道、沿江北路这2条主街道，实现城市建设与管理“岭南杯”中期目标，力争进入远期发展目标，为始兴经济社会发展打下良好的交通基础。

三、推动能源和通信设施的完善

（一）能源设施的完善

1993—1997年，县委坚持利用始兴水利资源优势，注重发展小水电，保证全县工业、农业生产和人民群众生活用电供应正常，加快全县经济发展。本阶段，县共投入水电建设资金5656万元，新建电站8座，新增装机容量8000千瓦，全县共有大小电站42座，总装机容量2.62万千瓦。1998年县委、县政府作出《关于加快小水电发展的决定》，并相继出台一系列加快小水电建设的优惠政策，实行谁建、谁有、谁管、谁受益的方针，其中开展多形式、多渠道、多层次办水电站，吸收鼓励各乡镇、县内外各单位、个人和外商兴办小水电站，调动起全社会力量参与办电站的热情。

在电网建设方面，从1982年12月架通了顿岗变电站至樟树湾22千米的35千伏线路后，不仅缩小了供电半径，而且为该区所属范围的农户提高生产生活用电的安全性、可靠性和稳定性。1989年6月，在完成新架设三角塘变电站至小地电站35千伏、全长9.5千米的线路后，7月在赤土岭新建了一座110千伏变电站，1号机主投产，容量20000千伏，有效地解决了附近工厂生产用电不稳定的情况。1993年3月，2号机主投产，容量20000千伏。1995年12月，改造了赤土岭至罗坝35千伏线路，全线长13.5千米，导线由LGJ–70改为LGJ–150，同时进行杆塔重组，拉线、瓷瓶全部更新，大大增强了线路的载流能力和抗风、雷、雨、雪的能力。与此同时，县供电局全面深入农村各配变台区，尤其是线损大、电价高、安全隐患大的台区，进行了农网整改。在此次整改中，县供电局在材料上给予优惠，资金上给予补助，对少部分台变的街巷线、进户线等进行了标准较低的整改，规范了线路和电表的安装，加强了监督，使到户电价明显下降，农户得到实惠。

（二）通信设施的完善

1992年，始兴通信建设有较大发展。10月开通万门无线寻呼机；县内8个邮电支局开通传真电报业务，配备传真机10部；市话实现自动化后，为了满足需求，完善地方经济发展环境，与国内乃至世界电信接轨，筹备1套S1240数字程控交换设备，同年底，县内用户数达到2500户。

1993年，县内有长途明线三路载波终端机2部，十二路载波终端机3部，高十二路载波终端机1部，载波电路54路，微波数字电路120路，长途电话业务电路占用139路（其中始兴—韶关自动电路127路，半自动电路3路，人工电路1路；始兴—翁源人工电路3路；始兴—南雄半自动电路3路，人工电路1路；始兴—广州人工电路1路），长途对端设备容量32路。12月，数字程控交换机顺利割接投入使用，始兴市话通信实现质的飞跃，用户可以直拨国内外电话。

1994年，模拟载波设备被数字设备淘汰。架通县城—顿岗、县城—司前光纤电缆33.32千米，开通县城—顿岗光端机，放通数字电路60路，从而实现全县农村电话自动化。5月，始兴移动通信正式开通移动通信服务，制式为TACS 900兆模拟蜂窝式，号码为9011×××，交换设备安装在韶关，始兴县城1个基站、8个信道。1995年增加到24个信道。1996年4月，2座50米高的移动通信铁塔同时开工建设，县城的安装在通信大楼五楼楼顶，另一座安装在马市邮电支局院内。6月，马市模拟基站投入运行，模拟信道再增加8个。年底，开通石人嶂莲花山TACS差频直放设备，至1997年先后开通了司前、隘子、澄江、都亨4个直放设备。自GSM数字移动电话于1996年开始在县城放号后，随着科技高速的发展，至1997年县内数字基站已增加到5个，信道有96个。模拟移动电话逐渐被数字移动电话代替。

县城主要街道及公共场所安装IC卡式公用电话；邮政储蓄启用微机处理系统，县内各邮储网点实现联网，通存通兑。1997年邮政储蓄余额6109.73万元，比1992年邮政储蓄余额698.86万元增长8.74倍；邮政业务收入达335.47万元，比1992年的78.9万元增长4.25倍。

四、加强水利工程建设

县委根据省委、省政府1992年12月作出的《关于进一步加强水利建设的决定》，从始兴实际情况出发，参照《始兴县河流流域规划报告》，充分利用水力资源，开展蓄水、引水、提水和农田水利建设及农村改水等工作。

1993年3月，县委提出：在大办小水电的同时，要把县城墨江河两岸综合治理工程、县城自来水净化工程、花山水库供水工程作为重点来抓。1994年4月花山水库供水工程开始筹建，工程以花山水库为水源。水库三面环山，森林茂密，人烟稀少，水质良好，水量充足。水厂设计日最大供水量1.25万立方米。工期分两期完成，首期投资805万元。输水主管采用自行研制口径600毫米预应力水泥管，预计12千米，对比节省资金80万元。

县委重视对原有水陂工程的改造。1994年6月，澄江河中游的黄洲陂被洪水冲毁。此水陂原属木石陂，为了预防以后再被洪水冲毁，经设计计算，在不影响上游河域被淹没的情况下，改建成自动翻板闸门，陂头最大陂高3.5米，最大陂长50米，灌溉面积8.3公顷，完成土石方1200立方米，浆砌石350立方米，砼1200立方米，工程总投资27万元。

1996年5月，第一期供水工程完成，向县城供水一次成功。供水工程平均日供水量达6000立方米，主要供县城生活、生产用水，受益人口达6.5万。县城供水平均压力0.4兆帕，600毫米输水管道全长11.75千米。水源经过净化消毒后，采用自流方式向县城和近郊农村供水，按设计年供水量，每年可节省电180万千瓦时。

1997年1月，花山水库供水工程全面竣工。为配合县委、县政府招商引资工作，县供水公司在经济十分困难的情况下，仍然想方设法向银行贷款400万元，增加铺设100毫米至400毫米供水管7.35千米，完成了县中医院至城西竹木工贸城、县城北门路恒通加油站至黄花园工业园、白石坪水泵房至瑶村宏骏制衣厂、县城解放路至怡东酒店、黄花园工业园南边供水主管供水管道安装，不但为外商企业提供优质、足压的自来水，而且扩大了县城管网范围，每年可增加用水量8万立方米。花山水库供水工程竣工后，沿途的城南、花山、沈所乡镇用上自来水，受益人口4100人。

五、城乡设施的改善和环境治理工作的开展

（一）城乡设施逐步改善

城镇公共设施是关系居民生产、生活环境的重要设施。县委把完善城镇设施作为重点工作来抓。县城太平镇是全县政治、经济、文化中心。1993年，结合国道323线始兴段改造扩建工程，县委决心加大力度，同

步改建县内省道及县乡道路上等级、实现硬底化，给城乡建设奠定良好的基础。

在县城总体规划修编方面，县委按照“城市建设、规划先行”的理念，抓好规划修编工作。1994 年，全省开展城镇规划建设管理“南粤杯”和“岭南杯”达标活动，成为始兴县城镇规划第三阶段的起点。1995 年 5 月，聘请建设部中国建设中心珠海设计院专家，按照高起点规划的要求，从环境效应、经济效应、生态效应的角度出发，修编《始兴县太平镇总体规划（1995—2015 年）》，明确地把太平镇定性为：全县政治、经济、文化中心，粤北重要林产品加工基地、发展以林产品加工为龙头，以工业为主导，工贸旅相结合的具有自然山水特色的现代化城市。城市建设用地面积扩大至 14.7 平方千米。并在总体规划的基础上编制了 20 项分区规划和小区控制性规划。通过规划修编并实施，推动县城建设依法、有序进行。

在综合工程建设方面，县委主要是做好县城北郊黄花园工业园区、瑶村坳工业开发区的发展与城市的扩展统筹规划，使县城范围面积从原来的 3.5 平方千米扩大为 4.8 平方千米。1993 年，城南小区、工贸城、建发新区的建设初具规模。丹凤山公园进一步扩展，城镇园林化及其美化、绿化工作也得到了发展，并协调了城市各功能的建设。

在公共设施建设方面，“八五”期间结合“城镇建设管理年”活动，1993 年完成汽车站北侧至太平镇政府路段、南侧汽车站至建筑公司路段水泥路面扩建工程。并完成兴粮大厦（后改为远东酒店）至工贸城路段水泥路面扩建工程。1994 年，县城东起始兴中学与城东路相接，西至县防疫站，由原上围街和东郊场路改建成红旗东路。此路段全长 1.415 千米。1995—1997 年，对松香厂南侧至罗所路段，全长 2.523 千米进行水泥路面扩建铺设。1996 年在原墨江大桥建成一座兼供水、行人两用供水桥，全长 191 米，宽 1.5 米。此外，按照县城总体规划，并抓好县城公园、市政绿化以及路灯设施等建设，完善市政设施建设，营造良好的市政环境。

1992—1997 年，县内市政工程投入资金共计 2506 万元，县城主街道总长 27.7 千米。通过本阶段的建设，为此后开展具有自然山水特色的现代化城市建设打下基础。

在墟镇建设方面，1992 年各墟镇率先进行改房、改水、改厕和改灶、改圈的“五改”工作，墟镇建设进一步加快。司前等墟镇主要街道铺设了水泥路面，安装了街灯。随着改革开放的深入，商贸活动逐渐活跃，县内各墟镇建设也不断发展，交通、能源、电讯、文化教育、卫生、商业服务等配套设施日益完善。房屋建筑也发展迅速，各乡镇政府、基层工商、税务、法院、农村信用社和邮电、供电、供销及教办、学校、卫生医疗等部门都先后在墟镇建了办公楼、干部职工宿舍。至1995年，县内有马市、顿岗等5个建制镇完成了总体规划。商业贸易也较活跃，马市镇建有2个农贸市场，总面积1480平方米，并规划建设一个面积33万平方米的经济贸易区，集镇建成面积已达2平方千米；顿岗等多个建制镇的面积比原来扩充1倍多。1995年起，开展城镇建设规划管理“岭南杯”达标活动，全县15个乡镇都编制或修编了乡镇总体规划，部分乡镇还制订了功能规划。

1995年7月，开始实施“奔康工程”，先在沈所镇进行试点工作，随后在全县实施“奔康工程”进行农房改造。罗坝镇党委、政府组织墟镇农户，把“奔康工程、农房改造”与城镇建设结合起来，改造罗坝镇的1条主街道。

1997年，县委、县政府组织全县开展“城镇建设管理年”活动，各乡镇党委、政府加大对墟镇基础设施的力度和投入，修建了墟镇排污水沟，安装了路灯，加大墟镇农房改造，墟镇主要街道的民房均改建成钢筋水泥楼房，而且比较注重外墙装修，部分基层单位新建、修建、装饰了办公楼，墟镇面貌有了很大的改观。

（二）环境治理工作的逐步开展

县委逐步加强环境治理工作。1993年6月，始兴县环境保护局设立了环境监理所（属内设股级机构），进一步加强了环境保护的职能作用，促进开展环境治理基础设施建设和环境保护工作顺利进行，努力优化全县环境。

在环境监测方面，主要配合省、市相关部门开展大气、水质、酸雨、噪声等监测工作。地表水监测，县内由省确定的地表水监测断面有：深渡水横岭（Ⅱ类）、太平镇瑶村坬（Ⅱ类）、墨江出口（Ⅲ类）、花山水库出口（Ⅰ类）共4个监测断面。监测项目有：江河水28项，饮用水32项；监测频率按每年枯水期、丰水期、平水期进行监测；评价标准根据功能区划分，按国家标准《地表水环境质量标准》(GB3838-88)执行。城市大气监测，经韶关市环保局确认的始兴县城大气监测点位有2处：县环保局大楼顶和始兴中学。均采用五日法监测，测定项目有二氧化硫、二氧化氮、总悬浮颗粒物；降尘为每季度监测1次。大气监测结果列入年度城市环境综合整治定量考核的填报范围。1997年起，监测方法更改为每周监测3次，采用24小时不间断自动采样，评价方法按《环境空气质量标准》(GB3095-1996)二级标准进行评价。

在污染防治方面，县委强调环保工作要坚持“预防为主，防治结合，综合治理”和“谁污染，谁治理”的原则与方针。以工业为重点，开展污染治理工作，整治重点污染源。1995年，始兴开始实施参加全市城市环境综合整治定量考核。该考核体系共分环境质量、污染控制、环境建设和环境管理4大指标，下设24个考核项目。县委、县政府严格按照国家环保法律法规的要求，加强对县内工业企业污染源的监督管理，并采取六项措施：一是严格环保第一审批制度，防止“十五小”和“新六小”企业[①]的出现；二是淘汰落后生产工艺和设备，推行清洁生产；三是规范企业排污口，安装排污口标志牌；四是严格建设项目“三同时”[②]制度，认真做好项目的竣工验收工作；五是积极推行排污许可证制度，确保企业持证排污、合法排污；六是对超标排污的企业实施限期治理，对无法治理的企业实施关、停、并、转。通过以上措施，工业企业达标排放，没发生重大环境污染事故。

在生态环境建设方面，本阶段，县委、县政府完成了城镇总体规划编制工作，《始兴县太平镇城市总体规划(1995—2015年)》经市政府批准实施，结合“两杯”达标竞赛活动，开展整治县城“脏、乱、差”行动，使县城的市容市貌有较大的改观。城镇人均绿化面积25~30平方米；全县森林覆盖率达76%；农村照明用电入户率达100%；农户普及节柴灶达

① “十五小”和“新六小”企业，指破坏资源、污染环境、产品质量低劣、技术装备落后、不符合安全生产条件的企业。小造纸、小皮革、小染料、土炼焦、土炼硫、土炼砷、土炼汞、土炼铅锌、土炼油、土选金、小农药、小电镀、土法生产石棉制品、土法生产放射性制品、小漂染为“十五小”企业；“新六小”企业为小水泥、小玻璃、小炼焦、小火电、小炼铁、小煤矿。

② “三同时”，指环保设施与主体工程同时设计、同时施工、同时投产。

98%，实施沼气生态工程的农户达70%；水土流失控制在10平方千米以内；水质达二级；农用耕地人均相对保持0.05~0.06公顷；工业企业污染治理达标率100%，大气环境质量不低于国家二级标准[①]。

第六节　加强民主法制建设和经济秩序管理

一、民主法制建设的加强

（一）健全民主法制制度

充分利用县委党校、文化活动室和集中办班学习等多种途径和形式，在广大党员、干部、群众中进行党的基本路线、爱祖国、爱人民、爱社会主义、改革开放成就、职业道德理想、民主法制等多个主题的教育活动。积极开展社会治安综合治理，严打、除“七害”[②]工作和普法教育，使广大党员、干部、群众加深对有中国特色社会主义的认识，加深对党的基本路线的认识，加大民主力度，增强法制观念，为搞好改革开放和经济建设提供精神文明保证。

县人大作为全县的最高权力机关，在本阶段召开第九届至第十届代表大会共7次会议。其中在1992年3月、1997年3月分别召开县人大第九届三次会议和第十届六次会议，分别听取和审议了“一府两院”[③]的工作报告并作出了决议。

政协始兴县委作为全县的参政议政组织，1992—1997年先后召开第四届委员会第三次、第五届第一、二、三、四、五次会议。并分别选举产生新一届政协始兴县常务委员会组成人员。同时，健全行政、司法机关设置

①《始兴县志（1990—2000）》，广东人民出版社2011年版，第226页。
②“七害”，指卖淫嫖娼、制作贩卖传播淫秽物品、拐卖妇女儿童、吸食贩运毒品、聚众赌博、利用封建迷信骗财害人、黑社会组织。
③“一府两院”，指人民政府、人民检察院和人民法院。

和工会、共青团、妇联、工商联和侨联等群众组织，形成民主法制的工作网络，推动全县的民主法制建设。

县人大及其常委会履行宪法和法律赋予的职权，按民主法制的原则开展工作。在每次县人大会议召开期间，审议"一府两院"的工作报告并作出决议，同时决定县内的重大事项。1996年3月召开的县人大第十届第五次会议，审议通过了《始兴县国民经济和社会发展"九五"计划纲要（草案）》。县人大及其常委会按照宪法和法律规定，依法行使监督权、重大事项决定权、人事任免权。在依法行使监督权中，通过组织执法检查，行使法律监督权；通过听取和审议工作情况汇报、组织视察等方式，行使工作监督权；通过对人大任命干部的述职评议，行使对"一府两院"的监督权。此外，还通过发挥人大代表作用，以代表提出议案、建议、批评和意见的方式行使人大的集体监督权。

县政府按照宪法和法律赋予的地方政府职权，按照依法行政的原则开展政府工作。根据省委、省政府关于加快政府职能转变的要求，要求政府按照"宏观管理、微观开放、政企分开、政事分开"的原则，把政府职能转变到规划、协调、监督、服务4个方面，推动全县转换企业经营机制工作。

县政府建立健全法制工作网络，定期向人大常委会汇报工作，定时向政协和民主党派通报情况，认真办理人民代表议案、建议、意见和政协委员的提案；做好人民群众的来信来访工作；加强普法工作，使政府工作逐步走向决策民主化、管理规范化、行政法制化的轨道。进一步发展社会主义民主，坚持和完善人民代表大会制度、共产党领导的多党合作制度和政治协商制度，进一步扩大以政务公开、村务公开以及村民委员会民主选举为主要内容的基层民主。重视人大代表、政协委员反映的意见、重视信访工作，拓展人民群众反映意见的渠道。加快依法治县进程。加强国家行政机关、司法机关队伍建设，切实落实依法行政、公正司法和严格执法。加强法制宣传教育，提高公民的法律素质，加强法律服务工作，维护人民群众的合法权益。进一步加大社会治安综合治理力度，继续深入开展严打行动，大力整治和规范市场经济秩序。开展国防和国家安全教育，进一步落实党管武装的各项制度，加强国防后备力量建设。

（二）开展依法治县工作

1993年，成立了依法治理民主管理检查组。会同有关部门对全县依法治理工作进行检查和督促。利用多种形式进行法制宣传，是年组织全县法制课173场，同时举办大型普法宣传游行和法律咨询活动，开展“五法二例”[①]的学习和考试，参加考试有100732人。始兴县依法治理工作经韶关市检查被认为是全市较好的县。1995年，县委要求有关部门加强对普法工作的领导，研究解决普法工作中存在的问题，把普法工作引向深处。县司法局根据县委要求，抓好“二五”普法考核验收工作和“三五”普法的各项准备工作。组织广大群众学习法律法规。

1996年10月，县委依法治县领导小组成立，负责依法治县领导小组的日常工作。同时，县内各乡镇也相应成立依法治理的领导机构。形成了党委总揽全局、人大主导、一府两院组织实施的工作格局。

1997年1月，始兴县依法治县领导小组办公室挂牌办公，组织制定了依法治县年度工作意见和依法治县领导小组议事规则。2月，根据省委办公厅下发的《广东省1997年依法治省工作要点》部署，县委组织召开了依法治县推行执法责任制大会，将司前镇、县工商局、县康雅股份有限公司、县风度中学列为县依法治理工作试点单位。通过抓试点，以点带面，逐步推开，为全市率先开了个好头。

本阶段，县委认真贯彻依法治国的基本方针，加强责任管理，推行依法治县工作的开展，把全面建立健全执法责任制和错案责任追究制与完善内部各项规章制度有机地结合起来，用制度来保障工作的落实。重视抓好加强基层民主法制建设，深入开展法制宣传教育，举办了全县科级以上干部法律知识讲座，并组织干部参加了《刑法》《刑诉法》《企业破产法》及《审计法》等9部法律法规知识的考试；组织了依法治县工作文艺巡回宣传演出，收到了良好的社会效果；在县风度中学组织召开了依法治校现场会，将依法治校、推行岗位责任制工作在全县中小学校铺开，使依法治理工作在全县学校有序开展；组织部分县人大代表，视察检查了县内31个

① “五法二例”，指《中华人民共和国归侨侨眷权益保护法》《中华人民共和国会计法》《中华人民共和国商标法》《中华人民共和国食品卫生法》《中华人民共和国传染病防治法》和《中华人民共和国全民所有制工业企业转换经营机制条例》《中华人民共和国广东省计生条例》。

行政执法单位依法行政、推行执法责任制情况，进一步充实和完善了执法“两制”建设；组织召开了全县“基层政务和财务公开，民主管理、依法管理”的经验交流会，有力推动了基层民主法制建设，加快全县政治、经济、社会的法治化进程，提高依法治县水平。

二、开展严打整治行动

县委认真贯彻中共中央和省、市委关于加强政法工作的指示精神，领导政法机关深入开展严打和除“七害”行动，及时有效打击严重刑事犯罪和严重经济犯罪，促进社会的稳定，保障经济和社会各项事业的发展。

县委以打击贪污、贿赂等职务犯罪和各类刑事犯罪为重点，充分发挥司法职能作用，开展严打行动。1993 年开展“破大案、打团伙”专项斗争，打掉团伙 8 个共 39 人，破获刑事案件 54 起。10—12 月，针对播放淫秽黄色录像、异性按摩等违法场所数量猛增，县公安部门组织开展查禁营业性“三陪”、异性按摩和游戏博彩赌博活动的专项行动，查封了发廊按摩室 2 间，强令拆除发廊有暗房暗格的按摩房 106 间，依法追究了 3 名店主的刑事责任，查获暗娼 9 名，嫖客 33 名，赌徒 8 名，并清退外省按摩女 68 人；查封了录像室 5 间，收缴淫秽录像带 206 盒，淫秽黄色书刊 81 册。

1994 年 5 月 12 日，第八届全国人民代表大会常务委员会第七次会议《关于修改〈中华人民共和国治安管理处罚条例〉的决定》规定：凡扰乱社会秩序、妨害公共安全、侵犯公民人身权利、侵犯公私财产，依照《中华人民共和国刑法》规定构成犯罪的，依法追究刑事责任，尚不够刑事处罚的应当给予治安管理处罚。11 月，县公安局除“七害”专业队捣毁了设在县城里的“耀生”饭店赌博窝点，当场抓获赌徒 28 名，缴获赌资 4000 元。是年，全县查处治安案件 424 起，处罚 827 人。1995 年，县公安局专门设立巡逻警察大队，分组在县城各主要街道、汽车站及各主要公共场所进行巡逻，有效打击违法犯罪行为，维护社会治安秩序的稳定。

1996 年，在开展打黑除恶、反盗抢机动车专项行动中，共打掉流氓恶势力团伙 18 个，成员 199 人；破获盗抢机动车案件 19 起，其中 2 起抢车杀人案，追缴盗抢机动车 29 辆，抓获盗抢机动车案犯 22 名。11 月，在全县范围内开展取缔有奖电子游戏机经营活动专项行动，取缔了有奖电子游戏机室 1 家，查处未办理公共娱乐场所安全合格证的 2 家。全年县内共查处治安案件 276 起，比 1995 年上升 5.3%。

1997 年开通“110”报警服务电话，增强了打击违法犯罪活动的力度。是年，通过群众举报，取缔违法经营电子游戏机室 1 间，查处利用电脑进行“开心啤酒”赌博窝点 2 处；捣毁了设在豪门酒店和矿产公司出租屋的 2 处赌博窝点，抓获赌徒 19 名，缴获赌资 3 万多元，没收用于赌博电脑主机 2 台，显示器 40 台及其他赌具一批。是年，全县查处各类治安案件 204 起。严打斗争取得显著的成效，县内各类刑事案件及治安案件发案率明显下降，社会治安问题得到有效控制。

三、社会治安综合治理

1993—1994 年，县委根据全国政法工作会议精神和省市委的部署，加强公安、政法队伍的建设，大力加强社会治安综合治理，抓好社会治安综合治理达标，认真贯彻严打方针，在全县范围内开展“扫黄”、除“七害”，打击“车匪路霸”和带黑社会性质流氓团伙犯罪活动的专项斗争和专项治理，严厉打击扰乱社会治安、破坏社会秩序的违法犯罪活动，严惩各种刑事犯罪和经济犯罪分子，全面加强治安防范。

1993 年，始兴县内赌博行为有所抬头，特别是县城赌风开始蔓延，春节前后各种“老虎机”发展到近百台，有的甚至摆设在街道旁，诱引青少年进行买大买小赌博。并出现严重的嫖娼卖淫活动。同时，盗窃、抢劫、“车匪路霸”等违法行为有上升势头，社会治安呈现混乱状态。1994 年，全县经县检察院受理的案件达 124 起，比 1992 年的 84 起增长了 47.6%。县委、县政府贯彻中共中央和省、市政法工作会议精神，在开展以破大案、挖团伙、追逃犯为重点严打行动的同时，动员全县党员、干部和人民群众立即行动起来，打一场社会治安综合治理的人民战争，扭转被动局面，为人民群众安居乐业、始兴经济振兴而努力。

县委认真贯彻全国、省、市政法工作会议精神，持续不断地开展严打斗争和以禁毒为主要内容的除“七害”行动，重点打击聚众赌博、带黑社会性质的犯罪团伙、严重暴力犯罪分子、“车匪路霸”和乡村恶势力。

1997年1月18日，马市综合市场开业剪彩，一群不明真相的群众在剪彩仪式期间起乱闹事，19日，县委副书记、县长周中盛召集政府办、公安局、法院、国土局、人大办和马市镇等部门领导研究处理马市综合市场“1·18”开业剪彩群众闹事事件，终于平息事件，没有发生械斗和人员伤亡。

1993—1997年，各部门密切配合，加强社会治安综合治理，坚持从重从快的方针，不断加大“严打”力度，共破获各类刑事案件640起，其中重大案件263起，摧毁犯罪团伙143个，抓获各类违法犯罪人员3633人，极大地打击了犯罪分子的嚣张气焰。

四、加强经济秩序管理

（一）宏观经济管理的开展

在改革开放的新形势下，县委根据治理整顿工作已基本完成，各项改革加紧进行的新形势，继续贯彻执行《中共中央关于经济体制改革的决定》，加大改革力度，加强对经济秩序的管理工作，推动计划经济向市场经济的转型，为构建社会主义市场经济基本框架打好基础。全县的发展历程以进一步改革开放、坚持科学发展观、构建和谐社会为主线，不断转变经济发展方式，破解发展中遇到的各种问题，经济社会发展进入稳步发展期。

县委按照经济宏观调控的需要，开展经济项目立项改革，努力做好建立工业园、引进外地资金开发车八岭国家级自然保护区、东湖坪客家民俗文化村、满堂客家大围旅游项目等工作。1994年3月，县委副书记、县长李石保赴香港主持成立了“香港始兴同乡会”，始兴招商引资项目逐年增多。县委、县政府指示计划部门提高效率，做好服务工作，在审批立项方面为全县经济发展服务。在财政税收管理方面，县委、县政府加大改革力度，加强财政预（决）算管理。是年，税收体制改革从中央到地方全面展开，中央将税种统一划分为中央税、地方税、中央与地方共享税，建立起中央和地方两套税收管理制度，并分设中央与地方两套税收机构分别征管，成功实现了在中央政府与地方政府之间税种、税权、税管的划分，实行了财政“分灶吃饭”，始兴县税务局因此分设为始兴县国家税务局和始兴县地方税务局。

国税、地税分设后，县委、县政府建立财政、税务、审计部门联席会议制度，及时研究和解决遇到的实际问题。同时，国税局结合县内实际，制定了征管改革具体措施，有计划分步骤地建立中心税务分局，征管模式转换到位。1997年10月，随着始兴县国税局城区中心分局的正式挂牌运作，县国税局拉开了征管改革序幕。经过近两个月的筹建，12月，4个农村税务分局各项工作基本落实，实现了章子、牌子、班子的“三到位”。

县地方税务局根据实际，从制度上规范机关、基层管理和全体人员的行为，制定了《始兴县地方税务局工作岗位责任制》《始兴县地方税务局经费管理暂行办法》，明确有关部门职责范围，权利义务。1996年，编制出《始兴县地方税务局制度汇编》，将制度统一套框上墙，完善内外监督约束机制。

为适应以上发展形势的需要，县委进一步完善宏观经济管理机制，特别加强全县计划编制和实施工作。1996年3月编制全县“九五”计划，经县人大十届五次会议审议通过。对计划的编制和执行情况，由计划部门在每年召开的人大例会上报告。

县委、县政府支持税务部门创新征管模式、征管体制和征管方式，坚持依法治税，加强税收征管，为始兴经济社会建设服务。1997年，制定了《始兴县地方税务局厉行节约制止奢侈浪费的措施》，进一步健全一系列内部管理制度。

在固定资产投资管理方面，根据经济社会各阶段发展的需要确定审批项目，加强对固定资产投资的管理。按5年计划期间统计全县固定资产投资额，“八五”期间为8.6亿元，平均每年1.72亿元；“九五”期间为10.32亿元，平均每年2.064亿元。在本时期实施的多项重大工程项目，均得以顺利完成。

在物价和粮食管理方面，由于加大价格改革力度，开放价格的品种增多，在继1986—1989年2次价格上涨之后，1993—1994年全县商品价格在全国商品价格上涨大潮中持续上涨。物价部门通过加强物价和收费管理、加强价格监督审查等方式，严格控制物价。1994年，国家计划委员会发布《关于商品和服务实行明码标价的规定》和《关于商品和服务实行明码标价的规定实施细则》，县物价局按照要求，在县内建立试点，以试点带动全面工作。对粮食、副食品等25种商品和服务收费严加监审和控制。1994—1997年，共清理乱收费项目16项；查处价格违法违纪案件25起，查处非法所得金额13.7万元。通过努力，较好地恢复了县内物价的稳定。

（二）深化市场秩序管理改革

县委、县政府加强市场建设和工商行政管理工作，为人民群众生产、生活提供良好的秩序和环境。在集贸市场建设方面，1994年3月投资235万元兴建了1座占地面积1.3万平方米的城南农副产品批发市场。4月，成立县城市管理监察大队，组织执法维护贸易市场秩序正常。工商部门投入大量资金建设新市场，维修老市场，增设市场经营摊位和门店。维护面积达1.44万平方米，增设门店100间，增设摊位123个。并在县城开设种苗、三鸟、香菇、蔬菜等专业市场，以满足市场繁荣的需要。至1997年，全县共有市场12个，市场总面积达2.07万平方米。

在工商注册登记方面，按照国家法律法规加强登记管理，把好市场主体准入关。1994年县委、县政府成立“始兴县个体私营经济管理委员会”后，在工商注册登记上放宽政策，简化手续，为私营经济的发展大开“绿灯”，努力贯彻市、县《关于大力发展个体私营经济的决定》，对私营经济的发展采取“四不限”[①]，简化办照手续，变普通行业的“先证后照”为“先照后证”。至1997年，全县经登记的各类企业有995家，其中国有企业490家，集体企业468家，合营企业16家，规范登记公司21家；个体工商户6508户。

在市场秩序管理方面，深入开展创建“文明市场”活动，推进市场规范化管理，在完善市场管理制度的同时，狠抓市场建设的整顿。做好市场卫生、商品的划行归市，整顿欺行霸市、短斤少两等违章经营行为。疏理商品流通渠道，充分发挥市场的调节作用，为商品生产者提供市场信息，帮助解决产品难卖的问题。县工商部门积极履行职责，严厉查处打击各种破坏市场经济秩序的违法行为。积极开展查处假冒伪劣产品专项行动，加强打击无照经营和医疗市场整顿力度。1992年取缔无证经营商品19起；

①“四不限”是指不限发展比例、不限规模、不限发展速度、不限经营范围。

1994年查处不合格农药、化肥375吨；1996年查缴劣质谷种3.02吨、农药1611瓶以及查处无证经营药品店43间，收缴医疗器械及药品1500个品种；1997年，配合盐业管理部门查处假冒碘盐1吨；同年，查出有违法违规行为企业80家，清理“三无”[①]企业17家、“挂靠”企业3家。通过整顿，使市场秩序得以稳定。

县委、县政府加强对市场商品质量和生产环节的质量技术监督工作。1993年3月实施《中华人民共和国产品质量法》后，县技术监督部门加大对企业的质量法律法规贯彻实施情况的监督检查，对企业采取监督与帮扶相结合的方式，帮助企业在做好计量和标准化工作的前提下，建立相应的质检机构，推行质量否决权制度、质量事故报告及分析制度、原材料检查验收制度和质量反馈制度一系列管理措施。通过以上措施的实施，县锅炉厂、松香厂、铁合金厂、家私厂和康雅保健厂的产品质量稳定，先后获得了“省级先进企业”荣誉称号。锅炉厂的墨江牌LSG型快速节能汽水两用生活锅炉、松香厂的鹰牌脂松香、拼木地板厂的孔雀牌镶地拼木地板和铁合金厂的瑞利牌工业硅、康雅保健厂的雅丽斯高级妇女卫生巾共5种产品获得省优质产品称号。1995年，市开展“产品质量可靠企业活动”，县水泥厂、锅炉厂、康雅保健厂、松香厂4家企业被评为产品质量可靠企业。至1997年，全县工业产品生产企业共有143家，其中国有企业34家，集体乡镇企业42家，私营个体企业49家，“三资”企业18家；产品种类共355种，在技术监督局登记备案的国家和行业标准228种，地方标准7种，企业标准54种，来料加工、合同标准62种，无标生产11种，产品执行标准覆盖率为96%，基本消灭了无标生产，获得省政府授予的“消灭无标生产先进县”称号。

（三）加大国土资源管理改革力度

县委、县政府贯彻执行土地法律法规，加大国土资源管理改革的力度，统一管理全县土地资源和城乡地籍、地政工作，统一审核、征用、划拨建设用地，土地使用权的出让由县政府负责，委托县国土局按照“五个统一”[②]的原则实施，并努力创建适应始兴发展需要的管理制度。1992年

① “三无”，指无厂址、无厂名、无营业执照。
② “五个统一”，指统一规划、统一征地、统一管理、统一出让、统一开发。

3月，县委、县政府颁发《关于开发房地产的若干规定》(以下简称《规定》)，根据《规定》精神，在全县15个乡镇118个管理区依据“取之于户、用之于村、收费适度、使用得当”的原则，推行土地有偿使用制度，但在分级限额审批制度的情况下，实行“地改”进展缓慢，县内有的管理区借调整责任田之名，自行规划农村民宅建房用地。5月，成立始兴县地产公司，县政府委托县国土局办理地产公司业务，法人代表由国土局局长兼任，标志着全县土地交易朝公开化、合理化、规范化方向发展。

1995年，县委、县政府加大“地改”力度，地产市场体系建设取得新的进展，对土地实行一级市场统管，二、三级市场搞活政策。在规范地产市场行为、抓好土地招标投标活动的同时，开展清理土地“隐形”市场，制止土地私下违法交易行为。由于县房管部门对《广东省城镇房地产权登记条例》的错误理解，之前出现县房管部门擅自收取土地使用证并入房产证，注销土地使用证的行为，导致城镇国有土地的地籍管理一度出现混乱局面。为此，同年国土局地籍股增设发证办公室，土地规划工作业务归入发证办公室，开始纠正房管部门擅自注销土地使用证的错误做法，地籍管理和地产市场重新回到法制管理轨道。

在耕地保护方面，1992年，依据《韶关市划定基本农田保护区实施办法》，划定始兴县农田保护区494片，总面积8400公顷，将商品粮基地、高产稳产农田、城镇郊区的菜地和鱼塘、名特优农产品耕地、国道及道路两旁的耕地划入农田保护区，实行重点保护。在耕地保护区竖立起标志牌，明确标示：“禁止任何单位和个人在基本农田保护区内建窑、建房、挖沙、采石、采矿、取土、堆放固体废弃物和进行破坏基本农田的活动”“禁止任何单位和个人闲置、荒芜基本农田。”1995年，在加大力度做正面宣传的同时，组建农田保护区巡查监察队，经常查看耕地保护区。在各乡镇村建立耕地保护区情报网络，配备情报员，具体履行保护耕地职责。通过有效措施，全县耕地面积稳定且逐年增大。至1996年，全县耕地保护区面积增加到9907公顷，比1992年增加15.21%。为防止农村建房占用耕地，1996年县委、县政府发出《关于严格按法定程序审批非农建设用地，切实保护耕地的通知》，县国土局联合各乡镇政府，划定了农田保护区9907公顷。制定出农田保护《乡规民约》，规定耕地在保护区不准建房和从事非农建设，不准开挖鱼塘、种长期生长的果树；不准取土地泥打砖、建砖瓦窑；不准挖砂、采矿；不准葬墓、不准丢荒和闲置土地。同时，对全县的非农建设用地进行全面清理整顿。

1997年4月15日，中共中央、国务院发出《关于进一步加强土地管理，切实保护耕地的通知》，县国土部门在清查非农建设用地的基础上，对1991年1月1日—1997年4月15日期间的非农建设用地进行了大规模的清查，共清查非农建设用地6944起，面积达72.91公顷。县国土部门依据《始兴县非农建设用地违法案件定性处理规定》进行严肃处理，结案率95%。县内此次土地清查工作走在中央发文前头，土地管理朝着良好方向发展。同年，为贯彻新《中华人民共和国土地管理法》，县国土部门依据韶关市国土局下达的土地利用总体规划分解指标，编制出《始兴县土地利用总体规划（1997—2010）》，为实行用途管制制度奠定了基础。

第七节　精神文明和社会事业的进展

一、努力推动精神文明建设

县委在开展精神文明和社会事业建设的基础上，进一步加强领导，围绕培养“四有”[①]新人的目标，在全县广泛开展了“岗位学雷锋，行业树新风”和“礼貌、安全、服务月”活动，以及“双基”[②]和道德、纪律、法制、国防等教育，并圆满完成农村社会主义思想教育工作任务，推动精神文明建设工作的深入开展。全县先后制订并实施的“八五”“九五”规划，把精神文明和社会事业建设列入重点战略部署。同时，县委、县政府每年召开全县两个文明先进代表会议，对先进单位、集体和先进个人给予表彰

① “四有”，指有理想、有道德、有文化、有纪律。
② “双基”，指基本国情、基本路线。

奖励。

1993 年，县委强调:“抓好精神文明建设，加快教育科技发展步伐，为促进始兴的经济建设打下良好的科技文化基础。”在具体部署上，县委要求开展 7 个方面重点工作：一是搞好社会主义精神文明建设，为经济建设提供强大的精神动力和智力支持；二是认真贯彻“经济建设必须依靠科学技术，科学技术必须面向经济建设”的方针，努力实施《始兴县科技发展规划》和“星火燎原”计划，健全基层党组织机构，多方面增加对科技的投入，用科学技术改造传统产业发展经济建设；三是按照“人民教育人民办”的方针，增加对教育的投入，改善办学条件，稳定教师队伍，提高教学质量，实现“普九”义务教育计划，同时要大力发展职业技术教育，培养适用人才，发展全民文化教育，办好成人教育学校，提高全民文化素质；四是要加强计划生育工作的领导，严格控制人口增长，确保人口包干计划的完成；五是要加强法制教育和依法治理，加强政法队伍的建设，抓好社会治安综合治理达标，狠狠打击各种犯罪分子，全面加强治安防范，保障改革开放和经济建设顺利进行；六是要加强体育卫生工作，积极开展群众性体育活动和爱国卫生运动，改善医疗卫生条件，提高服务质量，增强人民体质；七是要抓好新闻事业，办好广播电视，努力提高节目质量，增加节目频道，扩大广播电视的覆盖率，同时抓好群众文化工作，发展文学艺术事业，丰富群众业余文娱生活。

1994—1995 年，县委先后组织全县党员干部学习《邓小平文选》(第 3 卷）和在全县党员中组织学习建设有中国特色社会主义理论和党章。在此阶段学习中，针对始兴一些单位和地方的班子不团结，搞内耗，一些部门和单位全局观念淡漠，县委重点组织全县党员干部开展“团结协调，发展始兴经济”的大教育，通过教育，增进了领导班子团结，加强了工作中的协调性，出现了“比团结、比贡献、比政绩”的精神风尚。

1996 年县委以爱县爱乡为主要内容，组织在全县范围内开展“热爱始兴，建设始兴，我为始兴作贡献”的教育活动，进一步激发了广大党员干部和群众的自信自强精神，增强了建设始兴的使命感和责任感。

1997 年 7 月 18—19 日，县委八届八次全委（扩大）会议在县政府小礼堂召开。会议传达贯彻全省县委书记学习会和市委全委（扩大）会议精神，总结上半年工作，研究部署下半年各项任务。会议主要内容：研究如何进一步加强全县各级领导班子的思想政治建设，明确两个文明建设，特别是经济建设，促进始兴经济健康、快速发展和社会各项事业的全面进步。

二、深入开展群众性精神文明创建活动

县成立精神文明委（办）后，根据省市的有关要求，结合始兴实际，在县直机关单位中开展以“内强素质、外树形象”为主要内容的群众性创建文明单位、文明行业等活动。在全县农村中开展以“五改”[①]为突破口的群众性创建文明村镇、文明社区、文明户活动，并制定文明村镇、文明社区、文明户的标准和管理办法。坚持每年或每两年在全县范围内开展文明村检查评比与表彰制度，分步实施文明村镇、文明户创建规划。

1995年全县农村实施“奔康工程”后，县委按照省颁布的文明村标准，把创建文明村、文明户活动与实施“奔康工程”有机相结合，制定出《始兴县“九五”社会主义精神文明建设文明村、户创建规划》《文明单位、文明村、文明户标准和管理办法》等一系列活动规划，加大对文明村建设的投入，建成一批高标准的文明村示范点。通过进行示范点的实践和探索，一套行之有效的精神文明建设工作机制已初步建立，并形成了“三个文明建设一起规划、一起部署、一起落实、一起检查”的制度。全县各级党委、政府把精神文明建设纳入经济社会发展规划和年度工作计划，纳入财政预算，纳入年度工作总结。

同时，还每年制定《始兴县文明单位、文明村、户创建目标责任制》，实行领导干部挂钩联系和列入各乡镇党政班子的年度岗位目标责任制。建立“一把手两手抓”的工作责任制。由于目标明确、措施得力，从而保证全县精神文明创建活动的各项工作得以落到实处，促进精神文明创建活动的深入开展。

1996年起，县委宣传部、县监察局、县文明办、县纠风办联合组织全县重点行业开展“讲廉洁、守规范、树形象”行风建设优胜杯的竞赛

① “五改”，指改水、改厕、改灶、改路、改村容村貌。

活动，参加活动的行业从9个扩展到14个。竞赛活动以“公正执法、规范服务、有效监督”为基本内容，要求做到：落实思想道德教育，提高职工队伍素质；落实纠风整改，提高服务质量；落实规章制度，提高管理水平；落实监督机制，提高监督的有效性。同时，创建“文明优质服务窗口”活动，进一步深化精神文明建设。通过民主评议行风、量化考核行风、社会监督行风逐步形成规范制度，促进了行业作风的明显好转。1993—1997年，始兴县被评为省市文明单位的有康雅保健用品厂、对外经济贸易局、国土局、供电局、中国人民保险公司始兴县支公司。

三、汇聚精神文明建设合力

县委根据精神文明涉及范围广、工作量大而且需要长期坚持的特点，特别注重调动各方面的积极性，汇聚精神文明建设的合力。县工会、共青团县委、妇联组织和各社会团体在县委的领导下，积极发挥各自的职能作用，通过共同努力，扩大精神文明建设的覆盖面，增进精神文明建设的深度。

县委支持工会组织履行“维护、建设、参与、教育”四项职能，充分发挥工会作用，先后开展创建“职工之家”和民主管理活动。1993年2月，县工会第十次代表大会召开，代表们听取和审议了第九届委员会《搞好工会自身建设，团结全县职工在新形势下夺取新的胜利》工作报告，县委常委黄尚武代表县委、县政府在会上做了讲话，提出扎实做好职工维权工作，加大调整劳动关系和解决社会矛盾的力度，充分发挥工会的职能作用。县委支持县总工会建立和健全以职代会为基本形式的民主管理制度，保障职工参政议政、当家作主的政治权利；建立和健全平等协商集体合同制度，依法维护职工的合法权益。1994年《中华人民共和国劳动法》颁布实施后，县总工会依据《中华人民共和国工会法》和《中华人民共和国劳动法》，调整劳动关系，在企业单位中推行平等协商集体合同制度。在劳动保护和女工工作、维护职工人身权利和女职工的特殊利益上，县委、县政府积极组织各行政及有关部门，开展年度安全生产教育和安全生产监督检查活动，督促企业及时排除事故隐患和危害职工身体健康的职业病隐患；女工工作突出维护女职工的合法权益和特殊利益，加强对女职工劳动保护的检查监督。此外，县委、县政府根据企业改革进程，建立县、镇、基层工会三级帮扶网络，制定完善工作制度和工作流程，把促进就业纳入经济社会发展规划，开展再就业援助行动，并坚持一年一度的“送温暖”活动。1993—1997年，县总工会共发放困难职工补助资金13.23万元，补助困难职工296人（次）。

县委重视和加强共青团工作的领导，根据青少年的特点，在健全组织机构、充实力量的同时，开展多种形式的教育活动，提高广大团员青年的思想政治素质，发挥好团组织作为党组织的助手作用。

在加强思想道德教育方面，按照各阶段形势发展的特点，开展辅导、培训和学习活动。1992年，团县委开展“继承革命传统、培育四有新人”活动，组织团员和青少年参加祭扫烈士陵园和烈士墓、邀请革命前辈讲革命故事等，传承党的优良传统和作风。1994年，根据团中央的部署，开展“百歌颂中华”活动和组织全县中小学生开展“三个一百”[①]，通过写心得、谈体会、举办革命歌曲比赛等方式，增强活动效果。并开展“学雷锋、树新风”活动，发动广大团员青年为“希望工程”和遭受自然灾害的地区募捐，奉献爱心。1995—1997年，县委宣传部采取各种形式进行思想道德教育，开展各类宣传教育活动，组织观看宣传图片展和优秀爱国主义影片，深入开展思想道德教育。

在创建“青年岗位能手”和“青年文明号”活动中，团县委以青年职工为行为主体，以岗位为基本单位，在生产、经营管理和服务中，造就一大批品德优良、技术精湛、贡献突出的优秀人才和创建高度职业文明，创一流工作成绩的优秀青年集体。其间，县邮电局李高桂和谢章令、陈方兰以及县人民医院周济忠分别荣获1995年度、1997年度韶关市“青年岗位能手”称号；县地税局司前税务所和县人民医院内科、县中医院骨外科及县金声贸易商行分别荣获1997年度韶关市“青年文明号”称号。

在开展公益事业方面，全县各群众团体积极响应党和政府的号召，参加公益活动。团县委通过各级团组织，发动广大团员青年积极参加公益活动，为社会发展和人民群众做好事。植树造林是团员青年一直坚持开展的

① “三个一百”，指观看一百部好电影、唱一百首好歌、读一百本好书。

一项公益活动。自1990年县委提出建设始兴生态林业县后，广大团员青年积极响应县委的号召，每年参加荒山绿化、公路绿化以及植树节活动。团县委把关心、支持、参与社会公益活动作为一项常态化工作坚持开展。全县各级团组织每年开展慰问孤寡老人和特困户、捐资助学、帮助残疾人活动。1993年开始的“希望工程”助学活动多年来得到不断发展。1994—1997年，全县各群众团体在“送温暖”“希望工程助学”等一系列公益活动中，共补助和捐款达41.479万元。

县委在领导妇联工作中，认真组织开展“双学双比”及“巾帼建功”等系列活动。1994年，在开展“双学双比”活动中，县妇联根据实际，联合县农业局、林业局、丝绸公司等6个单位，由县委副书记邓国祥任“始兴县农村妇女双学双比竞赛活动协调小组”组长，围绕产业结构调整，立足科技兴农，开展科技培训，建立服务体系，不断丰富竞赛内容，成为农村妇女中影响最大、参与面最广、效果最好的活动。

1994年成立“始兴县巾帼建功夺杯赛”活动领导小组，由县委副书记阳日成任组长,在全县范围内组织妇女开展“四自”① 和“四有”② 女性教育的“巾帼建功”竞赛活动。以抓培训、提素质为立足点，通过开展以“四自”“四有”为主要内容的妇女知识系列教育，在下岗女工中开展“自立自强，再创新业”活动和“巾帼文明示范岗”创建等活动。1997年，“巾帼建功”活动重点结合道德教育，各级妇女组织积极发行《家庭美德五字谣》，并在帮助下岗女工再就业的同时，广泛开展“巾帼文明示范岗”活动。在维护妇女合法权益方面，以宣传贯彻《中华人民共和国妇女权益保障法》《中国妇女发展纲要》为重点，各级妇女组织通过广播、电视、座谈会、宣传咨询活动等形式进行妇女合法权益宣传，促进尊重妇女、关心妇女的良好社会风气和社会环境形成。此外，切实加强维护妇女儿童合法权益工作。

在妇女参政议政方面，1993年召开始兴县第十届人民代表大会，有女代表47名，占代表总数的21.76%；同年召开政协始兴县第五届一次会议，有女委员19名，占委员总数的15.08%。1997年，在全县副科级以上

① “四自”，指自尊、自信、自立、自强。
② “四有”，指有理想、有道德、有文化、有纪律。

干部486人中，副科级以上女干部有63人，占13%；其中处级女干部2人，科级女干部4人，副科级女干部32人；科级非领导职务女干部5人。

县委支持县工商联按职能开展工作。在开展组织建设方面，扩大工商联的覆盖面。自1985年恢复工商联合会后至1997年，共发展65人，行业涉及建筑、饮食、贸易、水电、企业等。1995年，按照全国工商联的文件规定，用5年时间把商会延伸到乡镇，扩大商会组织。始兴商会只用了3年时间在有集贸市场的乡镇都建立了商会。在开展专题调研方面，由县工商联组织参政议政，在每年召开的政协县委会议上作专题发言。同时，坚持围绕县工商联的职能特点开展专题调研，并将重点调研成果作为政协会议的发言材料，向县委、县政府建言献策。在服务会员方面，县工商联认真贯彻"团结、帮助、引导、教育"的党对非公有制经济代表人士的工作方针，积极引导他们爱国、敬业、守法，在社会主义建设和社会公益事业等方面作出贡献。在开展社会公益活动方面，组织发动会员和非公有制经济组织人士参与社会公益活动，为社会多作贡献，不少会员自己富了不忘国家和集体，除积极向国家缴纳税款外，还主动参与社会公益事业。非公有制经济人士响应县委、县政府的号召，积极参与赈灾扶贫、助学活动以及支持公共基础设施建设等公益事业，为人民群众办好事、办实事。

始兴县社会科学学会联合会分别在1988年3月和1995年6月召开了第一、二届委员会大会，并选举产生了第一、二届委员会机构；在第一届大会上通过了《始兴县社会科学学会章程》。社科联自1988年3月成立后至1997年，共发展各类行业协会、研究会31个，总会员14496人，已形成了初具规模的社会科学学术组织网络，为开展各种学术活动奠定了基础。期间，与文史学会先后出版了《纪念张九龄诞生1310周年》专辑、纪念抗美援朝40周年史料专辑《为了和平》、纪念张发奎将军北伐抗战纪实《挥戈跃马满征尘》专辑。1994年，社科联组织举办了"三商"农业理论研讨会、"三讲"教育研讨会、"始兴人精神"研讨会和"三个代表"重要思想理论研讨会，从思想认识上与党保持一致，在学术上认真探索研究，为经济建设多作贡献。1997年，县社科联被省社科联评为学术刊物先进单位。

始兴县文学艺术界联合会成立于1988年3月，隶属县委宣传部。县委加强对文联的管理工作，文艺队伍在不断壮大，在抓好各协会组织建设的同时，充分发挥文联组织、协调、服务的职能作用，在不同时期，贯彻执行党的路线、方针和政策，精心组织广大文艺工作者积极开展各种形式的文艺活动，不断促进始兴文艺事业繁荣发展。1995 年 6 月，县文学艺术界召开第二次代表大会，选举产生了第二届委员会领导机构。1996 年 5 月，钟淑萍创作的诗集《月亮少女》由成都科技大学出版社出版；1997 年 12 月，张晓梅创作的长篇小说《女人三十》由花城出版社出版。至 1997 年，县文联各协会有 6 个，会员共有 234 名。

四、各项社会事业的巩固和发展

（一）科技事业的发展

1993 年，县委积极推动科学技术发展，开展科普教育以及职称改革。县科学技术协会、各乡镇科普协会、县内各类专业技术研究会以及广大科技工作者，采用广播电视、橱窗、讲座、现场指导、培训等多种形式，传播科学知识、推广实用技术、发展商品经济、提高广大群众的科学素质，加快工农业生产的发展。根据制订的《始兴县科学技术发展计划纲要（1991—1995）》，实施了“科技兴县”战略，加强了对科技工作的领导，健全了全县科技网络；制定了激励科技进步政策，对有突出贡献的科技人员实行重奖；增加科技投入。

县委在加大了对科技投入的同时，推广了先进的科学技术，实施了省、市级“星火计划”“火炬计划”等 5 项科技项目研究，其中水稻塑料软盘育秧抛秧栽培技术，是农业部、科委“八五”期间全国重点推广项目。塑料软盘育秧抛秧栽培技术利用预制的塑料育秧盘进行育秧，然后将育成的秧苗通过抛植的形式移植到大田栽培。是一项稳产高产、降低成本、省工省力的新技术，每人每天可抛秧植苗 0.27~0.4 公顷，比传统的插植方法提高工效 10 倍，劳动强度大大降低，也缩短了插秧季节，并可节省秧地，扩大早造面积，减少预留秧田。经过几年的试验，平均亩产增加 38.4 千克，亩产节约成本 36.5 元（按 1993 年不变价）。

1994 年，县委认真贯彻执行全国、省市科技大会精神，大力宣传科学技术是第一生产力。1995 年，县委组织部与县科协下发《关于认真抓好农村党员干部实用技术培训工作的意见》后，共组织举办农村党员、干部、入党积极分子、后备干部、农村种养专业户等实用技术培训班114期，培训人数达5569人次，其中镇村干部1080人次，普通党员、干部、入党积极分子、后备干部4262人次，农村种养专业户227人次。全县农民获得省委组织部和省科协颁发技术员证书的有954人，其中获得农民技师的有24人[①]。与此同时，为推进全县农村支柱产业的发展，相继成立了黄烟、蚕桑、果树、毛竹、食用菌5个专业技术研究会。

1993—1997年，县委仅工业企业所安排技改项目投入资金和固定资金就达5710万元，完成了造纸总公司的碱回收系统配套工程等技改项目20项，开发出塑料喷涂粉末、松香聚酯多元醇等18个新产品。“雅丽斯”牌卫生巾获中国妇女儿童用品博览会金奖；“松香聚酯多元醇”被国家科委评为国家级新产品；“马蹄爽”获广州国际食品博览会金奖。

（二）教育事业的发展

县委、县政府把优先发展教育事业作为保证始兴持续发展的重要工作任务来抓。1993—1995年，县共投入“普九”资金3388万元，新建校舍楼房109座，面积80341平方米；红砖平房413间，面积21245平方米；维修校舍28672平方米。全县办学条件得到了较大的改善，教学质量稳步提高。仅1995年，全县高考录取295人，录取率达70.4%。

在加强校舍建设的同时，校园环境建设也日益重视。1996年9月，县教育局制订《始兴县中小学校园建设达标规划》，召开全县校园建设动员大会，掀起校园建设热潮，各中小学校纷纷开展校园绿化、美化工作。全县涌现一批校园整体设计科学、布局合理、环境优雅的学校。

县委、县政府重视电化教学的发展和教研活动的开展。1993年在各主要中小学校普及录音机、投影机、幻灯幕进行电化教学。1994年送韶关市教委教研室的教学研究专题有7项，其中墨江中学何世平老师的《自学、议论、引导》、城郊中学肖红安老师的《思想政治课和知识性与教育性的统一》、沈所中学朱德超老师的《初中数学启导法实验教材》、实验小学谢文庚老师的《口琴进入课堂的教学设计与效果初探》、逸夫小学邓海

①《始兴县志（1990—2000）》，广东人民出版社2011年版，第521页。

云老师的《教给读书方法，培养自学能力》均获得省黄华奖二等奖。1995年韶关市扩大《自学、议论、引导教学法》试验，始兴中学、墨江中学、风度中学、隘子中学、城郊中学等5所中学共10个教学班参加实验。风度中学的《初中数学“自学、议论、引导”教学法实验》论文和墨江中学李子谦的《“自学、议论、引导”教学的尝试》均获市教研论文三等奖。1996—1997年，县电教站连续两年评为广东省电化教育先进单位。教研工作主要是强化教学管理，落实教学工作常规要求：严格执行国家教委颁发的教学大纲及教学计划；建立教学工作常规管理制度；认真抓好课堂教学过关、单元或章节过关、年段过关。在本学年度，全县中小学教改实验项目33项，其中实验小学梁红强的《从激发学生学习情趣入手优化数学教学》获市教改论文二等奖、省黄华奖三等奖。在基层则以农村小学及乡镇中心小学为基地，以中心教研组成员为骨干，分科组织本乡镇开展教学研究活动。农村初级中学采取就近联片进行的方式，组织教学研究活动，学习教学理论，集体备课，共同分析研究教材。自1996年起，开展教学基本功述课竞赛活动，评选优秀课例成为教育局教研室经常性制度化的一项重要教研工作。

至1997年，全县中小学教师共有2425人，其中中学专任教师955人，专科以上学历占90.25%，高于全国平均率5个百分点；小学专任教师1470人，中专以上学历占93.58%，接近全国小学教师学历达标率的95.9%。

（三）文化事业的发展

县委加强对文化事业的领导，健全机构，改革管理体制。1993年文化局编制7人，下设有：人秘股、业务股、财会股、演出管理站、电影公司。文化馆编制6人，图书馆编制6人，博物馆编制6人，艺术团编制5人。1996年文化局进行了机构改革，撤销业务股和财会股，设立文化艺术股、文化市场管理站，进一步加强对文化事业的管理。

全县建立的三级文化网络不断完善。县级有文化馆，乡镇级有文化站，村级有文化室。文化事业始终坚持“两为”方向和“双百”方针[①]，努

① “两为”方向，指为人民服务，为社会主义服务；“双百”方针，指百花齐放、百家争鸣。

力为广大人民群众提供丰富多彩的精神食粮，提高人民群众的文化生活质量。大力加强文化设施建设和管理，广泛开展积极向上、群众喜闻乐见的文化活动，丰富群众的文化生活。加强文化市场管理，深入开展“扫黄打非”[①]斗争。1993年，始兴县文化馆获广东省文化厅授予的“达标文化馆”，同年，获中华人民共和国文化部授予的“标准文化馆”；1994年，在第二次创建文明文化馆活动中，被省文化厅评为“文明文化馆”。本阶段，文化馆利用自身优势，每年举办青少年美术班、电脑培训班、舞蹈班等，为推动始兴的文化艺术事业发展发挥了积极的作用。1995年元旦，县文化馆举办首届“百名少儿书画大赛”，为始兴的群众文化起到了积极推动的作用。

在报刊发行及文艺创作方面，1995年4月，县委办创办《始兴报》，属县委机关报，为月刊，四开四版，创刊宗旨是：宣传改革，传递信息，交流思想，切磋经验，活跃生活，说老百姓的话，讲老百姓的故事，为始兴的改革开放鼓与呼，为始兴的社会进步奏与舞。文艺期刊有由县文化馆主办的《始兴文艺》，县文联与县林业局合办的《艺林》。文艺创作由县文联、县文化馆和各乡镇文化站组织，主要有文学、戏剧、曲艺、摄影、美术、书法、雕刻等作品。同时积极开展搜集整理地方掌故、民俗风情、山歌等工作。1993年6月，谢宗生与杨简森合作创作的《为千家万户奉献温暖》入选第二届全国企业歌曲选，全国工人歌曲征集办公室编辑出版、中国音协《创业者之歌》音带系列录制出版。1994年，邓华浩创作的戏剧小品《人狗之争》《老人与病童》，分别获得韶关市业余群众文艺作品一等奖和二等奖；曾啟胜创作的故事《半夜“鬼”叫》和李云洲创作的《最高奖赏》《两地情》也获此项二等奖。1995年李欠养创作的《逢春大地燕归来》获全国精短文化作品大赛优秀奖、软笔书法作品获“全国金鹅奖”铜奖。

在广播、电视、电影方面，1992年成立“广播电视工程公司”后，县内不断更新完善广播、电视配套设备。同年建成石人嶂莲花山微波站，年底微波站正式启用，开通了莲花山至始兴县城、翁源、南雄的微波信号，使3个县的人民群众都收看到图像较稳定的韶关电视台节目。1995年，随

① “扫黄打非”，指扫除黄色淫秽书刊、黄色淫秽音像制品及带有色情活动的歌舞娱乐场所、服务行业，打击非法出版物及非法复制、盗版的音像制品。

着有线电视的发展，县内除澄江、都亨2个乡镇保持有广播正常播出外，县城及其他乡镇的有线广播都不正常播出，基本处于停播状态。县广播电视局把工作重点集中在电视网络的发展上。1996年11月，莲花山微波站增设了多路传输微波设备，多路电视信号向全县各乡镇、村辐射，使一些边远乡镇的群众也能收看到“始兴新闻”“韶关新闻”等多套电视节目，多套电视节目覆盖率达80%。至1997年，县内可传送电视节目有15套。1992—1997年，广播电视工作坚持正确的舆论导向，配合县委各时期的中心工作，开办了“始兴新闻”“法制之窗”“科普园地”“计划生育”“卫生天地”“星火计划”等专题，并认真制作、播放各类宣教短片，深化节目改革，及时反映广大群众关心的热点问题。电影公司1997年9月在县城解放东路怡师楼二楼开办风华影院，面积只有173平方米，设有座位120个。由于受多元化文化的冲击，县城以及农村电影放映量急剧下降，没过多久，全县除马市镇电影院仍在经营外，其他各影院均先后停业。

（四）体育事业的发展

县委、县政府重视发展体育事业，全县体育设施逐步得到完善。1992年承办了韶关市中学生田径运动会和全国女子篮球精英赛；1996年承办了“1996韶关市‘英东杯’中学生篮球赛”。4月，始兴县成立实施全民健身计划工作指导委员会，由县委副书记周中盛任主任，副县长卢德珍任副主任，委员由县直属37个单位领导组成，指导委员会下设办公室，办公地点设在县体委，由体委负责日常工作事务，把全县群众性体育活动推向一个新阶段。9月，始兴县组队参加韶关市第六届中学生“传统杯”篮球赛，始兴（墨江中学队）获男子第一名；18日，国家体委决定命名始兴县为“第五批全国体育先进县”。1997年7月，始兴组队参加韶关市第五届中小学生运动会获得优异成绩：共获得7金9银7铜，团体总分名列第八，县区组名列第五，县区小学组总分第四名，中学团体总分第四名。个人成绩更是突出，小学组的李慧获三项全能第一名；陈爱梅分别获60米、100米两项第二名；饶必峰分别获400米第二名、800米第三名；钟龙英分别获200米、4×100米接力赛两项第四名。初中组的卢军生分别获200米、1500米两项第二名；罗木木获三级跳远第三名、110米栏第四名；聂信花获三级跳远第三名。高中组的徐胜红获400米第一名；林月霞获三级跳远第一名；温金梅获三级跳远第二名；胡新涛获 800 米第三名；陈文全获五项全能第三名；另外，男子组获 4×400 米接力赛第一名，4×100 米接力赛第二名。

1997 年，县委、县政府加大体育事业的投入，拨给县体委事业费用 16.03 万元，比 1992 年的 6.398 万元增加 2.5 倍。全县共有 400 米田径场 6 个，200~300 米田径场 13 个，足球场 33 个，灯光篮球场 9 个；乡镇和村有篮球场 139 个，县城机关单位有篮球场 22 个，乒乓球室 25 间。

（五）卫生与计划生育事业的发展

1993 年，县委以人人享有卫生保健为目标，以抓好医防保健工作为龙头，扎实开展各项工作。积极开展传染病、地方病、常见病的防治，强化儿童计划免疫，增强人民群众的自我保健意识。完善乡镇卫生院“一无三配套”[①] 建设，发动全县党员干部和群众集资改造业务工作用房和更新医疗设备。在第一、二批乡镇卫生院整顿建设的基础上，有计划地进行第三批乡镇卫生院（隘子、沈所、江口、刘张家山、顿岗 5 所卫生院）整顿建设，共添置 200MAX 光机、B 超、心电图机等医疗设备 31 台（件），价值 12.2 万元，改善医疗条件，促进医疗质量的提高。同年，县人大作出《关于在 1994 年实现乡镇卫生院‘一无三配套’的决议》，县政府印发了《关于加强农村卫生工作的决定》，并成立以县委副书记李石保为组长的领导小组，作出了三年完成乡镇卫生院“一无三配套”建设的总体规划。

县委、县政府每年从县财政拨款 10 万元作为乡镇卫生院的专项资金。各乡镇也成立了领导小组，制订规划，采取积极措施，广泛发动群众筹措资金，马市、顿岗、江口、城南、沈所、深渡水乡（镇）作出了集资建设卫生院的决议。1993 年，马市、澄江、隘子卫生院共新建房屋 3000 平方米；司前、都亨、花山卫生院共扩建房屋 500 平方米，总投资 94 万元，并添置医疗设备 45 台（件）。1994 年投资 450 万元建成县人民医院住院大楼。

1995 年，县中医院自筹资金 25 万元兴建了供应室、中药制剂室，同时增添了半自动生化分析仪、B 超、动态心电图、尿液分析仪及 12 套电脑

① “一无”，指业务用房无危房，“三配套”是指业务用房、专业设备、技术人员配套。

设备，已成为一所以中医为主，集医疗、教研一体的综合医院；同年，院长成其友被评为广东省优秀中医院院长。4月，县人民医院通过了“爱婴医院”评估，列入广东省1995年爱婴医院名单中，爱婴医院的创建，促进了妇幼工作的开展。7月，县人民医院通过省卫生厅评估组评估，以915.4分达标为“二级甲等医院”，县内3个乡镇卫生院被评为县级一甲医院，6个卫生院被评为一乙医院，2个卫生院被评为合格医院。9月，县人民医院获广东省临床化学检验质量评比优秀奖。

1996—1997年，全县医疗卫生事业成绩显著。投入400万元资金，新建了防疫站宿舍大楼、妇幼保健所综合大楼、城郊卫生院综合大楼、罗坝卫生院门诊楼。1997年，农村卫生三项建设共投入资金2177万元，完成房屋新建改建32425平方米；完成安居工程建设78套，共21319平方米；完成业务用房建设面积11106平方米；购置医疗设备702台（件）；培训各类技术人才304人，全县各医疗单位基本实现“一无三配套”，较好地改善农村医疗卫生工作条件，促进了始兴卫生事业进一步发展。1996年8月，县政府印发《始兴县妇女发展规划（1996—2000年）》，积极组织进行乡镇卫生员、接生员业务技术培训，同时，妇幼保健保偿制乡镇覆盖率进一步扩大，达到80%，孕产妇入保率达64.36%。1997年，为加强对《中华人民共和国母婴保健法》的贯彻实施，成立了“始兴县母婴保健技术鉴定委员会”“母婴保健机构评审小组”，并对母婴保健技术服务人员进行业务培训。通过培训和健全机构，全县孕产妇系统管理率达到87.52%。新生儿入册率保持在100%，“四苗”①全种接种率达96.79%，计划免疫保偿入保率达99.2%。县委、县政府重视妇幼保健工作的发展，同年，县财政投入6.15万元用于妇产科房屋改造，购置设备投入7.75万元，确保妇幼保健工作安全开展。药政管理、慢性病防治、结核控制项目和爱国卫生运动等工作取得新成绩。开展整顿医药市场，1997年县内共取缔无证行医诊所或证照不齐的药店5家，停业整顿15家，销毁非法医疗广告牌匾12块，收缴医疗器械及药品32个品种，价值4000多元，查处伪劣药品97个品种，价值8.19万元，确保了广大群众用药安全有效。成立由副县长卢

① “四苗”，指卡介苗、脊髓灰质糖丸疫苗、百白破苗、麻疹苗。

德珍任主任的“始兴县爱国卫生运动委员会”，深入开展爱国卫生运动和除“四害”①工作，保障人民群众的身体健康。

至1997年，全县从事医疗活动的各类医疗机构和卫生院242所，其中二级综合医院1所，二级中医院1所，一级医院16所（含石人嶂矿职工医院），企业卫生所（室）11间，学校卫生室9间，县计划生育指导服务站1家，农村卫生站186家，个体诊所12家，防疫站1家，妇幼保健所1家，慢性病防治站1家。平均每个管理区有卫生站1.3家，住户距最近医疗点在2千米内的占93.4%。全县有病床460张，每千人口拥有病床2.01张，其中中医病床60张，每千人口拥有病床0.26张。全县病床使用率为50.8%，其中乡镇卫生院病床使用率为26.49%。县内有卫生工作人员731人，卫生技术人员574人。其中高级职称人员5人，中级职称人员53人，初级职称人员506人，每千人口有卫生技术人员2.52人；卫技人员里中医师（士）37人，每千人口有中医师（士）0.162人；护理人员194人，每千人口有护理人员0.85人；乡村医生（卫生员）261人，每千人口有医生（卫生员）1.4人②；乡村有11人获得“乡村医师”职称，77人获“乡村医士”职称。

在计划生育方面，县委、县政府贯彻执行《广东省计划生育条例》落实党政“一把手”亲自抓的工作责任制，实行计划生育“一票否决权制度”，增强各级领导抓计划生育的责任感。县委、县政府在精心组织好春、夏、秋三次突击行动的基础上，充分发挥基层计生专业队伍的作用，切实加强流动人口计划生育的管理，保证全县计生各项指标顺利实现。1993—1997年，在完善人口计划目标责任制的同时，加强了计生队伍建设和设备设施建设。县内各管理区增加1名“三定”干部名额，用于配备管理区计划生育专职干部。1993年6月，全县各乡镇人民政府成立计划生育服务所，定为乡镇全民所有制事业单位，行政归乡镇人民政府领导和管理，每个乡镇服务所定编2个名额，工资由县和乡镇两级负担。

1997年6月，始兴县计划生育委员会更名为始兴县计划生育局。同年，全县人口出生率、自然增长率分别为16.21‰、11.27‰，计划生育率

① 除“四害”指的是消灭蚊子、苍蝇、老鼠、蟑螂。

②《始兴县卫生志》，广东人民出版社2007年版，第24、25页。

达 76.36%。经省市组织考核，受检的 7 项指标和 3 个率均达标。在本阶段，县委、县政府根据“二女户”结扎处于被动局面的情况，相继采取奖惩措施，由当地乡镇人民政府按有关规定办理养老保险，解决纯“二女户”的后顾之忧，推动计划生育工作的开展。1993—1997 年，全县办理“二女户”计划生育养老保险 707 人。县委、县政府对于党政机关、群众团体、学校、工矿等企事业单位计划生育不过关，以及对违法计划生育政策的党员、干部、职工相应作出了严厉的处理规定。通过实施有效措施，始兴连年顺利完成市下达的人口控制指标。

（六）党史和地方志事业的发展

1993 年由省、市委批准，始兴县内评划革命老区村庄 893 个，其中“二战”① 红色革命根据地 6 个自然村，抗日战争时期革命老区有 447 个自然村，解放战争游击区有 385 个自然村②。主要分布在县内 14 个乡镇，109 个管理区。

在党史宣传方面，充分利用《始兴报》《始兴文艺》及广播电视台，开设《革命历史人物专栏》，积极宣传在民主革命时期始兴县涌现出的革命故事。同时，联合县委宣传部、团县委、教育局、老干局，邀请县内革命老战士到学校讲述革命故事，在全县中小学校开展颂英雄、学英雄的革命传统教育活动。

在创建革命传统教育基地方面，1994 年，在城北丹凤山建成新的始兴县革命烈士陵园，作为革命传统教育基地，为开展爱国教育提供很好的场所。烈士陵园的纪念碑塔高 19.3 米，陵园面积 3.6 万平方米。4 月 5 日，隆重举行烈士陵园落成仪式，近万人参加了这项仪式，原广州军区副司令员黄业和县委书记杨木忠揭幕。黄业在仪式上讲述当年在始兴进行革命战争的经历，并勉励要发扬始兴老区革命传统，把始兴建设得更美好。

在地方志工作方面，全县各类修志工作顺利开展。1995 年编修出版了《始兴县水利志》；1996 年编修出版了《始兴县地名志》，10 月出版了《新方志论文集》；1997 年编修出版了《始兴县志》。

---

① 这里的“二战”是指 1927—1937 年国内第二次国内革命战争，是中国共产党领导人民反对蒋介石统治的土地革命战争。

② 根据 1997 年广东省民政厅编印的《老区村庄名册》整理。

第八节　中共始兴县第八次代表大会的召开

1993 年 3 月 13—15 日在县政府小礼堂召开了中共始兴县第八次代表大会，到会代表 337 人，占应到代表 348 名的 96.8%[①]。这次大会是在学习贯彻邓小平“南方谈话”和中共十四大精神、推进改革开放事业的深化发展、构建社会主义市场经济基本框架的形势下召开的。大会听取和审议县委书记罗继胜代表中共始兴县委所作的题为《励精图治、真抓实干、和衷共济、建功创业，为实现始兴小康目标而努力奋斗》的工作报告，听取和审议县纪委书记吴佳华代表中共始兴县纪律检查委员会所作的题为《中共始兴县纪律检查委员会向县第八次党代表大会的工作报告》。

县委工作报告把县委在 1990 年 3 月第七次党代会以来的主要工作情况及成绩归纳为 8 个方面：一是国民经济持续增长。全县社会总产值、国内生产总值、工农业总产值、国民收入、社会零售总额以及城镇职工人均收入、农村人均收入都有较大的增长，县第七次党代会提出 3 年的主要经济发展指标和建设规划，均已完成或超额完成。二是农村经济有较大发展。扎扎实实地抓了农业产业结构的调整，大力发展效益高的黄烟、蚕桑、水果、反季节蔬菜等经济作物，全县经济作物与水稻种植面积之比由原来的 4∶6 调整为 6∶4。同时大力发展乡镇企业，抓好林业生产，实行了责任山股份合作经营制，实现省定绿化达标和部定改燃节柴达标，获省委、省政府嘉奖，并获“全国造林绿化先进单位”称号，林业经济效益不断提高。三是工业增速加快。狠抓了资源型工业的开发，纸、水泥、松香等主要产品产量有较大幅度的增长，全县新上和扩大了一批工业项目和外

①《始兴县志（1990—2000）》，广东人民出版社 2011 年版，第 308 页。

向型企业。四是第三产业出现良好势头。发展了房地产开发，扩建了一批专业市场，成立了5家实业总公司和扶持了一批个体流通机构，并认真进行了金融和国合商业的改革，城乡集市贸易增长迅速。五是投资环境得到了改善。着力抓好了交通、能源、通信等基础设施建设，建成了丹凤山公园、中山公园和一批高楼大厦。重点抓了山口一级电站和一批乡镇电站建设。开通了城乡无线寻呼及马市、罗坝、隘子3个镇的程控电话。六是外经外贸有新的发展。成功举办了香菇节，签订合同6项，新成立6家“三资”企业，合同利用外资不断增长。七是精神文明建设迈新步。围绕培养“四有”新人的目标，广泛开展了“学雷锋、树新风”及“双基”和道德、纪律、法制、国防教育。圆满完成了农村社会主义思想教育工作任务。开展了以治理“脏、乱、差”为主要目标的“五改”工作，同时还重视科技、教育、卫生、体育事业的发展。继续开展了“严打”和除“七害”专项斗争，深入开展“二五”普法教育，增强了广大群众的政策法制观念，初步走上了依法治理的轨道。八是党的建设进一步得到加强。重点抓好对党员干部进行党的基本路线、马克思主义基本理论的教育，结合农村社教工作，在农村开展了“党支部目标管理”和“党员目标管理”活动，提高了基层党组织的战斗力。加强了党风和廉政建设，广泛开展了反腐蚀教育，对违纪党员干部进行严肃查处。连续3年坚持县直机关以及四套班子领导扶贫挂钩联系点制度，进一步改善和密切了党同人民群众的联系。

县委工作报告在回顾3年来工作的基础上，归纳出六个方面体会：一是要坚持以经济建设为中心，把各项工作自觉纳入改革和建设的大局，使全县经济保持了蓬勃发展的好势头，促进了各项事业的健康发展；二是要坚持实事求是的思想路线，围绕“林业办工业，办好工业促林业”的工业发展战略，实行“山区抓‘两香’，平原丘陵抓‘烟、果、麻、桑’”的经济发展战略，果断调整农业产业结构，有效地提高了始兴农业生产效益；三是要解放思想更新观念，破除自我封闭、自成系统的观念，树立开放的观念，破除因循守旧、怕担风险的观念，树立竞争观念，破除不讲盈利、不求规模的观念，树立效益的观念；四是要加大改革开放的力度，在继续巩固和完善家庭联产承包制的基础上，创造性地推行了责任山股份合作经营制，工业实行风险抵押金制、项目负责制和扭亏增盈责任制，财贸实行企业经营、价格、用工、分配“四放开”，房改实行“以息抵租”和出售公房相结合的制度；四是要加强团结增强合力，抓好全县一盘棋的教育，加强党内外合作，增强上下合力，形成目标同向、上下同心、工作同步的局面，为经济发展提供有力的保证；五是要坚持依靠科技进步，实施了“科技兴县”战略，加强了党对科技工作的领导，健全了全县科技网络，增加了科技投入，实施了10多项“星火计划”，推广了一批先进适用的科技成果，取得了明显的经济效益。

县委工作报告提出此后5年工作的指导思想是：以党的十四大精神为指针，以市场为导向，以科技为动力，以效益为目的，加大改革开放力度，抓好基础设施建设，发展“三高”农业，重点抓好工业和乡镇企业，大力发展外向型经济和第三产业，促进社会的全面进步。

结合全县的实际情况，县委工作报告提出了到1997年的经济指标：全县国内生产总值（GDP）5.57亿元，年均递增8%；工农业总产值10.2亿元，年均递增13.2%，其中工业总产值实现5.1亿元，年均递增25%，农业总产值5.1亿元，年均递增6%；预算内本级财政收入力争实现4500万元，年均递增18%；社会商品零售总额3.5亿元，年均递增18.9%；外贸出口收购总值2800万元，年均递增20.5%；固定资产投资1.3亿元，年均递增25.1%；乡镇企业总产值10.5亿元，年均递增36%；农村人均收入1800元，年均递增12.2%；城市职工人均收入5400元，年均递增13.2%；总人口达到24.55万人，人口自然增长率控制在13‰以下[①]。

为实现上述目标，县委工作报告提出必须努力完成七个方面的主要工作任务：一是用党的十四大精神统一全党的思想认识，动员和组织全党全民放开手脚抓经济建设。二是围绕建立社会主义市场经济，加大改革力度。三是牢固树立“工业富县”的思想，促进工业大干快上。四是巩固和加强农业的基础地位，努力提高农村的整体效益。五是努力搞好基础设施建设，尽快改善始兴的投资环境。六是大力促进第三产业的发展，加快始兴现代化经济建设的步伐。七是抓好精神文明建设，加快教育科技发展步伐，为促进始兴的经济建设打下良好的科技文化基础。

①《中国共产党始兴县历次代表大会文件选编》，广东人民出版社2006年版，第328页。

大会认为，报告提出的今后经济发展战略、任务和措施是符合中共十四大会议精神，符合始兴实际情况，是切实可行的。大会指出，加快改革开放步伐，建立社会主义市场经济体制，必须用邓小平同志建设有中国特色社会主义的理论武装全党，进一步加强党的建设和改善党的领导；加强党风和廉政建设，密切党同人民群众的联系；加强基层党组织建设，充分发挥基层党组织的战斗保垒作用和共产党员的先锋模范作用；坚持和健全民主集中制，维护党的团结和统一，进一步增强党的凝聚力、战斗力和号召力。

大会最后号召全县各级党组织和全体共产党员，在县委的领导下，团结广大人民群众，认真贯彻党的十四大会议精神，坚定不移地坚持党的基本路线，进一步解放思想，更新观念，把握机遇，开拓前进，集中全力把经济建设搞上去，为早日实现始兴小康目标而努力奋斗。

县委纪律检查委员会书记吴佳华在大会上作中共始兴县委纪律检查委员会工作报告。纪检工作报告回顾总结自 1990 年 3 月中国共产党始兴县第七届代表大会三年以来主要 5 项重点工作：第一，坚持贯彻执行党的基本路线，进一步解放思想，更新观念，使纪检工作更好地为改革开放和经济建设服务。各级纪检机关把学习建设有中国特色社会主义理论作为一项大事来抓，提高了贯彻执行党的基本路线的自觉性，增强了纪检工作服从和服务于经济建设的意识；重视调查研究，改进工作作风，在调查研究的基础上，县纪委制定了《关于支持改革开放为经济建设服务的意见》，主动参与发展经济的“同台大合唱”，尽力支持从事经济工作的同志放开手脚大胆改革、勇于创新。第二，深入开展党风党纪教育，提高广大党员遵纪守法的自觉性。抓好党风党纪的专题教育，坚持以正面教育和自我教育为主，采用“学、摆、查、改”等灵活多样的形式，确保了专题教育的效果，使受教育面达 90%；清理出拖欠公款 69 人，金额 36933 元；揭露违纪线索 39 条，立案 27 起，处分违纪党员 10 人；全县已整改存在问题 112 个，充实、完善党风廉政制度 169 项；为群众办好事实事 163 件；党员、干部拒礼拒贿 59 人（次），折合金额 20599 元[①]。第三，积极协助党委加强

①《中国共产党始兴县历次代表大会文件选编》，广东人民出版社 2006 年版，第 346 页。

党风廉政建设，促进两个文明建设。坚持做好一年两次的党风检查，重点抽查了县直9个战线和6个乡镇共39个基层单位，对检查中暴露出来的问题，尤其是群众关心的“热点”问题，及时向有关部门和领导提出解决建议和意见，组织力量进行查处；重视建立和健全监督机制，不断充实和完善各项制度。第四，坚持从严治党的方针，严肃查处党内违纪案件。各级纪检机关始终把查处党内违纪案件作为从严治党、惩治腐败的重要工作来抓。3年来，共查处党内各类违纪案件53起，处分违纪党员36人，其中科级干部4人；对全县90户建房户逐一进行了清理，收回各种应收款64474元，对不符合规定的问题作出了处理；受理群众来信来访546件（次），通过信访途径，澄清了一批反映失实的问题，为43名被检举失实的同志澄清了是非，同时，也对1989—1990年受处分的12名党员进行了回访①。第五，加强纪检队伍建设，提高纪检干部的政治素质和业务能力。重视抓好对纪检干部进行马克思主义基本理论、社会主义经济理论、党的方针政策及党的纪检工作理论的教育，从而在思想上、作风上以及工作方法上进一步适应新形势的要求；全县各基层党委、总支、支部都配备了专（兼）职纪检委员，一些企事业单位设立了纪检组，据统计，全县配有专职纪检干部29名，兼职纪检干部101名，保证了纪检工作在组织上有机构，工作上有人抓。

纪检工作报告还指出：3年来，全县纪检工作虽取得一定成绩，但在新形势下仍存在一些问题，主要是一些党组织和党员干部在改革开放的新形势下，对加强纪检工作的重要性认识不足，把改革开放、搞活经济同严格党的纪律分裂开来；坚持“两手抓”的自觉性不够；一些单位对党风廉政制度执行不力，监督作用发挥不好。

纪检工作报告在回顾3年以来纪检工作的基础上，总结出四点体会：一是纪检工作必须服从和服务于经济建设；二是纪检工作必须全面履行四项职能；三是发展经济和执行党的纪律必须做到辩证统一；四是纪检工作必须取得党委的重视和支持。

纪检工作报告提出此后要做好的五项重点工作：一是认真学习邓小平

①《中国共产党始兴县历次代表大会文件选编》，广东人民出版社2006年版，第348页。

同志关于建设有中国特色社会主义的理论和中共十四大文件精神，进一步解放思想、更新观念，努力为改革开放和经济建设服务；二是紧紧围绕经济建设这个中心开展纪检工作，积极支持和参与经济工作，全面履行纪检机关的三大任务和四项职能，保证党的基本路线全面贯彻执行，为改革开放和经济建设保驾护航；三是加强党风廉政建设，密切党群关系，坚持从严治党，强化内部监督机制，对侵犯党员民主权利，进行打击报复或诬告陷害的人和事要坚决查处；四是认真查处党内违纪案件，严肃党的纪律，加强案件审理工作，深入持久地做好反腐保廉工作；五是进一步加强纪检队伍建设，从思想上、组织上、作风上全面加强纪检队伍建设，健全企业纪检组织，加强党组织对纪检工作的领导，努力提高纪检干部的政治素质和业务水平。

大会按照党章规定和民主集中制原则，选举产生了中共始兴县第八届委员会和中共始兴县纪律检查委员会。中共始兴县第八届委员会委员 27 人，候补委员 4 人；中共始兴县纪律检查委员会委员 15 人。经中共始兴县第八届委员会第一次全体会议选举，结果为：县委书记杨木忠，副书记李石保、阳日成、邓国祥；常务委员杨木忠、李石保、阳日成、邓国祥、黄尚武、张发均、夏金水、吴友明、吴佳华，委员杨木忠、李石保、阳日成、邓国祥、黄尚武、张发均、夏金水、吴友明、吴佳华、聂云、李鸿涛、曹鸣、何荣桢、吴显汉、王庭亮、林发明、李汉城、李小海、陈尚彪、张功鉴、罗勇新、刘应坤（女）、古永深、赖汉忠、蒋东恒、刘宏玉（女）、张树生，候补委员周文敏、何正平、汤晃耀、刘礼庭。会议一致通过中共始兴县纪律检查委员会第一次全体会议选举结果：纪委书记吴佳华，副书记刘扬平、黄明珠（女）；常务委员吴佳华、刘扬平、黄明珠（女）、邱拔奎、任迈业，委员吴佳华、刘扬平、黄明珠（女）、邱拔奎、任迈业、张爱珍（女）、饶振长、卢道均、黄美琴、肖银优（女）、黄国云、许乃敬、罗甫贵、周群修、钟佩荣。

始兴县第八次党代会，肩负在经济体制重大改革和转型中改进党的、加强党的建设的重任，部署此后的工作任务是全面的、正确的。在会后的 1993—1997 年此 5 年期间，新一届县委带领全县广大党员、干部和人民群众，坚持以邓小平同志建设有中国特色社会主义理论为指导，坚持以经济建设为中心，坚持解放思想，实事求是，艰苦创业，勇于开拓进取，有力地推动了全县经济和社会各项事业的全面进步。但由于一些干部思想认识不统一，追求不正当的个人利益、小团体利益在一些部门的干部中不同程度存在，腐败现象、不正之风和群众关心的热点问题仍未能得到很好解决，加上国有企业困难较大，历史包袱重，资金紧缺，财政困难，严重制约着经济快速的发展。

第九节　稳步推进党的建设

一、党的建设新部署

1993 年 3 月召开的中共始兴县第八次代表大会上，县委指出："党的十四大召开以后，我们党所处的环境和肩负的任务都有了很大的变化，给党的建设提出了新的更高的要求，我们必须根据新形势的要求加强党的建设，改善党的领导。"① 接着，县委强调全县党的建设中要重点抓好的三项工作：一是要进一步学习邓小平同志"南方谈话"和党的十四大精神，用建设有中国特色社会主义理论武装全党的思想，以新的精神面貌、新的姿态、新的作风投身于改革和建设实践。二是要加强党的组织建设，使党的各级组织和领导者提高领导水平，适应市场经济建设的需要。县委同时提出：要加强领导班子建设，党员干部要有高度的事业心和强烈的责任感，在改革开放和现代化建设中思想解放、开拓进取、工作干劲大和工作出成效、廉政为民的干部要大胆提拔使用；要加强党风廉政建设，认真把反腐、端正党风和廉政建设工作抓好，利用各种形式对党员干部进行党的优良传统和党风、党性、党纪教育；要建立和健全党内外的监督制度；要进

①《中国共产党始兴县历次代表大会文件选编》，广东人民出版社 2006 年版，第 338 页。

一步改进纪检工作，坚持“三个有利于”[①]标准；要敢于创造性工作；要加强基层组织建设，在继续抓好“党支部目标管理”和“党员目标管理”的同时，抓好党支部“达标”工作；工矿企业的党组织要在改革的实践中发挥政治核心作用，努力探索出符合始兴实际的新的工作方法；机关各基层党组，要根据本系统、本部门、本单位的工作性质和特点，加强自身建设，确立党的观念、全局观念和“中心”观念；要发挥各级党校的作用，积极开展对党员干部的基本知识教育，并要做好发展新党员的工作，不断壮大党的队伍；要加强民主集中制建设，党员干部要自觉参加党的民主生活，在党内要敢于开展批评与自我批评。三是要加强对人大、政协、各民主党派、各群众团体的领导，充分发挥各职能部门的作用；进一步完善人民代表大会制度和共产党领导的多党合作与政治协商制度，加强县、乡（镇）两级人大建设，更好地发挥人民代表大会的立法、监督职能，为在始兴的经济建设中作出积极的贡献。

1994 年 6 月，县纪委、县监察局正式宣布合署办公，实行一套人马两块牌子，合署后的县纪检监察机关内设 2 室 5 科：办公室、党风廉政建设室、信访科、案件审理科、纪检监察科、调研宣传科、监察综合科。进一步加强改革开放经济建设中的纪检力度。

1996 年 3 月 22 日，县委召开党建工作会议，部署党风廉政建设及组织建设工作，并制定了《关于进一步健全和落实党风廉政建设责任制》。同年，完成了全县 15 个乡镇的党政、人大领导班子换届工作，调整充实科级后备干部 124 人。年底，对全县党风廉政建设情况进行检查。

1997 年 7 月 18—19 日，县委召开八届八次全委（扩大）会议，县委书记杨木忠在会上传达贯彻全省县委书记学习会和市委全委扩大会精神，总结了上半年各级领导班子的工作，在阐述加强领导班子建设的重要性和紧迫性的基础上，专题研究部署加强全县各级领导班子建设工作。会议主题围绕如何进一步加强各级领导班子的思想政治、目标和任务，提出加强领导班子思想建设、组织建设、作风建设的具体要求和保证机制，促进始兴经济健康、快速发展和社会各项事业的全面进步。通过这次全体会议的

① “三个有利于”，指是否有利于发展社会主义生产力，是否有利于增强社会主义综合国力，是否有利于提高人民的生活水平。

部署，为全县各级领导班子建设提供了明确的方向和措施的保证。

二、开展党员干部思想理论学习培训工作

1993—1994年，全县党员干部思想理论学习以邓小平同志“南方谈话”和中共十四大精神为重点，围绕培养“四有”新人的目标，结合“五改”工作，在全县广泛开展各种活动，举办多层次、多形式的学习班，促使全县党员干部和群众进一步解放思想转变观念。根据中央“抓住机遇、深化改革、扩大开放、保持稳定”的方针，县委组织全县党员干部和群众学习马克思列宁主义、毛泽东思想、邓小平理论，加深理解关于“中国特色”“初级阶段”“基本任务”等重要理论和观点，使广大党员干部和群众明确“革命是解放生产力，改革也是解放生产力”“发展社会生产力是社会主义的根本任务”等观点，用邓小平理论武装党员干部的头脑，并用以指导各项工作。1993年4—5月，为深入贯彻省第七次党代会提出的“中部地区领先，东西两翼齐飞，广大山区崛起”全省经济发展战略要求，根据市委的有关部署，县委结合全县实际，在全县党员、干部中开展“解放思想换脑筋，加快始兴改革开放和经济发展步伐”大讨论活动。1994年，县委采取多种形式，分别举办了《邓小平文选》(第3卷)、市场经济理论、领导干部一定要讲政治等多内容的学习班和培训班，不断提高领导干部和广大党员的理论水平和政治素质。组织全县党员干部开展“团结协调，发展始兴经济”的大教育，通过教育，出现了“比团结，比贡献，比政绩”的好风气。与此同时，围绕社会公德教育、学习孔繁森①和身边先进党员的模范事迹，进一步增强党员干部的公仆意识，进一步树立起全心全意为人民服务的宗旨。此外，县委注重建立健全党内的各项制度和党员教育阵地的建设，各级党校的建设进一步完善，全县142个管理区全部配备了“两机一室”②，充分发挥了党员干部思想理论学习的作用。

1995—1997年，县委从1995年3月开始，在全县党员干部中开展学

① 孔繁森，新时期领导干部的楷模，他在雪域高原奋斗十个春秋，为西藏的经济发展、民族团结和人民生活的改善，殚精竭虑，忘我工作；他是中华人民共和国成立以来重大的典型，被誉为“九十年代的雷锋”“新时期的焦裕禄”“领导干部的楷模”“民族团结的典范”。

② “两机一室”，指党员教育需配备电视机、VCD（DVD）机、党员活动室（场所）

习建设有中国特色社会主义理论和党章的“两学”活动。此次学习活动，全县共有8128人参加，占全县党员总数的95.6%。通过初期学习，推动了广大党员干部的思想解放和观念更新。1996年，县委以爱县爱乡为主要内容，在全县范围内开展“热爱始兴，建设始兴，我为始兴作贡献”的教育活动，进一步激发了广大党员干部自信自强的精神，增强了党员干部建设始兴的使命感和责任感。

此后，全县思想宣传工作按照中央“服务中心、以立为本、虚功实做、务求实效”的要求，开展“解放思想转观念、热爱始兴作奉献”系列宣传教育活动。县委宣传部与县委组织部、县委党校还联合协作，不定期地组织科级干部学习班。办班后，由各单位举办政治理论讲座或分散自学、集体讨论等各种形式组织党员干部学习，县委讲师团组织人员进行指导及检查监督。1995—1997年全县在县委党校通过学习和培训的党员干部有1770人。通过系统学习马克思主义基本理论和邓小平建设有中国特色社会主义理论，社会主义市场经济理论得以深入人心，对加快始兴经济和社会发展起到理论保障作用。

三、调整充实各级领导班子

1993年1月，全县15个乡镇领导班子换届选举工作全面结束。在换届选举过程中，按照德才兼备的标准和干部“四化”的要求，挑选一批政治上强、大胆开拓、有经济工作实践经验的优秀干部担任党政一把手。在换届选举中，按照班子结构优化的要求，认真挑选和配置班子成员，提拔一批年富力强、德才兼备、政绩突出的中青年干部充实到领导班子中。2月，县直机关各党委换届选举工作按照县委的指示精神，做好换届人选的配备方案，指导各党委做好党代会代表选举、召开党代会，严格按照《中国共产党基层组织选举工作暂行条例》的规定进行选举，保证党委换届选举工作的顺利进行。

在县第八次党代会报告中，就加强领导班子建设明确指出：“在新的历史时期，衡量干部的德才标准，主要看他执行党的基本路线的态度以及贯彻这个基本路线的实绩；看他是否积极主动有创造性；看他是否能打开本单位的局面，使工作不断有新的进步；看他是否真抓实干，有高度事业心和强烈的责任感。”“我们选拔干部时，要严格掌握这些基本条件，对坚决与党组织保持一致，有高度事业心和强烈的责任感，在改革开放和现代化建设中思想解放，开拓进取，工作干劲大，工作出成效，廉政为民的干部要大胆提拔使用。”[①]与此同时，县委重视妇女干部、少数民族干部的培养和选拔工作，打破论资排辈的陈旧观念和做法，提拔一批有真才实学、德才兼备的妇女干部和少数民族干部充实到领导班子。县直属机关党委的设置在此期间没有多大变动，换届选举工作由县委统一部署进行，通过公平、公正、公开选拔领导干部，增加选拔干部的透明度，防止不正之风，调整充实有专业知识的中青年到领导班子。

1996年，完成全县15个乡镇的党政、人大领导班子的换届工作。此次乡镇领导班子换届，整体上政治素质过硬，文化水平较高，年龄结构较好，新旧搭配合理。

县委认真贯彻执行中央和省市有关文件精神，采取“稳步推进，分步实施”的原则，制定实施了《始兴县党政群、乡镇机关机构改革方案》。1997年，经过调整后，全县的党政群机构为44个，精简率为31%；人员编制为549人，精减率为17.6%。乡镇机关人员得到充实，全县乡镇机关人员已由原来的367人增加为549人。由于精简了机构，充实了乡镇基层干部，为以后干部提拔，充实各级领导班子打下了良好的基础。

四、干部人事制度改革

1993—1997年，县委始终把加强理论学习，努力提高思想政治水平作为党员干部教育的重要内容来抓，把邓小平同志建设有中国特色社会主义理论作为学习的重点，健全各级干部人事制度，加快干部人事制度改革的步伐。自1992年10月，国家人事局发布了《干部调配工作规定》和《聘任制干部调动暂行规定》，明确规定了干部调配的原则、范围和条件、审批权限和调配程序、调配纪律及聘任制干部的调动办法后，1993年4月，县委组织部制定出《始兴县干部调出县外、干部停薪保职的有关管理（暂行）规定》，对要求调出县外的干部分级管理，一般干部、助理以下职称、

①《中国共产党始兴县历次代表大会文件选编》，广东人民出版社2006年版，第340页。

“五大”毕业生[①]，由县委组织部管理；副科以上干部、中级以上职称、全日制大专以上学历的干部，由县委管理。县教育局、卫生局也结合各自情况，分别制定了干部调动的有关规定。8月，国务院颁发《国家公务员暂行条例》后，县委根据县内实际情况，制定了《始兴县科级干部年度考核优秀等次评选补充规定》，按照省委的部署，从1994年起，实行国家公务员制度的行政机关，凡执行国家统一规定的事业单位工作人员工资标准的单位，均按规定的考核内容的标准、考核方法和程序进行考核。县委工作部门、人大机关、政协机关、法院、检察院、群众团体和乡镇党委的干部开始逐步过渡为国家公务员。

建立和实行国家公务员制度后，全县干部实行分类管理。副科级以上干部的调动手续由县委组织部办理；国家公务员和事业单位干部跨部门、跨地区调动手续由县人事局办理。县委对党政干部的管理，突出为基层服务、为群众服务、为经济建设服务的方向。

在干部选拔方面，县委加大对年轻干部、党外干部和女干部的培养选拔工作。1993年县领导班子换届后，县委建立健全了各级领导班子的科学管理体系，对领导干部考察，运用和完善了“民主推荐，民意测验，民主评议”制度，做到民主性、广泛性、代表性的有机统一。1996年县委调整充实科级后备干部124人。干部吸收录用方面，县委主要采取：接收普通高校中专毕业生；考试录（聘）用干部，包括县直机关从社会上公开考试录用国家干部，县直机关和事业单位从干部岗位上的工人中考试录（聘）用干部，乡镇机关和事业单位从社会上公开考试录（聘）用干部，乡镇机关聘用制干部转为国家干部以及民办（代课）教师转为公办教师；接收安置部队转业干部。1997年，始兴首次进行副科级干部考试录用制，率先于韶关市各县区。在干部人员配备上，县委重视干部队伍的革命化、年轻化、知识化和专业化建设，力求做到气质、素质和能力上及年龄结构的优化组合，不断增加专业技术干部，调动积极性，充分发挥作用，使干部队伍结构不断完善，趋于合理。对于优秀中青年干部，大胆培养和使用，通

① “五大”毕业生，指1979年9月8日以后按国家规定的审批程序，经省政府或国务院有关部委批准，由教育部备案或审定的广播电视大学、职工大学、职工业余大学、高等学校举办的函授大学和夜大学的毕业生。

过挂职锻炼，加大培训力度，加快了年轻干部的成长步伐。

干部离（退）休制度走上正常化轨道。离休制是国家特定历史时期的产物，作为国家干部队伍中的特殊群体，中华人民共和国成立前参加革命工作的国家干部，男年满60周岁，女年满55周岁实行离职休养制度。1982年4月，始兴开始办理离职休养手续。随着岁月流逝，离休人员逐年减少。1993年10月全县机关工资制度改革时，属行政机关单位离休人员有109人，其中享受厅级待遇1人，享受处级待遇42人。根据国家政策规定，按照基本政治待遇不变、生活待遇略优的原则，离休人员的离休费按离休前的基本工资全额发放。并根据参加革命工作的时间，相应享受各项补贴。至1997年，全县离休干部211人。《国家公务员暂行条例》颁布实施后，国家机关工作人员（公务员）退休制度进一步得到完善。根据《国家公务员暂行条例》规定：男年满60周岁，女年满55周岁，应当退休；男年满55周岁，女年满50周岁，且工作年限满30年，丧失工作能力的经任免机关批准，可以提前退休。根据1993年国务院办公厅和1994年省人事厅的文件精神，退休后的待遇按照工作人员的工作年限（工龄）来确定，其中，执行职级工资制人员基础工资和工龄工资按百分之百。1993年10月工资改革后，退休人员每月另可领取职务津贴40元、奖励工资（按退休前职务：正处级干部45元、副处级干部40元、正科级干部35元、副科级干部30元、科员以下25元）、电费补贴9元、粮食差价2元、洗理费5元、清凉饮料费7元以及副食品补贴2元、书报费14元、燃料费20元和山区补贴20元、山区年限津贴1年工龄1元、就医门诊费补贴14.5元。此外，县委老干部局积极为离退休老干部办好事实事，组织开展多种活动和比赛，并每年对离退休老干部进行慰问。

五、加强基层党组织建设

在本时期，全县基层党组织设置有所变动。1993年3月，县委设立的工作部门为13个，下辖太平镇、马市镇、顿岗镇、澄江镇、罗坝镇、司前镇、隘子镇和城南乡、沈所乡、花山乡、江口乡、北山乡、都亨乡、刘张家山乡共8个乡7个镇和造纸总厂1个企业党委，以及公安局、财贸系统、农林水等8个党组，17个党总支委员会，460个党支部，党员总数

8135 名；7 月，成立县工交系统委员会；8 月，经省人民政府批准，县内原设置的 7 镇 8 乡改设为 10 镇 4 乡，将城南、沈所、江口 3 个乡改为镇建制，原乡党委改为镇党委。1994 年 12 月，成立始兴县国税分局党组和始兴县地税分局党组；1996 年县人民武装部党委归还部队管理。至 1997 年底，全县有党委 21 个，党组 9 个，党总支部 20 个，党支部 475 个；全县党员 9250 名（其中男性党员 7594 名，女性党员 1656 名，少数民族党员 195 名）；文化程度专科、本科的党员 1306 名，高中、中专的党员 1329 名，初中及以下的党员 5615 名；年龄 35 岁以下的党员 1806 名，36~45 岁的党员 2122 名，46~55 岁的党员 2186 名，56~60 岁的党员 1209 名，61 岁以上的党员 1977 名①。

1993—1994 年，县委按照中共十四大提出的要求和省委的部署，开展加强基层党组织建设的各项工作。1994 年 9 月，中共十四届四中全会通过的《中共中央关于加强党的建设几个重大问题的决定》，对新形势下加强基层党组织建设的重要性和紧迫性、必须遵循的指导方针、各类型基层党组织的职责任务以及对党员教育管理等方面都提出了明确的要求。此后，县委根据上级的部署要求，结合形势发展的新特点，有计划、有步骤地开展基层党组织建设。

在基层党组织管理方面，全县各乡镇党委、县直机关各党委的领导班子建设纳入县副科级以上领导班子建设范围，由县委直接管理。基层党委下辖的党总支部、党支部由各基层党委直接管理。党支部按党章规定进行换届选举，保持党支部班子的健全，其中农村管理区党支部配齐脱产支委，并经过此后多年换届选举，实行党支部书记和管理区（村）主任“一肩挑”。1993 年，县委对全县农村基层组织建设作出全面规划，并分期分批组织实施。由县四套班子成员分别挂点联系贫困管理区，重点帮助管理区抓好班子建设。

在党员教育方面，1993 年，县委继续加强党员教育阵地建设，完善党员教育网络，在继续完善各基层党校建设的基础上，重点抓好农村管理区党员活动室的建设。全县农村管理区党支部均按要求建立起党员活动室，

①《始兴县志（1990—2000）》，广东人民出版社 2011 年版，第 341~342 页。

并使之与“双目标管理”活动有机结合，做到党支部成员照片上墙，党内工作目标上墙。是年，县直机关党委各党（总）支部完善了“两机一室”建设，随后，全县142个管理区也相继配备了“两机一室”，并充分利用“两机一室”举办各类培训班学习，使党的活动阵地得到了加强，促进党员电教工作的正常化。2月，县直机关党委组织全县企业部门在党员、干部中深入开展“讲科学比发展、讲管理比效益、讲风格比贡献，争当经济发展排头兵”的“三讲三比一争”活动。1996年，开展了“双学双为、反腐保廉”活动和举办“学理论学党章知识竞赛”，抓好党员队伍建设。9—12月，在全县农村乡镇、管理区干部中开展了“群众观点、群众路线”教育活动，着重解决少数农村基层干部不能正确对待农民群众、宗旨意识淡薄、法纪观念不强、政策水平不高等问题。1997年举办全县管理区党支部书记培训班，参加培训有142人。

六、加强各级领导班子思想作风建设

1993年，县委继续抓好和健全各领导班子思想作风建设责任制，并把它纳入干部岗位责任制范围，实行每年一评比。结合农村社会主义教育工作，加强对基层党组织领导成员民主生活会的督促和指导。全县党支部普遍做到会前征求意见，确定议题；会上认真开展批评与自我批评，解决思想问题；会后及时报告情况。通过这些措施，提高民主生活会的质量。各党组织结合县委的中心工作，加强对班子成员的教育。当年，结合全县开展反腐败教育、党风党纪和廉政建设大检查、开展农村“社教”等各项中心工作，在全县各级班子成员中坚持开展政治思想教育和岗位业务培训，提高班子成员的思想水平和工作能力。

县领导班子换届后，建立健全了各级领导班子的科学管理，制定了班子思想作风的有关制度，如县四套班子成员挂点制度、岗位责任制、信访工作制度、党风和廉政制度等，做到民主性、广泛性和代表性的有机统一。县委通过加强指导、检查、督促，促进了以民主集中制为重点的各项制度落实，班子抓思想作风建设责任制、领导干部参加双重组织生活、党风和廉政建设等各项制度均得到较好执行。同时，按照新的形势要求，在全县内广泛开展以自查自纠为专题的民主生活会。1993年以来，领导干部

自查自纠从县（处）级扩大到县直机关科级干部、乡镇领导干部、国有企业领导干部以及基层站（所）负责人，先后有2225人（次）在各级的专题民主生活会进行自查自纠；有60人（次）检查和纠正了违反廉洁自律规定的问题。县委在抓好各级领导班子民主生活会的同时，带头建立健全了集体领导和个人分工负责制，重大问题和重要干部的使用、奖罚都坚持集体讨论，把班子建设成为既分工明确，又高度协调团结的战斗集体。此外，大力加强领导干部的民主集中制教育，使各级领导班子民主生活会的质量不断得到提高，各级领导班子都能按照集体领导、民主集中、个别酝酿、会议决定的原则，以规范权力运用为重点，完善各级领导班子决策程序和机制，健全集体领导与个人分工的制度。

本阶段，在领导班子人员配备上，县委重视领导班子的革命化、年轻化、知识化和专业化，力求做到气质、素质与能力上的优化组合，调动积极性，充分发挥班子成员的有利因素和作用。

七、完善纪律检查和行政监察工作机制

1993年7月29日，县委召开了全县纪检、监察工作会议。参加会议的有各乡镇纪委书记、监察员和县直机关农委、财委纪委书记及各部委办局、副科级以上企事业单位管政工的领导、纪检监察股（组）长，共135人。会议由县纪委副书记刘扬平主持，县监察局局长黄国云传达省市纪检监察工作会议精神，县委常委、县纪委书记吴佳华作总结。县委副书记阳日成代表县委在会上作了重要讲话，强调要切实提高对加强纪检监察工作重要性的认识。9月20—21日，为贯彻执行中纪委二次全体会议和省委常委扩大会议精神，县委召开了县委常委扩大会议，部署了全县开展反腐败斗争工作。1994年6月1日县委召开全县党风和廉政建设工作会议，对全县的党风廉政建设作了回顾，并对今后工作进行部署。会议围绕健全县内党风廉政工作机制工作，要求从组织上抓保证，从体制上抓保证，从责任上抓保证，建立和完善反腐制约监督机制。

1995年9月全县开始机关机构改革和党政班子调整后，县委把全县的党风廉政建设和反腐败斗争摆上重要议事日程，加强领导，制定各项有效措施，开展党风廉政建设和反腐败工作。1996年3月，县委召开党建工作

会议，部署党风廉政建设及组织建设工作，并制定了《关于进一步健全和落实党风廉政建设责任制》，8月县委发出《关于进一步健全和落实党风廉政建设责任制的若干规定》，12月开始对全县党风廉政建设情况进行检查。此后，县委和基层党委反腐倡廉的领导体制和工作机制不断巩固完善。县委建立“党委统一领导，党政齐抓共管，纪委组织协调，部门各负其责，依靠群众的支持和参与”的反腐败领导体制和工作机制，为反腐倡廉工作的开展提供保证。纪检机关充分发挥组织协调作用，加强督促检查，坚持重大问题向党委请示报告，专项治理明确负责落实的部门，各负其责。在具体工作上主要领导切实负起领导责任，纪检机关积极协助党委抓好党风廉政建设和反腐败工作，密切配合，调动各方面的积极因素，充分发挥职能部门的作用，形成优势互补、各负其责、齐抓共管的局面。

在纪检队伍建设上，县委加强纪检干部队伍的思想、组织和业务建设。重视抓好纪检干部学习马克思列宁主义、毛泽东思想、邓小平理论和党的路线方针政策，教育纪检干部树立正确的世界观、人生观和价值观，培养淡泊名利，甘于清苦，坚持原则，恪尽职守的精神，进一步增强纪检干部的使命感和责任感。1995年，县委调整充实了基层纪检干部队伍，乡镇纪委书记的平均年龄比原来下降了6岁，大专以上学历上升到60%。各级党委通过自办业务学习班，选送上级培训纪检干部，以会带训，组织业务讲座，开展疑难案例讨论，现场指导等多种形式，加强业务学习，提高纪检干部思想和业务水平。1993—1997年，全县纪检干部参加各种业务学习班589人（次），选送了38人到省、市纪委培训学习，举办业务讲座10次，有效地提高了纪检干部的业务工作能力，为更好地适应新形势下做好纪检工作创造了条件。

县委加强党风党纪检查、监督和整改工作，严肃查办违纪案件。1993—1997年，县委、县纪委组织开展党风和廉政制度的执行情况大检查。根据上级的部署和要求，全县从1992年下半年相对集中2个月的时间，开展党风和廉政制度的执行情况大检查后，1993年各级纪检组织把大检查工作作为纪检部门的一项重要工作，在各单位自查的基础上，各级党组织派出检查小组分赴各单位，并始终抓住重点对象、重点部门、重点问题、重点制度进行检查。通过这次大检查，比较全面了解掌握和总结了全县近年来党风和廉政制度建设的情况和经验，进一步提高党员干部特别是各级领导对建立健全和执行制度的重要性、严肃性的认识，增强纪律观念，提高遵守和执行制度的自觉性，并有针对性地整改存在问题，修改廉政措施 838 项，修订公开办事制度 334 项。

县委、县纪检机关加强群众监督和信访举报工作，建立健全了各级信访制度，并认真受理群众的信访举报。1996 年县纪委监察局分别被省市纪委评为“三年信访举报达标先进单位”。全县纪检监察机关共受理群众来信来访举报 1036 件（次），信访立案 200 起，为查办违法违纪案件提供了一批重要线索，也为一批受到失实举报的党员、干部澄清了是非。有力地推动党风廉政建设和反腐斗争的深入，促进目标责任的顺利实现。

在本阶级，县委、县纪委在查办案件中，实行定领导、定方案、定办案人、定办结时间的办案责任制，坚持实事求是的原则，落实“事实清楚、证据确凿、定性准确、处理恰当、手续完备”的办案要求。对于难度较大的案件，纪检机关及时与检察机关组织联合办案，充分利用执法执纪部门的优势和综合手段，形成合力，促进破案。在开展大检查 5 年期间，全县纪检监察机关共立案 62 起，结案 62 起，给予党纪政纪处分 69 人，其中开除党籍 18 人，留党察看 6 人，撤销党内职务 3 人，行政撤职以上处分 9 人。在处分的党员干部中，科级干部 9 人。对一般性问题的党员、干部，及时予以批评帮助，促其主动改正。通过查办案件，为国家和集体挽回经济损失 61.6 万元。

八、创新统战工作方式方法

县统战工作以广泛团结联谊港澳同胞、海外侨胞，以经济建设为己任。县委在贯彻落实中共中央文件精神中，始终坚持党的“一个中心、两个基本点”[①] 基本路线，高举爱国主义和社会主义两面旗帜，结成最广泛的爱国统一战线，坚持统战工作为开放改革服务，为维护祖国安定团结的政治局面服务，为加强社会主义民主和法制服务。在具体做法上，邀请“三胞”家庭代表举行形式多样的座谈会，利用本土本乡的特色农产品举办各

① “一个中心”，指以经济建设为中心；“两个基本点”，指坚持四项基本原则，坚持改革开放。

类活动，开展联谊会，宣传中国共产党的政策、介绍家乡的新面貌，激发港澳同胞、海外侨胞爱国思乡的热情。

1993 年 11 月，始兴海外联谊会第二届理事会在县城召开，选举产生了名誉会长：杨木忠、李石保、官子明、刘景容；会长：吴显汉。12 月，在香港成立了香港始兴同乡会，官子明为会长，李三余为理事长。同时，县政府在香港德甫道西 79 号四邑大厦 12 楼购置了房产作为同乡会的办公场所，1994 年 3 月 28 日，香港始兴同乡会正式挂牌成立。此外，县政府在香港成立了“冠华香港有限公司”，由县委统战部部长吴显汉任董事长，开展海外贸易、联谊工作。县委统战部利用在港同乡会，加强“三胞”① 及其亲属的联谊工作，宣传党的方针、政策，宣传社会主义制度的优越性，宣传家乡自改革开放以来的巨大变化和伟大成就。同时把联谊工作与为“三胞”办实事、办好事相结合起来，为他们排忧解难，增强向心力。

县委统战部积极协助有关部门做好招商引资工作，吸引外商到始兴投资置业，加快步伐发展始兴的经济建设。1993 年，利用始兴工业园正式成立的机会，县委还出台一系列的优惠政策，加大招商引资力度，欢迎“三胞”和海外华人回乡投资办企业。1994—1997 年，县委统战部协助有关部门引进香港、台湾企业 11 家，引进香港、台湾合资企业 3 家，总投资 1795 万美元，1020 万港元，500 万元人民币。1995 年 3 月 15 日，香港鲍思高基金会长陈兴翼神父、澳门粤华中学副校长梁干潮神父首次到始兴考察教育情况，当场捐 5 万港元；香港鲍思高基金会捐资 50 万港元兴建顿岗慈幼中心小学。

县委对台办公室（简称台办）结合县内实际，为地方经济建设和教育事业发展牵线搭桥，积极主动开展海外联谊工作。台办围绕大搞“三高农业”劳动致富，加强开展扶助台胞台属劳动致富工作。1996 年 11 月，召开“三胞家属”劳动致富表彰大会，有 11 名台属代表作了典型劳动致富发言，总结了先进经验，号召全县台属向他们学习，推动全县台属加入劳动致富行列。同时，台办热情接待台胞台属，为他们排忧解难。1993—1995 年，台办办理接受了 61 户台胞向始兴捐赠的物品，其中有钢材、农

① “三胞”，指台湾同胞、港澳同胞、海外侨胞。

用品、医疗器械、药品、大米、小车等，共折价270.7万美元，1976.3万港元，3392.2万人民币。通过贯彻执行中共中央“和平统一、一国两制”的方针，放宽视野、广交朋友、宣传政策、争取人心，切实做好台胞中第二和第三代工作，增强海外统战工作的合力。

1993—1997年，为定居台胞补助救济款1500元，台属补助救济款3000元；解决台属纠纷8起，处理海协、海基会信访1件，省市级信访3件，台属遗产继承案4起，处理台胞突发事件1起。

1997年，党外副科级以上干部17人；少数民族副科级以上干部8人。

本章小结

1993年1月—1997年12月，是构建社会主义市场经济体制基本框架的时期，也是“八五”计划进入第3年至“九五”计划进入第2年的时期。县委向全县提出“为实现始兴小康目标而努力奋斗”的响亮口号，探索开发房地产，发展“三高”农业，实施“奔康工程”，加强建设始兴生态林业县，在深化改革中推动计划经济向市场经济转变，并围绕这个中心任务开展各项工作，促进经济社会的有序、稳定和发展。

在经济建设方面，全县经济总量在平稳中增加。按5年计划的国内生产总值（GDP）实绩分析，“八五”期间的增长幅度为33.36%。出现令人注目的变化是：以招商引资发展外向型经济的第二产业和旅游为主第三产业取得较好的成效，全县经济结构调整有了新的突破。按三大产业各自产值统计，产业结构朝着工业化和服务业方向迈进，第一产业比重不断降低，第二产业比重明显提高，第三产业比重逐步增加，三大产业结构比例由1990年的65.69 ∶ 14.88 ∶ 19.43调整为1995年的52.16 ∶ 17.08 ∶ 30.76。经济形态虽仍处于农业经济主导地位，但第二、第三产业开始处于逐渐上升阶段。1992年，全县国内生产总值（GDP）42259万元，1997年达到73848万元，其中第二、第三产业增长速度较快，第二产业1992年总值6078万元，第三产业总值

10223万元，到1997年第二、第三产业总值分别为11922万元、23311万元[①]。

在落实惠民政策方面，社会保障得到进一步加强，人民群众生活水平得到稳步提高。逐步建立下岗职工基本生活保障金、失业保险基金、基本养老基金的管理和使用制度，社会保险覆盖面不断扩大，参保人数大幅增加。1997年各险种参保人数21713人，其中养老保险参保有12818人；各险种征集收入770万元，其中养老保险征集收入745万元[②]。全县城镇职工年人均工资收入从1992年的2902元到1997年增加至5591元，增长92.3%；农村人均年纯收入从1992年的1012元到1997年增加至3108元，增长207.1%；城乡居民储蓄存款余额从1992年的1.97亿元到1997年增加至6.57亿元[③]，增长233.5%。

在社会事业方面，各项事业得到同步发展，尤其是民主法制和基础设施得到明显的加强和完善。其中通过查办在此期间出现的违法犯罪要案，端正发展方向，整顿经济社会秩序，加强民主和法制建设。在基础设施建设方面，完成国道323线始兴段第一至第三期改造扩建工程；兴建了黄花园工业园，并完善了园区配套基础设施，为始兴的经济发展开创了新的前景。

在党的建设方面，通过先后开展农村社会主义思想教育，以邓小平建设有中国特色社会主义理论学习为重点，举办多内容、多形式的学习班和培训班，并健全和完善党的管理制度，探索和试行领导干部公开考试选拔和中层干部竞争上岗，使党的自身建设得到进一步加强。

在本阶段前期，由于部分党员干部对“三个有利于”和社会主义市场经济理论学习和理解不深，追求不正当的个人利益和小团体利益，以致出现在经济发展上急于求成而造成市场秩序有些混乱的现象。在本阶段后期，县委进一步加强党风廉政建设和反腐工作，为全县经济社会顺利发展提供了组织保证，使经济工作得到稳步发展。事实证明，只有坚持党的领导，加强党的建设，正确贯彻落实党的路线、方针和政策，经济和社会事业才能沿着正确的方向顺利发展。

---

① 数据参照《始兴县志（1990—2000）》，广东人民出版社2011年版，第58页。
② 数据参照《始兴县志（1990—2000）》，广东人民出版社2011年版，第462页。
③《始兴县人民政府工作报告文献汇编（1950—2013）》，2014年版，第254页。

第四章

深化改革开放
全面推动经济社会发展

（1998.2—2003.3）

第一节　中共始兴县第九次代表大会的召开

1998年2月26—28日，中共始兴县第九次代表大会在县政府小礼堂召开，出席大会的正式代表339名。大会听取和审议了县委书记杨木忠代表中共始兴县第八届委员会所作《振奋精神　团结协作　开拓进取　再创辉煌　把文明富裕的始兴带进二十一世纪》的工作报告；听取和审议了县纪委书记吴佳华代表中共始兴县纪律检查委员会向大会所作的工作报告。

县委工作报告在回顾县第八次党代会召开5年来的主要工作和成绩时认为：新一届县委在上级党委的领导下，带领全县广大党员、干部和人民群众，坚持以邓小平同志建设有中国特色社会主义理论为指导，坚持以经济建设为中心，坚持解放思想，实事求是，艰苦创业，勇于开拓进取，有力地推动了全县经济和社会各项事业的全面进步；党的建设得到加强；精神文明建设有了新的进步。

5年来，县委的工作体会和经验主要体现在“五个坚持”：一是坚持以经济建设为中心，集中力量发展始兴经济。二是坚持从实际出发，实事求是，明确始兴经济发展战略。三是坚持改革开放，推动经济发展。四是坚持软件、硬件齐头并进，创造良好的发展基础。五是坚持“两手”都硬，促进全面发展。

县委工作报告提出今后5年的工作部署是：以邓小平理论为指导，全面贯彻党的十五大精神，进一步解放思想，更新观念，抓住机遇，深化改革，扩大开放，求真务实，开拓进取，以崭新的面貌跨入21世纪。今后5年全县经济发展的目标是：国内生产总值实现10.97亿元，年均递增11%，预算内本级财政收入5171万元，年均递增15%。实际利用外资平均递增30%；人口自然增长率控制在17‰以下。为实现上述目标，必须抓好以下六项工作：一是全面贯彻落实党的十五大精神，进一步解放思想、开拓进取；二是以奔康统揽农村工作全局，努力开创农村工作新局面；三是大力推进经济体制改革，进一步加快经济发展步伐；四是大力改善投资环境，进一步扩大招商引资成果；五是坚持“两手抓”的方针，不断提高精神文明建设水平；六是切实加强党的建设，改善党的领导。

县纪委工作报告把 1993 年 3 月县第八次党代会以来的党风廉政建设情况归纳为六个方面：一是坚持抓好领导干部廉洁自律工作，增强领导干部拒腐防变意识；二是狠抓纠风和专项治理工作，解决群众反映强烈的一些突出问题；三是有效地促进了部门和行业风气的好转；四是坚持标本兼治，广泛深入地开展党性党风党纪教育，增强党员、干部拒腐防变的能力，提高遵守和维护党的纪律的自觉性；五是严格党的政治纪律，维护党的权威和政令的畅通；六是加强纪检机关队伍建设，提高纪检干部的政治素质和业务水平。

5 年来纪检工作主要有四点认识和体会：一是纪检工作必须服从和服务于党的基本路线，围绕经济建设这个中心来开展党风廉政建设和反腐败斗争；二是必须坚持党委统一领导，党政齐抓共管，纪委组织协调，部门各负其责，依靠群众的支持和参与的反腐败领导体制和工作机制；三是反腐败斗争既要坚持三项工作格局，又要结合实际阶段性的成效，增强党内外干部群众的信心；四是反腐败工作必须坚持标本兼治，综合治理。

纪委工作报告提出今后 5 年工作建议：高举邓小平理论旗帜，用邓小平理论指导纪检工作，坚持为改革开放和经济建设服务；加大力度坚定不移搞好反腐败和党风廉政建设；坚持从严治党，坚决查处违法违纪案件；加强纪检机关的自身建设。

大会按照党章规定和民主集中制原则，选举产生了中共始兴县第九届委员会和中共始兴县纪律检查委员会。中共始兴县第九届委员会委员 27 名，候补委员 5 名；中共始兴县纪律检查委员会委员 13 名。经中共始兴县第九届委员会第一次全体会议选举结果为：县委书记杨木忠，副书记周中盛、阳日成、冯寿宗，常务委员夏金水、吴友明、林应均、王青西、肖银优（女）、罗勇新、何正平。会议一致通过中共始兴县纪律检查委员会第一次全体会议选举结果：纪委书记夏金水，副书记黄国云、刘扬平，常务委员何兴昌、董剑平（女）、周群修、任迈业。

第二节　全面推进党建工作和开展精神文明建设

一、全面推进党建工作

1998年2月，县委提出：加强党的建设，改善党的领导，是我们面向新世纪，提高执政水平和驾驭现代化建设能力的客观需要，各级党组织要认真研究建立社会主义市场经济体制、党建工作面临的新情况、新问题，采取有效的措施，把党的建设提高到一个新水平。

（一）抓党员干部的学习培训

1998—2003年，以宣传贯彻县第九次党代会精神为中心，围绕“解放思想，振奋精神，抓住机遇，开拓进取为把文明富强的始兴带入二十一世纪”开展宣传，同时加强计划生育、民主法制的宣传，组织开展“明县情、转观念、增合力、促发展”和“致富思源、富而思进”的教育，为推进全县社会主义精神文明建设营造良好的舆论环境。

1. 县委理论学习中心组的学习活动

1998年起，县委重点学习中共“十五”大精神，加强领导班子建设及“三讲”“三个代表”重要思想内容。在理论学习中做到：学理论必须和本县实际相结合，才能走出一条发展山区经济的新路子；学理论必须和解放思想、更新观念相结合，才能不断提高思想理论水平；学理论必须和加快始兴经济社会建设的速度相结合，才能实现本县经济社会的快速发展。学习还把理论学习作为加强班子建设的关键措施来抓，在学习马克思主义基本理论的同时，兼学经济、管理、市场经济、科技、公关等复合型理论知识，用以指导全县的三个文明建设。

2002年，抓好县委中心组和各基层党委中心组理论学习，努力提高各级领导干部的马克思列宁主义理论水平和科学决策能力。年初，县委宣传部协助县委中心组制订全年的学习计划，确定理论学习的5个专题，下发各基层党委中心组，指导各基层党委开展学习，县委中心组进行4次集中学习。

2. 举办副科级以上干部理论学习班

县委重视抓好副科以上干部的理论培训，除特殊情况外每年举办一期，由县直单位和各乡镇安排副科级以上干部分批参加理论学习，学习班由县委组织部、县委宣传部、县委党校等职能部门具体组织，学习内容根据每个时期的理论学习重点确定。2002年，按照县委《关于加强我县科级领导干部理论培训管理工作的意见》，县委各职能部门切实抓好全县领导干部的培训教育工作。12月15—25日举办全县理论骨干学习培训班和科级干部理论学习培训班共3期，共有600多人参加培训学习。

（二）加强基层党组织建设

1. 基层党组织设置的调整

本阶段，全县基层党组织有所变动。1998年9月，根据《中共广东省委、广东省人民政府关于理顺我省农村基层管理体制的通知》（粤发〔1998〕14号）精神，农村撤销管理区办事处建制，设立村民委员会。从1998年冬起，管理区办事处党支部随之更名为村党支部。2001年县直属机关党委并入县委组织部。2001年12月，撤销北山乡、刘张家山乡、花山乡，分别并入太平镇、罗坝镇和沈所镇。至2003年2月，中共始兴县委下辖的地方党委有马市、太平、顿岗、城南、沈所、江口、澄江、罗坝、隘子、司前镇和都亨、深渡水瑶族乡共12个乡镇党委。截至2003年2月全县设21个党（工）委、8个党组、21个党总支、445个党支部（其中农村党支部142个）。党员总数9861人，其中男性8011人，女性1850人；研究生4人、本科（专科）1885人、高中（中专）2706人、初中以下5266人；35岁以下1513人、36~45岁2041人、46~55岁2102人、56~60岁1044人、61岁以上3161人。

县委按照“坚持标准、保证质量、改善结构、慎重发展”十六字方针发展党员，开展党员政治思想理论教育，对党员进行动态管理，抓好基层组织建设。

2. 加强基层党支部领导班子建设

基层党委包括乡镇党委、县直机关各党委的领导班子建设纳入县副科级以上领导班子建设范围，由县委直接管理，基层党委下辖的党总支部、党支部由各基层党委直接管理。党支部按照党章规定进行换届选举，保持党支部班子的健全。

一是农村基层组织建设有了新的发展，1997 年在全县开展以创建“五个好”[1]先进村（管理区）党支部，根据中央提出“五个好”的目标，对全县农村基层组织建设做出全面规划，重点帮助他们抓好班子建设，选配好党支部书记，找准经济发展路子。二是对乡镇、县直机关和事业单位领导班子进行大胆调整、充实，加大了交流和轮岗的力度，充实了一批政治思想强、工作突出、清正廉洁、群众信赖的优秀中青年干部进入各级领导班子。1998 年，在乡镇换届工作中，共调配干部 189 名，其中留任 89 名，换岗 29 名、交流 34 名。有 37 名被提拔进入班子，对少数经考察不胜任现职的领导进行降职或免职，使各级领导班子更趋年轻，更具活力，更富有开拓精神。在调整充实领导班子的同时，还加大了干部人事制度改革，按照公开、平等、竞争、择优的原则，分两批公开选拔了 10 个单位的副科级领导干部，为优秀人才脱颖而出开辟了新的途径。实行干部诫勉制度，强化了对干部的管理。在部分企事业单位实行民主选举领导班子成员，扩大了民主程度。在村级换届工作中，县委派出 112 个基层组织建设工作队挂钩联系全县 112 个管理区（村），协助抓好全县的农村党支部换届和撤区建村工作，理顺了农村管理体制。三是社区党建工作有了新进展，全县 13 个社区相继成立了党支部，社区党建工作步入正轨。四是党员队伍不断发展壮大，全县党员人数从 1997 年的 9251 人发展到 2002 年的 9681 人，其中女党员新增 194 名，大专以上学历新增 583 名，少数民族党员新增 25 名，较好地改善了全县党员队伍结构。

3. 建立党员培训轮训制度

继续加强党员教育阵地建设，在继续完善全县 21 个基层党校建设的基础上，重点抓好农村村级党员活动室的建设，使全县农村党支部按要求

① 党组织“五个好”，即指领导班子好、党员干部队伍好、工作机制好、工作业绩好、群众反映好。

建立党员活动室。并使之与“双目标管理”活动有机结合，做到党员照片上墙，党内工作目标上墙。县委、各基层党委采取分层次、分期分批的方法，认真组织开展对广大党员的培训轮训。1998 年以来，全县共培训副科以上干部 6044 人次，其中参加省、市培训的 141 人；乡镇共举办农村党员干部实用技术培训班 165 期，共培训各级各类党员、干部 7800 人次。在农村的党员取得了农民技术职称的 954 人，其中获得农民技师的有 24 人。此后党员培训轮训的内容，按照各阶段党内培训教育的重点进行安排。

4. 开展党员电化教育

为增强学习教育效果，进一步加强党员电化教育工作进入常态化，1998 年起，县城建立电教播放网点 21 个，基本形成了上下贯通的电教网络机构。先后为 142 个农村党支部添置了 VCD 播放机，共播放党员电教片 70 部 5000 场次，并在县有线电视台开辟了“农村党员致富录”和“共产党人”专栏。通过一系列的教育活动，进一步提高了全县广大党员干部的政治思想素质，增强了思想信念和“公仆”意识。

5. 加强基层党组织制度建设

在发展党员方面，按照“坚持标准、改善结构、保证质量、慎重发展”的十六字方针开展工作。县委组织部制订全县发展党员工作的 5 年规划和每年的计划，提出发展新党员的具体措施和指导性指标，各基层党组织按照规定的要求和程序开展发展党员工作，特别注重在生产第一线岗位、青年和妇女中发展新党员。同时建立“党建带团建”工作，在共青团开展“推优”工作，促进发展党员工作的开展。2002 年，发展新党员 194 名，其中女性 47 名，大专（本科）学历 194 名。2002 年全县党员总数 9861 名，比 1997 年增加 611 名，比 1992 年增加 1726 名。

在党内创先争优方面，坚持落实措施，创新形式，增强党组织战斗力，发挥好党员的先锋模范作用。县委在每年“七一”期间召开全县纪念暨表彰大会，表彰先进基层党组织、优秀党员和优秀党务工作者，推动了党内创先争优活动的开展。本阶段，党内创先争优的形式在前期实行党支部党员“双目标管理”的基础上，组织开展“创五好基层党组织”示范镇党委和示范村党支部的评比表彰活动。2002 年起组织开展县、镇、村“三级联创”活动，以创“六个好”[①]乡镇党委、“五个好”[②]村党支部。

县委组织部制定《关于建设农村党的基层组织建设工作示范点的通知》，在县内选2个农村基层组织建设镇村示范点，并发出《关于在全县各村建立农村党员联系村民工作责任制的通知》，对全县全面推行农村党员联系村民工作进行具体部署。各村都结合实际，确定党员联系对象、联系方案和发展目标等。

6. 开展共产党员先进性教育

以“三讲”“两思”“三个代表”等重要思想学习教育活动为基础，切实抓好各级班子建设和党员干部的思想政治教育。在全县各级党组织广泛开展了“学理论、学党章、为基层服务、为群众‘排忧解难’”活动。1998年12月开始，重点在县处级以上领导班子和领导干部中深入开展了以“讲学习、讲政治、讲正气”为主要内容的党性党风教育，增强了领导干部的民主意识、全局意识、发展意识；2001年先后开展了乡镇、县直部门、村级3批“三个代表”重要思想学习教育活动，参加学习教育对象4212人，其中县直部门1620人、乡镇1852人、村级733人、国有企业7人。在学习教育活动中，各级党组织和广大党员干部正确处理学教活动与各项业务工作的关系，做到边学边改、边查边改，并取得了很好的成效，使干部受到了教育，群众得到了实惠。

（三）纪检监察工作

1998—2002年，县委坚持从严治党的方针，结合始兴实际，紧密围绕经济建设这个中心，每年召开纪检工作会议，并发出相关文件。经过全县各级党组织和广大党员干部群众共同努力，全县各级党政机关和干部队伍中腐败现象进一步得到遏制，群众反映的“热点”问题得到有效治理，反腐保廉的制度建设进一步加强，人民群众反腐败斗争的信心不断增强，县第九次党代会提出的关于党风廉政建设和反腐败工作任务得到较好的落实，党的路线、方针、政策以及中纪委颁布的各项规定得到较好的执行，为促进经济建设和各项事业的发展提供有力的保障。1998年12月25日，

① “六个好”，指领导班子好、党员干部队伍好、工作机制好、勤政廉政建设好、小康建设业绩好、农民群众反映好。

② “五个好”，指好班子、好队伍、好路子、好体制、好制度。

县委召开九届三次全委扩大会议，学习贯彻江泽民总书记在中纪委三次全会上的重要讲话和省委书记李长春在省纪委二次全会上的重要讲话精神，部署全县当年党风廉政建设和反腐败的工作任务，制定了《关于实行党风廉政建设责任制的规定》。1999 年 2 月 28 日，县委成立党风廉政建设责任制领导小组，县委书记杨木忠任组长。4 月 12 日召开党风廉政建设工作会议，传达省、市党风廉政建设工作会议精神，部署 1999 年党风廉政建设和反腐败工作任务。8 月 8—11 日，韶关市委常委、纪委书记赵军到始兴检查指导纪检、监察和党风廉政建设工作，在县委副书记阳日成和县委常委、纪委书记夏金水等领导陪同下，到司前、隘子、太平镇检查党风廉政建设和纪委的办案情况，并充分肯定了始兴的党风廉政建设工作。

在完善反腐倡廉领导体制和工作机制同时，注重抓好纪检监察机关建设。通过加强学习，讲政治、讲正气，致力提高纪检监察干部的思想政治素质和业务水平，努力探索新时期党风建设和反腐败斗争的特点和规律，增强纪检监察队伍的战斗力，强化纪检监察机关的职能作用。在工作中，广大纪检监察干部做到恪尽职守、公正严明、依法办事、不徇私情、努力工作，以高度的政治觉悟、精湛的业务深入开展各项纪检监察工作。

（四）统战工作

1. 统战政策的贯彻落实

县委贯彻落实中共中央文件精神，坚持党的“一个中心、两个基本点”基本路线，高举爱国主义和社会主义两面旗帜，结成最广泛的爱国统一战线，坚持统战工作为开放改革服务，为维护祖国的安定团结的政治局面服务，为加强社会主义民主和法制服务。在具体工作做法上，利用党校办班的教育阵地，分别举办了 5 期党员干部学习班，讲授统一战线方针政策，广泛开展统战工作在新时期所起的地位、作用、任务的宣传，积极做好统战工作。

此后，县委围绕党的中心工作，贯彻执行党的方针、政策，发挥好党的统一战线的作用。2002 年 3 月，县委根据中共中央、省委的文件精神，印发《关于加强统一战线工作的意见》，创新统战工作机制，进一步推动全县统战工作的开展。

2. 做好党外人士的考察安排工作

县委统战部会同县委组织部一起派员到党外人士较多的教育、卫生等部门进行调查，了解党外人士的思想、学习、工作情况，建立党外人士后备干部队伍，把德才兼备的优秀党外人士推荐到政府和职能部门任职。1998 年 3 月，兰茵作为党外人士当选为始兴县人民政府副县长。是年，全县党外人士任副处级领导有 5 人，任副科干部有 19 人。为了更好地发挥党外人士参政议政的作用，搞好党内外共事合作，5 年来，分别召开副处级党外领导干部、副科级党外领导干部、民主党派、无党派人士座谈会等 22 次。与此同时，做好下届政协换届工作，县委统战部与政协党组共同开展调查摸底工作，拟定初步的调整方案和新进政协委员的条件。1998 年 3 月，召开党代会、人代会换届选举，县委统战部按照县委的统一部署，主动积极配合县委组织部、县人大常委会党组、县政协党组，做好举荐民主党派和无党派人士参加县人大代表、县人大常委、县政协委员及常委的安排工作。经过认真考核和充分协商，有 51 名党外人士当选为县人大代表，吴群玉当选为县人大常务委员会副主任，有 3 名党外人士当选为人大常务委员会委员。在 133 名政协委员中，有民主促进会 3 人、工商界 5 人、少数民族 3 人、香港同胞 4 人、无党派人士 7 人、宗教界 1 人。非党的政协委员 79 名，占委员总数的 59.4%，有 4 名党外人士当选政协常委。保证县人大、县政府、县政协领导班子按省、市委发文规定的比例备齐非党干部，受到市委组织部、市委统战部的好评。

1998 年 6 月，县党政班子换届工作已完成，为更好地坚持和完善中国共产党领导的多党合作和政治协商制度，充分调动各方面的积极因素，振兴始兴经济，积极协助四套班子及纪委班子中共党员领导干部做好联系党外人士的工作。2001 年 2 月，由于部分领导成员工作变动，县委决定继续实行县党政班子领导成员同民主党派、无党派、工商界人士开展联络交友活动，还会同县委组织部采取多种形式召开党外代表人士座谈 4 次。10 月，组织全县副科以上党外领导干部 19 人次外出参观学习。县委统战部发出通知，要求全县副科以上党外干部在年底以书面形式向县委组织部和县委统战部报告工作情况，此后形成每年一次的报告制度。

（五）加强对民主党派和非公有制代表人士的统战工作

县委加强对民主党派统战工作，1997 年 11 月 25 日协助中国民主促进会始兴县支部召开第三次会员大会，选出新一届支部委员会。县委为更好地坚持和完善中国共产党领导的多党合作和政治协商制度，充分调动各方面积极因素，分别于 1998 年和 2001 年发出《始兴县党政领导成员联系党外人士的通知》，指导民主促进会始兴县支部开展参政议政工作。1998 年民主促进会始兴县支部对群众关心的热点建言献策，提出 12 件提案，其中“关于墨江大桥三角区脏、乱、差”的建议和“整顿县城市容市貌”的提案被评为优秀提案。1999 年 3 月—2000 年 3 月在两会（政协、人大会议）期间共提交 35 件提案，大部分提案均被有关部门采纳。1999 年 4 月，组织民主促进会韶关大学支部到澄江镇开展“三下乡”[①] 活动，开展送医送药、家电维修、支教活动，捐赠图书 1000 多册、衣物 800 多件给山区群众。2000 年 12 月，始兴支部全体成员到刘张家山乡开展为民活动，其中为群众看病治病送药 113 人次，修理电器 72 件、修理煤气炉 23 套、书写对联 50 多副，受到当地政府和老百姓的好评。

县委加强对工商联换届选举工作的指导，县委统战部指定一名领导负责联系工商联开展指导工作。同时，乡镇党委统战委员要联系 2 户以上个体私营企业。把非公有制经济代表人士的工作纳入统战工作的主要内容来抓，切实加强对工商联的领导，积极参与和创造有利于社会主义市场经济发展的社会氛围。2002 年 1 月，工商业联合会召开第八届会员代表大会，会长由非公有制经济人士担任。县工商联有 13 名会员参政议政，1 名县人大常委兼任工商联会长，提高了非公有制经济人士的政治地位，为县委、县政府工作起到参谋和桥梁作用。县委统战部始终把非公有制经济代表人士的工作摆在重要位置，坚持“团结、帮助、引导、教育”的方针积极主动开展工作，开创生动活泼的新局面。协助工商联组织执委以上会员的专题学习，加强政治理论知识学习，指导工商联开展调查研究，并鼓励积极开展参政议政活动。

举办非公有制经济代表人士培训班，开创对非公有制经济代表人士的

① “三下乡”，指开展文化、科技、卫生“三下乡”活动。

思想政治工作的新方式。2002年6月，举办一次非公有制经济代表人士培训班，邀请教授、专家前来授课，对非公有制经济代表人士进行爱国、敬业、守法的宣传教育。加强非公有制经济代表人士的联系和沟通。是年，召开非公有制企业经济代表人士座谈会2次，热情地为非公有制经济代表人士做好力所能及的服务工作。

1. 开展“三胞”和对台经贸工作

县委认真开展“三胞”工作，为他们多办实事、办好事，增进“三胞”的乡情和亲情，发挥“三胞”为家乡建设的积极性。县委历年来对在台湾的始兴同乡会的联谊交往十分重视，1998年上半年在台的始兴同乡会理事长及几位理事等共26人回始兴探亲，县委、政协、统战部都十分重视，热情友好地做好接待工作，当同乡会理事长等人了解到建设墨江河工程之后，深感这是造福子孙的百年大计，表示回台后召开理事会，动员始兴乡亲为工程募捐，共襄善举。2002年1月19日，香港新界社团首长联谊会访始团一行到始兴县参观考察。县委统战部利用接待工作的机会，一方面向台胞宣传党的对台方针、政策，宣传社会主义制度的优越性，宣传家乡几十年来的巨大变化，特别是改革开放以来的伟大成就。同时注意把接待工作与为台胞台属办实事、办好事相结合，为他们排忧解难，使他们心情舒畅，热爱家乡，增强向心力。

加强与台经济合作，对台工作稳步发展，贯彻以“经济促政治”的方针，确立了“以台资企业为载体、以经济贸易活动为桥梁、在粤招商为重点”的工作思路，县委统战部积极协助有关部门做好引进台资的工作，以台引台，加快步伐发展始兴的经济建设。2002年5月引进台商陈英龙先生投资30万元人民币在马市镇白水寨承包60公顷山地，首期种植台湾优质茶4公顷。1998年，省8个民主党派捐资40万元，在顿岗镇贤丰村兴建了一座1200平方米的同心小学教学大楼，并将该小学作为长期扶持对象。1999年6月15日，韶关市外贸出口和利用外资工作现场会在我县召开，常务副县长王青西在会上代表始兴县作了发言，出席会议的市和各县领导对始兴引进“三资”企业工作给予充分肯定。1996年7月27日第二届海外联谊会换届，加强与海外经济联系交流工作。2002年2月2日，县委、县政府在香港华润大厦举行“始兴县（香港）迎春茶话会”，在始兴投资的外商及在港部分始兴乡亲约 80 人出席茶话会。同年，继续围绕“改革、创新、发展、交流、奉献、服务”的工作思路，结合本县实际继续为地方经济建设发展牵线搭桥，积极主动开展海外联谊工作。始兴县侨务办公室成立于 1983 年属县政府工作部门，1988 年与始兴县侨务外事办公室合署办公。始兴县归国华侨联合会成立于 1988 年 1 月 16 日。侨联没有机构编制，与始兴县人民政府外事侨务办公室联合办公，人员由外事侨务办公室人员兼任。2000 年有侨资、侨属企业 5 家，规模不大，均属小型企业，分别从事纸箱生产、榨油加工、生态果园、“三高”农业等。2000 年，县侨务办公室在省市外事侨务办的帮助下，争取到日本国政府捐赠 60 万日元给始兴县妇幼保健院改善医疗设施和环境。同时加强“三胞”及其亲属的联谊工作，召开统（战）侨（务）口各单位联席会议 3 次，学习贯彻有关会议精神，互通工作情况，协调“三胞”工作联系，增强海外统战工作的合力。

2. 开展宗教事务管理

县委、县政府在开展宗教事务工作中掌握政策法规，加强宣传教育和引导，依法加强对宗教事务的管理。通过深入调查研究，掌握全县宗教组织和活动情况，采取有力的措施，严防宗教渗透活动，保证正常交往活动的展开，维护安定团结的局势。2002 年，认真贯彻上级关于天主教工作的意见和有关会议精神，认真组织澄江方洞天主堂 53 名众信徒学习有关资料，反对梵蒂冈“封圣”，坚定“三自”① 办教信念。进一步抓紧落实宗教团体房地产遗留问题的工作，组织专人对县天主教房地产遗留问题进行了调查，弄清了情况，提出了具体的方案。

2002 年，县委召开全县统战工作会议，传达贯彻全国、全省宗教工作会议精神，县委统战部与县民族和宗教事务局，建立健全宗教工作协调机构，协同澄江镇党委认真做好方洞天主教活动场所的年检工作，经过各方面的检查，年检评定为合格。同时认真做好境内外宗教界人士的来访接待工作，接待境内外宗教界人士 80 人次。在接待工作中，做到坚定不移地按政策办事，积极宣传党的宗教政策和宗教法规。

① “三自”，指遵循“自然”的教育规律，提倡学生“自主”管理，促进学生“自在”发展。

为进一步使宗教与社会主义社会相适应，促进社会主义各项事业的发展和社会政治局面的稳定。县民族与宗教事务局通过宗教加强对外联谊和统战，始兴与香港鲍思高慈善基金会的正常交往，每年组织该会港澳台属在校青年学生和老师与始兴师生开展夏令营活动，通过军训、田间劳动、文娱联络，加深了双方的相互了解，增强了两地青年学生爱国、爱劳动和集体主义精神；通过宗教慈善组织牵线搭桥，在没有附加政治条件的前提下，为始兴的社会公益事业作出了重要贡献。经过数年的努力，共捐资 530 万元，建了 13 所希望小学和中学，捐资 60 万元解决了县内几千名濒临失学学生的读书问题；平时加强与公安部门的联系，对境外宗教人员到始兴境内活动的管理，严防出现问题，对一些非法宗教活动坚决给予取缔。

（六）领导班子建设

1998 年 11 月，根据省委颁发的《关于加强各级领导班子思想政治建设的决定》，在加强民主集中制建设、加强政治理论学习培训等方面开展工作，推动全县各级领导班子思想作风建设的开展。

2002 年，县委贯彻中共十五届六中全会精神，重点抓好《中共中央关于加强和改进党的作风的决定》、中共广东省委组织部《关于加强和改进镇村干部队伍作风建设的意见》《始兴县各级领导干部密切联系群众若干制度》《始兴县镇干部住镇管理制度》和《领导干部深入基层登记册》的贯彻落实。同时抓好领导班子民主生活会，大力加强领导干部的民主集中制教育。派出人员参加全县 15 个基层党委的领导班子民主生活会，使各级领导班子民主生活会的质量不断提高，各级领导班子都能按照集体领导、民主集中、个别酝酿、会议决定的原则，以规范权力运行为重点，完善领导班子决策程序和机制，健全集体领导与个人分工的制度。

（七）加强老干部工作管理

努力做好新形势下的老干部工作，县委组织部会同县委老干局，加强对离休干部工作的指导、检查和督促，进一步落实老干部的“两个待遇”①及有关政策。1998 年 11 月，县委发出《批转县离休干部管理局关于进一

① “两个待遇”，指离退休老干部的政治待遇和生活待遇。

步加强离休干部管理工作的意见的通知》，要求全县各单位共同配合，加强对离休干部的管理。2001 年 5 月 21 日下发《关于我县企业离休干部离休费、医药费实行保障机制的通知》，2002 年 7 月 31 日《关于印发始兴县离休干部医疗保险实行社会统筹的管理办法的通知》，县委建立“两个保障机制”[①]使企业离休干部的养老金与行政离休干部养老金一致，并将老干局发放补充养老金移交县社保局发放，彻底解决企业离休干部生活待遇偏低和长期拖欠的问题，确保“两费”[②]的落实。同时理顺破产和转制国有企业离退休党员的组织关系。此外，为老干部办好事实事，组织开展多种活动和比赛。2002 年分 3 批组织离退休干部到外地参观学习，还组织全体离休干部参观县内工农业生产发展情况。

（八）加强干部队伍建设

2000 年，县委根据省委《关于培养选拔优秀年轻干部、女干部、党外干部的意见》，结合领导班子换届选举和调整充实工作，加大对年轻干部、女干部、党外干部的培养选拔，选派优秀年轻干部到乡镇基层任职。为贯彻落实《中共中央抓紧培养选拔年轻干部的通知》精神，开展培养能够担当跨世纪重任领导人才工作。是年下半年，县委组织部根据县委意见，通过组织推荐、群众推荐和个人自荐 3 种方式，从县直机关挑选出 15 名政治素质过硬、事业心强、有大专以上文化、年龄在 30 岁以下、有发展潜力的年轻干部到乡镇任乡镇长助理，进行为期 2 年的挂职锻炼。各乡镇、各部门采用压担子的办法选拔年轻干部、女干部、少数民族干部和党外干部到基层、村委会挂职，对勇于开拓、政绩突出、群众公认、文化较高的优秀年轻干部及时地大胆提拔使用，优先纳入财政编制。为加强对这批挂职干部的管理，县委组织部还制定挂职干部管理办法，对挂职干部实行动态管理。11 月底，召开挂职干部座谈会，由各挂职干部作思想汇报，县委领导作小结的对话，对挂职干部的正确成长起到很好的促进作用。

2002 年，结合班子调整充实工作，抓好副科级以上干部的提拔和调配工作。按照《党政领导干部选拔任用工作条例》规定程序，严格做到坚持原则不动摇，执行标准不走样，履行程序不变通，遵守纪律不放松，全年

① “两个保障机制”，指离退休干部的生活保障和医疗保障。
② “两费”，即离（退）休干部的离（退）休费和医疗费。

共提拔任用副科以上干部49人，其中女干部3人，35岁以下16人，全部进行任前公示。是年，协助市委组织部做好对始兴县级领导班子换届组织准备工作。

（九）实施工资制度改革

1993年8月，国家颁布了《国家公务员条例》。10月，国家机关、事业单位实行工资制度改革；11月15日，国务院《机关工作人员工资制度改革方案》出台，始兴县公务员开始实行职级工资制度。

1999年根据《国务院办公厅转发人事部、财政部关于调整机关事业单位工作人员工资标准和增加离退休人员离退休费三个实施方案的通知》精神，全县有1838名机关工作人员（公务员）调整了工资标准，全县月增资额229882.2元，人均月增资125.07元，从1999年7月1日起执行。

奖金发放。机关工作人员（公务员）实行职级工资制后，对工改前的奖金发放制度作了相应改革。对年度考核为称职以上人员年终发一次性奖金，奖金按本人当年12月的月基本工资计发。从1993—2000年，全县根据县财政的收支平衡状况及财政能力，按每人100元发放年终一次性奖金。节支奖20元，奖励工资科员以下49元，副科级54元，正科级59元，副处级64元，正处级69元每人按月发放。

补贴、津贴发放。全县财政供给的工作人员按月发给粮差2元、食品补贴2元、燃料费20元、电价补贴9元、清凉饮料费7元、洗理费5元、书刊费14元、临时职务津贴40元、山区补贴20元。每月发给门诊费补贴则按工作年限确定：10年以下6元，11~25年8元，26年以上10元。始兴县属粤北山区县，根据有关政策规定，山区县实行山区工作年限津贴，山区年限津贴标准按工作人员1年工龄1元每月发给。

2002年全县职工工资总额15100万元，比上年增长16.1%，职工年人均工资8937元（不含下岗部分），比上年增长10.9%。

（十）开发培养人才

1993年8月14日国务院颁布《国家公务员暂行条例》，标志着国家公务员制度正式建立。此后国家人事部先后制定了一系列配套规章，规范了国家对公务员的管理，使国家公务员制度进一步完善。

1998年，县政府工作部门、乡镇政府共867人过渡为国家公务员。国家公务员制度在全县正式推行。县委工作部门、人大机关、政协机关、法院、检察院、群众团体和乡镇党委、群众团体的干部 375 人过渡为机关工作者；11 个具有行政职能的事业单位的干部 178 人过渡为国家公务员。2000 年开始公开招录工作，全县招录公务员和机关工作者 4 人。根据省委组织部《关于认真做好县（市、区）竞争上岗工作的通知》和市委组织部、市人事局《关于进一步做好县（市、区）机构改革中竞争上岗、公开选拔工作的通知》等文件精神，结合县直机关机构改革的实际，2002 年 1 月 24 日，县委组织部、县人事局联合出台《关于始兴县直机关机构改革中层领导职位竞争上岗实施方案》，着眼于建立有利于优秀人才脱颖而出的选人用人新机制，形成正确的用人导向，防止和克服选人用人的不正之风，积极稳妥地做好人员定岗分流工作，优化县直机关干部队伍结构。随着竞争上岗、考核晋升等制度的建立，进一步增强了公务员爱岗敬业、恪尽职守、开拓进取、奋发向上，提高公务员队伍的素质。

1998—2000 年，干部吸收录用主要方式有：接收普通高校中专毕业生；考试录（聘）用干部，包括县直机关从社会上公开考试录用国家干部，县直机关和事业单位从干部岗位上的工人中考试录（聘）用干部，乡镇机关和事业单位从社会上公开考试录（聘）用干部，乡镇机关聘用制干部转为国家干部以及民办（代课）教师转为公办教师，接收安置军队转业干部。

2000 年，共办理干部调入调出县外干部 18 人，解决了夫妻两地分居、照顾家庭等实际问题。全县调整干部 137 人。

1998—2000 年，对 45 岁以下国家行政机关工作人员分批进行大规模的计算机专业培训，每批培训时间 15 天；对专业技术人员均须按规定接受继续教育培训，举办培训班 25 期，培训总人数 747 人。1999—2000 年进行创造思维的培训考试，参培人数 3328 人。

以落实“乡土人才开发工程”为重点。深入开展人才服务工作。1998 年，全县 15 个乡镇全部建立了乡镇人才工作站，推动了农村人才资源开发。1999 年，县和乡镇两级人才库共登记各类人才 1280 人，其中乡土人才 580 人。同时采取专题培训的方式培养专业型人才，推广新的实用技术和优质品种，共举办了 9 期农业科技培训班，参培人数达 350 多人。积极主动为企业事业单位引进人才，努力开拓人事代理业务。1999 年 11 月，召开一次人才工作座谈会，县委主要领导明确提出要把人才工作摆上重要位置上，当作“一号工程”来抓。通过发布人才信息，深入了解，热情接待上门求职者等大量工作。为县卫生局引进了 1 名贵州医学院的本科生、为县水利局引进了 1 名西安理工学院的本科毕业生，为港商独资企业标准公司等用人单位引进了 46 名本科毕业生。组织了全县教师队伍专业人员的继续教育培训，全县行政机关工作人员和专业技术人员计算机培训工作，参加《创造性思维与方法》培训教师 2608 人次；举办行政机关工作人员计算机培训班 4 期达 111 人次；举办专业技术人员计算机培训班 6 期 147 人次。通过精心组织各项培训，提高了三支队伍的素质。

二、党风廉政建设工作

（一）党风党纪和反腐败教育

1993 年起，县委坚持举办全县副科级党员干部培训班，组织党员、干部认真学习邓小平关于新时期加强党风廉政建设的论述，江泽民在中纪委各次全会上的讲话和有关“讲学习、讲政治、讲正气”的重要论述，学习《中国共产党党员领导干部廉洁从政若干准则》、中共中央《八项规定》、广东省委贯彻落实《八项规定》的实施意见等一系列相关文件规定。

1998 年 12 月 25 日，县委召开九届三次全委扩大会议，部署党风廉政建设工作，制定了《关于实行党风廉政建设责任制的规定》；12 月，中共韶关市委党风廉政建设检查组对始兴 1997—1998 年党风廉政建设工作进行检查，市委检查组充分肯定了始兴党风廉政建设工作。1998—2002 年，县纪委积极协助县委坚持以教育为主、预防为辅的方针，开展“三讲”和“三个代表”重要思想教育、党的作风建设教育和警示教育等专题学习教育活动，不断增强党员干部拒腐防变的能力。

县委抓好以廉洁自律为主题的民主生活会。按照中共中央和中纪委要求，为确保全县各级领导干部廉洁自律专题民主生活会质量，每年由县纪委、县委组织部联合发文，部署召开民主生活会，要求抓好五个环节：一是抓学习，提高认识；二是抓好民主生活会前的准备工作；三是抓民主生活会上的批评与自我批评；四是抓民主生活会的指导和监督；五是抓整改措施的制度和落实。全县在职副处以上干部、县直机关、乡镇副科以上领导干部和基层站、所负责人，对照规定认真进行自查自纠，主动落实整改。同时，每年突出一个主题，组织开展纪律教育学习月活动。

县委坚持开展多种形式的反腐倡廉教育。1998—2002 年，通过专题报告会、座谈会、知识竞赛、演讲比赛、有奖测验、评选“廉内助”、组织观看省市党风廉政建设和反腐败成果展览、专题电影、电教片，组织向先进典型学习，剖析违纪违法案例，通过《始兴报》设“党风廉政建设”专栏等形式，对党员干部进行党风党纪教育。2002 年 7 月 2 日，县纪委、县委组织部、县委宣传部和县妇女联合会联合召开“廉内助”教育活动动员大会。大会号召全县副科以上领导干部及其配偶积极参加“争当廉内助”“创建廉洁家庭”的活动。9 月 30 日，县委、县政府召开始兴县“廉内助”活动总结表彰大会，大会对荣获“优秀‘廉内助’”称号的 10 位同志进行表彰。通过学习教育大大增强了教育的感染力和说服力，收到了很好的效果。为加强对党员干部的教育、管理和监督，保持党的先进性产生了积极作用。

（二）党风党纪检查、监督和制度建设

1998—2002 年，县委加强党风党纪检查、监督和整改工作。通过建立完善各项规章制度，加大从源头上预防和解决腐败问题的力度，认真落实中央和省委深化改革的各项措施，努力铲除腐败现象滋生的土壤。根据中央和上级规定，全县制定并完善了领导干部出国（境）报批，单位购买汽车由党政班子集体讨论等制度。通信工具安装、配备、使用和管理规定。同时制定大额资金的调配审批、行政事业单位的财务管理、县召开会议的报批、县府大院机关对外接待、领导住房、工作用车、单位接待费开支在财务上单独列项、国有企业业务招待费使用情况向职代会报告等制度。全县各乡镇和县直各单位相应建立和健全、修订完善各项制度，进一步规范各级领导干部从政行为，增强了领导干部的廉政自律认识和拒腐防变能力。全县政法机关不再从事经商活动，党政机关与所办经济实体和管理的自属企业脱钩，行政和执法部门的行政事业性收费、罚没收入全面实行“收支两条线”管理，清理规范执罚执收部门收费款项和票据，坚决制止在一些单位存在乱收费、私设“小金库”问题，整治资金管理混乱的状况。全县各级党政领导干部和企业领导人员任期和离任实行经济责任审计。2002 年 5 月建立了始兴县行政审批服务中心，对 26 个行政职能部门的 105 项审批项目按“一条龙服务、一站式办事、一个窗口收费”的形式设置，做到了“进一家门办成、盖一道章办好、收规定费办完、按承诺日办结”的开放式、社会化服务，树立了“公平、公正、公开”和“廉洁、高效”的政府形象。全县 11 个乡镇及 142 个村委会都实行政务、村务公开，促进社会主义基层民主政治建设。通过对党风廉政建设制度情况的监督、检查、促其落实，有效地预防和减少违纪违法现象的发生。

（三）落实党风廉政建设责任制

1998—2002 年，全县各级认真落实和执行党中央、国务院《关于党风廉政建设责任制的决定》和省、市委的实施意见，《中共中央关于加强和改进党的作风建设的决定》和省、市委的贯彻意见，抓好党风廉政建设责任制的落实。首先，建立各级领导班子一把手负总责、分管领导具体负责的制度。从县委到基层党委和党支部，从县直各单位到村委会的各级班子成员，都明确主要领导、分管领导的职责、任务，并把党风廉政建设、专项治理及纠风工作任务分解到职能单位，把落实党风建设责任制情况与单位及干部的考核、评奖、评优、选拔任用结合起来。其次，构建党风廉政建设的机构网络。全县 21 个基层党委均设立纪委，全县 21 个党总支、445 个党支部均设立纪检委员，形成上下齐抓共管的机构网络。最后，强化对责任落实情况的检查考核。成立由县纪委书记任组长的落实党风廉政建设责任制领导小组，制定下发了《始兴县关于实行党风廉政建设责任制规定的实施办法》以及相关的《始兴县党风廉政建设责任制检查考核制度》《始兴县窗口服务行业作风评议考核制度》等 7 个文件，并按照“纵向到底、横向到边、不留空白”的要求，健全党风廉政建设责任制网络，推动全县党风廉政建设走向制度化、规范化轨道。全县副科级以上单位、国有企业及 142 个村委会均建立党风廉政建设责任制。在开展检查监督工作中，对全县 36 名处级领导干部、副科级以上单位科级干部和担任实职的股级干部进行党风廉政考核，加大责任追究的力度，取消未能抓好落实党风廉政建设责任制的单位及主要领导的评先、评奖资格。通过狠抓党风廉政建设责任制的落实，有力推动党风廉政建设和反腐败斗争的深入，促进目标的实现。

（四）严肃查处违法违纪案件

查办违法违纪案件，打击腐败分子，是反腐败斗争的重要方面，也是群众十分关注的热点，能否取得成效，关系到群众对反腐败的信心。全县纪检监察机关始终把查办违法违纪案件作为反腐败斗争的突破口，加大办案的力度，坚持原则，敢于碰硬，秉公执纪，严肃查处。通过查办案件暨惩处违法违纪者，维护党和政府的威信，又教育和鼓舞人民群众。

1998—2002 年，县纪委把查处党员干部违纪违法案件，特别是大案要案，作为从严治党、惩治腐败的关键环节来抓。加强与各执纪执法单位的协调配合，严肃查处贪污贿赂、挪用公款、违反组织人事纪律等案件。全县纪检监察机关立案查处、审理党员、干部各类违纪违法案件 50 起，给予党纪、政纪处分 50 人，正副科级干部 17 人，受处分的人员中给予开除党籍 15 人，给予政纪处分开除公职 5 人。同时对 50 名受处分人员进行跟踪回访教育。通过查办案件，为国家和集体挽回经济损失 79 万元，有力地惩处腐败分子，教育了广大党员、干部，增强了人民群众反腐败的信心。有效地促进全县党风廉政建设和经济建设的健康发展。

（五）加强信访和纠风工作

县委、县纪委在查办案件中，加强对纪检监察的管理工作。1998—2002 年，受理群众来信来访和举报电话 168 件（次），办结率 100%。通过做好信访的接待、登记和办理等管理工作，为查办违法违纪案件提供一批重要线索。2001 年 1 月韶关市纪委、监察局、人社局决定授予始兴县纪委、监察局为“1999—2000 年度纪检监察先进单位”荣誉称号；授予何兴昌、戴凤婵同志为“1999—2000 年度先进纪检监察工作者”荣誉称号。

县委坚持标本兼治、纠建并举的方针和“谁主管，谁负责”的原则，与有关部门密切配合深入开展专项治理工作。把做好纠正部门和行业不正之风工作作为巩固反腐败斗争成果，进一步取信于民的重要工作来抓。2002 年 3 月 13 日，县委、县政府召开全县纠风工作会议，传达中央、省、市纠风工作会议精神，回顾县内上半年纠风工作情况，并提出 2002 年纠风工作意见。

2002 年 7 月 4—5 日，县窗口服务行业作风评议考核小组分成 4 个检查组分别对经济贸易局等 26 个窗口服务单位贯彻执行《始兴县窗口服务行业作风评议考核制度》情况进行检查，认为各单位领导非常重视、责任落实、监督制约机制完善、措施可行。供电局每月印发“行风建设简讯”，国税局编发了 13 期“行风建设工作简报”，大力弘扬行业正气，刹住不良歪风，并使干部职工互相交流、互相学习、共同促进。供电局组织开展了以“我的行为，就是企业形象”为主题的行风建设大讨论和演讲比赛。卫生防疫站围绕“如何向省中医院学习，提高服务质量”进行大讨论，人人做到“真诚优质服务，从点点滴滴做起”。通过检查认识到县委、县政府出台这个制度，进一步推动机关作风建设和政府职能转变，促进全县经济建设健康有序发展及共同打造始兴“诚实守信、少说多干、廉洁高效”的服务品牌的重要举措，通过开展行风评议考核工作，行风纪律有了明显好转。

在减轻农民负担方面，县委认真执行省“一项制度、八个禁止”①的配套管理办法，农民提留统筹费连续多年控制在上年农民人均收入的 2% 以内。规范各乡镇收费标准，取消全县自行设立涉及农民负担项目。

在清理乱收费行为方面，县委支持电力部门推行农电管理体制改革，保证省委、省政府提出的全省城乡住户同网同价目标的实现。取消涉及企业的收费、集资、基金项目 221 项，31 项收费标准予以降低，5 项收费标准予以纠正，变更收费内容范围 2 项。有效地减轻了企业和群众的负担，改善投资环境。加强对中小学收费的监督检查，严格按照中央、国务院的要求，坚决执行上级制定的收费标准，取消不合理的收费项目，整治乱收费现象。清理整顿医药购销市场，逐步规范市场秩序，县城 3 所医院实行药品招标采购。公路“三乱”②问题通过治理整顿，取得较好的成效。

在整顿规范市场秩序方面，全县范围内符合招标条件的建筑工程项目按规定全部实行招投标，县纪委通过执法监察，督促和配合有关行政主管

① “一项制度”，即农民合理负担一定三年不变的制度；“八个禁止”，即禁止平摊农业特产税、屠宰税；禁止一切要农民出钱出物出工的达标升级活动；禁止一切没有法律、法规依据的行政事业性收费；禁止面向农民的集资；禁止各种摊派行为；禁止强行以资代劳；禁止在村里招待下乡干部，取消村组织招待费；禁止用非法手段向农民收款收物。

② 公路“三乱”，指乱设站卡、乱罚款、乱收费。

部门整顿和规范建筑市场，会同有关部门对国债专项资金、公款购买个人保险、社会保障资金管理使用情况、粮食流通体制改革执行情况、工商行政管理、技术监督、劳动安全生产等开展专项检查，规范市场秩序。

在开展行风评议方面，根据省、市纠风办的部署，1998—2002年，先后在国土、建设、教育、电力、交通、公安、卫生等12个系统开展行风评议工作，促进行业风气的好转。

为堵塞财务管理上的漏洞，防止乱收费滋生，也为了方便群众，根据上级指示精神，2000年3月建立县综合收费中心，推动“收支两条线”工作走向正轨。

第三节　实施三大战略与争创发展新优势

一、争创始兴新优势

县委在贯彻中共十四大、十五大精神中，根据各阶段始兴的实际情况，对全县发展思路进行了调整。在实施“八五”计划的前期，根据全县治理整顿工作已经完成，实施“一稳三兴”[①]战略已经取得明显成效的基础上，县委把经济发展的重点放在工业产业上，先后出台《始兴县招商引资优惠办法》《始兴县招商引资奖励暂行规定》《关于进一步加快个体私营经济发展的决定》《始兴县招商引资责任制考核制度》和《始兴县招商引资窗口服务行业作风评议考核制度》等文件，继续走横向联合办工业的路子，形成一批支柱型工业产业。

1998年4月2日，中共中央政治局委员、省委书记李长春在市委书记汤维英、副书记刘创、市委常委郑盛庭、县委书记杨木忠、县长周中盛的陪同下考察始兴县外资企业标准微型马达厂，鼓励始兴立足本地优势资

①“一稳三兴”指稳消费、兴消费，稳外贸、兴外贸，稳投资、兴投资

源，创办龙头企业。6月27日，县委召开九届二次全委（扩大）会议，传达贯彻省委今后5年的基本任务和目标。根据省委会议精神，县委结合本地实际提出：增创发展新优势，全面完成全县提出的各项目标和任务，适时调整和完善了原有的工作思路，即今后工作总的指导思想是：以邓小平理论为指导，以十五大精神为强大动力，认真贯彻省第八次党代会精神，组织和动员全县人民树信心、鼓干劲、增实效、创业绩，以崭新的面貌迈入21世纪。县委总的工作思路是：把握邓小平建设有中国特色社会主义理论这个根本，抓住班子建设和基层组织建设两个关键，改善人缘、法制、基础设施三个环境，实施招商引资、农村奔康、国企改革、城镇建设四大战略，突出农村抓奔康、内外抓招商、企业抓改革、城镇抓建设的“四抓”重点，强化招商牵动、城镇带动、工业推动、改革驱动的“四动”措施，全面推进全县经济建设和社会各项事业向前发展。

二、外向带动战略的实施

2002年1月16日，省委、省政府在广州召开全省“入世”[①]暨改投资环境工作会议，始兴作为典型在会上作了《坚持“三个不动摇”，推进“三个一”制度，努力增创山区招商引资新优势》的发言。

县委根据国务院于1998年颁布的《中华人民共和国私营企业暂行条例》，批转县工商局《关于进一步鼓励支持个体私营经济发展的意见》，促进个体私营经济的发展。随着民营经济的发展壮大，县委进一步解放思想，充分发挥民营经济在促进经济增长、扩大就业和活跃市场等方面的重要作用，把大力发展民营经济作为加快国民经济发展和现代化建设的重要战略措施。1998年，根据省政府《关于促进个体私营经济发展的通知》和全省民营经济工作会议精神，县委决定按照“政治平等、政策公开、法律保障、放手发展”的方针，不限发展速度、不限经营方式、不限经营规模，努力为民营企业人员营造“社会上有地位、政治上有荣誉、经济上有实惠”的良好氛围，坚决扫除一切影响民营经济发展的思想障碍、体制障碍和政策障碍，放胆、放手、放开发展民营经济，推动全县民营经济的经

① 加入世界贸易组织的简称。

济发展。

2000年10月30日，县委、县政府在县政府小礼堂召开全县发展个体私营经济工作总结表彰大会，联兴实业有限公司始兴造纸厂等9家企业被评为“先进纳税户”；龙盛蓝宇农牧业有限公司等30家企业被评为“光彩之星”，邓德昌等49户被评为“文明经营户”和始兴县工商行政管理局等6个单位被评为“扶持个体私营经济发展先进单位”，并予以表彰。

三、旅游旺县战略的实施

1993年始兴县旅游公司注册成立，标志着始兴旅游业的起步。省委第八次党代会确定以旅游为重点加快发展第三产业，成为新的经济增长点。省委工作会议又提出要大力发展以旅游业为重点的现代服务业，这是我们发展旅游的难得机遇。县委、县政府亦逐步将发展旅游业提上议程，先后开发了车八岭自然保护区、东湖坪客家民俗文化村、满堂客家大围等旅游景区（点）。与此同时一些配套酒店、宾馆等基础设施也开始兴建。1998年8月，始兴县旅游局正式成立，始兴旅游业步入正轨。

1999年12月12日，县委、县政府举办“始兴县99旅游招商节”大型活动。2000年，经省、市旅游局考察评估，始兴县怡东酒店被省旅游局评为三星级饭店，兴粮大厦、平湖山庄被市旅游局评为一星级饭店，永安大厦评为二星级饭店。成立了以县长为主任，常务副县长、宣传部部长、分管副县长、旅游局局长为副主任，以及各有关部门一把手为成员的创建“中国优秀旅游城市工作组织委员会”，组织制定工作方案、协调部门关系，积极开展各项创优工作。并先后参加韶关市组织的香港、韶关、广州、佛山等地旅游推介会，派员参加2000年客家民居国际学术研讨会。在县城举办了以“争创优秀旅游城市，大自然本色尽在始兴，始兴旅游景点特色早知道”为主题的大型图片展览。邀请中央电视台、广东电视台、韶关电视台、香港亚洲电视台等海内外电视台和海内外报社的数十位记者多次到始兴采访和宣传报道。编写了《始兴旅游景点特色文集》《东湖坪民俗文化村》《始兴县博物馆》和《始兴县旅游景点分布图》等图片、文字宣传资料。

重点抓好独具客家风情的“东湖坪客家民俗文化村”景区规划，做好车八岭自然保护区、始兴县博物馆的规范管理。同时，按分类规划、分期建设原则，对全县的景点分为“自然景观类”“人文景观类”“观光农业类”和“科普考察类”“休闲环境类”进行科学的规划，2002年10月由中山大学社会科学研究院科研成果处在广州主持召开的《广东省始兴县生态旅游总体规划（2002—2022）》（以下简称《总体规划》）专家评审论证会上，经评审获得通过。《总体规划》的诞生，对全县旅游业的长远发展具有十分重要的指导作用，对加速始兴旅游业进程，实现把旅游业培育成为第三产业龙头的目标，具有重要的现实意义。县委、县政府积极推介十大旅游景区进行招商引资。扩大旅游宣传，创建始兴生态，人文景观品牌，提高旅游品位，带旺第三产业，成为新的经济增长点。

城市环境建设共投入3.3亿元，兴建了墨江两岸河堤，修筑了标准较高的沿江路，新增城市绿化面积近万平方米，新植绿化美化大树560株、新换道路照明灯358盏、灯杆138支。修筑通往车八岭景区水泥公路30千米。兴建了宽50米、长10千米的323线国道始兴县城路段“永安大道”，兴建了万余平方米的文化广场，新开通5条公共汽车线路，完善了道路设施和标志。

1993—2002年，全县接待游客301万人次，旅游收入累计1.63亿元，占全县第三产业收入的8%。

2002年国庆旅游黄金周接待了国内外参观旅游人数3.5万人次（其中港澳台、日本游客占7%）；怡东酒店、永安大厦接待人数均有上升（其中怡东酒店与去年对比上升18.3%），旅游总公司营业总收入1430万元。

四、科教兴县战略目标的实施

（一）科技发展的战略举措

1998—2002年，县委根据省委、省政府《关于依靠科技进步推动产业结构优化升级的决定》，县委、县政府成立了科技工作领导小组，先后制定了《始兴县1999年“科技进步月活动”工作实施意见》《关于认真实施科教兴农战略的意见》《始兴县专业技术拔尖人才的选拔和管理实施办法》等相关文件，认真办好科技示范点，引进推广先进实用农业技术，促进农村科技进步。在水稻种植方面，先后推广汕优、广优等良种，并改进耕作技术，提高水稻产量。在黄烟种植方面，为使烟区广大烟农及时了解科技信息和种烟新技术，实施了“烟草科技三级联动推广网络”：一是由烟草生产技术科研单位牵头，专职指导和培训烟区镇村的黄烟专干、技术员；二是各乡镇成立黄烟生产技术领导小组，负责本区的生产组织、技术落实；三是种烟村配合各黄烟专干、黄烟技术员，负责组织本村烟农对科技兴烟的具体落实。在林业、畜牧业、水产养殖业等方面也通过推广科学技术，调整产业结构，提高产业效益。县委抓好项目立项和人才引进，加强科技队伍建设，办好实用技术培训班，贯彻省、市《关于“十五”期间农村党员、基层干部技术素质培训规划》和县委《关于依靠科技进步，加强技术创新，推动产业结构优化升级的决定》，积极推进政府上网工程，推动产业化升级，加大实用技术培训力度，加强农村干部群众的科技普及工作。县国有工业、商贸企业加大技改力度，积极引进和推广新技术、新工艺、新品种、新方法。提高城乡人民的科技意识和水平。

1998 年 6 月，县科协与县图书馆联合举办了为期一个多月的“始兴县科技图片展览”。6 月 8—14 日省、市专家组织的实用技术讲师团到县城及城南、司前等乡镇进行农业新技术、新品种讲座及现场指导。同时开通了金科信息网，实施科技计划项目 19 项，开发新产品 4 个。

1999 年，全县科普工作、科技水平有了新的提高，农业推广了一大批新品种、新技术，工业开发了一批新产品，提高了工农业产品的科技含量。1 月 25 日，韶关市科技工作会议在我县怡东酒店召开，杨春芳副市长到会并视察了始兴县油菜示范基地。5 月 19 日，始兴县科技工作责任制通过市委、市政府检查验收。

2000 年 12 月，在县政府小礼堂举办“回顾与展望——20 世纪重大科技成就和 21 世纪科技发展前景”大型图片展；2000 年，全县共建有沼气池 2090 座。共有 29 篇科研论文在市级以上刊物发表，其中县人民医院有 3 篇科研论文被鉴定为“韶关市卫生系统新科技、新项目”；县卫生防疫站 1 篇科研论文获市科技进步二等奖。2001 年，科技部门加强了科普宣传教育、示范培训、信息咨询服务，科技对经济增长率达到 40.5%；2002 年，全县企事业单位拥有专业技术人员 5475 人，其中高级职称 116 人，中级职称 1631 人，初级职称 3728 人。

1998—2002 年，全县建有优质油茶引种、老油茶低改、两系杂交水稻、三元杂交猪、食用菌生产、黄烟生产、蚕桑生产、柑橘生产等科技示范基地。始兴县农业局获得省科技进步一等奖 1 项、三等奖 1 项，市科技进步一等奖 1 项。

（二）科教发展的战略举措

县委始终把科教工作放在优先发展的战略地位，以全面提高教育教学质量和办学效益为中心，以“改薄建规”[①] 为重点，促进教育事业稳步发展。1998 年，全县投入“改薄”资金 745 万元，投入“建规”资金 2637 万元，全面完成城南皇沙（冠明）、顿岗贤丰（同心）小学等 33 所教学用房的改造工作，评定顿岗中心小学等 4 所学校为县一级学校。1998 年 2 月，县委、县政府印发《始兴县关于改造薄弱学校，建设规范化学校的实施改建规划》及《补充意见》。4 月 14 日，召开全县“改造薄弱学校工作会议”，县长周中盛、副县长兰茵到会讲话，强调“改薄”工作要按照“统一规划、分类指导、积极推进、硬件从严、保证质量、按期完成”的总体思路，加强“改薄”建规工作要求。截止至 2000 年 10 月，新建教学用房 15 栋，面积 19630 平方米。实验室 4 栋，面积 7683 平方米，新建运动场地 90574 平方米，添置体育器材 3563 件，添置教学仪器设备 7381 件，购置图书资料 81660 册。还有一批食堂、校门、围墙、厕所等附属设施建成投入使用。全县“改薄”学校总投入 4466 万元，其中各级财政拨款 575 万元，群众集资 612.6 万元，社会各界捐款 745.8 万元，全县 15 个乡镇都不同程度地启动了“改薄”工程。

2002 年全县有普通中学 17 所，在校学生 17000 人；小学 100 所，在校学生 24448 人；职业中学 1 所，在校学生 408 人；在幼儿园接受学龄前教育的 6715 人。适龄儿童入学率 99.93%；初中阶段入学率 98.43%，初中毕业升学率 65.24%。7 月 3 日，广东省教育厅正式批准始兴中学为省一级学校；始兴中学徐友忠、逸夫小学李颂华、实验小学饶凑优等分别被评为省南粤教坛新秀、省优秀班主任、省南粤优秀教师。1998—2002 年，全县高中毕业生考入国内高等院校累计 1712 人，其中 2002 年录取了 676 人

① “改薄建规”，指改造薄弱学校、建设规范化学校。

（其中本科 248 人、专科 428 人）。

五、可持续发展战略的实施

1998 年 9 月 16 日，县委、县政府主持召开全县经济工作会议，传达省委工作会议关于“争创广东发展新优势，确保国民经济增长 10% 的预定目标”精神。县委副书记周中盛作《以脱贫奔康为目标、以十五届三中全会精神为动力，迅速掀起农业和农村工作新高潮》的工作报告。并对全县农业和农村工作作了部署。为寻求一条快速和可持续发展经济的路子，县委、县政府提出了建设现代生态县的具体工作目标。

（一）可持续发展的举措及成效

县委在宣传贯彻落实“三个代表”重要思想，结合县内实际，今后一段时期总的工作思路是：以农民增收、财政增长为目标，抓好烟、桑、竹、电四大支柱产业，走好“引资、兴工、促农、旺商、富县”五部棋的发展路子，实现始兴经济的快速发展，促进社会各项事业全面进步。县委先后制定了《始兴县股份合作林场建设实施细则》《始兴县毛竹深度开发实施方案》《关于进一步加快竹类资源开发的决定》《关于建设现代生态县的决定》《2001 年度现代生态县建设工作意见》《依靠科技进步，加快现代生态县建设步伐，推动经济社会全面发展的决定》和《关于山地开发暨生态工程建设工作的意见》等可持续发展的举措一系列文件，使全县各级更进一步明确始兴经济发展的思路，振奋精神，坚持以经济建设为中心，集中精力进行经济建设。

1997 年始兴列入广东省第四批商品粮基地县，省、市、县财政拨款在城南、马市、澄江、农科所建立优质稻繁殖制种基地 67 公顷，在太平镇、城南、沈所等乡镇改造中低产田 4000 公顷。2000 年，全县耕地面积 11622 公顷，其中水田 10033 公顷，旱地 1586 公顷。种植的主要作物是：水稻 13376 公顷，花生 2974 公顷，黄烟 2436 公顷，蚕桑 1746 公顷，薯类 1999 公顷，西瓜 869 公顷，蔬菜 7132 公顷。

1. 调整农村经济结构，加强山区综合开发

1998—2000 年，县委在推动“三高”农业发展上，结合脱贫奔康、绿化达标等中心工作，以市场为导向，以提高综合生产能力、提高效益、增

加农民收入为中心，大力调整农业和农村经济结构，努力发展具有山区特色的农村经济。同时，要求充分挖掘资源优势，重点发展“山上抓两香、地下抓烟、果、桑”，大力发展具有始兴特色、科技含量高、经济效益好的经济作物，提高产品的商品率和市场竞争力。

2. 粮食和经济作物的稳步发展

在发展粮食生产方面，通过依靠技术进步，大力推广种植优质水稻，推广农科新技术，促进了农业生产稳步发展。水稻是全县粮食生产的主要作物，种植面积最大。2002 年全县农村种植水稻面积 13376 公顷（复种），亩产 456 公斤，总产 91537 吨。在推广水稻优良品种方面，推广种植改造后的品种有：温优 3、汕优 77、汕优 4480、汕优晚 3、D 优 162；中晚造是汕优 46、汕优桂 33、汕优桂 99、金优桂 99、培杂山青、汕优 63 等优良品种。在推广农业科学技术方面，以县农业技术推广中心为重点，成立各乡镇农业技术推广站，逐步推行水稻直播和塑料秧盘育秧、抛秧栽培技术。同时，开展改造低产田、农田水利基本建设，改善耕作环境，并建设粮食高产示范片。

在油料作物方面。花生种植面积最大，尤其在平原乡镇，栽培品种是汕优 523、湛优 12、湛优 30、粤油系列。马市镇有部分采用蔓生型品种（俗称改头花生）与黄烟隔年轮作种植。2000 年全县花生种植面积 2974 公顷，亩产 230 公斤，总产 10264 吨，并大面积推广翻秋花生种子。

在经济作物方面，主要有茶叶、蔬菜、水果等。茶叶是利用山坡地种植，全县茶园面积 155 公顷，总产 212 吨；水果主要是 1999 年引进福建大果枇杷解放钟、早钟六号及东魁杨梅示范种植；2000 年全县蔬菜种植面积 7132 公顷，其中辣椒 2000 公顷；蚕桑种植面积达 841 公顷，产鲜茧 970 吨；西瓜种植面积 869 公顷，总产 27606 吨；马蹄种植面积 796 公顷，总产 22528 吨；黄豆种植面积 1313 公顷。

3. 山坡地开发种果

1996 年冬，县委决定把山坡地开发种果作为全县“三高”农业的突破口来抓。采取“统一规划、连片开发、政府扶持、落实承包”的模式，调动机关、干部职工、各乡镇和管理区集体、农民的积极性，并引进外地投资者开发果场。县委、县政府采取县财政补贴的方式，组织到外地集中购买果苗，与自办苗圃场育苗相结合，把果苗以优惠价格出售给单位和个人。本阶段，县委部署全县性山坡地开发种果，决心大、规模大、投入也大。1999 年起，山坡地开发种果逐步转为由集体和农户按市场需要种植果树。这次山坡地开发种果，是始兴历史以来规模最大、投入最多的种果高潮。这次种果高潮激活了农民种果的积极性。此后逐步转入农民群众特别是种果专业户以承包形式开发种果的新阶段。2002 年 4 月 29 日，在江口万亩优质水果基地举行大果枇杷品尝会。据 2002 年统计，全县水果种植面积 7466.67 公顷，比 1997 年增长 6.5 倍，水果总产量 3.36 万吨，比 1997 年增长 5.8%，总产值达 1.1 亿元，比 1997 年增长 160%。

4. 加快竹资源开发

始兴是省重点林业县之一，毛竹资源尤为丰富。1998 年 6 月 22 日，县政府印发《关于加快毛竹深度开发推进林业二次创业进程的通知》。8 月 29 日，县委、县政府在北山乡召开毛竹深度开发工作现场会，北山、都亨、澄江等 7 个乡镇的主要领导参加会议，下半年县政府组织了一次规模较大的毛竹抚育大会战，县直乡镇各机关单位除留守少数人值班外，全部动员参加，林业技术员驻点督促指导，大部分干部、职工分别到北山、罗坝、都亨等乡镇参加毛竹抚育义务劳动。全县共组织机关干部、职工和雇请民工及当地群众 3000 多人，历时一个多月，对 5333 公顷的毛竹进行了劈草、藤蔓、灌丛等，翌年毛竹发笋明显增加，10 月全面放开经营，经营者凭证采伐的毛竹上交足够的有关税费后可直接进入市场销售。

2000 年 10 月 30 日，县委、县政府认为竹林面积扩展缓慢，竹林质量和产值未能得到有效的提高。为有利于全县竹类资源的开发，制定了《关于进一步加快竹类资源开发的决定》(以下简称《决定》),《决定》提出：核发林权证，稳定林权，明晰产权，保护经营者的合法权益；归口管理、放开经营；降低收费、返利于林；鼓励兴办毛竹林场；鼓励发展竹制品加工企业；强化管理，加大竹类资源保护力度。至 2000 年，全县有竹类资源面积 19893 公顷，其中毛竹面积 12560 公顷。

5. 股份合作林场

始兴县推行责任山双层管理体制，即股份合作的形式，责任山实行股份制合作经营，把股份制引进合作经营稳定山林权属，把责任山以股份的形式折股联营，实行经济合作社“五统一”[①]下的工种承包作业制，收入按股份分红，把责、权、利紧密结合起来。至2000年，共办起了18个股份林场，面积达10849公顷。股份合作林场以原股份联合经营的股东会的山林为基础兴办，允许国营、集体、个体、私营通过参股竞标等方式进行投资兴办。

6. 创建全国生态示范区

为寻求一条快捷和可持续发展的路子，县委1999年12月24日召开的中共始兴县第九届六次全委（扩大）会议，县委书记冯寿宗作《实施三大战略迎接新世纪的挑战》报告，提出建设始兴现代生态县的宏伟目标。2001年6月，始兴被国家环保总局批准为第六批全国生态示范区建设试点地区。4年来，始兴以建设现代生态县统揽全县工作全局，以创建全国生态示范区作为建设现代生态县的重要载体，开展了以保护生态环境，发展生态经济，弘扬生态文化为主要内容的生态建设，使全县创建工作取得了显著的成绩。先后被命名为“争创全国三绿工程示范县”“全国创建无公害蔬菜生产示范基地”“全国‘十五’时期水电农村电气化建设达标县”“省林业生态县”“省计划生育优质服务县”等称号。全县生态建设已初步形成了“二大模式”[②]“三大特色”[③]。通过开展生态示范区的创建工作，不仅有效地保护了生态环境，而且有力地促进了县域经济的快速发展。

为了确保县城居民的饮用水达到卫生标准，解决山区瑶胞返贫问题，从2001年开始，申请建立了南山县级自然保护区，将解决县城和沿途乡镇群众饮用水的水源林全部划入保护区，列为生态公益林进行保护。2002年升格为市级自然保护区，不仅保证了县城及附近乡镇等10万居民的生活用水，还灌溉着附近4000公顷农田。为了防止居住在水源头的居民对

① “五统一”，即统一组织方式、统一生产管理、统一技术服务、统一物资供应、统一产品收购。

② “二大模式”，指以林蓄水、以水发电、以电养林的良性循环模式、以沼气池建设为切入点，带动农村养殖业、种植业、能源改革和生态村镇建设的农村生态建设模式。

③ “三大特色”，指从娃娃抓起，从干部学起，全方位、立体式的生态知识宣传教育特色；森林生物多样性保护特色，建立了两大自然保护区，为人类提供了中亚热带常绿阔叶林生态系统的天然“本底”和野生生物物种资源的天然基因库；在“保护中利用，在利用中保护”，实现经济与生态效益“双赢”的特色。

水资源的污染和对生态环境的破坏，在财政十分困难的情况下，实施了对保护区内 177 户共 700 名瑶族同胞的生态移民计划，投资 700 万元帮助 150 户迁移到沈所镇围溪瑶民新村等地居住。不仅解决了水源头污染的问题，且更好地解决了瑶族同胞"奔康致富"的大问题。

积极推进生态旅游建设，将生态旅游培育为新的经济增长点。本阶段，合同引进资金 2 亿元进一步完善车八岭国家级自然保护区森林生态观赏游的景区建设；合同引进资金 2 亿元正开发江口温泉度假村的建设；还发掘明清建筑和客家民俗风情资源，加快了东湖坪客家民俗文化村建设，利用国家项目资金、旅游扶贫资金和招商引资资金，对国家文物保护单位——隘子满堂客家大围的景点进行开发，旅游成为带动始兴第三产业发展的新亮点。2002 年，全县旅游总收入 4805.6 万元。

第四节　金融风暴的防范与基础设施的建设

一、金融风险的防范

1986 年 4 月，广东省人民银行决定恢复人民银行始兴县支行，行使中央银行职权。1998 年始兴县金融体制改革稳步推进。

县人民银行正式履行中央银行职权，实行了金融监管责任制。金融机构高级管理人员任职资格审查管理和货币信贷工作操作规程，并将防范和化解金融风险和货币政策传导作为主要的日常工作。县国有商业银行改革继续向纵深发展。加强金融监管，保持资金存贷平稳增长。至 2002 年，全县金融机构各项存款余额 13.22 亿元，比 1997 年增长 66.91%，其中城乡居民存款余额突破了 10 亿元大关。各项贷款超过 5 亿元，比 1997 年增长 5.14%。

县金融机构改革，经历了国有专业银行到国有独资商业银行；农业银行与农村信用社脱钩，中国银行始兴县支行退出市场和城市信用社停业整顿等改革发展过程。

中国农业银行始兴县支行，是办理农业信贷的专业银行。1997 年开始农行转化为国有商业银行，经营以合法利润最大化目标。2000 年，中国农业银行作出了“调整基层结构，减员增效”的决定，下设 7 个营业部（所），5 月，根据中国人民银行对国有商业银行分支机构的管理要求，完善管理体制和经营机制。经农行省分行批准改名为“附城分理处”“市场分理处”。马市、顿岗、花园营业所则相继被撤销。

中国银行始兴支行，2000 年中国银行韶关市分行决定撤销中国银行始兴支行。

始兴县农村信用合作社，2000 年下设联社营业部、太平镇第一信用社、太平镇第二信用社、城南、沈所、马市、顿岗、罗坝、澄江、都亨、司前、隘子等 12 个信用社以及城东、城西、南门、城郊、城北、刘张家山、安水、河南、联丰、园前 10 个信用分社。

始兴县太平城市信用社，根据韶关市人民政府《关于对韶关市辖区内城市信用社实施停业整顿的批复》于 1999 年 11 月 25 日停业整顿，归始兴县人民政府管理，由留守人员清理贷款。

现金管理。按照国家政策的有关规定，对各单位的现金收入、支出和库存进行管理。现金管理既是国家的重要财经制度，也是金融部门的一项重要法规。始兴县人民银行是始兴县各单位现金管理机关。1997 年 8 月 15 日，中国人民银行公布《关于大额现金支付管理的通知》，8 月 22 日又发布《关于大额现金支付管理的公告》。主要是加强企业账户开立和现金支付管理，10 月底止，各金融机构对开设基本账户的开户单位进行了一次全面的库存现金限额核定工作。开户单位只可保留 3~5 天日常零星开支所需的现金量，边远和交通不便的地方可保留 15 天以下的日常零星开支所需的现金量。对一些现金收入较多的单位，金融机构实行了上门收款和非营业时间收款制度。对单位库存现金进行定期抽查，发现违规的给予经济处罚。同时，改进储蓄账户现金支付管理，对一日一次性从储蓄账户（含银行卡）提取 5 万元以上的，要求取款人必须至少提前 1 天以电话等方式预约，以便准备现金。内部建立台账登记簿，逐笔登记一次超过 5 万元以上的现金支付，妥善保管资料并每月向当地人民银行机构上报备案。

金融监管。对各金融机构依法行政和监督管理，目的是维护和改善金融秩序，规范金融业的发展，维护公平竞争的环境，保护存款人的利益和维护金融业运行的安全与稳定。主要内容：市场准入和退出监管、业务营运监管、风险评价和风险处置、追究有关责任人责任等。2000 年，由于金融法律法规的不断出台和金融监管体制的逐步完善，金融监管力度不断加大，监管的方式和手段不断完善，实行了非现场监管和现场监管相结合的监管办法，始兴县的金融监管完成了从一般性的合规监管到合规性和风险性监管并重的转变。

金融市场管理。良好的金融市场秩序是防范和化解金融风险，维护金融业平等竞争及合法、稳健运行，保护社会公众利益。未发现有违反存贷款利率政策的现象，贷款管理趋于完善，从有拆借业务以来至 2000 年，发现只有农村信用社和城市信用社一直保持系统间和系统间的拆借业务，1999 年 3 月 5 日，成立了由政府统一领导，金融机构、公检法机关、计委、民政、供销等相关部门参加的“始兴县整顿金融‘三乱’[①]工作小组”，对全县乱集资进行清理整顿，打击社会非法金融活动。1998—2002 年，开展了反假货币宣传活动 20 次，开展反假币培训班 15 期，受训人员有 675 人，收缴假币 5800 张计金额 14 万元，协助公安机关破获大小案件 2 起。通过宣传达到了提高公民爱护人民币，提高反假防假意识以及识别假币的水平，有效地打击了制假贩假犯罪分子的嚣张气焰。

县委支持和推动保险业的开展，努力拓展保险业务，使各险种均有较大发展，按规定认真做好保险投保、管理和赔付工作。2000 年实现保费收入 2211 万元，保险理赔 4087 万元。发挥了保险业的经济补偿作用，有效地促进保险各项事业的顺利发展。

二、农业产业化的拓展

农业产业化的部署与成效

县委、县政府进一步巩固和加强农业基础地位，积极推进农业农村经

① 金融“三乱”，指一些地方、部门、企事业单位和个人乱集资、乱批设金融机构和乱办金融业务。

济结构调整，加快农业产业化进程、农业和农村经济的发展，千方百计增加农民收入。

1998年12月至1999年初，为贯彻《中共中央关于农业和农村工作若干重大问题的决定》和《中共中央办公厅、国务院办公厅关于进一步稳定和完善农村土地承包关系的通知》精神，稳定和完善农村土地承包关系，把第二轮土地承包期再延长30年的政策，县委、县政府发出《关于进一步稳定和完善农村土地承包关系的实施意见》，成立了稳定和完善土地承包责任制领导小组，开展延长农村土地承包期，落实新一轮土地承包责任制工作。

1998年12月16日—1999年1月5日，在罗坝镇进行延长土地承包试点工作。1999年1月14日，县委召开全县稳定和完善农村土地承包责任制工作会议，县委副书记冯寿宗在会上讲话，对稳定和完善土地承包责任制的意义、政策作了说明，并对开展工作的程序和方法提出了具体要求。会后，稳定和完善土地承包责任制工作即在全县铺开。各地发包给农户的责任田，农户与村民小组签订《农村集体土地承包合同书》。

通过落实新一轮土地承包责任制，稳定土地承包关系，合理调整责任田，并采取投标方式承包集体土地，进一步完善土地承包责任制。同时实行土地有偿使用，建立土地使用权合理流转机制，建立长期稳定的农民家庭经营体制和土地承包关系，切实保障农户的土地承包权、生产自主权和经营收益权。在此期间，县委对林业生产责任制也随之进行调整，稳定和完善农村山林责任制，实行山林有偿承包责任制，承包合同延长50年。1999年3月15—16日，省委、省政府延长农村土地承包期工作检查组对始兴县农村土地的承包工作进行检查，肯定始兴县第二轮土地延包30年的工作成绩，并对完善土地承包工作提出建议。

始兴腹地是一块6667公顷的墨江小平原，气候适宜，土地肥沃，水资源充沛，素有“粤北粮仓”之称，是全国商品粮生产基地县。1998年7月又经国家农业综合开发领导小组批准定为国家农业综合开发项目县。在抓好粮食生产和传统种养的同时，根据始兴的实际，着力进行农业产业结构的调整。对过去“山区抓‘两香’，平原丘陵抓烟果麻桑”的农业发展战略，调整为“山上抓‘两香’，山下抓烟果麻桑”，依据资源搞加工，办好“基地促流通，集体、个体一齐上，富县富民奔小康”的发展思路。确定“立足‘三高’，突出两大强项（黄烟、水果），推进三大产业（林业、水果、黄烟）”的农村经济发展战略。在保证粮食生产种植面积和增产增收的基础上，大力发展“三高”农业。重点抓好马市万亩烟叶，罗坝万亩蚕桑，江口万亩水果和城南、顿岗、沈所万亩蔬菜基地，“一乡一品”特色经济已初具规模。培植和扶持金兴茧丝绸公司、烟草公司、龙盛蓝宇公司等一批农业龙头企业，巩固和发展“公司 + 基地 + 农户”的生产经营模式。切实做好早春辣椒、水果等大宗农产品的销售服务，有力地促进了农村经济稳步发展，实现了农业增产、农民增收、农村稳定的目标。2000年，全县粮食总产量 10.33 万吨，比上年增长 3.1%；黄烟总产 4385 吨，同比增长 16.93%；蔬菜种植产量 7133 吨；蚕桑新扩种 733 公顷，总产茧 970 吨，分别增长 120% 和 66.7%；水果、西瓜、花生、大豆等经济作物有较大幅度的增长；生猪和三鸟出栏量分别增长 3% 和 0.4%。农村经济总收入达 145700 万元，同比增长 3.3%；农业总产值 82000 万元。

三、重点项目和基础设施建设

始兴的重点项目和基础设施建设主要是以交通、能源、通信及城镇为重点的基础设施建设。县委根据需要与可能，加强对基础设施的领导，推动全县基础设施的改善，为持续发展创造良好的环境与条件。1996 年 3 月 29 日，制订全县“九五”计划，根据广东省 20 年基本实现现代化和韶关市“山区要崛起”的形势要求，确定全县基础设施的重点项目和建设目标。1998 年，县委把“抓好基础设施建设进一步优化投资硬环境”作为重点任务之一，并对交通、能源、通信和市政建设提出目标要求。1998—2002 年，全县固定资产投资额共 22.4 亿元，年均增长 85.5%。其中 2002 年完成社会固定资产投资 7.19 亿元，比 1997 年增长 6 倍多。

国道 323 线第四期工程。改建全长 19.1 千米，总造价为 9300 万元。1998 年 10 月 8 日动工改建，工程分两个路段进行：一是古市至新寨岭 12.8 千米，按超二级路施工，路基宽 15 米，路面宽 12 米，工程造价 4200 万元，由韶关市公路工程一公司承建；二是五里山至东湖坪县城过境路段（永安大道）7.55 千米，结合城市发展需要，采用平丘一级公路技术设计，路基宽度24.5米，路面宽15米，总投资4528.41万元。由韶关市公路工程二公司承建，2000年底竣工通车。

省道244、343线改建。省道南（龙）始（兴）公路（S244）线是始兴主要干线之一，也是通往省内外一条重要道路。2000年1月，省道244线第二期改建工程（凉口至阿吉山）拉开序幕。分标段由韶关市浈江建筑集团有限公司和揭阳市揭西建筑集团公司承建，按三级路面施工。其中，水泥路面13.675千米，沥青路面32.316千米。概算为6715.06万元。省公路局补助3800万元，其余征地拆迁等费用均由县自筹资金解决；1998年11月18日，省道343线顿岗至澄江26.5千米正式动工改建。工程预算2530万元，省公路局补助2120万元，其余征地拆迁等费用均由县自筹资金解决，1999年底竣工通车，改造后的水泥路面平均宽5.5米。

县乡道改建。根据省交通厅“九五”期间乡道路上等级、实现硬底化及始兴“奔康工程”道路建设要求，县委、县政府在始周线（县城至周前）浇筑水泥路面。全长9.2千米。每千米省补助16.5万元，市补助5万元，县补助3~5万元。改建后的水泥路面宽6米。于1998年底完工，填补了始兴地方道路水泥路面的空白。

桥梁建设。江口大桥总长186米，宽8.5米，九跨度钢筋混凝土T梁结构总投资375万元，1998年12月动工兴建，2001年竣工通车。2000年底，全县有水泥路面183.8千米，沥青路面71.05千米，共硬化路面254.85千米。始兴公路建设进入了一个新的发展时期。

至2000年，全县有公路147条，通车里程达1008千米，其中国道1条38.5千米，省道171.05千米，县道3条118.1千米，乡道96条493.7千米，林道29条129.4千米，专用道15条57.9千米；一级公路7.55千米，二级公路37.85千米；大、中、小桥梁155座4616.18延米；100%的乡镇和行政村通了公路。顺利通过了省“村村通”的验收。

能源和通信设施方面。1995年12月，县委坚持以国家大电网为主，小水电为辅的方针，在完成赤土岭至罗坝35千伏线路配改工程的基础上，共投资2589.8万元完成了三角塘至沿溪35千伏线路工程，改造县城变电站、地网等工程，建成了上台和山口一级等小水电站，保证全县生产和生活用电供应正常。同时，继续扩大本县水力资源，加快现有电站的改造，开展对县城变电站的升压改造工作。

1998 年 5 月，架设了三角塘至沿溪 35 千伏线路，全长 9.5 千米。同时，35 千伏沿溪综合自动变电站投产。主变 1 台，容量 6300 千伏安。同年，赤土岭 110 千伏变电站 1 号主变扩容改造竣工，新的有载调压 40000 千伏安主变投入运行。1999 年 6 月，兴建 35 千伏小地升压站，容量为 2000 千伏安。8 月，35 千伏黄田至马市线路完工，全长 5 千米。新建的 35 千伏马市综合自动化变电站投产，主变 2 台，容量为 8800 千伏安。同年，架设了赤土岭至山口 35 千伏线路，全长 11.1 千米。2000 年，全县共有 88 座水电站，其中国有 3 座、集体 64 座、私营 21 座。装机容量已达 46870 千瓦，年发电量达 47044 万千瓦，直接收入 4029.64 万元，上缴税收 386.85 万元，占全县财政收入的 11.6%。拥有 35 千伏线路 10 条，总长 120.1 千米。35 千伏变电站 6 座，主变 7 台，容量 27300 千伏安；110 千伏线路 1 条，长度 7.5 千米；110 千伏变电站 1 座，主变 2 台共 65 千伏安。供电能力和供电质量不断提高，全县供购电量稳定增长。

1999 年，县委、县政府成立了“两改一同价”[①] 领导小组。9 月，召开了全县“两改一同价”工作动员大会，与各乡镇签订了“两改一同价”责任状。11 月，实行了供电直接销售到户、抄表到户、收费到户、服务到户的“四到户”管理模式，并实行了统一电价、统一发票、统一抄表、统一核算、统一考核的“五个一”制度和电价公开、电量公开、电费公开的“三公开”制度。在韶关市 8 县（市）当中率先理顺了农电体制，实现电力一体化管理，实现了省委、省政府提出的 1999 年底前农村到户电价降至 1 元 / 千瓦以下的目标。平均到户电价从 1.18 元 / 千瓦降至 0.92 元 / 千瓦，每年可减轻农民负担 200 万元。

1998 年 9 月，邮电体制进行改革。始兴县邮电局一分为四，即始兴县邮政局、始兴县电信局、移动通信分公司始兴县分公司、联通通信公司始兴县分公司。邮政业务总量增长 23.6%，完成报刊收订任务。县城主要公共场所安装 IC 卡或公用电话，全县电话拥有量 19408 户，移动电话放号 496 户，寻呼机放号 1918 户，完成交换机扩容 7250 门，全县有 7 个交换

① “两改一同价”，指改革农村电力管理体制、改造农村电网，实现城乡用电同网同价。

点实现撤点开通用户光环路1920路。百人电话普及率从3.1部猛增到6.8部，创造了始兴电话发展的最高速度，大大增强了通信能力。1999年电信业务稳定增长，通信能力不断提高，全县电话放号2231户，移动电话325户。2002年，全县实现了村村通邮、通电话，全县固定电话装机3.7万户（含小灵通），电话普及率达15%。多套电视节目覆盖率达80%以上。

水利工程建设方面。1998年，始兴实施省人大常委会小型水库除险加固议案工程建设，进一步提高水库防洪能力，工程投入资金2589.8万元，对全县2个中型水库、1个万亩引水工程等7座水库进行除险加固。使水库发挥应有效益功能。1998年12月18日驻韶关的全国、省、市人大代表来始兴视察水利情况。1999年1月15日，省委常委、副省长欧广源率省农办副主任颜学亮、农业厅厅长司徒绍考察始兴墨江河整治工作情况。8月，始兴县被评为“1999年度广东省水利水电建设先进县”。

在城乡设施建设方面，城镇公共设施是关系居民生产生活环境的重要设施，县委把完善城镇设施作为重点工作来抓。县城太平镇是全县政治、经济、文化中心。粤北重要林产品加工基地，发展以林产品为龙头，以工业为主导，工贸相结合的具有自然山水特色的现代化城市。城市建设用地面积扩大至14.7平方千米。

1995年5月县城总体规划聘请建设部中国建设中心珠海设计院专家，从环境、经济、生态等效应的角度出发，制订《始兴县太平镇总体规划（1995—2015）》，1998年开始兴建总长为23.3千米的墨江河防洪堤工程，至2000年底完成堤防17.3千米，构筑了一道坚固的防洪屏障，与墨江河堤工程的配套工程——墨江闸坝于12月完工下闸蓄水，形成了“墨江平湖”新景观。兴建了2千米的沿江北路，与墨江平湖一起构成一个集观景、休闲、娱乐、健身于一体的活动场所。完成了国道323线县城过境路段—永安大道的绿化、美化和亮化工程。成为县城腹地的一大新景观。先后改建红旗中路和兴平路，兴建了大桥北路等主要街道。城镇街道硬化14千米，绿化面积3000平方米，兴建排污管道3.4千米，新建文化广场、雕塑，美化、绿化了景点。城镇建设按规划步入法制化轨道。

1998—2002年，修建了河南路、北门路、兴平路、红旗大道、丰陂洞小区排水排污网络，总长19.4千米，完成了造纸厂至闸坝工程治污排污网管 5 千米；2000 年新增路灯 686 盏，并在红旗大道等主要街道安装广告箱 200 个，在墨江大桥、供水桥、公共场所、广场、建筑物、建筑标志等地方都安装了霓虹彩灯；2000 年 10 月由政府投资 1406 万元，兴建城东市场，市场占地面积 12000 平方米；2000 年底县城面貌发生了很大变化，城区共有 5~9 层办公楼、住宅楼、商品楼 300 座。

在乡镇建设方面，对各乡镇总体规划进行了修编。县委把马市、顿岗两个镇确定为全县次中心镇，重点抓好规划修编和实施工作。至 2001 年，其他乡镇规划修编也全部完成。全县各乡镇按照规划开展镇办公楼以及街道、农贸市场等公共设施建设改造工作。1997 年 7 月，县供水公司与马市镇政府以河角水库作为水源，在水库的东南面投资 200 万元，新建一座水厂供应周边及城市居民饮用水，受益人口 1.5 万人。至 2002 年各乡镇的公共设施得到逐步改善，部分重大项目正在规划启动。

2002 年，全县有环保设施 11 套，总投资 2420.5 万元，其中废水处理设施 4 套、废气处理设施 7 套。工业废水处理率和排放率分别提高到 2002 年的 100% 和 71.5%；废气中烟尘的去除率 71.5%；工业固体废弃物综合利用率 69.9%。2002 年底，全县如期实现了国务院提出的“一控双达标”任务。

第五节　社会主义市场经济体制的建立

一、国企股份制与国有资产管理体制改革的探索

始兴以转换企业经营机制为突破口，加大改革力度，采取“一厂一策”，分类指导的方法，使国有工业企业焕发生机和活力。改革主要形式：“股份、转让、破产、租赁、拍卖”等多种方式，使有潜力的企业加快发展，困难的企业走出困境。

（一）国有企业的改革

1998—2002年，始兴国有企业改革转制工作，县委、县政府始终以“三个有利于”为指导思想。坚持“因企制宜、一厂一策”的原则和“有进有退、有所为有所不为”的工作方针，按照“六个能”[①]的要求，不断推进国企改革，成功实现了国有资本从一般竞争性行业退出和国有劣势企业从市场退出，国企改革转制工作走在全市的前列，受到市委、市政府的充分肯定。至2002年底，县属工业企业全部进行了不同形式的改革转制，企业改革转制面达100%。其中有造纸实业总公司、丝厂、食品厂、丝绸公司、金叶造纸厂、建筑机械厂6家企业经法律程序宣告破产；铁合金厂、锅炉厂、家私厂进入破产程序；粤兴实业总公司、水泥厂、林产化工厂、商业总公司、矿产公司等5家实行了关闭改制形式；织造厂、外经发展公司、对外贸易进出口公司和印刷厂4家实行了资本退出的改制形式；物资总公司实行重组；林业、粮食、水利和供销系统下属企业的改制形式主要采取经济性裁员。

（二）国有资产管理体制的新探索

长期以来，始兴企业国有资产管理处于一种缺位的局面，没有形成一套企业国有资产管理机制，随着国有企业改革的不断深入，国有企业深层次的矛盾与问题日显突出。2002年初，市委、市政府作出《关于加快国有资本从竞争性行业退出的决定》，要求2003年前完成“两个退出”[②]。在这种背景下，县委、县政府审时度势，于2002年2月27日决定成立始兴县资产管理公司。公司的成立，标志着政府、公司、企业三个层次的国有资产营运和监管新体系正式建立，从而使县内企业国有资产管理进入了新局面。

1. 建立和完善国有资产管理机制

针对企业国有资产监督和管理不到位、企业领导对管理国有资产的依据缺乏等问题，2002年，县政府依据《国有企业财产监督管理条例》和其他有关企业国有资产管理的法律、法规，结合实际制定颁布了《始兴县企业国有资产管理暂行办法》（简称《办法》）。《办法》的制定和实施使我县

① “六个能”，指国有企业改革中改制重组能力、债务化解能力、资本运营能力、职工安置能力、企业托管能力、股权激励能力。

② “两个退出”，指国有资本从一般竞争性行业退出和国有劣势企业从市场退出。

企业国有资产管理进入制度化、规范化的正轨。

2. 加强企业国有资产管理，理顺企业改革与发展的关系

切实加强企业国有资产管理，认真理顺企业改革与发展的关系。资产管理公司成立之后，即开展县属国有（集体）企业进行全面的清产核资，同时对国有企业在“减员增效、下岗分流、实施再就业工程”的进程中安置遣散职工的情况进行了全面的摸底调查。

（1）清产核资是国有资产管理的前提。2002 年 5 月 20 日，县委召开了工业、国有工业企业、商贸企业和供销合作社、二轻局等单位法人代表动员会，县委副书记阳日成到会并作了讲话。会议传达了国务院、省政府有关国有资产管理的指示精神、4 月 19 日县府常务会议的决定和《关于认真做好国有资产自查工作的通知》精神，安排布置了清产核资的具体工作。经过一个多月的核查，清产核资工作顺利完成。至 2002 年，全县国有企业资产总额为 14098 万元，负债总额 20487 万元，所有者权益 -6389 万元。始兴县属国有（集体）企业的所有者权益除锅炉厂、二轻局和供销联社 3 家为正数外，其余皆为负数，这说明国有资产在各企业都有不同程度的流失。

（2）1998—2002 年，县内国有企业普遍实行了“减员增效、下岗分流”。根据国务院、省、市政府有关安置下岗职工的文件，1998 年县委、县政府下发《关于进一步做好国有企业下岗职工基本生活保障和再就业工作的意见》，2001 年又印发了《始兴县国有企业改革若干问题的处理办法》等文件。但是大部分企业对职工安置的认识不足，重视不够；有的企业认为职工安置是政府的事情，对如何安置下岗职工根本未去考虑。据统计，全县国有企业中除破产结案的原造纸实业总公司和丝厂已全面完成安置工作外，其他企业都有或多或少的下岗职工没有安置，有的甚至一个也未安置。2002 年 8 月 30 日止，全县累计下岗职工 3259 人，其中已安置遣散 1260 人，尚未安置的 1999 人。按 2001 年制定的《始兴县国有企业改革若干问题的处理办法》等文件有关职工安置的标准进行匡算安置完现有下岗职工，尚需要安置费约 1500 万元。

（3）为实现“两个退出”，使国有企业进而有为，退而有序，以产权制度为核心的国有企业改革已全面铺开。县食品厂、建筑机械厂、铁合金

厂、金叶造纸厂相继进入破产程序，其他国有企业则实行了租赁、承包、申报破产等形式的改革转制。按照《破产法》法定程序，认真做好破产企业的清算工作和资产处置工作等。2002 年 10 月 30 日，县资产管理公司参加金叶造纸厂拍卖现场会进行全程监督。对县属商业总公司、外经委属下进出口发展公司等企业在产权交易、资产处置、资产拍卖过程中进行指导和监督。从而使全县国有企业处置工作在公开、公平、公正的原则下进行，避免了国有资产的流失，较好地理顺了国有企业改革与发展的关系。

二、非公有制经济的壮大

随着非公有制经济的发展，县委进一步解放思想，充分发挥非公有制经济在促进经济增长、扩大就业和活跃市场等方面的重要作用。把大力发展非公有制经济作为加快县内国民经济发展和现代化建设的重要战略措施。至 2002 年，全县注册个体工商户 4908 户，从业人数 8033 人，注册资金 8711 万元；民营企业 48 户，注册资金 3730 万元，从业人数 974 人。仅 2001 年全县民营经济实现产值 5643 万元，总销售额 2.16 亿元，工商税收 1370 万元，占地方财政的 35.4%。集体企业 358 户，注册资金 7651 万元。合营企业 13 户，注册资金 1032 户。规范登记公司 27 户，注册资金 4998 万元。

县委为进一步解放思想，放宽政策，改善环境，搞好服务，促进县内个体、私营经济健康发展的速度，以“公有制为主体，多种所有制共同发展”的原则。1998 年 7 月 2 日，县委制定《关于进一步加快个体私营经济发展的决定》和《关于加快发展个体私营经济的规定》后，更进一步放宽政策，加快个体私营经济发展的速度，采取在全县范围内兴办明令禁止的个体私营企业外的各类企业，不受户籍限制，个体工商户和私营企业申请注册登记，凭有效证件，工商行政机关可以优先核发营业执照；鼓励和支持个体私营经济参与国有企业改革和资产重组，个体户和私营企业主可向国有、集体企业投资参股，也可购买、租赁或者承包国有、集体中小企业；鼓励和支持个体私营经济发展对外贸易，个体工商户或私营企业与外商合作、合资的“三资”企业或“三来一补”企业享受国家规定的“三资企业”优惠政策；鼓励和支持个体私营经济投资开发农业，从事副产品流通行业，加快小水电建设步伐，继续执行小水电“谁建、谁有、谁管、谁受益”的方针政策。鼓励和支持个体私营经济创办科技企业等多种形式加快发展和壮大始兴非公有制经济。

三、全面建设现代市场体系

县委、县政府加强市场建设和工商行政管理工作，为人民群众生产、生活提供良好的秩序和环境。在集贸市场建设方面，1999 年 11 月，县计划局批复国土局建设城东农贸市场报告，投入资金 1400 万元，建筑面积 1.2 万平方米，2001 年 9 月全面竣工启用；并投入资金 191 万元维修、开设县城种苗、三鸟、香菇、蔬菜等专业市场，维修面积 1.44 万平方米，增设门店 100 间，增改摊位 123 个。在乡镇农贸市场建设投入资金 232.7 万元，建设了司前、澄江市场，维修、扩建一批市场。至 2002 年，全县各地共有集贸市场 12 个，总建筑面积 2 万余平方米，市场成交额达 12.9 亿元；全县社会消费品零售总额 4.28 亿元，比 1997 年增长 45.4%，居民消费价格平稳，物价保持稳定。

在工商注册方面，按照国家法律法规加强登记管理，把好市场主体准入关，2002 年全县经登记的各类企业 29 个，个体工商户 4908 户。

1. 工商行政管理部门

加强了市场管理，狠抓市场经济秩序治理整顿，严厉查处违法经营活动。1998 年，共立案查处违法违章大案 8 起，一般案件 92 起，总价值 3.6 万元的假冒嘉陵摩托车 3 台和假冒伪劣食品一批；配合有关部门查获伪劣谷种 1850 公斤，化肥 50 吨，大米 3100 公斤，查获散装白酒 500 公斤，酒精 160 公斤。1999 年，查处市场违法违章行为 71 起，收缴并销毁注水牛肉 820 公斤，罚没金额 2800 元，并查处 23 起非法收购贩运粮食案，罚没金额 9.2 万元。2000 年，查处各类经济违法违章案件 33 起，案值达 11 万元，罚没入库金额 3.5 万元。2001 年查处违法违章案件 362 起，罚没款 23.8 万元，同比分别增长 574% 和 881%。2002 年，规范市场主体准入行为取得新的突破，企业年检率 92%。个体户的验照率 95%，处罚逾期未年检企业 96 户，罚款 4.8 万元，清理挂靠企业 129 户，取缔无照经营 171 户。依法制定《始兴县工商局开展集贸市场专项整治工作方案》，2002

年 12 月，组织各类统一专项整顿行动 72 次，出动人员 1935 人（次），车辆 497 台（次），检查各类门店 3911 间（档）。查处各种违法违章案件 264 起，罚款 12.58 万元；查获市值 13 万元假冒伪劣商品，捣毁传销窝点 11 个，遣送传销人员 800 人，收缴传销物品和资料一大批。维护了社会的稳定。

2. 物价部门

始终把销售、治乱、减负，加强执法作为工作的重中之重。特别加强涉农价格的管理和监控力度，全县 12 个乡镇 142 个村委会将规格统一的涉农收费公示牌悬挂在公共场所。2002 年，查处了价格违法案件 7 起，违纪金额 15 万多元，上缴财政 2.8 万元；接受群众投诉 31 起，全部处理完毕，清退各种款项 2.5 万元。

3. 质量技术监督部门

按照 1998 年印发的《始兴县贯彻〈质量振兴纲要〉（1996—2010 年）实施意见》，对全县企业质量进行了分类管理：一是对管理基础好，产品质量比较稳定的企业按照《纲要》要求，实施名牌战略和采用国际标准或国外先进标准，积极提高产品质量档次；二是对有一定管理基础，但产品质量不稳定的企业，除做好经常性产品质量监督抽查、跟踪外，重点引导其加强管理，严格按照标准组织生产，促进产品质量的提高；三是对管理基础薄弱的小型企业，进行质量、标准化、计量基础知识培训，提高其标准化、计量、质量意识和管理水平，制定产品标准，促使其产品质量符合标准规定；四是开展了“百城万店无假货”活动，评选“不经销假冒伪劣商品商店”。获得此项荣誉的有：惠新音响电器商场、金声贸易商行、太平综合商场、信誉燃气有限公司等 13 家。1998—2002 年共帮助家私厂、食品厂等 93 家企业制定、修订了 52 个企业标准。主要产品有彩釉砂、饮料、月饼、竹席、辣酱等。2000 年，林产化工厂也采用了国际先进标准。食品厂生产的马蹄爽、杨梅汁、竹筒酒，康雅保健厂的卫生巾等产品在全县率先采用了商品条码。1998 年起，随着组织机构代码在公安、社保、金融、统计、税务等多个部门的广泛应用，组织机构代码的使用及年检越来越规范。1999 年成立稽查队，根据国家质检总局制定的“十项措施”[①]“八大战略”[②]“两个专项整治”[③]的打假工作部署和省质监局下达的工作要求，狠抓打假治劣的“一号工程”[④]，深入扎实地开展打假工作。2002 年共出动执法人员 300 人次，检查生产企业 43 家，经销商 265 家，查获假冒伪劣商品 145 件，超期液化石油气钢瓶 153 个，总价值 8 万多元，立案查处案件 18 起，到位罚没款 5 万多元。对饮料、米酒、月饼、糕点、摩托车、自行车、电热毯、螺纹钢、水泥、农产品、洗涤用品、低压电器、电线、燃气炉、压力锅、手机等产品和商品进行了专项执法检查，对汽油和煤气充装量进行了重点整治，共查处违法案件 200 起，涉案货值 3 万多元。此外，还先后举办了农药化肥、低压电器、汽油和煤气充装量等学习班，对经营者进行识假打假培训。

4. 国土部门

1999 年 7—9 月，开展了清理违法转让土地和打击炒卖土地行为工作，查处非法转让和炒卖土地案件 19 起，面积 1818 平方米，打击了土地私下交易行为，保障了土地市场在法制轨道上运行，促进了土地市场公开、公平、公正的方向健康发展。

2000 年 11—12 月，举行公开招投标拍卖土地 8 起，面积 2443.36 平方米，办理转让评估金额 173.51 万元，办理抵押 4 起，抵押金 1199.57 万元。协助县财税部门共征缴税费 89.9580 万元，为财政收取出让金、转让金 28.5250 万元。

耕地保护方面。1999 年，县政府针对农房改造之风发出《关于进一步加强土地管理严禁乱占、滥用耕地的紧急通知》，国土部门加强落实检查，有效预防了乱占耕地的现象。

土地开发方面。1999 年 9 月 2 日，广东省国土厅下发《补充耕地项目

① “十项措施”，指组织集中检查、加强与企业联手打假、捣毁制假窝点、铲假贮假窝点、追查假标识源头、加强与公安机关配合、堵住假冒伪劣商品流入市场的进化源头、完善执法打假法制、加大宣传力度、动员社会监督。

② “八大战略”，指食品打假战役、棉花打假战役、汽车消费品打假战役、“锅容管特”设备打假战役、农资打假战役、建材打假战役、进出口产品打假战役、危险化学品打假战役。

③ “两个专项整治”，指食品专项打假和棉花专项打假。

④ “一号工程”，指国家质检总局将打假工作视为“一号工程”。

验收规定（试行）》，土地开发组织实施单位由乡镇转变到国土部门。为此县国土部门率先自筹资金，并争取到省国土厅的第三批补充耕地易地开发资金870万元，作为江口中古坑111公顷荒地综合开发资金，新增了始兴县耕地67公顷。

5. 烟草专卖管理方面

1998—2000年查处案件287起，罚没金额6946万元；没收烟叶49.26吨，卷烟15.1411万条，假烟1317.5条。有效地打击无证收购、运输烟叶的不法烟贩，维护全县烟叶收购秩序，防止烟叶流入地下加工厂，保证了合同定购任务的完成。

6. 食品药品监督方面

1998年，加强对医药市场的管理，开展了两次医药市场清理整顿的突击行动，重点检查了24家医药机构和兼售药品门店，共取缔无证行医或证照不全10家，限期整改6家，行政处罚14家，罚款9000元，收缴各类行医器械及药品，价值4000元。开展了打击无证行医和游医行动，全年共查处17个点（档），收缴药械一批，价值12400元。1999年开展食品卫生行业卫生评比活动，查处并销毁一批劣质食品，罚款3700元。2000年，按照《广东省酒类专卖管理条例》开展清查行动12次，检查经营户786户、酒厂8家，查获违章户63家，没收假冒伪劣酒327瓶，总市价值2.5万元，立案结案22起。遏制了假酒流入消费市场，使人民群众喝上“放心酒”；2002年，加强生猪定点屠宰管理，共出动车辆23车次，参与执法人员103人次，取缔私宰窝点7个，收缴非法屠宰工具一批，没收私宰生猪3口、私宰肉品1096斤，追回应收税费263元，罚款1500元，调查业主3人，有效地促进了县内生猪屠宰向法制化、规范化发展；2002年4月查处劣质农药37个品种273瓶（包）。2002年，由卫生部门牵头，会同公安、工商、法院、新闻等单位对医疗市场进行了两次大规模的清查整顿行动，共检查社会医疗机构57家，取缔无证诊所25家，限期整改1家，行政罚款8家，合计罚款金额1.35万元，没收药品器械一批1.09万元，打击游医15档。

四、全面建设社保体系

1994 年 11 月原社会劳动保险公司更名为县社会保险管理事业局，2001 年 12 月设立社会保险基金管理中心，副科级事业单位，直属劳动和社会保障局管理。

（一）社会保险体系的完善

1998 年，县社会保险管理事业局，对全县机关、事业单位的工作人员按月缴纳的个人养老保险费建立了个人养老专户，并于同年实行了统一的企业职工基本养老保险制度，统一按职工缴费工资的 11% 建立个人账户。自 1999 年起，养老保险实行社会化发放，由社会保险经办机构委托银行、邮政局等代发养老金。2000 年，月人均最低生活保障线县城居民从 95 元调为 124 元，农村村民从 60 元调为 78 元，月支出最低生活保障经费 48654 元。

（二）社会保险体系的管理

1998 年，社会保险管理事业局根据省、市有关文件精神将失业保险的缴费比例由企业工资总额的 1% 提高到 3%，其中个人缴纳 1%，企业缴纳 2%，所增加部分主要用于下岗职工生活保障和再就业。1999 年，县社会保险管理事业局转发了《广东省失业保险规定》，对失业保险基金的来源、失业保险待遇核发及失业保险管理、争议处理作出了明文规定。同时转发了韶关市政府办公室转发省政府办公室《关于调整广东省失业保险规定有关内容的通知》。特别规定农民合同制工人也应该参加失业保险，单位职工工资总额 2% 缴纳失业保险费，个人不缴费，劳动合同期满未续订或提前解除劳动合同由社会保险管理事业局支付一次性生活补贴。

2000 年，全县累计参加合作医疗人数 10.9 万人，占全县农村人口 60% 以上。此外，在职职工工伤、生育、安置等方面也做了不少工作。

随着社会保险事业的建立，各项制度的完善和加强社会保险体系的严格管理，使始兴县社会保险事业工作步入了正轨。

五、招商引资活动

县委重视招商引资工作，先后印发《始兴县招商引资优惠办法》《招商引资奖励暂行规定》《招商引资责任制考评办法》等文件，组织有关人员到外地招商引资、引进项目。1998—2002年，参加在香港华润大厦举行“始兴（香港）迎春茶话会”、省政府在珠海举办的第五届粤台经济技术贸易交流会、省政府在香港举办的粤港经济技术交流会、省外经贸厅在香港举办广东省山区发展商机招商推介会、省政府在河源举办的第二届珠三角地区与山区经济技术合作交流会等活动。县委启动了创新方式，加大园区招商工作力度：一是打好“乡情引资牌”。通过举办春节茶话会、中秋恳亲会等活动，密切联络“老始兴”“始兴佬”，加强外引内联，掌握引资线索，提高引资实效。二是打好“驻点招商牌”。充分发挥招商小分队作用，加强与珠三角地区各类商会、协会的沟通联系，及时掌握引资线索，把握珠三角产业转移信息，从“等客上门”向“会客敲门”转变。三是打好“中介招商牌”。积极与海内外有实力的招商中介机构（或个人）建立合作伙伴关系，开展委托招商、代理招商，按引进项目的资金、产生的效益兑现奖励金，降低招商成本，提高招商成功率。四是打好“以商带商牌”。通过在始兴投资置业外商的牵线搭桥，联络客商到始兴考察投资环境，投资置业。

六、进一步扩大合资企业

县委、县政府把招商引资工作放在全县工作的重要位置，深知始兴地处偏僻、山区路途远、基础设施先天不足，下定决心通过各部门的努力和出色工作来弥补。采取了“三个补”，即先天不足后天补、路途遥远用办事效率补、来始兴一路颠簸劳顿就用我们热心补，“三个补”赢得了“人心”。外商说来始兴投资顺心、放心、充满信心。始兴招商引资的经验和做法得到省委、省政府的充分肯定。

1996年，成立了由县长任主任的外资企业管理委员会，专门负责组织协调招商引资工作。

一是抓好规划和工业园区的建设，抓好100公顷江口港台工业园区、100公顷宝山工业园区和40公顷河北工业园区的规划和建设，为招商引资创造良好的载体。

二是着力抓大项目、好项目的引进。特别注意对引进的大项目、好项目精心呵护和全力扶持，提高项目的档次和水平。经过不懈努力，引来了

6家港台上市公司和8个投资超千万美元的大项目。同时，发挥大项目的“羊群效应”，吸引了越来越多的外商投资始兴。

三是全面落实招商引资责任制。从县几套班子领导到各有关部门，都有明确的招商引资任务，1年不完成任务就要受到警告，连续2年不完成任务者就要自动下台。发动全县干部群众，全方位招商引资，不断取得突破。

始兴是“八山一水一分田”的粤北山区县，地理位置比较偏僻，资源和硬件环境都不如省内其他山区县优势。但是招商引资取得了突破性进展。2002年经过全县上下共同努力，共签订外引内联项目合同57项，其中内联项目51项，外资项目6项。实际引进资金9943万美元，完成年计划的28%，同比增长110%，其中实际利用外资6654万美元，同比增长110%，内联引进3288万美元，同比增长109%；外贸出口海关数1411万美元，同比增长58%，“三资”企业工业总产值达42亿元人民币，同比增长8%。2002年，全县“三资”企业高峰期劳动用工达12000人，劳动用工70%是本地员工。实际利用外资和外贸出口总值2项指标实现持续、稳定“双增长”，且增长幅度较大，名列全韶关市前茅，被省政府誉为“全省山区招商引资工作的一面旗帜”。

（一）合资企业的规模扩大

外资企业增资扩厂有新的突破。2002年，标准微型马达有限公司进行三期工程建设，购地2.33公顷筹建新厂房，待工程全面完工后，生产能力可比建厂初期翻三番；德宝玩具实业有限公司新建5座生产车间、仓库，增加了咖啡壶、塑胶花盒等生产项目；德捷玩具厂扩建新厂房，扩建面积达3000多平方米。兴马木业有限公司、智能木业有限公司、天山制衣厂在生产订单增多的情况下，不断增强生产能力，增加生产线，以适应外销市场的需求。

香港福正集团投资的福正工艺有限公司福多玩具厂，5000多平方米生产厂房以及1000多平方米仓库、宿舍已完工，首期工程于2002年4月投产。该集团还在现厂址东侧购地5.33公顷拟将东莞生产基地北迁始兴县。

（二）提高合资企业的效益

1. 项目引进方面实现了新的突破

先后落实了建滔化工集团、香港美昌集团、理文集团、建溢集团、福正集团等香港财团投资筹建和扩建的大项目。2002 年 2 月 7 日，香港建滔化工集团投资 5.5 亿元筹建的建滔（韶关）化工有限公司，其属下建滔积层板有限公司在宝石工业园举行工程奠基仪式，规划总面积 29.33 公顷，首期投资 1.5 亿元，建设占地 12.4 公顷的厂房及生活区。

香港美昌集团与始兴签订了投资协议，在江口万达工业园首期投资 1000 万美元，筹建占地 14.67 公顷的独资企业“万达工业（始兴）有限公司”，从事合金玩具生产，首期工程预定在 2003 年 3 月全面投产，该项目后续规划面积 30 公顷。

2002 年 2 月 28 日，香港理文集团与始兴签订投资协议书，投资 1500 万美元，首期购地 9.6 公顷，在黄花园工业开发区筹建高档皮具、手袋、箱包生产出口基地，拟年底开始进行厂房建设。

香港建溢集团和溢峰科技有限公司共同组建的始兴县康美科技有限公司，总投资 1208 万美元，从事光碟生产，已获国家有关部门批准，首期已安装 6 条生产线，投产 3 个月已上缴税收 50 万元。

2. 农业引资方面有新的突破

2001 年，始兴成功引进香港合利蔬菜贸易有限公司在城南镇兴建 200 公顷信誉菜场后；2002 年，引进香港鸿霖蔬菜贸易有限公司和英豪蔬菜贸易公司，分别在顿岗、沈所镇兴办了 66.67 公顷蔬菜生产出口基地。合利菜场通过“订单农业”的形式，组建了合利（始兴）农业发展有限公司，发展面积 20 公顷，带动周边 300 户农民进行作物布局调整。全县已有三大蔬菜出口基地面积 333.33 公顷，日输出新鲜、优质蔬菜 15 吨以上，供应香港市场，成为当地农民致富奔康的新途径。

2002 年 5 月 15 日召开的粤港经济技术贸易合作交流会上，始兴与香港最大食品生产企业上市公司四洲集团签订了农业项目协议，该集团已在始兴建立了小型马铃薯试种基地，由日本专家提供技术指导。

3. 工业园区建设有新的突破

2002 年，根据项目引进的需要，新开发了宝石工业园和万达工业园，加大了工业园区建设力度。按照“合理规划、分期开发、滚动发展”的原则，首先是配合理文手袋、标准三期以及建溢科技园的拓展，黄花园工业开发区东扩20公顷；其次是规划好宝石工业园、万达工业园建设，以配合建滔积层板厂、美昌合金玩具项目筹建工作，宝石工业园首期开发12.4公顷、万达工业园首期开发26.67公顷。并积极争取上级支持，筹资1.2亿元筹建22万伏变电站，以满足新落户外资企业的用电需求；再次是从12月起，开始进行马市、沙水、701经济技术开发园区的可行性论证工作，初步规划面积333.33公顷，拟建设成为第四个招商引资载体。

4. 内联招商方面有了新的突破

县委注重引资与国企产权制度改革，农林水开发相结合，资金、技术的引进，为国有企业注入生机，推动国有工业企业改革的深化。1997年，香港创天公司、广州源隆公司租赁闲置厂房，合资兴办源创兴纸餐具有限公司。1999年县锅炉厂租赁给广州荔湾志诚机械有限公司，开发出小型柴油蒸汽机、贴合机、验布机等20多个新生产品种；县通用机械厂通过出租厂房设备，引进港商独资兴办了金梭机械有限公司，企业焕发了生机；县建筑机械厂租赁给江西新余市华名特种钢厂，企业重现了新的活力。2000年，东莞石龙联兴实业公司收购县造纸厂，发展成为上缴利税100多万元的企业。2001年3月30日，省丝绸集团收购县丝绸公司和缫丝厂，控股组建金兴茧丝绸有限责任公司，所生产茧丝质量连续3年在全省排名第一，成为出口欧洲免检产品。4月，引进四会客商温必飞先生投资300万元建立有22部公交车的公共汽车公司。据统计，近2年合计内联资金3亿多元，内联项目产生了良好的社会效益和经济效益。

第六节　扶贫与促进县域经济的发展

一、两大“会战”推进农业生产

为进一步贯彻落实《中共广东省委关于大力推进农业产业化经营的决定》，加快始兴现代生态县建设步伐，巩固和加强农业基础地位，大力推进全县农业产业化经营的进程，县委、县政府决定2001年冬—2002年春打一场以贯彻落实县委九届九次全会精神为主题，以“山地综合开发”和“生态工程建设”为重点的“两大会战”。

宣传发动。采取大小会议、广播、电视、标语横额、图文资料、宣传车等方法，大张旗鼓地宣传“两大会战”的目的和意义、任务及措施，做到大造声势，强化认识，使其进一步贯彻落实《中共广东省委关于大力推进农业产业化经营的决定》，加快始兴现代生态县建设步伐，巩固和加强农业基础地位，大力推进全县农业产业化经营的进程。

加强检查。2002年1月上旬检查全县“两大会战”完成情况，除了大检查，县“两大会战”领导小组还将组织小型的不定期的检查，每次检查，都进行评比打分，好的给予通报表彰，差的给予通报批评，做到扬先促后；凡措施不落实、完成任务差的，予以其单位负责人黄牌警告，限期完成，并责成作出书面检查。在完成“两大会战”后，县委、县政府还对行动快、效果好、成绩显著的单位给予奖励，评出一、二、三、四等奖，分别给予1万元、0.6万元、0.4万元、0.2万元的奖励。2002年3月2日，县委、县政府决定对工作出色、较好地完成“两大会战”工作任务的单位给予表彰和奖励：一等奖顿岗镇、二等奖罗坝镇、三等奖马市镇、四等奖司前镇、隘子镇，表扬单位太平镇、城南镇、林场总站。

竹子生产。在2001年10—12月，开展全县性毛竹深度开发“大会战”，对现有毛竹进行抚育；抓好明年扩种的劈山整地、打穴备耕工作；抓好以勒竹为主的丛生竹的秋冬抚育和春种备耕工作，特别抓好墨江、浈江两江四岸的规划和备耕；抓好竹资源的精深加工，提高竹山产值。

养殖生产。1999 年引进湖南“龙盛蓝宇农牧有限公司”兴办二级种猪场，饲养长白、大约克纯种母猪 300 口，杂交生产二元杂母猪供应周边饲养户，推动三元肉猪生产发展，成为韶关市一级农业龙头企业。做强做大龙盛蓝宇农牧有限公司这一市级农业龙头企业，继续下大力气抓好生猪品改为切入点的优质商品猪养殖工作，使之成为我县农村新的经济增长点；抓好优质水产业的养殖；利用县内果园多、面积大和山塘鱼塘多、水面多的优势，大力发展以鸡鸭为主的山地养禽业，促进“一乡一品”区域经济格局的发展。

根据省委、省政府关于加快山区发展的决定和市委工作会议精神，为进一步巩固和加强农业基础地位，推进农业产业结构的调整和农业产业化进程，实现农业增效、农民增收，县委、县政府决定于 2002 年 11 月 1 日至 2003 年 1 月 18 日为期 80 天的今冬明春组织开展以山地开发、农业综合开发和冬种生产为重点的“三大会战”。经过努力奋战，取得了较好的效果，达到了预期的目标。

二、加快脱贫奔康步伐

（一）实现小康县目标

1997 年，县委、县政府制订《始兴县 1997—1999 年农村奔小康规划》《关于加快贫困管理区、绝对贫困户脱贫步伐的决定》，把农村奔小康工作摆上重要议事日程，成立了“农村奔小康暨基层组织建设指挥部”、各乡镇成立“农村奔小康领导小组”。1998 年 12 月 25 日，县委书记杨木忠在九届三次全委（扩大）会议上作《抓住机遇、加快发展，以新的姿态新的业绩迈向新世纪》的讲话，作出“以脱贫奔康统揽全局，加快发展农村经济”部署，提出采取切实有效的措施，全力调整农村经济结构，推进全县综合开发工作，为如期实现脱贫奔康目标打下基础。

1999 年 1 月 5 日，省委常委、副省长欧广源率省农办副主任颜学亮、农业厅厅长司徒绍等有关部门领导到始兴考察农业综合开发、奔康工程和墨江河整治工作。

1999年1月19日，县长周中盛在县第十一届人大第二次会议上作《政府工作报告》提出：实现小康是党中央的战略决策，也是广大群众的强烈愿望，市委、市政府规划始兴在今年实现农村“小康”达标。这是一项艰巨的任务，全县要认真贯彻《中共中央关于农业和农村工作的若干重大问题的决定》，增强责任感和紧迫感。明确“奔康”工作的重点和难点：一是加快农房改造步伐，使全县70%以上的农户住上标准小康房，今年完成9000套农房改造任务。二是抓好县、乡镇、村公路硬底化建设，80%的县通乡镇、60%的乡镇通村公路硬底化。三是提高农村自来水的普及率，全县70%以上的农村人口饮用上自来水。四是加快农村电话村、镇建设。同时，县委专门制定下发《关于大力发展蚕桑生产的意见》。为此，要继续以“奔康”统揽农村工作全局，加快发展农村经济。以增加农民收入为目标，大力发展农村经济。调整和优化农产品结构，切实抓好蔬菜、黄烟、毛竹、水果、蚕桑、马蹄等区域性农业生产基地建设，特别要继续抓好春种辣椒、反季节蔬菜的大面积种植；加快三鸟、生猪、水产品等养殖业的发展，以发展三元杂交瘦肉型猪、山地养鸡为重点，努力培植一批专业大户和专业村，带动千家万户大搞种养业，促进“一乡一品”“一村一业”格局的形成；办好股份制林场的同时，继续抓好山坡地的开发和毛竹的深度开发，同时积极发展优质油菜、名贵中草药材等，进一步搞好松脂等林副产品加工；帮助农民解决农副产品出路为主的加工和流通，拓宽农副产品流通渠道；继续实行粮食领导责任制，积极开展以“创吨谷村、吨谷镇”为主题的创高产活动，推广粮食名优品种和先进的栽培技术，办好国家级农业综合开发项目和省商品粮基地。

县委、县政府以“奔康”统揽全局，突出发展农村经济、增加农民收入的工作重点；突破农房改建的工作难点，在全县范围内兴办示范点400个，辐射带动农村“奔康”房建设工作的开展；按照小康达标的10项要求，加强其他基础设施的建设，推进农村各项事业的发展。

1999年，全县投入资金6.6213亿元用于小康10项指标达标建设。其中县政府投入和争取上级资金3.644亿元，镇政府和农户投入2.3068亿元，县直机关单位投入2386万元，社会投资4311万元；始兴农业总产值

5.46亿元，增长84.9%，农民人均年纯收入3650元，增长54.1%；全县70.24%农户住上钢筋砖瓦结构住房；142个村委会实现了全面通汽车，13个乡镇通了水泥路或沥青路，占村委会总数的59.2%；乡镇和村委会实现了100%通电，农户照明用电率达到100%；农村人口饮上安全卫生水人数达到183549人，占全县农业人口的95%，其中有95445人用上自来水、占全县农业人口的51.9%；实现100%的村委会通电话。2000年9月，始兴县农村小康达标工作顺利通过省、市验收。

（二）实施“奔康工程”

1995年10月31日，县政府决定将建设现代文明新村作为“奔康工程”的一项重点来实施，以邓小平建设有中国特色社会主义理论为根本指导方针，以实现经济繁荣、社会文明、环境优美、城乡一体化为目标，以农民投资为主，县、乡镇、社会扶持为辅，有领导、有计划、有步骤地建设现代文明新村，使农民安居乐业，共同奔康致富。基本目标：从1995年起，用5年时间基本消除农村泥砖房，分期分批改造旧村和兴建现代文明新村，经过全社会的共同努力，在20世纪末全县农村住宅基本实现红砖瓦房结构或楼房化，让农民住上舒适、方便的房子。实施步骤为全面规划、分年实施、抓点带面、逐步推开，具体要求：设立机构，加强领导；宣传发动，全面规划，抓点带面，逐步推开。实行统一领导、统一规划、统一安排用地、统一设计、统一施工。确定新村建设基本标准。平原近街、近路、近水陆交通方便的地方，以10户以上组建为一个文明新村，丘陵山区适合搞立体开发农业的地方，可单家独户建新居，迁进新居后，旧住宅一律拆除，土地归集体统一规划使用。农户新建住宅必须全部是水泥钢筋或红砖瓦房结构，建筑面积人均不少于18平方米。

引导农户多方筹措建房资金。以自愿为原则，组织建房储金会，按先后建顺序逐年参股承担利息，建宅本息两清的办法建房。县、镇和集体的帮助，重点放在完善公共设施上。有条件的农户，可鼓励其自烧红砖、瓦、石灰，以降低建房投入。

实行农户新建住宅审批制度。农户新建住宅必须向乡镇“奔康工程”办公室提出书面申请，经建设委员会、土地管理部门批准后发给新建住宅许可证方可动工。凡建泥砖瓦房或乱占耕地建房的一律不得批准。

第七节　依法治县与维护社会稳定

一、推进群众自治与新农村建设

（一）建立村民自治管理机制

江泽民总书记在党的十五大报告中指出："依法治国，是党领导人民治理国家的基本方略。"这标志着中国社会主义民主法制建设进入了新的发展阶段。1998 年 5 月 7 日，县委书记杨木忠在始兴县领导干部法律知识讲座暨新一届政府组成人员任命会议上作了《提高依法行政水平，扎实推进依法治县》的讲话，指出：依法行政就是要依照国家宪法、法律、法规和规章来规范政府的行为，使政府的行为"有法可依，有法必依，执法必严，违法必究"。使政府对经济和社会事业的管理规范化、法制化。行政机关能否依法行政，不仅在一定程度上决定着依法治国、依法治省、依法治县的进程，而且直接影响到政府的权威。依法行政是依法治县的重要内容，也是反腐保廉、建设高效廉洁政府的需要。

2001 年 9 月，中共中央、国务院《关于进一步加强社会治安综合治理的意见》明确提出，"打防结合，预防为主"是做好社会治安综合治理的工作方针。要坚持打击与防范并举，治标和治本兼顾，毫不动摇依法从重从严从快严厉打击刑事犯罪活动，整治治安混乱的地区，解决突出治安问题。预防犯罪是维护社会治安秩序的积极措施，要进一步把严打、严管、严防、严治有机结合起来。要坚决纠正"重打轻防"的错误倾向，切实把思想观念、工作重点、警力配置、经费投入、考核奖惩机制真正落实到"预防为主"上来；切实解决好影响社会稳定和社会治安的重点、难点问题；进一步加强群防群治工作，建立和完善社会治安防控体系，下大力气做好预防和减少违法犯罪工作。

社会治安综合治理的主要目标是社会稳定，恶性案件和多发性案件得到控制并逐步有所下降，社会丑恶现象大大减少，治安混乱的地区和单位的面貌彻底改观，治安秩序良好，群众有安全感。

县委加强了社会治安综合治理工作的领导，进一步抓好基层基础建设，推动社会治安综合治理措施的落实。2002 年，先后两次召开了全县综合治理工作会议，增强了各级"保一方平安"的政治责任感、坚持"谁主管，谁负责"的原则，"管好自己的人，看好自家的门"层层落实责任制。共签订综合治理责任书 850 份。为确保治安稳定，进一步加强基层基础建设，抓好各项综治措施的落实，结合村委会换届选举、城区居委会的设立和选举工作，调整和完善了治保、调解等基层群防群治组织，有效地维护农村社会及城区的稳定。全县共有治保会 153 个 306 人，调解会 153 个 356 人，其他各类群防群治组织 62 个 192 人。各乡镇还开展和坚持了"四长"①接访制度，化解了大量的矛盾纠纷，受到了群众的好评。

（二）全面推进新农村建设

1997—2000 年，全县掀起"奔康"工程建设高潮，各乡镇成立了"奔康工程"领导小组，加大了领导力度和工作力度，在推进农房改造过程中采取了领导挂点，干部包户，年终进行奖罚责任制，层层签订责任书，调动农民改建农房的积极性。并制定了五条优惠政策：一是补贴资金，每户补贴 1000~2000 元；二是补贴物资，每户 1—2 吨水泥或红砖 3000~5000 块；三是动员挂点机关单位捐款捐物；四是要求在农村的干部带头建"奔康"房；五是增加资金投入。2000 年，全县新建了 2.91 万套农村"奔康"房，使 70% 以上的农户住上了新房。以城南玲珑新村、太平城东新村、马市金叶新村、低坝开发区为代表的新农村建设初具规模。

（三）社区建设和管理

1998 年 9 月，根据《广东省委、省人民政府关于理顺我省农村基层管理体制的通知》要求撤销管理区办事处，设立村民委员会。县委、县政府成立"理顺农村基层管理体制领导小组"和办公室，开展撤区设村试点工作，在取得成功经验的基础上，全面铺开。撤区设村分两批完成，第一批

①"四长"指法庭庭长、派出所所长、司法所所长、国土所所长。

104 个管理区于 1999 年 12 月 20 日完成，第二批 37 个管理区在 2000 年春节前完成，因车八岭瑶族管理区当时划归车八岭自然保护区管辖，而保护区不属行政单位，在理顺时，车八岭瑶族管理区仍然保留。2000 年，全县设 141 个村民委员会，1 个车八岭瑶族管理区。

撤区设村是按照《中华人民共和国村民委员会组织法（试行）》的规定，从选民登记到确定村委会成员候选人名单进行投票选举，民主选举产生村委会组成人员，由始兴县民政局颁发任命书，理顺了农村基层管理体制，建立了以民主选举、民主决策、民主管理和民主监督为基本内容的村民自治制度。广大村民充分行使当家作主的权利，2000 年 3 月第一届村民委员会开始运作。

二、加强治安管理

积极开展重点整治，努力解决治安案件突出问题。对文化娱乐场所、校园周边秩序、县城治安秩序开展了重点整治，特别是 2001 年、2002 年，重点对隘子镇“六合彩”赌博案件和赌博活动进行了查处和整治，有效地遏制了“六合彩”赌博在我县蔓延的势头，受到了人民群众的好评。

公安机关不断加强治安管理，坚决查处“黄赌”等“七害”案件，1998—2002 年，共查处各类治安案件 1048 起；交警部门全力做好道路安全管理工作，共发生和处理交通事故 238 起，死亡 182 人，受伤 292 人，损失 79 万元；森林公安分局共查处森林刑事案件 22 起，治安案件 78 起，林业行政处罚案件 1892 起，处理违法人员 3367 人，收缴木材 3523.7 立方米，为国家挽回经济损失 182 万元，为现代生态县建设作出了应有的贡献；消防部门认真做好安全检查、监督工作，消除隐患、减少火灾事故，共发生火灾事故 57 起，损失 228.6 万元。

2002 年是实现中央提出 2 年内社会治安取得明显进步目标的关键一年，根据省、市两次社会治安工作会议精神，始兴开展了反“双抢”“猎鹰 2 号”“春夏攻势”“破大案、挖团伙、追逃犯”等一系列专项打击行动，深入开展严打整治斗争。公安机关共立刑事案件 853 起，破获 264 起，其中重大案件立案 507 起，破获 135 起，打掉犯罪团伙 35 个 145 人，抓获各类违法犯罪嫌疑人 761 人；检察机关受理呈捕犯罪嫌疑人 63 件 95

人，查处经济领域案件 7 起 7 人；法院受理刑事案件 46 起 74 人，审结 46 起 74 人；司法行政机关积极提供法律服务，律师担任犯罪嫌疑人辩护人 17 件。

第八节　党的十六大精神的贯彻与社会主义精神文明建设

一、“三讲”教育与党的作风建设

“三讲”教育

根据《中共中央关于在县级以上党政班子、领导干部中深入开展以“讲学习、讲政治、讲正气”为主要内容的党性党风教育的意见》，按照省、市委的部署，县委成立了“三讲”教育领导小组及其办公室，研究制定了“三讲”教育活动实施方案，召开了“三讲”教育对象及办公室人员学习有关文件，提高了认识，明确了任务要求。县委在 2000 年 6 月 5 日召开全县“三讲”教育动员大会，副科以上干部 540 人参加，县委书记冯寿宗在会上作了《提高认识，坚定信心，扎实推进我县“三讲”教育学习活动的开展》的动员报告。县委副书记王青西作了《搞好“三讲”教育，提高自身素质》的专题辅导讲话。会后，向与会人员发放《征求意见表》，征求对各级领导班子及其成员的意见和建议。《征求意见表》共发放 414 套，回收 410 套，回收率 99.03%，填写率 98.54%。对县五套班子征求意见和建议 1243 条，经综合归纳后，县委 62 条，人大 15 条，政府 42 条，政协 8 条，纪委 50 条。县动员大会后，县人大、县政协和县纪委班子及检察院、法院、县委组织部、县委宣传部、县公安局也分别召开动员大会，组织与会人员展开讨论，提高对开展“三讲”教育重要意义的认识，明确开展“三讲”教育的原则、方法、步骤和要求。县委加大宣传力度，抓好理论学习，坚持把理论学习作为“三讲”教育的重要环节，建立严格的请假、考勤和检查制度。使这次学习教育活动认真联系实际，进一步提高党员、干部对开展“三讲”教育的重要性和必要性的认识。

在“三讲”教育期间，根据省委《关于在全省开展“致富思源、富而思进”教育活动的决定》，县委把“两思”教育作为“三讲”教育的重要内容来抓，制定了在全县开展“两思”教育的实施方案，并印发了《关于在全县开展“致富思源、富而思进”教育活动的意见》。2000 年 3 月 22 日，县委召开“致富思源、富而思进”报告会，县委副书记阳日成作《经常“两思”“三想”，把握人生方向》的辅导报告。

在党政机关以“转作风、通政令、做公仆、思进取”为主题，在农村要以“富思源、树观念、讲科学、求发展”为主题进行教育。

这次“三讲”教育通过思想动员、学习提高，自我剖析、听取意见，交流思想、开展批评，认真整改、巩固成果共 4 个阶段 15 个环节的工作，历时 2 个多月时间，于 9 月 1 日基本结束。9 月 1 日县委召开全县“三讲”教育总结大会，县委副书记王青西代表县党政班子作了关于党性党风和工作中存在主要问题整改情况的通报发言。县委书记冯寿宗在会上作了总结报告。10 月 1 日，县委宣传部、县委组织部和始兴报社联合举办的“致富思源、富而思进”教育演讲比赛，在县府小礼堂进行决赛。通过报告会和竞赛活动，推进了“两思”教育的开展，教育和引导部分干部群众克服“小进则满”“小富则安”以及不思进取、不求上进的狭隘思想。树立锐意进取、艰苦奋斗，励精图治的二次创业精神，全力推进始兴两个文明建设的进程。

在“三讲”教育告一段落的单位，认真组织“回头看”活动。“三讲”教育“回头看”活动共 20 天时间：第一阶段为“认真分析研究，总结经验教训，制定整改方案，落实整改责任，完善相关制度”；第二阶段为“自查自看，改进措施”；第三阶段为“通报整改情况，听取群众意见”。2000 年 12 月 20—21 日，省、市委“三讲”办组织到始兴检查“三讲”教育“回头看”工作，检查组通过检查，认为始兴县“三讲”教育“回头看”工作做到领导重视，准备充分，重点突出，促进了各项工作的进展，效果明显。

县委始终坚持高标准、严要求，在实事求是查摆存在问题的同时，更加着重从吸取教训方面严格剖析，在查摆问题前，首先达成“成绩不摆走不了，问题不找不得了”的共识；在查摆问题中，又能做到开门见山，剖析原因触及灵魂，吸取教训，从“三讲”高度来认识，从始兴实际来阐述。实事求是地分析了1992年以来班子中存在的问题，尤其是从严剖析现任班子的问题，并在党政班子民主生活会上确定了对县党政班子1992年至今存在的问题，着重讲应该吸取的教训，重点提出现任班子近年来党性党风和工作上的问题。在县委常委民主生活会上，县委书记冯寿宗同志带头作自我批评，又带头批评每一位县委班子成员存在的问题，言恳意诚，促进了较好的“言者无罪，闻者足戒”的民主气氛。

在“三讲”教育征求意见中，群众反映比较集中和比较强烈的问题：在工作作风方面，主要指出县委未能带头深入基层，广泛开展调查研究，集思广益作决策；在干部人事制度管理方面，主要指出干部交流力度不大，监督管理不严，还没有有效地从源头上遏制腐败等不正之风；在经济工作方面，主要指出全县产业结构的调整优化慢，推进两个根本性转变措施不力，造成县、镇、村三级财政都很困难的局面；在法制建设方面，主要指出制止奢侈浪费不力，领导干部下基层没有执行吃工作餐制度。这些存在的问题都或多或少影响始兴各方面发展的因素。

二、“三个代表”重要思想的全面贯彻

为贯彻落实中央关于在全国县（市区）部门、乡镇、村领导班子和基层干部中开展“三个代表”重要思想学习教育活动的决定，切实提高农村基层干部素质，增强农村基层党组织的凝聚力和战斗力，加强和改进党对农村工作的领导，推动农业和农村经济结构的战略性调整，促进农村经济发展和社会的全面进步。根据省、市委的部署，始兴县成立“三个代表”重要思想学习教育小组，县委书记任组长，县长任第一副组长，县委副书记任常务副组长，纪委书记、组织部部长、宣传部部长、分管农业的副县长任副组长，县直有关单位负责人为领导小组成员。领导小组下设办公室。各乡镇党委和县直部门也成立专门的领导机构和工作机构。学习教育活动从2001年3月9日开始，历时10个月，至2002年1月20日已基本告一段落。

2001 年 3 月 9 日，县委召开全县“三个代表”重要思想学习教育活动动员大会，县委书记冯寿宗作题为《学习“三个代表”实践“三个代表”》的报告，对全县学习教育活动进行了动员和部署。要求着重解决好 5 项工作：抓好农村经济结构调整，壮大农村集体经济，增加农民收入；抓好农村干部队伍建设，转变干部作风，充分调动农村干部的积极性；推进税费改革，减轻农民负担；理顺“两委”关系，加强农村基层民主政治建设；解决农村存在的突出问题，加强精神文明建设。

三、党的十六大精神的贯彻

县委组织各级党委学习中心组和县直各单位把学习贯彻党的十六大精神作为当前理论学习的重点，高度重视，一把手亲自负责，制订可行的学习计划。从 2002 年 11 月 15—30 日，组织本部门、本单位广大党员干部认真学习，深刻领会报告的精神实质，把握十六大主题，明确十六大提出的基本任务和主要奋斗目标。各级党委学习中心组成员和各单位班子要认真做好学习笔记和撰写学习体会。为把学习引向深入，各级党委学习中心组通过召开学习会、组织研讨会、举办报告会等灵活多样的形式，把集中学习与个人自学，通读文件与专题研讨结合起来增强学习成效。为深入贯彻落实十六大会议精神，进一步促进全县现代生态县建设，县委决定于 2003 年 2 月在全县各乡镇开展以“学习十六大精神，建设现代生态县”为主题的巡回演讲活动。

四、党的组织建设与干部人事制度的深化改革

（一）党的组织建设

2001 年，在县乡镇和县直单位机构改革中，撤并了花山、北山、刘张家山 3 个乡，调整了 71 名乡镇领导，其中有 5 名县直部门的领导下派到乡镇任职，班子结构得到了进一步的优化。全县 12 个乡镇班子成员比上届减少 38 人，平均年龄 37.5 岁，比上届下降了 1.6 岁；大专以上文化程度占 89.7%，比上届提高了 14.7 个百分点。全县 142 个村支书、村主任实行了交叉任职的有 113 个，占 79.58%，“两委”交叉任职人员 329 人，交叉任职率达 71.53%。通过这次乡镇机构改革和村换届选举，全县镇、村

两级的领导班子结构更趋合理、优化，战斗力明显提高。进一步加强了机关、学校及企业的党建工作。2001 年 12 月，县委重新调整县属机关单位党组织机构设置，新设置了经济贸易局、科技教育局、卫生局、林业局、农业局、发展计划局、环保和建设局 7 个基层党委，使机关单位党组织的战斗保垒作用进一步得到了加强。企业党建工作围绕企业转制，在外资和私营企业中建立了 15 个党组织，党员人数达 323 人，全县非公有制企业的党建工作得到快速发展。

（二）干部人事制度的深化改革

2001 年 4 月，为了加快全县干部人事制度改革的步伐，建立和健全富有生机与活力的选人机制，推进县直单位领导班子年轻化、知识化进程，县委组织部结合始兴实际，采取个人报名、群众推荐和组织推荐的办法，考试、考核相结合的方式，公开选拔 6 名副科长级领导干部分别到县妇联、团县委、计划局、教育局、墨江中学、人民医院任副职。

2001 年，在乡镇的换届、撤并工作中，按年龄办理退二线或改任非领导职务的 46 人，调整因综合素质低、现实表现一般的班子成员改任非领导职务人员 13 人，调整到其他部门工作 3 人，交流轮岗 57 人，提拔使用 3 人。在县直机关的机构改革中，共调整领导干部 194 人，涉及 100 个单位，其中交流轮岗 99 人，提拔使用 26 人，改任非领导职务 4 人，因年龄原因改任非领导职务离岗退养 35 人，因综合素质较低、现实表现一般改任非领导职务 3 人，通过调整使新的班子年龄结构和文化结构更加合理，整体战斗力更强，为今后各项事业的发展提供了坚实的组织保障。

五、党员培训正规化的实施与成效

在职干部培训。与时俱进抓好干部教育培训工作，1998 年，县委宣传部与县委组织部、县委党校共同协作、不定期地组织和举办科级干部培训班、党员教育骨干培训班、党政中青年后备干部培训班、农村基层干部和后备干部培训班、公务员培训班、妇女干部培训班、国有企业管理人员培训班、农村党员实用技术培训班、村级干部计划生育业务培训班、实用电脑培训班等各种培训学习班。办班后，由各单位举办讲座或分散自学、集体讨论等多种形式组织党员、干部学习。全县培训副科级以上干部 6044

人次。2002年选送141名干部到省、市参加各类培训，乡镇共举办农村党员干部实用技术培训班165期，培训7800人次。

参加省、市院校培训学习。1999年选送参加省级院校培训9人，其中领导干部参加省党校进修班2人、领导干部参加省级部门培训班5人、科级干部参加省妇女培训班、省民委少数民族干部培训班各1人；市级院校培训57人。其中乡镇干部参加市委党校学习班12人、乡镇分管计生领导干部学习班7人、中层领导参加市委党校中青班2人、参加市委党校举办的组织委员培训班16人、纪检监察干部、教育、卫生行政、政法机关干部参加市级部门培训20人。

同时县委党校还举办在职干部大、中专学历班，1999年毕业176人，其中研究生2人、本科14人、大专136人、中专24人。1999年入学人数227人，其中研究生4人、本科101人、大专156人、中专16人。这些人才活跃在社会主义建设事业的各条战线上，为党的事业作出了较大的贡献。

对党员干部的培训结合理论学习的专题开展。2002年，全县20个基层党委和115个副科级以上单位分别举办学习报告会，在全县掀起学习、宣传和贯彻中共十六大精神的热潮。

六、群众性精神文明创建活动的推进

“拥军优属、拥政爱民”是始兴军民的优良传统。县委、县政府按照广东省关于创建“双拥”工作的部署，与县人民武装部联合组建始兴县“双拥”工作领导小组，下设办公室。全县各地开展创建“双拥”模范县工作，不断丰富“双拥”活动的内容和形式，使“双拥”工作蓬勃发展，整体水平明显提高，先进典型不断涌现，军民关系融洽，形成了“双拥”工作与改革开放和经济建设互相促进、同步发展的大好局面。县府及相关部门坚持每年八一建军节、元旦、春节等重要节日开展慰问驻军部队和光荣院以及重点优抚对象。县主要领导经常深入到部队了解官兵思想、工作和生活情况，切实帮助部队解决实际问题。投资兴建人武部办公大楼、武器仓库、消防大队办公楼、武警中队宿舍楼、购置消防器材，极大地改善了官兵的工作、生活环境，2000年，已基本形成执勤、训练、工

作、生活设施“四配套”；结合重要纪念日或重大历史事件，抓好国防教育和青少年教育；严把征兵质量关，连续37年被韶关市政府征兵办公室评为“征兵全优单位”，连续48年无责任退兵；积极采取措施解决优抚对象“三难”（生活难、治病难、住房难）问题；军地互动、宣扬典型，县电视台拍摄了专题片《双拥之花》宣扬了一批典型，驻军积极参与始兴生态建设，参与抢险救灾，开展便民活动，为始兴两个文明建设作出了不可磨灭的贡献。1998年，消防大队被韶关市人民政府评为“拥政爱民标兵单位”；消防大队李放军被公安部评为“全国优秀人民警察”光荣称号。驻南山部队2000年被广空政治部评为“拥政爱民先进单位”。

县委在开展精神文明创建活动工作中，注重抓好规划工作。每年除了县文明委（办）对全县的创建工作中要求各乡镇按县委的规划制定出本乡镇本年度创建文明村、户的工作计划和实施方案，同时还制定《始兴县文明单位、文明村、户创建目标责任制》，实行领导干部挂钩联系和列入各乡镇党政班子的年度岗位目标责任制，建立“一把手两手抓”的工作责任制。由于目标明确、措施得力，保证了全县精神文明创建活动的各项工作得以落到实处。

抓点带面，推进文明村（户）的创建进程：动员全县广大干部群众积极投工投劳；要求挂扶单位出钱出物；县财政每年分别拿出5万~50万元不等的资金，用于购买水泥支持文明村的公共设施建设。通过以上措施推进全县文明村、文明户的创建进程，促进全县精神文明创建整体水平的提高。

1998—2003年2月，全县各级党委、政府共命名表彰精神文明建设文明单位48个，先进单位34个；行风竞赛优胜单位4个；文明村49个。文明小康示范村53个；文明户标兵84户；乡镇集体岗位责任制一等奖1个、二等奖2个、三等奖3个；党风廉政建设先进单位20个；纪检监察工作先进单位15个；办理人大代表议案、建议先进单位5个；信访工作先进单位10个；保密工作先进单位10个；档案工作先进集体12个，精神文明创建活动、纪检监察工作、办理人大代表议案建议、信访工作、保密工作、档案工作先进个人253人，被国家、省、市有关部门表彰先进单位66个；先进个人107人。

思想道德教育工作主要以学习马克思列宁主义、毛泽东思想、邓小平理论为先导，以爱国主义、集体主义、社会主义教育为主线，以职业道德、社会公德、家庭美德教育为基础，在全县各单位广泛开展。

1998—2002年，组织开展“明县情、转观念、增合力、促发展”大教育活动。组织推广普通话、促进语言文字规范化读书活动。组织观看爱国拥军影片《军嫂》；“爱我中华、爱我广东、爱我始兴”读书活动。组织观看电影《离开雷锋的日子》《挥师三江》《国歌》。“致富思源、富而思进”教育活动和“三讲”教育等活动。

县委认真贯彻落实中央文明委关于在全国开展“讲文明、树新风”活动的重要部署，以抓好行业作风为重点，开展“讲文明、树新风”活动。1998年，县委宣传部、县监察局、县文明办、县纠风办联合组织全县重点行业开展“讲廉洁、守规范、树形象”行风建设优胜杯的竞赛活动，参加活动的行业有14个，竞赛活动以“公正执法、规范服务、有效监督”为基本内容，要求做到：落实思想道德教育，提高职工队伍素质；落实纠风整改，提高服务质量；落实规章制度，提高管理水平；落实监督机制，提高监督的有效性，民主评议行风、量化考核行风、社会监督行风逐步形成规范制度，促进了行业作风的明显好转，1998年度14个行业的行风评议考核均获得80分以上。在道德风尚建设工作中，组织开展学雷锋、树榜样。破除封建陋习，倡导文明新风活动，涌现出不顾安危、挺身而出、勇于献身保护人民生命财产的村民李步周；为教育事业鞠躬尽瘁、以身殉职的全国优秀教师赖美柱；清正廉洁、兢兢业业为群众服务的好村官华友洪等一批具有时代奉献精神的先进人物典型。

1998—2002年，组织开展青年志愿者活动和“1998年始兴县成年人宣誓仪式”活动；“保护母亲河、治理脏乱差、建设新始兴”活动。“始兴人精神”和“始兴人文明公约”大讨论等活动。

县委根据精神文明涉及范围广、工作量大而且需要长期坚持的特点，特别注重调动各方面的积极性，汇聚精神文明建设的合力。全县工、青、妇组织和各社会团体在县委的领导下，积极发挥各自的职能作用。通过共同努力，扩大精神文明建设的覆盖面，增进精神文明建设的深度。

县委支持工会组织履行“维护、建设、参与、教育”四大职能，先后开展创建“职工之家”和民主管理活动，县委、县政府召开工会工作会议，学习宣传新修订的《中华人民共和国工会法》，推动工会组建工作。同时，创新工作载体，扎实做好职工维权工作。以贯彻《劳动法》为重点，以更加鲜明的职工利益为代表和维护者的身份，加大调整劳动关系和解决社会矛盾的力度，县有关部门相应建立劳动法律监督机制，切实维护职工权益。2002 年，县委下发《关于进一步发展我县新建企业工会组织的通知》，新建外企工会 14 个、私企工会 6 个，参会人员 3034 人。较好地完成韶关市总工会下达的任务。

县委支持县总工会加强民主管理和民主监督工作，推进以职代会为主体、厂务公开为补充的民主管理制度，到基层进企业指导落实工作。1998 年 9 月 13 日，县政府成立始兴县国有工业企业下岗职工解困工作领导小组，县委常委、副县长王青西任组长，加强对下岗职工解困工作的领导，妥善处理各种问题。为配合县国有小企业改革攻坚阶段的宣传工作，1999 年“三八”节前夕，县总工会在县影剧院举行一场有 500 名女职工参加的“下岗自救，再创生活新路”报告会，由县五金公司下岗女职工陈碧霞作专题报告，现身说法介绍自己如何下岗，如何转变择业观，自强不息闯出一条就业新路。县总工会与县委组织部、县人事局、县财政局联合发出《关于我县贯彻执行全国和省劳动模范荣誉津贴规定有关问题的通知》，为 32 名省劳模登记造册，并上报市总工会界定审批后由所在单位按资金供应渠道负责发放。2001 年 12 月，县委书记冯寿宗被授予“广东省造林绿化劳动模范”称号。2002 年，全县基层工会都实行了厂务公开活动。此外，县委、县政府根据企业改革的进程，建立县、镇、基层工会三级帮扶网络，制定完善工作制度和工作流程，积极实施“送温暖工程”，大力为职工排忧解难。

县委重视和加强对共青团工作的领导，根据青少年的特点，在健全组织机构、充实力量的同时，开展多种形式的教育活动，提高广大团员青年的思想政治素质，发挥好团组织作为党的助手作用。

在创先争优活动方面。通过树榜样，激励广大团员青年开拓进取，多作奉献。开展了“青年星火带头人”“青年志愿者活动日”“青年文明号能手”“雏鹰行动”、共建“文明街、文明社区”“服务万村行动”、送科技下乡活动。1998年度，始兴县邮政局储蓄班获得韶关市“青年文明号”称号；县水利局游镜峰获得“青年岗位能手”称号；标兵陈方兰、梁远新受到团市委的表彰。1999年度，始兴县国税局马市分局获得韶关市国税系统“青年文明号”称号，雷志达获得“青年岗位能手”称号。

县委在领导妇联工作中，组织开展“巾帼建功”活动。1998年，结合“巾帼建功”活动开展创建“巾帼文明示范岗”“巾帼创新业”“巾帼助困献爱心”。1999年12月，开展“百万家长学‘三优’、普及母婴生命知识”“家庭奉献月”和“好书进我家”家庭读书活动。至2000年，全县有77%以上妇女参加了“巾帼建功”竞赛活动，14名女职工被评为韶关市“巾帼建功先进个人”，73名女职工被评为县“巾帼建功先进个人”。

在维护妇女合法权益方面。以宣传贯彻《中华人民共和国妇女权益保障法》《中国妇女发展纲要》为重点，各级妇女组织通过广播、电视、座谈会、宣传咨询等形式进行妇女合法权益宣传，促进尊重妇女、关心妇女良好社会风气和社会环境。2000年开展创建五好家庭“不让黄赌毒邪进我家”活动，保护妇女儿童的合法权益。县法院聘请了16名妇联干部作为特邀陪审员，成立了始兴县妇联系统特邀陪审员队伍，为维护妇女儿童合法权益提供了有力保障。

县委支持工商联按职能开展工作。1995年，按照全国工商联的文件规定，用5年时间把商会延伸到乡镇，扩大商会组织。始兴商会只用了3年时间把有市场的乡镇都建立了商会。2000年有乡镇商会9个，会员142人，县城和乡镇共有会员209人。

1998年2月，工商联组织了5名非公有制企业的会员到中央党校学习培训，组织15名会员到香港参观考察。1999—2000年，会员们回报社会13.46万元，其中捐资县通镇公路10万元，捐资助学8人共1.46万元，捐资本县和外地灾区解决困难2万多元。2011年，开展了“三个代表”重要思想的学习，并组织召开部分青年企业家座谈会，组织部分会员到邻近县、市参观民营企业学习活动，通过学习活动提高了广大会员的政治思想觉悟，积累了经商办企业的经验。

县委加强对残疾人的管理工作，通过各项措施，使全县残疾人享受到改革开放的成果。县委、县政府根据《中华人民共和国残疾人保障法》和

《广东省分散按比例安排残疾人就业规定》，千方百计地解决残疾人的就业。1998 年，县政府召开全县第一次残联工作会议后，扶持农村各类残疾人 356 人大种大养脱贫致富，其中肢残人何衍柱、张月华夫妇成为韶关市个体养鸡专业大户。1999 年选送 4 名肢体残疾人参加省第三届残疾人运动会，共有 3 名获得奖牌，其中陈礼省荣获男子 LAF4 跳高金牌，阙小丽获得女子 A4 级跳远金牌，陈旭分别获得 S10 级自由泳 2000 米银牌、S10 级自由泳 100 米铜牌。县委、县政府在全社会倡导理解、尊重、关心、帮助残疾人的道德风尚，在“助残日”期间开展“青少年志愿者助残活动”，建立由残疾人服务社、乡镇残疾人分社构成的服务体系，推动残疾人服务工作的开展。2000 年，残疾人就业工作以安排残疾人上岗就业为主，收取就业金为辅，以收取就业保障金促进安排残疾人就业。为加强残疾人康复工作，建立了康复服务站；为肢体残疾人安装假肢 12 人，智残康复训练 4 人，聋儿训练配助听器 6 人，为白内障患者施行复明手术 217 例，使部分残疾人得以融入社会大家庭。教育就业输送 10 人到省残联培英中专学校学习。并由教育部门配合开展特殊教育工作。

七、各项社会事业的巩固和发展

（一）文化事业的发展

县委加强对文化事业的领导。全县建立的三级文化网络不断完善。县级有文化馆、乡镇级有文化站、村级有文化室。全县文化事业坚持“两为”[①]方向和“双百”方针[②]，努力为人民群众提供更多更好的精神食粮，提高广大群众的文化生活质量。大力加强文化设施建设和管理，积极开展丰富多彩的群众文化活动，丰富群众文化生活。加强文化市场管理，深入开展“扫黄打非”斗争。共兴建和扩建马市等 10 个乡镇文化站。1998 年，县文化馆获韶关市文化系统“档案工作先进单位”荣誉称号。

在报刊发行及文艺创作方面，1999 年 1 月《始兴报》更名为《今日始兴》报，并改为半月刊。同时继续开展收集整理民间文学、山歌等作品。1998 年，谢宗生创作音乐作品《水溪畔的童年》获韶关市二等奖；1999

① “两为”，是指文学艺术要“为人民服务，为社会主义服务”。
② “双百”方针，是指文化事业要坚持百花齐放、百家争鸣的方针。

年，全县送省市参加评选作品共 12 篇，其中刘跃平的小品戏剧《追车》获广东省第三届戏剧花会金奖；曾敞胜创作的小戏《柑橘情》获韶关市戏剧创作二等奖。2000 年，谢宗生《试论市场经济下文化站的定位生存和发展》获中国群众文化学会优秀奖、歌曲《韶关美丽的家园》获韶关市二等奖。

至 2000 年，全县建立 15 个乡镇文化活动中心，100 多个农村文化室，县城建立了 3 个文化广场。图书发行量达 150 万册。根雕、摄影、奇石等硕果累累。

在广播、电视、电影方面，1998 年，在广播电视大楼顶建设 22 米高的广播天线发射塔，广播发射机的功率增至 300 瓦，使广播的有效覆盖面进一步扩大。无线广播取代有线广播后，一套广播节目人口覆盖率达到 90% 以上。1998 年开始进行有线电视网络升级改造工程，主干线从前端开始改用光缆传输，同年更新光缆 20 千米。传输电视节目的套数逐年增多，从 1990 年 6 套增至 1999 年 22 套节目，2002 年县城用户达到 15000 户。乡镇陆续建设了有线电视网络，至 2000 年全县各乡镇有 40% 的村委会都建设了有线电视网络。有线电视用户迅速扩大。县广播电视节目播放围绕县委、县政府的中心工作，遵循“为其服务，适其需要，合其口味，使其理解，引其参与，与其交流，对其引导，受其监督”的原则，“以科学的理论武装人、以正确的理论引导人、以高尚的精神塑造人、以优秀的作品鼓舞人”，一步一个脚印向前迈进。广播电台开设“本县新闻”“农村天地”“为你服务”和“听众之友”“学习之窗”“老人生活”及“校园缤纷录”“改革浪花”“少儿节目”“连心桥”等 10 多个栏目。这些栏目中除“农村天地”栏目为适应当地群众易听易懂而用始兴方言播出外，其余均用普通话播出。广播播出的时间为每天分早、中、晚三个时段共 5 小时 30 分钟，1998 年 7 月播音时间延长至每天 8 小时。电台每年总播出稿件约 8000 条，其中本县新闻约 2100 条。电视台开办的主要栏目有“始兴新闻”“法制之窗”“科普园地”和“计划生育”“卫生天地”“星火科技”等专题。2000 年 11 月 1 日实现始兴电视“天天新闻”，每次新闻 3~8 条，并采用滚筒式播出。电视新闻平均每年播出稿件 1500 条，其中始兴新闻约 1200 条。

（二）体育事业的发展

县体委负责全县体育活动的组织、协调、指导和服务。各乡镇也相应成立体育运动委员会，县城成立了老年体育协会、篮球协会、桥牌协会、门球协会、乒乓球协会等群众性体育组织。1999 年组队参加韶关市“英东杯”中学生篮球赛获得女子第五名。职工体育，1998 年 12 月 15 日—1999 年 1 月 1 日，始兴县举办“墨江杯”篮球赛，有 31 个队 350 名运动员参加。农村体育，1997—2000 年为推动车八岭及都亨乡“亚历河漂流”旅游事业发展，以篮球赛为契机推动当地经济发展，共举办了 4 届“亚历河漂流杯”篮球赛。1998 年，司前镇被评为广东省“亿万农民健身活动”先进单位。都亨乡党委书记杨隆柱被评为“广东省群众体育先进工作者”称号。始兴县中学生 1998—2000 年参加省级以上各项体育竞赛中获得 12 块金牌、19 块银牌、17 块铜牌；1999 年参加市第五届中小学生运动会获得金牌 1 块、银牌 5 块、铜牌 6 块；1999 年参加市第三届“人寿杯”田径运动会获得 3 块金牌；市五届中小学田径赛少年乙组获得 2 块银牌。业余体校田径班 1999 年考入体育大专院校共 12 人，10 人考入运动学校就读。

至 2000 年，全县有 400 米田径场 23 个，足球场 27 个，篮球场 159 个（其中乡镇 137 个）。50% 以上中学有 200 米以上跑道运动场；学校运动会均能如期正常举办，学生体育达标率均达 93.79% 以上。

（三）卫生事业的发展

县委以人人享有卫生保健为目标，以初保工作为龙头，扎实开展各项工作。积极开展传染病、地方病、常见病的防治。大力推进儿童计划免疫，增强人民群众的自我保健意识和能力。努力实施世界银行货款的肺结核控制项目，受到了省市专家的好评。1998—2000 年，继续深化卫生监督，药品收支两条线和人事、分配等医疗卫生体制改革，逐步建立起一套符合始兴卫生系统实际，便于操作的激励机制。全面实行了药品招标采购工作，建立完善非营利性和营利性医疗机构的分类管理制度，引入竞争机制，创造公平有序的竞争环境。加大对卫生事业的投入，搞好医疗卫生单位的基础设施建设，巩固初保成果。同时，加强医德医风建设，加强卫生执法，强化药品监督管理、城乡爱国卫生、医疗服务、疾病控制和药品监督工作得到加强。

1999年9月，地方性甲状腺肿瘤病在始兴县实现了基本消除缺碘病目标。2000年实现消除缺碘病阶段目标。3月，结核病归口管理工作经韶关市评定为达标单位。1999年12月，太平镇被省爱卫会评为“广东省卫生先进镇”。1999年，农村改厕5430户，改水受益人口25130人，改善农村卫生条件，减少传染病的发生和流行。2000年12月28日，广东省卫生厅公布始兴县妇幼保健院为“爱婴医院”。城郊、沈所、澄江、都亨、隘子、司前、罗坝、城南、江口等卫生院为“爱婴卫生院”。

至2000年，全县累计有救护车3部，B超机23台，X光机20台，心电图机24台，激光治疗仪5台以及其他一大批医疗器（仪）。医疗队伍与技术水平不断发展提高，全县累计有卫生医务人员616人，其中主治医师77人，西医师167人。全县累计参加合作医疗人数10.9万人，占全县农村人口60%以上，解决农民“看病难”问题，初步实现了人人享有初级卫生目标。

（四）计划生育事业的发展

1999—2000年，县委按照《广东省计划生育条例》，继续加强对计划生育工作的领导。1999年4月8日，县委、县政府召开计划生育工作会议，贯彻全省计划生育工作会议精神，根据全县内计生工作的主要任务提出了今后的具体工作意见：全面落实农村生一男孩户和二女结扎户要全部办理养老保险。全县农村生一男户4565户，有二孩纯女结扎户1158对，尚未办理养老保险的有198对，按省每户应投保1000元以上的规定，全县合计需要资金47.63万元。根据县内实际选出山区澄江镇、平原城南镇为试点单位，要求完成当年度人口计划指标，计划生育率达93%以上；多孩率控制在2%以下；避孕节育措施落实率达95%以上，有效率达95%以上，及时率达90%以上；已婚育龄妇女查环查孕每季度到查率95%以上；计划外怀孕率控制在2%以下；乡镇、村委会有符合规定标准的服务所、服务室、宣传栏、婚育学校、婚育分校，能开展正常的查环查孕、放（取）环等正常业务；计划生育模范村、先进村、合格村占总数的70%以上；统计数据合格率达95%以上。通过以点带面，力争在年内大部分乡镇成为“三为主”[①]乡镇。

2000—2002年，全县人口与计生工作总的思路是：一个目标、二个加强、三个重点、四个促进。即围绕一个目标，今年达到全省中等水平，明年进入全省先进行列；抓好加强领导和加强计生队伍建设两个关键；突出计划生育依法行政、优质服务和“两个规范”基础设施建设三个重点；做到“四个促进”，促进“三为主”的深化落实，促进计生工作重心下移的落实，促进城区计生网络建设的完善，促进计生工作综合治理的全面落实。根据以上思路，县委抓好各项措施的落实，重点围绕贯彻《人口与计划生育法》和《计划生育技术服务管理条例》，推进计划生育依法管理。在做法上，结合各个时期的中心工作，切实把婚育新风进万家活动引向深入；建立、完善科学、系统、完备的计划生育工作责任制，同时力促计划生育工作重心下移到村；通过县、乡镇计生服务实现信息网络化，结合查孕，对育龄妇女生殖系统的常见病进行普查；抓好计生的检查考核，保证“三为主”工作真正落实到位。

本章小结

1998年2月至2003年2月，是深化改革推动经济社会发展时期，本阶段，县委把经济发展的重点放在工业产业上，以农民增收、财政增长为目标，抓好烟、桑、竹、电四大支柱产业，走好“引资、兴工、促农、旺商、富县”五步棋的发展路子，实现始兴经济的快速发展，促进社会各项事业全面进步。

在经济建设方面，2002年，全县国内生产总值12.22亿元，比1997年增长51.2%，五年内年均递增8.6%；工农业生产总值16.45亿元，比1997年增长44.7%，年均递增7.3%；财政总收入1.69亿元，比1997年增长59.58%，年均递增9.8%。财政年终决算实现收支平衡，略有结余。

在农业农村工作方面，大力调整产业结构，重点发展烟、桑、菜、

① “三为主”，即人口和计划生育工作要以宣传教育为主、避孕为主和经常性工作为主。

竹、果支柱产业，巩固发展“公司＋基地＋农户”生产经营模式，推进农业标准化生产、规模化经营。抓好农田水利建设、耕地保护和易地开发，切实抓好减轻农民负担工作，促进农村经济稳步发展。

在招商引资上，坚持外向带动战略，坚持“十六字”方针和“三个一”“马上办”制度，打造始兴“诚实守信、少说多干、艰苦奋斗、廉洁高效”的服务品牌，形成全民招商的良好局面。2002年，全县实际利用外资6654万美元，外贸出口总值1559万美元，两项指标五年来一直名列全市前茅。

在社会各项事业方面，城乡规划建设迈上新台阶。完成县城总体规划修编和中心镇总体规划，兴建了城东市场、红旗东路、文化广场等一批市政工程，建成了花园式沿江北路，改造了红旗中路、兴平路，启动了新行政区和沿江北路旧城改造工程建设。改造国、省、县乡道共223千米，实现村村通公路、通邮、通电话。建成山口、黄石等75宗水电站。深化医疗卫生改革，实行医疗机构分类管理、医院人事制度及卫生监督和防保体制改革，加大医疗基础设施建设。全面完成省山区文化建设议案，新建和改建各乡镇文化站，“村村通广播电视”目标全面实现，农村奔康工程顺利完成。对旅游资源开发进行全面规划。认真落实全民健身计划纲要。抓好计生队伍与计生基础设施建设。落实居民最低保障制度，提高低保标准，职工养老、医疗保险制度改革顺利推进，贫困少数民族迁移安置工作取得实质性进展。

在党的建设方面，县委加大宣传力度，抓好理论学习，坚持把握十六大主题，明确十六大提出的基本任务和主要奋斗目标，把理论学习作为“三讲”教育的重要环节，建立严格的请假、考勤和检查制度，进一步提高党员、干部对开展“三讲”教育的重要性和必要性的认识。基层党组织建设，采取村支书、村主任交叉任职，使全县镇村两级的领导班子结构更趋合理、优化，战斗力明显提高。

本阶段仍存在的困难和问题有：经济总量偏小，经济质量较低。产业结构不够合理，工业化程度不高。财源基础较薄弱，支出压力增大。农民增收缓慢的深层次矛盾依然存在。精神文明建设、民主法制建设还存在一些薄弱环节。

第五章

创新思路推进全县社会主义现代化建设

（2003.3—2012.11）

第一节　以深化改革为动力增强县域实力

一、改革发展总体思路的确立和创新

2003 年 3 月，召开县第十次党代会，提出全县工作的总体思路是：以建设现代生态县和小康社会为总目标、总任务统揽工作全局，继续实施外向带动、科教兴县、可持续发展和区域协调发展战略，大力推进现代生态县建设，促进国民经济持续、快速、健康发展，努力实现“一年打基础，三年工农业总产值翻一番，五年上台阶”的经济发展目标，切实加强精神文明建设和民主法制建设，全面加强党的建设，推动社会的全面进步。根据以上总体思路，2010 年 1 月，县委召开十一届五次全体（扩大）会议，提出：着力推进招商引资、重点项目、城市建设“三大工程”，打造“六大产业基地”，保障和改善民生，加强和改进新形势下党的建设，实现县域经济跨越式发展，争取成为全市经济社会发展的排头兵，建设国家生态县。在 2011 年 1 月召开的县委十届七次全体（扩大）会议上，县委提出：抓持续、促提升、重固本，全力推进经济社会实现新跨越。

2004 年 6 月 24 日，中共广东省委副书记、省长黄华华到始兴考察工业企业和农业龙头企业，对始兴确立的发展思路及取得的成效给予高度的评价。

2006 年 12 月召开的县第十一次党代会提出 2007—2011 年全县工作的总体思路是：以推进现代化生态县建设，努力构建和谐始兴为总目标，继续实施“外向带动、科教兴县、特色经济、可持续发展”四大战略，坚持走生态立县、工业强县、农业稳县、旅游旺县的发展路子，进一步加快工业化、城镇化农业产业化进程，大力发展社会各项事业，全面加强党的建设，努力构建和谐始兴。根据以上总体思路，在 2008 年 1 月 17—18 日召开的县委十一届三次全会提出：建设现代生态县，构建和谐始兴，以实现县域经济跨越式发展。2010 年 1 月 12 日，召开县委第十一届五次全会，进一步确立科学发展思路，坚持以生态发展为统领，着力推进招商引资、重点项目、城市建设“三大工程”，打造“六大产业基地”，保障和改善民生，加强和改进新形势下党的建设，争当广东生态发展标兵，建设国家生态县。

2011 年 9 月召开的县第十二次党代会提出：面对新形势新任务新要求，县委工作报告提出今后 5 年我县经济社会发展的总体要求是：以邓小平理论和“三个代表”重要思想为指导，深入贯彻落实科学发展观，以加快发展为主线，以“坚持生态发展、实现绿色崛起”为核心，推进“新型工业化、特色城镇化”两大工程，全面加强经济、政治、文化、社会和生态建设，不断开创党的建设新局面，成功创建“广东省旅游强县”“广东省教育强县”“广东省文明县城”“国家生态县”，努力实现跨越发展、绿色发展、和谐发展。全县经济社会发展的总体目标是：地区生产总值年均增长 13%；地方财政一般预算收入年均增长 15%；社会固定资产投资年均增长 15%；农民人均纯收入年均增长 11%。促进生态环境更优，县域经济实力更强，人民群众幸福指数更高。

二、推进县域综合改革

（一）全面完成县属国有企业产权制度改革

县委把推进综合改革作为保证全县经济社会改革发展顺利进行的重要措施，根据各阶段的形势和任务，坚持县委的统一领导，作出推进综合改革的决策部署，调动各方面的积极性和创造性，做好各个环节的综合改革工作，为全县发展提供良好的基础。

进入 21 世纪，县委进一步深化国有企业改革，制定《关于加快国有企业改革步伐的若干措施》文件，加快国有企业产权制度改革步伐，重点放在国有资产从一般性竞争领域中退出，认真做好国有企业转制工作。县委、县政府对县属国有企业改革的措施有：对资不抵债、扭亏无望、无发展前景的企业依法实施破产；对有市场前景、经营较好或暂时有困难的企业实施国有转让；对资可抵债的企业实施关闭，按有关程序拍卖财产。

2008年，县经贸局直属21家企业已完成转制，其中采取破产方式的有9家，采取关闭方式的有5家，资本退出5家，重组1家，转制1家。

至2008年，全县属国有企业全部退出一般性竞争领域，国有企业产权制度改革全面完成。规划改造的企业化管理的事业单位基本完成产权制度改革，县属国有企业员工4275人全部得到妥善安置。

（二）构建和谐始兴实现生态县

2006年12月，县委提出，在本届领导班子任期内，力争创建生态县构建和谐始兴的目标，以良好的精神状态，高度的历史使命感和政治责任感，努力做到“五个大力推进，夯实五个基础”。推进县域经济，夯实构建和谐的物质基础；推进民主法制建设，夯实构建和谐的法治基础；推进精神文明建设，夯实构建和谐的思想基础；推进社会事业建设，夯实构建和谐的社会基础；大力推进党的建设，夯实构建和谐的政治基础。努力打造活力始兴、绿色始兴、文明始兴、平安始兴。

2008年起，县委、县政府按照市委、市政府提出的工业化、城镇化和农业产业化的战略部署，抢抓“珠三角”产业往粤北地区转移的机遇，完善发展战略，推动始兴社会发展走上“快车道”，实现超越式的发展，成为后发地区的榜样。

推进工业化进程。大力实施“工业立县、工业富县、工业强县”发展战略。把实现工业化之路转化为“工业园区化、园区产业化、产量集群化、集群高端化”的思路，构建石龙（始兴）产业转移工业园、宝石工业园、江口工业园、黄花园工业园、马市工业园五大工业园区。

推进城镇化进程。紧紧围绕建设现代化山水园林城市目标，大力推进城镇特色化进程，使县城区面积由2005年的6.5平方千米扩大到2010年的9平方千米，居住人口5.2万多人。其他镇区的城镇化也有不同程度的推进，呈现出“一城五区”[①]齐头并进的良好局面。

推进农业产业化进程。以增加农民收入为核心，以繁荣农村经济为目标，大力发展现代农业，稳定粮食生产，完成粮食储备任务，确保粮食安全。做好全省林业体制改革试点工作，深化林权制度改革。提高农民素

① “一城五区”，指县城太平镇、马市、顿岗、司前、隘子、罗坝。

质，加快推进新农村建设步伐。

（三）启动社会主义新农村建设

2006 年 2 月，中央 1 号文件下发，标志着社会主义新农村建设进入一个新的阶段。8 日，中央政治局委员、广东省委书记张德江到始兴调研《民情日记》、农村教育和社会主义新农村建设工作。按照中共中央和省、市委关于推进社会主义新农村建设的文件指示精神，县委从 2006 年 3 月启动全县社会主义新农村建设工作。全县社会主义新农村建设以建设"生产发展、生活宽裕、乡村文明，村容整洁管理民主"的新农村为目标开展。县委挑选并确定社会主义新农村试点行政村 6 个，自然村 20 个。其中确定社会主义新农村建设的试点行政村 3 个（城南镇 2 个，太平镇 1 个）；县社会主义新农村建设示范自然村 20 个。

2007—2010 年，县委先后印发《关于动员社会力量支持社会主义新农村建设的意见》《始兴县社会主义新农村建设试点工作方案》《始兴县关于开展城乡"清洁美"工程建设工作的实施方案》等多个文件。2011 年 5 月，韶关市委、市政府将始兴县列为全市农村综合改革试点示范县，推动社会主义新农村建设进程。全县按照新农村建设"八个一"① 工程的规划方案，投入新农村建设资金 4.08 亿元，完成改路 7.84 千米，改水 13660 米，改房 30160 平方米，绿化 6275 平方米，建设排水排污管网 7.38 千米，新增垃圾池（屋、捅）65 个，修建文化室、广场、生态公园等文化休闲场所 23 处，并在太平镇石俚坝村等 6 个示范村因地制宜新建了人工湿地类型的生活污水处理设施。2011 年，城南、太平镇分别获得韶关市委、市政府第三、第六名乡村"清洁美"工程项目资金奖励。2011—2012 年结合名镇名村示范村建设，为贯彻落实省政府《关于打造名镇名村示范村带动农村宜居建设的意见》等文件精神，在创建省名镇名村、示范村、示范县工作中按照"全城风景化"的要求，2012 年 4 月 8 日顿岗、澄江镇获"广东省生态示范镇"命名；6 月中旬，沈所、顿岗镇创建"国家级生态镇"已顺利通过省环保厅的考核验收和公示，待国家环保部命名；10 月 13 日，马市、

① "八个一"，指制订一个合理规划，发展一个特色产业，改造一批基础设施，建设一个活动场所，营造一个绿化美化环境，建立一个卫生站，组建一个农民专业合作组织，创建一个好班子。

罗坝镇获“全国优美乡镇”称号；11月11日，顿岗镇高留新村、司前大枧水新村获“韶关市生态示范村”命名；12月13日，深渡水乡横岭村获“广东省生态村”命名。

（四）统筹城乡发展，建设幸福始兴

2011年是建党90周年，也是“十二五”规划开局之年。县委立足“十一五”发展基础，着眼“十二五”发展任务，继续巩固和拓展又快又好发展的良好势头，努力推动各项工作上新台阶，提出2011年全县工作的总体要求：围绕以“坚持生态发展、实现绿色崛起”为核心，着力抓好招商引资和项目建设，切实加快改革创新，大力发展生态经济，构筑现代化生态产业体系，加快发展各项社会事业，保障和改善民生，增强人民群众的幸福感，努力实现经济社会快速发展、绿色发展、和谐发展，促进始兴在生态发展、绿色崛起的道路上越走越宽广。重点做好4个方面的工作：加快转型升级，深刻理解建设幸福始兴的伟大意义，把思想和行动统一到统筹城乡发展、建设幸福始兴上来；坚定不移地打好经济发展方式这场硬仗；大力营造以为民办好事实事为荣的社会风气；着力建设一支坚强有力的三级干部队伍。

三、推动县域经济的发展

（一）确立“工业立县、工业富县、工业强县”的发展定位

2003年县委新一届班子上任后对全县经济发展状况进行调查研究，按照“无农不稳、无工不富、无商不活”的理念，分析始兴在改革开放以来的产业布局。经过调查分析，县委以改革创新的精神，提出加快工业发展的设想，通过以工带商促农，推动始兴经济社会加快发展。

基于以上认识，县委组织四套班子成员、乡镇党委书记和乡镇长、部分职能部门的主要领导到珠三角、江浙等发达地区参观考察，认真吸取历届县委抓经济发展的经验和教训，确立“工业立县、工业富县、工业强县”的发展思路，并作出以工业化为龙头、以城镇化为载体，以农业产业化为依托，以招商引资为突破口的决策部署，大力推进县域经济跨越式发展。

2005年9月6日，中共中央政治局委员、省委书记张德江，省委常委、

秘书长肖志恒一行到始兴考察时，对始兴县近年来的发展给予高度评价。指出，始兴这几年的经验说明思路通，事事通；思路不通，就一概不通。始兴的经验是思路决定出路的一个生动事例，为山区经济社会发展走出了一条新路。

（二）构建“三区六大产业基地”发展新布局

2008 年下半年，县委利用先学先试之机在全市率先进行主体功能区划分，提出“三大旅游景区”“六大产业基地”的经济布局规划。

“三大旅游景区”是：太平镇“东湖坪民俗文化景区”“隘子满堂客家大围景区”“车八岭世界生物圈保护景区”。2008 年 12 月 7 日被评为“广东省自驾游十佳线路”。

“六大产业基地”是：机械电子加工基地、制笔研发生产基地、竹木精深加工基地、玩具装配生产基地、旅游休闲度假基地、特色农业开发基地。

（三）“引、转、建”打造高端产业

2011 年 9 月召开县第十二次党代会，县委提出建设“新型工业化、特色城镇化”两大工程的目标，努力把始兴创建为“国家生态县”，实现跨越发展、绿色发展、和谐发展。着力做好三篇文章：做好绿色招商、产业招商、质量招商的引资新路，完善招商引资考核制度，建立县、镇招商引资收益共享机制；做好推进转型升级；做好大力推进重点项目建设。

2012 年，县委、县政府确定韶赣铁路始兴段、九龄中学和金润大桥工程等 36 项重点项目，成立重点项目督查组，深入项目现场，采取有效措施，对顺利推进的项目插“红旗”，对推进缓慢的项目亮“黄牌”。同年，县委召开企业集中服务月活动动员大会，开展“企业服务月”活动，迅速掀起项目建设的新高潮，切实推进重点项目的落实。同时，加大对闲置土地清理力度，千方百计盘活土地资源，坚决严厉打击非法买卖土地和违章建筑行为。并利用“三旧”改造政策，确保九龄美景文化园、天元帝景及县城一大批房地产项目加快推进，保持全县房地产业可持续健康发展。

四、加快经济转型升级，增强县域经济实力

（一）以招商引资为重点发展外向型经济

县委围绕全县的奋斗目标，牢牢把握加快发展、协调发展、率先发展的主旋律，以经济建设为中心，强势推进“三区六大产业基地”和“工业兴县、工业富县、工业强县”发展战略，促进招商引资为重点的外向型经济快速、健康、协调发展。

出台引资优惠政策，营造投资“洼地”效应。2003年县委制定《始兴县关于鼓励投资办实业的若干规定》，在不违反国家政策的前提下做到“门槛一降再降，空间一让再让”，真正让外商得到实惠，感受到始兴投资“有利可图”。政策的出台与实施给招商引资工作注入生机，各地客商纷纷前来始兴考察，兴办项目，全县外来投资企业不断增多。

制定招商引资奖励政策，营造全民招商大环境，优化招商环境。同时，县政府出台《始兴县招商引资责任考核办法》《招商引资办企业奖励办法》，将招商引资工作与考核部门工作和经济奖励挂钩，重奖引资有功人士，调动社会一切可以调动的力量，扩大招商引资覆盖面。同时，实施县、乡镇、村三级税收分成政策，力促招商引资重心下移。税收分成政策以谁引进谁得益为原则，凡是引进项目产生的税收，属镇引进的镇占七成，县占三成；属县引进的县占七成，镇占三成，镇再与村委会按比例进行分成。政策实施后，招商引资重心下移到镇村一级，“拉下面子搞招商引资、扑下身子抓经济建设”，有效地调动各级招商引资积极性。

加强招商渠道和招商方式的创新。县委坚持6大措施促进招商引资工作：实行产业和行业招商，发挥集聚效应；以龙头企业招商，形成产业产品的产值；筑巢引凤，实行园区招商；实行“以商引商”，扩大招商引资面；增资扩股，推行“无地招商”；坚持优质服务，营造亲商安商良好环境。

通过加强招商引资工作，全县三大产业均以外向型经济带动发展。第一产业形成生态观光农业和特色农业，第二产业形成高科技工业集群产业，第三产业形成规模化高档次的旅游风景区。外向型经济的发展，为始兴经济社会发展开创广阔的前景。

（二）以发展民营经济为重点推动内源型经济发展

2003年起，县委按照“政治平等、政策公开，法律保障，放手发展”

的方针，努力为民营企业营造“社会上有地位、政治上有荣誉、经济上有实惠”的良好氛围，推动全县民营经济加快发展。2006年，县委提出：“要大力发展民营经济，要进一步提高民营经济地位，为民营经济提供良好的发展环境，积极引导民间和社会资本投资创业做大做强内源型经济。”

制定鼓励民营企业的措施。县委在做好招商引资工作的同时，加强对全县民营企业发展的引导，采取切实可行措施，调动广大群众投资创业的积极性。2003年全省民营经济工作会议后，始兴县中小企业局于2005年4月成立，同时成立了始兴县民营企业服务中心，负责组织实施中小企业和民营企业的政策、法规，综合协调相关部门对民营企业进行指导和服务，使全县民营企业得以较好的发展。5月，县委、县政府印发《关于加强民营经济发展的若干规定》，加大对民营经济工作的扶持力度。2007年6月，成立始兴县民营企业协会，有479家企业（团体）入会。

提高中小企业自主创新的能力。2006—2007年，县委指导符合条件的企业申报省、市财政专项资金。在申报的项目中，包括技术创新项目、科技创新项目、技术改造项目、公共服务平台建设项目。2009年申报2个项目，获得省财政扶持资金共50万元。通过政策的扶持和财政专项资金的投入，带动社会和企业资金的投入，全县涌现出一批有规模、有实力、有效益、有品牌的民营企业。2006年获得广东省名牌产品称号的有金兴茧丝绸生产的“丝丽牌”优质丝和“梅花牌”白厂丝，华夏电器有限公司开发出了具有自主知识产权的源美音响系列产品有5项技术获得国家专利。政银企贴息及中小企业贷款贴息项目12个，扶持资金263万元。2011—2012年，县经济和信息化局认真组织符合条件的企业申报省、市财政专项资金，获得省、市财政扶持的中小企业发展项目2个，扶持资金110万元；富溢锅炉生产升级为B级，联兴、国升造纸完成技术改造，民营经济实现税收收入9091万元。

推动民营经济的发展壮大。2006年起，县委采取有效措施，大力支持民营经济产业、大力扶持中小企业的发展，使全县民营经济呈现蓬勃发展的态势，民营经济占有越来越重要的地位。2012年全县民营企业增加至479家，注册资金101582万元，注册登记的从业人员4425人，同比增长分别为16.8%、15%、14.4%。有规模以上民营企业17家，产值达13.27

亿元，增长 58.16%。2012 年实现民营经济增加值 297982 万元，同比增长 10%。全县个体私营企业 6148 家，注册资金 143909 万元，注册登记的从业人员 14264 人，同比分别增长 5.8%、12.9%、9.1%。

（三）以深化改革为动力推动县域综合实力持续增强

县委制定并落实深化改革的各项措施，正确执行党的路线、方针、政策，紧紧依靠全县各级党组织和各单位、各阶层的积极性和创造性，推动全县经济建设又好又快发展，全县经济实力不断增强。

2003—2005 年，全县完成国内生产总值（GDP）从 13.78 亿元增加到 16.70 亿元，增长 12.6%；地方财政总收入 2.84 万元，总支出 2.83 亿元。“十五”期间，社会固定资产投资累计 37.84 亿元，年均增长 20.3%。社会消费品零售总额从 4.69 亿元增加到 5.39 亿元；外贸出口总值从 2184 万美元增加到 3173 万美元；第二产业比重提升 5.95 个百分点。全县产业结构明显优化，经济综合实力显著增强。2005 年全县人均 GDP 增速 9.2%，居韶关市第 4 位。

2006—2011 年，全县生产总值从 18.14 亿元增加到 38 亿元，是 2006 年的 1.85 倍，年均增长 13.1%。全县固定资产投资 5 年累计完成 130 亿元，是上个五年的 3 倍，实施重点项目 185 个。2011 年实现社会消费品零售总额 107 亿元，是 2006 年的 2.14 倍，年均增长 16.4%。地方财政预算收入从 6000 万元增加到 2 亿元，同比增长 33%。2010 年财政综合增长在全省排名第 5，首次被省政府授予“加快县域财政发展奖”。2010 年，金融机构存款余额 44.14 亿元，贷款余额 10.51 亿元，总量均为历年之最，分别是 2006 年的 1.69 倍、2.24 倍，荣获省政府“金融稳定奖”。5 年新增 13 家规模以上企业，2011 年达到 32 家，完成规模以上工业增加值 8.1 亿元，是 2006 年的 2.7 倍，年均增长 22%。外贸出口总值于 2010 年首次突破亿美元大关，成为全市过亿美元的 2 个县（市、区）之一，2011 年 1—9 月达到 9781 万美元，同比增长 18.7%。工业对 GDP 的贡献率达 54.6%，成为县域经济增长的主要引擎。国企改革成效明显，国有企业实现保值增值。民营企业不断发展壮大，民营企业、个体工商户分别比 2006 年增长 200%、23.6%，来源于民营经济的税收收入 6761 万元，比 2006 年同期增长 151.4%。三大产业结构从 2006 年的 31.7∶36.4∶31.9 调整为

30.1∶34.8∶35.1。

2011—2012 年，全县地区生产总值从 43.5 亿元增加到 49.8 亿元，同比增长 12.2%，增速创近年来新高，位居全市第三。地方财政预算收入从 2.16 亿元增加到 25 亿元，增长 15.9%。固定资产投资 2 年内共计 76.4 亿元；社会消费品零售总额从 10.86 亿元增加到 11.5 亿元；外贸出口总值 1.26 亿美元（1—11 月 1.5 亿美元），增长 28.3%。

本阶段是始兴经济社会加快发展、县域实力持续增强的阶段。县域实力的持续增强，不仅为全县经济的进一步发展提供良好的基础，而且为加快社会各项事业发展开辟新的前景。随着经济的发展和县域实力的增强，全县基础设施建设、精神文明设施建设、社会建设和管理以及人民生产生活条件等都得到较好的加强和改善，为建设幸福始兴提供重要的保证。

第二节　开展创强争优和举办主题庆典系列活动

一、开展创强争优系列活动

创建广东省教育强县。县委、县政府于 2009 年 9 月 8 日，召开创建广东省教育强县动员大会，制定出台《关于创建广东省教育强县的决定》和《实施方案》。采取主要措施有：坚持对教育发展实行财政倾斜政策，广开筹集资金渠道，建立以政府为主体的多元化教育投入机制，大幅度增加对教育建设投入，推动全县教育的大发展。2004 年 12 月 14 日，风度中学晋升为广东省一级学校。2008 年，始兴县被评为“广东省教育收费规范县”，始兴县通过了广东省普及高中阶段教育督导验收，县教育局连续 4 年被评为“韶关市教学工作先进单位”。2009 年 9 月，始兴中学成功晋升为广东省“国家级示范性普通高中”，始兴被省教育厅确定为广东省农村学前教育发展模式试点县。2010 年风度中学在广东省普通高中教学水平评估中被评为优秀学校。2012 年，全县有马市、顿岗、澄江、司前、沈所、城南、罗坝 7 镇评为教育强镇，全县完小以上学校 100% 创建为省规范化学校。12 月，始兴顺利建设为广东省教育强县。

创建广东省卫生县城。2001 年 11 月，县委、县政府召开创建省文明县城动员大会。创建省卫生县城主要措施有：加强领导，落实责任，积极构建强势创卫格局；广泛宣传，全民动员，大力营造创卫浓厚氛围；加大投入，夯实基础，不断完善城市服务功能；突出重点，狠抓整治，着力规范行业卫生管理；以人为本，教育为先，大力增强市民健康意识。通过共同努力，县城卫生基础设施和卫生长效管理机制有了新的突破，人民群众的卫生素质明显提高，城市形象大为提升，经济社会各项事业获得长足发展。2002 年 5 月 15 日，县城太平镇通过广东省卫生县城考核组严格评审，由省爱国卫生运动委员会授予始兴县“广东省卫生镇”和“广东省灭蝇先进镇”称号。2003 年 9 月 2 日，始兴顺利通过了省卫生镇的复查验收。

创建省文明县城。县委、县政府 2006 年 11 月召开动员大会，启动创建省文明县城工作。在创建中，按照建设现代化山水园林城市的定位和要求，加强规划、加大投入，努力营造良好的政务环境、市场环境、生活环境和生态环境，县城面貌日新月异，县城文明程度和城市形象大为提升。主要措施有：以改善人居环境为目标，大力推进城镇化建设，县城面积不断扩展；以提高市民文明素质为目标，以“八荣八耻”和“爱国守法、诚信、知礼”现代公民教育活动为中心，开展志愿者服务活动，评选“始兴县十大优秀现代公民”和“始兴县道德模范”，征集“群众道德劝语”，创建“文明诚信一条街”等一系列思想道德建设活动；以构建和谐社会为目标，教育事业快速发展，大文化建设稳步推进，群众性精神文明创建工作成绩显著。2011 年 12 月 29 日通过省卫生县城考核鉴定组严格评审，由省爱国卫生运动委员会授予始兴县“广东省文明县城先进县城”称号。

争创全国农村饮水安全工程建设示范县。县委、县政府十分重视农村饮水安全工程建设，2003—2007 年共完成 16 项农村饮水解困工程建设，受益范围覆盖马市、罗坝、澄江、司前等 4 个镇 16 个行政村 120 个自然村，受益人口 2.62 万人，工程总投资 508.80 万元；2009—2011 年共完成 27 项农村饮水安全工程建设，其中扩网工程 12 项，引山泉水集中供水 15

项。工程分布 8 个乡镇 27 个行政村，解决了农村 4.48 万人口饮水问题，工程总投资 2074.75 万元；城镇供水工程，共投资 2280.9 万元完成花山供水复线、白石坪水厂重建及白石坪水厂至沙水工业园区管网改造工程和从马市水厂至马市墟镇新敷设一条 DN300 供水管，管道线路全长 5.752 千米。县城及农村饮水安全工程质量 100% 达标、水质 100% 达标、12 万多人的饮用水不安全问题 100% 得到解决。

创建全国旅游强县。2007 年 9 月 28 日，始兴县福满堂旅游文化节暨满堂客家大围开业典礼在隘子镇满堂围景区隆重开幕。市县领导、各县旅游、文化系统负责人、省市多家新闻媒体参加庆典活动。

2008 年 9 月 26 日，县委、县政府召开动员大会，启动创建广东省旅游强县工作。始兴县“旅游创强”主要措施有：坚持政府主导；坚持宣传发动，全民参与创建工作；坚持优化环境促创建；把加强旅游配套设施建设作为创建工作的重要抓手，进一步提升县城品位，完善旅游接待功能，不断优化旅游发展环境，开通县城至主要景区景点的公交线路，进一步优化县内各景区景点的交通环境。在“旅游创强”工作中，从人力、物力、财力等方面提供保障。经过全县干群的参与和共同努力，2010 年 5 月 17 日、8 月 12—14 日相继在海南省三亚市举办的“第六届中国城市（旅游）品牌大会暨第六届中国工业园区招商引资高层论坛颁奖盛典”上，始兴县被组委会评为“中国优秀生态旅游县”；12 月，始兴县被确定为中国地名文化遗产“千年古县”；2011 年 6 月 22—25 日在海南省三亚市举办的“第七届中国城市品牌、中国最佳文化旅游城市公益评选活动暨高层论坛”上，始兴县荣获“中国围楼文化之乡”荣誉称号，也是全国唯一获此殊荣的县；2011 年 10 月 30 日，由始兴县人民政府、韶关市旅游局主办的 2011 广东（始兴）民俗风情旅游文化节隆重开幕。省市领导嘉宾、珠三角自驾车队、新华社、中新社等媒体代表共 500 人参加了开幕式。

2012 年 3 月，沈所镇被国家住建部、国家旅游局授予“国家特色景观旅游名镇”。

创建全国（省）计划生育优质服务先进单位。2008 年以来，县委按照市委、市政府提出“创建成为全国计划生育优质服务先进单位”的工作目标，以“领导重视好、政策导向好、依法行政好、服务好、民主管理好、队伍作风好”为总体目标，不断更新服务理念，增强服务意识，改善服务环境，努力创建以群众需求为导向、寓管理于服务的工作新机制，实现计划生育优质服务的提质提速。2011年11月10日，始兴县荣获国家人口计划生育委员会颁发的2011年“全国计划生育优质服务先进单位”称号。

二、举办主题庆典系列活动

县委根据始兴各阶段发展的特点，加强联系沟通，先后举办多项主题庆典活动。通过举办活动宣传始兴、推介始兴提高始兴的社会地位和声誉，为加快发展营造良好的氛围。

2003年4月23日，在江口万亩水果示范基地举办枇杷上市推介会，省、市领导、专家和各新闻媒体记者共400人参加推介会。此后分别到黄花园、宝石、万达3个工业园区调研招商引资工作；2004年5月6—7日，举办始兴县“枇杷节”暨经贸洽谈会，省市领导、海内外客商共800人到会。其间签约奠基项目62项，总金额60.45亿元。其中，外资项目22项，引进外资4.35亿美元；内联项目40项，引进资金25.7亿元；富汇工业城、优百特生态科技园、宇天汛通信科技（韶关）有限公司举行了现场奠基仪式。2004年5月7日，始兴县被中国地区开发促进会授予“中国枇杷之乡”。

2009年5月20日，在广州东方宾馆举行“2009广东始兴县杨梅节新闻发布会暨经贸招商推介会”。26日，“2009广东始兴县杨梅节之旅游文化活动”在始兴县杨梅基地洪源果园隆重开幕。市县领导、市直有关部门领导、港澳政协委员参加了开幕式。2010年5月17日，中国特产协会为始兴县颁布“中国杨梅之乡”牌匾。

2010年6月19日，隆重举行2010“相约中国最美小城”广东始兴经贸洽谈活动，共有16个项目签约，签约资金59.3亿元。商务部、中国丝绸协会、广东省丝绸纺织集团及韶关市有关领导出席活动。

第三节 全力推动产业发展壮大

一、以产业化为先导加快农业发展

2003年，县委提出加快农业发展的总要求：大力推进农业产业化进程，全面繁荣农村经济增加农民收入。县委强调：一是不断完善以家庭为基础、统分结合的家庭承包经营体制的基础上，尊重农户的市场地位，稳定土地承包关系，激活土地使用权，积极推进土地规模经营，推进土地规模化、集约化经营的进程。二是按照“政府支持、企业操办、市场运作”的原则，大力培育加工型和流通型的龙头企业，构建农产品加工流通体系，使之成为具有管理科学、辐射带动规模大和抗风险能力强的龙头企业群体。三是加大农业基础设施建设的力度，积极争取国家农业综合开发、机械化、现代农业示范区等项目的支持。四是积极稳妥地推进农村税费体制改革，坚决杜绝农村乱收费现象，切实减轻农民负担。

2006年，县委提出农业农村发展的措施：建设社会主义新农村是促进城乡协调发展、构建和谐始兴的重要举措。总体要求是：坚持用“三化”[①]解决“三农”问题的发展思路，坚持“多予、少取、放活”的方针，统筹城乡发展建设社会主义新农村。

2011年，县委提出发展农业的总体要求：着力打造“优质作物轮作区、特色水果种植区、生态林业发展区、生态循环养殖区”和“农产品加工物流中心”等“四区一中心”，优化现代农业产业布局。加快农业龙头企业和特色农产品基地建设，努力实现农业增效、农民增收。2012年7月，县委、县政府启动创建省级农业产业化示范县工作。

县委在开展农业布局调整工作中，围绕发展“三高”农业的要求，推

① “三化”，指工业化、城镇化、农业产业化。

动以水稻为主的粮食生产稳定发展，全面提升黄烟、蚕桑、蔬菜、水果、林木、中草药等特色优势农业产业发展水平。按照国务院《基本农田保护条例》的规定，严格划定全县和各乡镇的基本农田保护区，并采取建立责任制、定期检查考核的措施，保证粮食播种面积。同时，依靠科技进步，推广良种良法改造中低产田，推动粮食规模化经营，落实种植直补和减轻农民负担等优惠政策，提高农民种粮的积极性，保证粮食生产的稳定发展。多年来，在农业布局调整的情况下水稻播种面积、稻谷总产量有所减少。2012 年，全县种植水稻面积 14200 公顷，产量 9.2 万吨，平均亩产 428 公斤。

（一）创建全国无公害蔬菜生产示范基地县

2003 年，始兴被农业部确定为全国第二批无公害农产品（种植业）生产示范基地创建县。经过努力，于 2005 年 5 月通过“全国创建无公害蔬菜生产示范基地县”验收，成为韶关市唯一获此殊荣的县（市），取得了明显的经济效益、社会效益和生态效益。具体主要做法：加强领导，成立县、乡镇创建工作机构，建立有效的工作机制和检查监督机制；认真规划，组织实施，利用一切宣传工具和各种宣传方式广泛宣传，加强技术培训，对相关领导、干部、技术人员、菜农等进行技术培训及有关政策法规学习。制定和实施《无公害农产品生产操作规程》《始兴县无公害蔬菜生产示范质量控制措施》《始兴县无公害蔬菜生产主要技术规程》等。2007—2000 年，全县蔬菜生产从原来的传统耕作型向无公害蔬菜、绿色蔬菜和有机蔬菜发展；从数量型向质量型发展；从分散、粗放型向规模集约化发展；从向国内市场供应的内向型向出口创汇的外向型发展。进一步组织实施“无公害行动计划”，实现达到 6666.67 公顷优质蔬菜生产加工基地。加快对无公害农产品、绿色食品的认证工作，实行蔬菜标准化生产，建立“两头监测，过程控制，质量认证，商标管理”的运行模式，形成“从土地到餐桌”全程质量监管，坚持“数量与质量并重、认证与监督并重”的原则，加快绿色蔬菜和有机蔬菜的认证工作。全县绿色蔬菜（食品）12 个。2010 年 5 月 24 日，始兴县美青农业发展有限公司荣获广东省“现代产业 500 强企业”和广东省“100 强农业企业”两项殊荣。

（二）发展富民产业——枇杷、杨梅产业

进入21世纪后，县委在稳定粮食种植面积的基础上，调整农业产业结构，大力发展优质水果生产。其中大果枇杷、东魁杨梅种植发展快、规模大、产量高、效益好，成为农民致富的支柱产业。始兴县从2002年起有较多的农户开始试种大果枇杷、东魁杨梅，其优良的果品和明显的经济效益，激发起农民的积极性，全县各地农村纷纷种植。到2005年，全县掀起种植大果枇杷、东魁杨梅的高潮。此后，大果枇杷、东魁杨梅种植面积逐年扩大，经济效益不断提高逐步成为全县农业的主导特色产业和大宗的农产品。为支持大果枇杷、东魁杨梅种植业的发展，县委组织全县各单位特别是涉农部门，采取提供信息和技术支持、举办大果枇杷、东魁杨梅推介会、节庆，兴建大果枇杷、东魁杨梅销售网点等方式，使大果枇杷、东魁杨梅产业不断巩固扩大。2007年，全县大果枇杷、东魁杨梅等水果种植面积达4666.67公顷，总产量61968吨，产值81214万元。2008年，大果枇杷、东魁杨梅等水果种植面积5000公顷，产量38086吨，产值84704万元。2009年5月26日，“2009广东始兴县杨梅节之旅游文化活动”在始兴县杨梅基地洪源果园隆重开幕。市县领导、市直有关部门领导、港澳政协委员参加了开幕式。

大果枇杷、东魁杨梅产业是始兴农业史上改革发展的一个成功范例，也是始兴农民的一个重大创新。2003—2012年，大果枇杷、东魁杨梅每年总收入7亿~9亿元，全县农户每年大果枇杷、东魁杨梅收入1万多元。大果枇杷、东魁杨梅产业为农民增收、农村富裕的主要渠道。

（三）执行支农优惠政策，优化农业发展环境

2003年6月30日，农村税费改革试点工作在全县范围内铺开。这次农村税费改革按照全省农村税费改革试点工作动员大会的规定，实行“五取消、一改革、一种税”。“五取消”，即取消乡镇统筹费、村提留、农村教育集资等专门面向农民征收的行政事业性收费和政府性基金、集资，取消屠宰税，取消面向农民征收的农业特产税，取消劳动积累工和义务工，取消农业税附加；“一改革”，即改革村级经费筹集和管理制度，实行村内事务“一事一议”制度；“一种税”，即对农民只征收农业税，税改后亩平负担为33.31元，人均负担为28.3元，农民人均减负96.37元，农民实际

减负 77.3%，达到了上级要求减负 50% 以上的目标。此后，随着全省农村税费改革的继续深化推进，2005 年起全面免征农业税，实现农民负担零费税。同时，落实种粮直补、综合直补、能繁母猪补贴等政策，调动农民种粮和饲养母猪的积极性，稳定粮食生产，加快畜牧业发展。2011 年兑付各种支农资金补贴共 5575.92 万元。全县种植水稻补贴面积 14300 公顷、玉米补贴面积 191 公顷，总共补贴资金 1692.37 万元，其中良种补贴资金共 32.1 万元，玉米补贴资金 2.86 万元，农资综合直补资金 1197.62 万元；种粮直补资金 1710.9 万元；沼气建设已完成 2006—2009 年的国债和省级项目任务的 1360 台共补助 136 万元，太阳能安装 150 台补助 9 万元；完成农机购机补贴资金 354 万元；7172 口能繁母猪参保，共落实补贴资金 136.03 万元，有力地促进了农民增收。

（四）加快发展农民专业合作组织和农业龙头企业

始兴农业生产集约化、组织化主要以新型农民专业合作组织和农业龙头企业带动为主。2007 年，全县有农民专业合作社 7 家、农民专业协会 9 家，会（社）员 1725 人。2012 年，在全县已建立 100 家农民专业合作社中，有注册商标 12 家，绿色食品认证 13 家，无公害农产品认证 10 家，有机食品认证 2 家，有机转换认证 9 家；省级农业龙头企业 1 家，市级农业龙头企业 7 家，县级农业龙头企业 14 家。2012 年鑫源水果、群荣宰相粤山牌杨梅获得有机食品认证，玲珑蔬菜流通专业合作社获得无公害农产品认证；江口万亩水果示范基地的洪源果业"五月红"牌杨梅获"广东省名牌产品"称号。积极推介始兴县名优土特产品，精心组织 5 家企业参加第四届广东现代农业博览会和广东（佛山）安全食用农产品博览会，始兴县福满堂生产的清化米粉（宰相粉）参加全国在武汉举办的特色食品博览会，被誉为全国首个国家地理标志产品，提高了农业龙头企业和农产品的知名度。

县委做好农业龙头企业的培育、扶持、发展工作。2006 年 2 月 15 日，省委副书记欧广源和市领导覃卫东、徐建华、郑振涛等到始兴开展农业农村工作情况调研，先后参观金兴茧丝绸有限责任公司、兴德农场现代农业园区。县委领导向省、市领导一行汇报近年来始兴农业农村发展情况。通过参观和听取汇报，省、市领导对始兴农业农村发展工作给予高度评价，并要求始兴结合实际，力争建设成种植、教学、旅游、展销“四位一体”的农业博览园。2007 年，全县有省、市、县龙头企业 3 家，其中省级 1 家（丝绸），市级 2 家（龙盛、烟草）；2 个现代农业园区（城南蔬菜生产功能区、兴德农场现代农业园区）；42 个农民专业合作社。2012 年培育出省、市重点农业龙头企业 8 家。其中，始兴县金兴茧丝绸有限责任公司于 2003 年 3 月已成为省重点农业龙头企业；始兴县金兴茧丝绸有限责任公司、始兴县旺满堂食品有限公司、始兴县锦伟农牧有限公司、韶关均航畜牧有限公司、始兴县青美农业发展有限公司、始兴县洪源果业有限公司、始兴县古塘实业开发有限公司 7 家企业为市重点农业龙头企业。

（五）加快农业基础设施建设

农田水利设施建设的规划及实施。2003 年起，县委、县政府继续实施全县“十五”规划确定的农田水利设施建设项目。2006 年初，县委、县政府《印发〈始兴县农田水利基本建设议案项目〉（2006—2010 年）总体规划的通知》，提出始兴县农田水利基本建设的总体思路与目标。先后组织实施的项目有：深渡水乡禾花塘、马市镇东陂灌区农田水利基础设施建设项目，马市镇都塘、堂阁等村改造中低产田项目，城南镇农业现代化示范园区、农业标语示范区，以及一批观赏休闲生态示范园区建设示范工程。2006—2009 年，总投资 2638 万元，改造中低产田 3154.2 公顷；改造和硬化项目区渠 150.62 千米，衬砌渠道 145.14 千米，修建渠系建筑物 370 座，修建机耕路 52.9 千米；改良土壤 1668.87 公顷，种植水土保护林 13.34 公顷；对项目区基层干部、农民技术员和科技示范户进行相关技术培训 6 期，培训人员 2000 人次。

2011—2012 年，落实省人大农田水利基本建设议案、省基本农田整治项目、县级基本农田保护示范区建设项目。实施省级农田建设项目，认真实施在城南镇东一、东南、皇沙村和周前村等 6 个项目。实施粮食基础能力建设项目，在马市镇都塘、高水等 4 个村，实施改善灌溉面积、建设渠道工程。实施县级基本农田保护示范区建设项目，同时在顿岗镇和沈所镇石下村实施基本农田示范和整治项目，开展高标准基本农田建设工作。

组织实施“八个五”[①]工程，成立始兴县“八个五”工程指挥部，制定工程建设计划和工作措施，积极引导农民发展枇杷、杨梅、无公害蔬菜和经济林，加快发展畜牧水产业和农业龙头企业，扩大农村富余劳动力就业，调整农业农村经济结构，促进农村经济发展。2011 年，始兴县建设无公害农产品生产基地 8 个，面积 1202 公顷，产量 18445 吨；绿色食品基地 2 个，面积 407.3 公顷，产量 2905 吨；有机食品基地 7 个，面积 154 公顷，产量 972 吨。完成迹地更新任务 2533.3 公顷，有效地调整农业农村经济结构。

做好农业机械化推广工作。2007 年起，县委、县政府落实农机购置补贴政策，通过举办联合收割机及农业机械现场演示，推广农业先进机械技术，提高农业机械化水平。2011 年，始兴县实施农机购置补贴资金 354 万元，实施补贴机具 1514 台（套），直接受益农户 1324 户。2012 年，实施农机购置补贴资金 267 万元，实施补贴机具 795 台（套），直接受益农户 704 户。全县农机总动力 17.1511 万千瓦，比上年增长 4.76%；全县大小拖拉机拥有量 12727 台，比上年增长 4.01%；机耕作业面积 29352 公顷，比上年增长 3.03%；大小联合收割机 244 台，比上年增长 9.41%；水稻机收割面积 11442 公顷，比上年增长 1.89%。

加强农机安全监督管理。2011—2012 年，加大监督管理力度，实现农业机械化安全生产。在县“创建平安农机，促进新农村建设”领导小组的指导下，把农机安全责任落实到镇、村。按照“文明监理窗口”建设内容及标准，继续完善设施。在开展以上工作的基础上，还先后组织开展拖拉机专项整治行动。2012 年，开展农机“打非治违”专项治理行动，最大限度控制农机事故的发生。

农业信息化稳步推进。2010 年，县科技和农业局制定《关于推进国民经济和社会信息化的实施意见》，明确全县信息化发展目标和建设规划，并根据规划筹建县信息中心及政府网站，在金科网上注册始兴县政府公众信息网站，在网站建立广东科技新闻数据库、广东省科技公告数据库、始兴新闻数据库、科技集团邮箱等。县政府网站——始兴政府公众信息网于

① “八个五”，指指在农村开展的包括农业基础设施以及种植业、养殖业等八个项目的建设工程。

2001年1月正式开通后，成为始兴在国际互联网主干道上建立的政府公众信息发布站点。2011年，县委举行社会综合服务信息平台启动仪式，建立“始兴县农业信息网”，发布全县农产品供求、政策法规、招商引资、农业种养技术、新优品种及农业动态等信息。同时，还认真做好金科网、农业信息网的网页维护和版面内容更新工作，创新政府网站版面，充实内容，增加栏目，将全县农副产品供求信息上网，为企业、农民提供科技信息和供求信息服务。

（六）建设现代生态县实现绿色崛起

1999年12月县委召开九届六次全会扩大会议，正式提出建设现代生态县的战略决策。为了加强生态建设工作的组织领导，2001年1月18日，县委、县政府成立了“始兴县现代生态县建设领导小组”；2002年2月26日，设立“始兴现代生态县建设领导小组办公室”。生态办主要职能是：代表县委、县政府组织实施和指导生态县建设，依据生态县建设规划，统筹各个生态工程项目；根据国家相关政策走向和生态县工程建设进展实际，负责向县委、县政府提出对《始兴县生态示范区建设总体规划》的修订意见；负责对生态县各分项规划实施工程的审核、监督；协调各分项规划实施单位关系；负责向外推介生态县工程建设，组织实施全民生态文化教育；负责生态县建设的监督、协调等日常工作；负责生态示范村、生态示范镇、生态县创建的规划编制以及创建的组织、协调工作，重点是抓好村庄整治工作；负责全县名镇名村示范村建设、乡村“清洁美”工程建设的组织实施工作。2006年3月，始兴被国家环保总局命名为国家级生态示范区，成为广东省首个通过创建国家级生态示范区考核验收的山区县。

2011年3月3日，韶关市农业农村工作现场会在始兴召开，始兴新农村建设工作受到市领导的高度重视。经与“双到”办共同制定了《始兴县2011年村庄整治示范村实施方案》，将有关单位及帮扶单位等各有关部门的资源整合起来，各示范村按照相应的补助标准实施。同年底在太平镇石俚坝新村等6个示范村因地制宜新建了人工湿地类型的生活污水处理设施，成为始兴县村庄整治的一大亮点。7月28日，县府办印发了《始兴县名镇名村示范村建设工作实施方案（2011—2015）》，明确了名镇名村示范村建设目标、任务要求和保障措施等。

生态村镇创建工作。2011 年完成司前镇大枧水新村、沈所镇瑶民新村等 5 个村庄人工湿地建设和绿化美化工程；完善沈所镇、顿岗镇墟镇污水处理设施，改造深渡水乡墟镇污水处理设施和马市镇丰山村绿化公园；督促指导县城五里山生活垃圾填埋场进行全面清理和整改，加强生活垃圾分类处理；完成各创建村镇的申报材料的编制和报送。3 月 4 日，太平镇、深渡水乡正式命名为"国家级生态乡镇"；4 月 8 日，顿岗镇、澄江镇获"广东省生态示范镇"命名；6 月中旬，沈所、顿岗镇创建"国家级生态镇"已顺利通过省环保厅的考核验收和公示，等待国家环保部命名；10 月 13 日，马市、罗坝镇获"全国优美乡镇"称号；11 月 11 日，顿岗镇高留新村、司前镇大枧水新村获"韶关市生态示范村"命名；12 月 13 日，深渡水乡横岭村（行政村）获"广东省生态村"命名。

（七）以"生态立县"战略目标推进始兴林业发展

随着林业政策逐步向生态建设倾斜，逐年减少木材采伐，森林资源总量递增。至 2012 年，继续开展林业生态建设，发展林业产业经济，落实封山育林、生态景观林带等重点林业项目建设，全县完成造林任务 2030 公顷，生态文明万村绿化工程建设 20 个村；林业用地 17.2862 万公顷，其中有林地面积 15.3973 万公顷，疏林地 323.8 公顷，灌木林地 4722.4 公顷，未成林地 9486.2 公顷，其他林地 4357.3 公顷。森林覆盖率达到 75.1%，活立木蓄积量 1192.6 万立方米，全县林业总产值 66733 万元。

2012 年，始兴先后被国家林业局确定为首批创建全国农民林业专业合作社示范县和全国林业综合行政执法示范点；被广东省集体林权制度改革领导小组评为全省集体林权制度改革先进集体；县委书记许红被评为全省集体林权制度改革先进个人等荣誉称号。

（八）畜牧业生产稳步发展

进入 21 世纪后，由于大力发展三元杂交猪，生猪品质提高，经济效益增加，同时加大动物防疫工作力度保障畜牧业生产安全，部分饲养生猪的农户实行规模化生产，饲养量增加，因此，畜牧业品种结构向优质型方向发展。同时，加强畜牧科技推广工作，实现畜禽良种工程。建立自繁自养的畜禽繁育体系，建立品种改良网络。2008 年，生猪存栏量 6.45 万口、出栏 12.90 万口、能繁母猪存栏 1.15 万口，分别与去年同比增长 3.63%、

6.45、166.45%；家禽存栏 75.30 万只、出栏 162.85 万只，分别与去年同比增长 78.3%、4.34%；牛存栏 0.43 万头，与去年同比下降 55.21%；肉蛋产量 1.46 万吨、牧业产值 17378 万元，分别与去年同比增长 6.57%、5.39%。

畜牧业规模化、专业化、产业化建设。县畜牧部门积极引导养殖户走规模化、专业化、商品化的路子，以规模求效益，以质量求生存，创出品牌，以品牌招需求，通过专业大户的辐射带动，推动养殖业的发展。2008 年，饲养种公猪 91 口，其中：长白 54 口、约克 16 口、杜洛克 10 口、土种公猪 4 口，能繁母猪 1.15 万口。由于各级政府对能繁母猪生产的补贴保护政策及本县良好的投资环境，优百特、龙盛、民丰等外资种猪场生产经营良好，有存栏能繁种猪已超过 1000 口。韶关市第一批龙头企业广东华农温氏畜牧有限公司，实行“公司 + 基地 + 农户”产业化生产模式，发挥龙头作用，为农户提供优质猪苗、饲料、兽药、生产管理、防疫技术和销售等服务。2008 年起，制定《始兴县生猪生产发展总体规划和区域布局（2008—2012）》，生猪产业总体布局重点加快发展。

实施生猪标准化养殖。2008—2011 年，组织实施 10 个生猪标准化规模养殖场建设项目，投入资金 600 万元，建设标准化猪舍，实现生猪生产圈舍标准化、设施规范化，大幅度提高生猪标准化规模养殖水平。全县申报并立项生猪标准化规模化养殖场项目 3 个，中央财政扶持“菜篮子”产品生产项目 1 个、省“菜篮子”基地项目 1 个。2011 年华农温氏养猪模式在始兴发展迅速，全县存栏 200 口以上生猪养殖场从 2010 年的 147 个增加到 193 个，肉禽场 49 个，蛋禽场 14 个，肉牛养殖场从 3 个增加到 6 个。合作养殖已达到 126 户，生猪存栏 83625 口，出栏 148327 口，能繁母猪存栏 8536 口；牛存栏 4831 头；家禽存栏 1003270 羽。养鸡项目投入资金 350 万元，饲养蛋鸡 50000 只，养鸭 30000 只。因农业产业结构调整，畜牧业产量逐年减少，但产值有所增加。2012 年全县生猪存栏量从 83625 口减少至 79276 口，出栏量从 148327 口减少至 133610 口，比上年同期分别减少 5.2% 和 6.1%；能繁母猪存栏 8276 口，同比减少 3%；牛存栏 5066 头，同比增长了 4.86%；家禽存栏 929470 羽，同比减少 7.4%，其中肉鸡存栏 705600 只，同比增加 0.18%；畜产品肉类总产量为 14903

吨，同比减少 6.01%，禽蛋产量 1091 吨，同比增长 11.30%。2012 年，县农业部门组织技术人员深入各乡镇及养殖户做好指导工作，积极实施生猪生产圈舍标准化、设施规范化建设，提高生猪标准化规模养殖水平。

（九）渔业生产效益提高

优化水产品品种结构，推广名特优鱼类养殖。县畜牧水产技术推广中心抓好重点养殖户的示范经验推广工作。2008 年水产养殖面积 1170 公顷，其中池塘面积 707 公顷、水库面积 463 公顷。鱼亩产量为 10500 万尾，鱼种产量 3160 万尾，投放鱼种苗 2280 万尾，与上年同比鱼苗产量增加 400 万尾，鱼种产量减少 150 万尾，投放鱼种苗减少 110 万尾。分别对比鱼苗产量增长 3.9%、鱼种产量下降 45%、投放鱼种苗下降 4.6%。水产品产量为 5008 吨，其中养殖产量 4888 吨，捕捞产量 120 吨，与 2007 年农业普查数相比增加 172 吨，增长 3.5%。水产品产值 3891.34 万元，与农业普查数相比增加 819.03 万元，增长 26.7%。县水产部门认真贯彻实施《农产品质量安全法》和《水产养殖质量安全管理规定》，经常派出技术员下乡指导渔农进行无公害水产养殖，认真做好水产病害测报和防治、办班培训普及科学养鱼知识，使全县鱼种成活率和生长速度得到提高。此后，渔业生产稳步发展，效益提高。2012 年，全县鱼苗产量 1.2 亿尾，水产品产量 6410 吨，其中养殖产量 6194 吨，捕捞产量 216 吨。水产品产值 6179.46 万元，与 2011 年对比增加 341.76 万元，增长 5.8%。

本阶段全县第一产业在调整中发展。按地区生产总值（GDP）统计，2003—2012 年，全县第一产业产值从 49301 万元增加到 137950 万元，增长 2.8 倍。第一产业产值在全县地区生产总值（GDP）的比重从 38% 降低到 26%。

二、以招商引资带动工业发展

（一）推动工业产业跨越式发展

2003 年，县委提出加快工业产业发展的总体要求是：走新型工业化路子，以新型工业化为突破口，带动农业产业化、城镇化的共同发展，促进全县经济跨越式发展。根据以上总体要求，县委作出的部署是认真抓好已引进项目的落实和建设，促使其尽快出效益，为今后工业生产的发展发挥更强大的推动力；进一步完善招商引资政策，尽最大努力降低进入门槛，形成低成本的“洼地效应”，吸引更多外商到始兴投资置业；加快工业园区建设，为招商引资提供良好载体；进一步改善对外资企业的服务工作，为外资企业的进入和发展创造良好的环境。

2006年，县委提出工业发展的总体要求是：加快新型工业化进程，推动县域经济上新水平。主要任务是：坚持“工业立县”定位不动摇，集中力量抓工业，实现工业的优化升级，走新型工业化道路。通过5年的努力，使始兴县工业发展逐步形成主业突出、结构合理的工业布局，基本完成工业化中期任务，努力建设工业强县。根据以上总体要求和主要任务，县委作出部署：打造规模园区，壮大园区经济；努力提升招商引资水平，不失良机地把招商引资工作的重心放在抓好已引进项目的落实和重点引进优质项目上来；着力缓解工业发展的瓶颈问题，集中财力，保证园区用水、供电、道路、排污等配套设施建设；大力发展骨干企业和培育支柱产业；努力创立工业品牌，大力实施品牌战略；大力发展民营经济，做大做强内源型经济。

2011年，县委提出工业发展的总体要求是“实施大招商、大提升战略，全力推进工业新型化。”主要任务是：牢牢抓住重点坚持突出招商引资、工业发展作为经济工作中的重中之重不动摇，抓住机遇，对标定位，全力推进工业新型化建设。根据以上总体要求和主要任务，县委作出的部署：优化产业布局，按照“集聚、集群、集约”和主体功能区划分原则，科学合理布局全县产业；推进工业园区化，加快“产业转移工业园五大工业片区”建设；推动自主创新与产业优化升级，优先发展高技术产业和先进制造业，积极推进“名牌带动”和实施技术标准战略。

县委、县政府通过招商引资发展外向型工业，并通过支持鼓励发展中小型工业和民营工业，使工业产业实现跨越式发展，成为推动始兴经济社会发展的主引擎。本时期全县工业发展具有如下特点：一是数量多。2012年规模以上工业企业38个，比2003年增加29个。其中外商及港澳台商投资企业13个，比2003年增加10个。二是规模大。在2012年规模以上工业企业中平均每个企业产值从2003年的3600万元增加到1.1亿多元。三是分布广。从分布行业分析，规模以上工业分布于电气机械及器材制造业、通用设备制造业等8个主要行业；从分布地域分析，分布于全县的2个镇。四是科技层次高。在全县规模以上的工业企业中，有先后评为国家级或省级的高新技术企业7家，高新技术产值收入及技术收入占企业总销售额的91%。五是效益好。在社会效益方面，2012年规模以上工业企业从业人员（平均人数）为420人，缓解了始兴的就业困难，并为企业所在地的群众提供了季节性或临时性的工作机会，推动扶贫开发工作的进展。

本阶段全县第二产业发展速度明显加快，产业规模增大，产业效益提高，按地区生产总值（GDP）统计，2003—2012年，第二产业产值从4亿元增加到19.7亿元，增长3.9倍；第二产业产值地区生产总值（GDP）的比重从30.8%增加到37.2%。

（二）以工业园区为龙头构建五大工业支柱产业

县委科学规划始兴东莞石龙（始兴）产业转移工业园，该园于2005年12月经广东省人民政府、广东省经济和信息化委员会批复建立，先后被评为“广东省循环经济工业园”“广东省循环化改造试点园区”等称号，是广东省首批产业转移工业园，12月经省经信委批复更名为始兴产业转移工业园，由此前的东莞石龙镇和始兴县合作共建调整为始兴县自建。始兴县立足资源优势，引进了一批产业集聚度高、特色鲜明、规模效益显著的产业集群，办公文具、电子、机械加工等特色产业发展势头迅猛，盛怡、万达、建滔、标准、建溢日本电产等知名企业相继落户始兴，建成了中国（始兴）制笔研发制造基地、万达合金车模生产基地等省内外知名的生产基地，形成以沙水工业中心片区为龙头，带动东湖坪、马市、江口、黄花园等工业片区齐头并进的“一园多片区”工业发展格局。2012年园区企业工业产值17.94亿元，工业增加值4.61亿元，税收1.06亿元。产业园区规划总面积1843.56公顷，投入资金95.7630亿元。2003—2005年引进资金81450万元实施技术改造和技术创新，推动工业园区产业化升级。在五大工业片区中国家级高新技术企业建滔集团公司和万达工业、德宝、福多玩具、盛怡实业（韶关）有限公司等大型企业在始兴不断扩大生产规模，吸引相关配套项目纷纷落户始兴。

2006年起，县委坚定不移地实施招商引资促跨越战略，着力推进五大工业片区规划建设。2009年，县委、县政府继续实行优惠扶持政策和奖励措施，推动工业园区的巩固和发展。全县五大工业片区逐步培育形成全县的四大工业支柱产业，分别是：以华洲木业公司为龙头的环保型均质刨花板产业，以德宝电子科技有限公司为龙头的电子玩具及小家电制造产业，以合金车模项目为龙头的万达工业产业，以太阳能电池片项目为龙头的节能环保产业。

2010 年，县委、县政府印发《始兴县 2010 年招商引资工作意见的通知》《始兴县 2010 年招商引资考核奖励办法》等文件。全力推进招商引资和园区建设，全县“大招商、大建设、大发展”的氛围逐渐形成。四大工业支柱产业的生产规模不断扩大，科技水平不断提高。东湖坪工业片区以盛怡实业（韶关）有限公司为龙头，集研发、生产、销售为一体的文具制笔基地；成为韶关市首批省级产业集群升级示范区和韶关市首个省级火炬计划特色产业生产基地，始兴制笔研发制造基地被中国轻工联合会批准为中国制笔研发制造基地。黄花园工业片区形成较完整的电子玩具、微型马达等产业，着力打造粤北县域最大塑胶玩具生产出口基地，沙水工业片区的铝型材产品项目顺利投产，呈现强劲的发展态势；位于马市镇的产业片区吸引电子、农产品等一大批优质大项目进驻，逐步成为新兴产业成长基地。是年，五大工业片区工业总产值占全县工业总产值的 89% 以上。

（三）发展高新技术产业推动产业优化升级

2003—2005 年，县委贯彻落实省委、省政府《关于依靠科技进步推动产业结构优化升级的决定》，积极实施科教兴县战略，加快高新技术产业发展步伐，推动产业结构优化升级。2005 年，全县省级以上高新技术企业增至 5 家，高新技术企业共创造工业产值 12.82 亿元，占全县规模以上工业总产值的 57.1%，显示出高新技术产业对推动经济发展的重要作用。2006 年起，县委、县政府扶持德宝、标准、金兴茧、万达工业等企业开展技术改造、技术创新和品牌培育工作，企业自主创新能力不断提高。德宝“地半功倍”模式成为企业创新发展典范，联兴开创“始兴创造”先河，万达自控公司上市顺利推进，香港盛怡建设全市首个玩具检测中心进展顺利。赛洁成功研发具有自主知识产权的无纺布产品，申请国家权威部门的质量认证。2011—2012 年，县委继续加大技术改造投资力度，推进企业自主创新能力和产业竞争力“双提升”。全县技术改造项目 9 个，总投资 10.28 亿元。全县高新技术产业的品牌建设工作扎实推进，品牌企业不断发展壮大。2012 年，9 家高新技术企业共创工业产值 14.1 亿元，占全县规模以上工业总产值的 45.9%。

三、以生态旅游品牌为重点构建现代化服务产业

（一）构建特色旅游产业的思路及进展

2003 年，县委提出加快第三产业发展的部署是：树立“环境就是资源，文化就是资源，形象就是资源，机制就是资源”的旅游新思维，以生态旅游为切入点，以提升景点的等级和旅游项目的吸引力为核心，突出绿色生态主题和客家民俗文化为重点的旅游业的发展，实现始兴旅游业 3 年初具产业化雏形，5 年显见成效，10 年成为龙头的目标。

2006 年，县委提出第三产业发展的总体要求是：牢固树立“旅游旺县”的意识，坚持“整体规划、分步实施，突出重点、强化特色，打造品牌、持续发展”的基本原则，积极整合旅游资源，大力发展生态休闲、温泉度假、客家文化等特色旅游。具体部署是：加快车八岭综合旅游的开发建设；把东湖坪民俗文化村和满堂客家大围打造成为全省有一定影响的客家民俗文化旅游基地。发展旅游“吃、住、行、游、购、娱”6 大要素配套建设。大力发展房地产业，培育和建设农村农贸市场；充分发挥始兴交通区位优势，大力发展商贸流通、交通运输和市政服务等行业，增强城市活力。

2008—2010 年，县委、县政府以加快旅游产业的发展，开展首届始兴客家特色菜烹饪大赛，产生始兴“十大名菜”和“客家特色菜”。通过规划建设“生态休闲度假和客家民俗文化游”两条主线，以“生态观光”主题引领始兴休闲旅游业的发展，突出抓好旅游项目建设，加快推进一批高端旅游酒店项目。

2009 年元旦启动“广东自驾游十佳线路之满堂围—东湖坪—丹霞山”旅游线路；2009 年 5 月，县委、县政府印发《始兴县加快旅游业发展的实施办法》，9 月 26 日召开创建“广东省旅游强县”动员大会，从旅游业的规划与建设、促进与发展以及经营管理 3 个方面作出规定，推动全县旅游业的发展。

2011年，始兴县以深化生态旅游示范基地为目标，致力打造“生态休闲、温泉度假、文化体验、农业观光”四大旅游品牌。重点发展深渡水瑶族生态景区旅游产品系列和以县城为核心的城市旅游产品系列，努力将始兴建设成为以生态休闲、温泉度假、自驾游、体验游、农家乐等旅游精品为主体，以城市商务公务旅游等产品为补充的珠三角、港澳地区的休闲度假首选地。通过加大政府主导作用、强化行政管理、发掘和深化旅游内涵、引导旅游企业转型升级、强化宣传促销等措施，使始兴旅游业的知名度得到大幅提升，客源市场不断拓展，形成始兴特色的旅游品牌。10月30日，由县委、县政府、市旅游局主办的2011始兴民俗风情旅游文化节隆重开幕，并对获得“自然生态、社会人文、新闻报道、十佳作品、优秀作品”的作者进行颁奖。然后启动以“百万人游韶关——珠三角百车走进粤北始兴”“穿越粤北千年古县探寻百年客家围屋”为主题的广东（始兴）大型自驾游活动，畅游摄影家天堂、岭南小九寨沟——深渡水瑶乡生态景区、五十里山水画廊、岭南第一围——满堂客家大围、始兴粤北第一村——东湖坪古村落、天下第一红围——沈所红围等景点。同时推出“摘农家菜、吃农家饭”自驾游精品线路，吸引了众多游客前来休闲观光，有效地提升始兴旅游品牌形象和影响力。全县接待游客159.67万人次，实现旅游经济总收入10.08亿元，旅游行业为社会直接提供5000多个就业岗位，带动当地农民就业，促进全县餐饮业发展及商贸繁荣，推进生态绿色宜居宜游城市建设。

2012年，县委、县政府提出“把旅游业打造成战略性支柱产业”的发展战略，积极谋划融入“珠三角”的发展规划，围绕打造“车八岭保护区蝴蝶谷生态养生基地”这个目标，推进旅游项目的开发建设，优化整合旅游资源，提升旅游业服务质量，全方位开展旅游宣传，加强旅游行业管理，全力巩固壮大旅游产业，兴办一批高品位的旅游企业。

（二）搞活国内贸易及商业流通

随着全县工业的发展，城镇化扩张，人口的增量，县委、县政府积极做好市场规划和建设工作，以促进全县现代化流通的发展。

2003—2005年，吸纳民间资本1017.7万元，建造现代流通市场——城东农副产品批发市场，建筑面积11.2万平方米。这些项目的建成和使用，进一步增强全县商品流通行业的基础建设，同时带来先进的营销理念、营销策略和科学管理的方式，使全县流通业市场化进程和整体水平得到较大的提高。

2006—2007年，县委按照“大市场、大流通、大商贸”战略方针，开展各种专业市场的规划，抓好县城区和中心镇市场建设积极发展农产品、陶瓷、建材、车辆交易等大中型企业批发市场和现代物流业。县委、县政府根据省政府关于大力发展现代流通业的意见，深化流通体制改革，大力发展现代式商业、休闲、度假、餐饮等各类型产业。同时，积极推进“万村千乡市场工程”试点建设，加快农村以连锁经营为主要代表的商品体系建设，建立一批以县城为配送中心、乡镇连锁经营为骨干、村级店经营为基础的新型农村商品市场流通经营网络。

2008—2010年，商贸流通工作紧紧围绕“扩内需、保增长、促发展”的决策和部署，实施开放带动战略，努力扩大消费需求，化挑战为机遇，积极应对国际金融危机，在极其困难的情况下经受住严峻考验，保持平稳健康发展的良好态势，主要经济指标完成良好。

2011—2012年，按照全县的经济工作整体部署，商贸流通工作保持健康发展的良好态势。2012年，全县实现社会消费品零售总额11.5亿元，比2003年的4.69亿元增长2.45倍。

（三）实施“万村千乡”工程

县委以县供销社农业生产资料公司为龙头企业，2005年实施“万村千乡”市场工程，积极推进“万村千乡”市场工程工作，坚持积极推动，稳步发展，找准农村网络建设的突破口，从保证农民消费安全入手，着力改善农村消费环境，转变消费观念，增强消费能力。2006年参与国家、省“万村千乡”市场工程建设，2010年纳入商务部改造建设配送中心、镇、村三级门店13间，补贴金额17.4万元

2010年10—11月，全县“十一五”期间，“万村千乡”工程进行绩效评价，并编制“十二五”的发展规划。县供销社农业生产资料公司（鑫源农资配送中心）获得上级部门和政府扶持资金47.2万元，自筹资金100万元投入“万村千乡”市场工程建设项目。扩大家电下乡、家电以旧换新网点，全面推进家电下乡、家电以旧换新工作。至2010年，全县家电下乡

备案销售网点增至67家，家电以旧换新中标回收企业及销售企业增至6家，销售家电下乡、家电以旧换新等产品量扩大，销售额增加。

2011—2012年，继续做好家电下乡工作。2011年家电下乡销售数量11824台，销售金额3046万元，财政补贴资金349万元，补贴率为98%。同时，为保护消费者的合法权益，打击假借“家电下乡”名义销售假冒伪劣产品及假借“以旧换新”骗补行为，组织会同财政部门对销售网点进行经常性抽查，并对部分企业存在虚假宣传的行为进行严肃查处，确保“家电下乡”工作顺利开展，保障消费者的合法权益。

（四）搞活流通促销费

2009年起，县委、县政府抓好搞活流通扩大消费的政策措施落实工作，加大促销力度，积极扩大消费。通过“政府搭台、企业唱戏、方面化运作”的模式，开展内容丰富、形式多样的促销活动。加快建设现代流通体系，优化市场环境，组织工商企业参加“广货网上行”活动。开展“家电下乡”“样板肉菜市场”“物流产业规划”等专项工作，推动城乡流通网络建设，促进商贸流通市场繁荣。加强流通领域食品安全工作，整顿生猪屠宰和猪肉销售市场秩序，推进打击制假售假酒类产品专项行动，深入开展“诚信兴商宣传月”“食品安全宣传周”等活动，市场秩序进一步规范，消费环境进一步改善。抓好生活必需品储备和管理，组织商贸流通行业典型企业做好统计工作，加强市场监测，市场调控机制不断健全，保障供给的能力得到增强。2011年3月，根据市政府文件精神，县政府印发《始兴县创建样板肉菜市场工作方案》，小商品市场列入韶关市第一批创建样板肉菜市场的创建对象。墨江小商品市场升级改造工程总投资826.69万元，改造面积6001.66平方米，12月顺利通过韶关市创建样板肉菜市场领导小组办公室的验收。

（五）以招商引资推动外经贸业发展

县委坚持“走出去”与“请进来”相结合，在继续做好对美国、欧盟、日本、中国港台等国家和地区招商引资的同时，积极承接珠三角等发达地区的产业转移。建立招商引资责任制，认真落实项目跟踪负责制和招商引资情况督查通报制度，进一步完善招商引资优惠政策和奖励办法，调动各级招商引资的积极性，全县上下掀起招商引资的热潮。省、市领导多次到始兴指导招商引资工作，省委、省政府在全省经济分析会上对始兴的招商引资工作给予充分肯定和高度评价。

2003—2005 年，全县新签合同 206 项，引进项目 178 个，累计合同引进资金 57.42 亿元，实际利用外资 1.11 亿美元，内联引资 34.42 亿元；对外贸易大幅增长，外贸出口总值 1.17 亿美元。

2006—2010 年，全县新签合同 136 项，实际引进资金 4.88 亿美元，其中实际利用外资 6337 万美元。外贸出口（海关数）3.14 亿美元。

以上引进的外资项目，大部分是工业项目，还有生态旅游开发项目、观光农业项目和房地产开发项目。外资项目中有不少是投资额在 1 亿元以上的项目，并且遍布全县各地，推动城乡协调发展。县委通过加强招商引资工作，大力推动全县经济转型升级，高新技术产业迅速兴起。

加强招商引资工作，为外贸工作的发展提供保证，全县对外贸易不断扩大，外贸出口大幅度增长。2003—2012 年 11 月，全县外贸出口总额（值）从 2184 万美元增加到 1.5 亿美元，增长 6.87 倍。

（六）加快房地产业的发展

县委、县政府把加快房地产业发展作为第三产业的重要内容，同时作为提升城镇品位、建设宜居宜业城乡的重要项目，采取引进外来房地产商、鼓励民营企业投资等措施，加快全县房地产业的发展，适应人民群众对居住环境和居住条件的要求。

2003—2005 年，房地产建设向商品住宅小区发展，按照城乡规划，在新区建设和旧城改造中先后建成振兴花园、白马花园、步行街等多个商品住宅小区。3 年内全县房地产建设投资共 8260 万元，房地产竣工面积 118392 平方米。

2006 年起，引进外来资金投资房地产业的比例增大，在建成的商品住宅小区有天元帝景、亿城·金海岸等多个花园式商品住宅小区。2007 年，位于县城中央的丹枫苑花园式商品住宅小区项目奠基，标志着全县房地产业进入一个新阶段。2011 年，实施“三旧”改造项目 11 个，成为韶关市各县（市、区）中起步最快、效果最好的县。丝绸文化产业创意园、盛世家园、九龄美景等楼盘小区加快建设。此后的房地产业向大型、高层建筑发展，最高楼层达到 28 层。2012 年，全县开发房地产项目 21 个，报建面积共 9159 万平方米，总投资 711.43 万元。

第四节　经济管理的全面加强

一、推动计划工作的转型

县委根据计划经济体制向市场经济体制转型的特点，把加强计划管理作为经济管理的重要内容。根据始兴发展的实际情况，逐步缩小指令性范围，扩大指导性计划范围，推动计划管理从微观管理向宏观管理转变，为构建社会主义市场经济体制服务。

2005 年和 2010 年，县委、县政府主持编制全县经济社会发展的“十一五”规划和“十二五”规划（简称“两个规划”）。编制好“两个规划”，关系到全县经济社会的发展，对于加快推进“工业兴县、工业富县、工业强县”发展战略，促进国民经济持续、快速、健康、协调发展和社会全面进步具有十分重要的意义。县委在编制“两个规划”时，认真分析党和国家的方针、政策，根据省、市的部署要求，结合始兴的实际，由县委全体会议提出关于五年工作思路、目标、措施的建议，再由县政府计划部门开展编制。全县“十一五”规划以全面建设小康社会为核心，“十二五”规划以建设幸福始兴为核心，充分运用依据，认真研究分析，多方征求意见，使编制工作顺利开展并圆满完成。为科学编制全县“两个规划”，计划部门在编制规划时加强与经济单位和相关职能部门的业务联系，研究和论证相关数据，并加强与上级和周边市县编制规划工作的交流，先后到市发改局，南雄、翁源、仁化等地交流学习，使相关经济指标基本与韶关市的规划相衔接，确保全县“两个规划”具有前瞻性、创造性、科学性、指导性和实用性。为确保“两个规划”的科学性、可操作性，先后 4 次把每个规划征求意见稿发到相关部门及乡镇，反复征求意见，调整各项指标，使“两个规划”既符合始兴的实际，又符合始兴的发展趋势。“两个规划”（草案）制订后，分别经县人大十二届四次会议和十三届五次会议通过，并形成决议后印发实施。

县委、县政府把加强立项审批优化招商环境作为计划管理的重要工作，加快各项工程项目的立项审批，不断提高服务质量促进全县经济工作上新的台阶。“十五”期间，2005 年，全县批准建设项目立项 25 个，总投资 10176.66 万元。2006—2007 年，批准建设项目立项 85 个，总投资 63189.157 万元。2008—2010 年，批准建设项目立项 108 个，总投资 142298.007 万元。2011—2012 年，批准建设项目立项 216 个，总投资 648897.8 万元。在 2012 年立项的项目中，始兴列入市重点建设项目有国道 323 线始兴段路面改造工程、东莞石龙（始兴）产业转移工业园始兴制笔研发制造基地、广东凯旋轩金属工业、广东旭粤能源项目等，共投资 20.29 亿元。在开展立项审批中，县委按照支持和扶植市场主体、加快县域经济发展要求，从强化服务意识、优化报批手续、提高办事效率入手，努力为全县的招商引资和发展民营经济这个大局服务。县委、县政府对立项审批工作提出的总要求是：加大改革力度，公开办事程序，精简办事手续，提高办事效率。根据县委、县政府的总要求，职能部门推行服务承诺制度。在服务标准、服务承诺内容、监督责任追究等方面作出承诺，进一步改进机关作风。同时，加强责任管理，增强服务意识，规范服务行为，并充分发挥窗口作用，在县行政服务中心设立服务窗口，方便外商来始兴投资办实业。

县委根据国家规定，严格执行国家的产业政策，对污染严重的工业项目禁止立项审批；对一般的投资项目首先要经县环保和建设部门出具的环保评价报告允许后才给予办理立项审批手续。把好第一关，杜绝重大污染源头进入始兴，保证生态环境的良性循环，确保全县经济社会持续、快速、健康发展。同时，加强与省、市进行业务联系和信息沟通，结合始兴基础设施项目和公益性重大项目的需要，积极向省、市争取国债专项资金的支持。2012 年，县发展和改革局先后向省争取太平镇卫生院综合大楼、罗坝镇卫生院新大楼等工程国债资金 155 万元、省财政 100 万元。县城防洪达标加固工程、浈江河达标加固工程省补助资金。县城防洪达标加固工程在原30年一遇设计标准的基础上，按50年一遇设计标准再向省上报追加补助资金。

二、适应市场经济规律加强经济运行管理

（一）加强财税和价格管理

在财税管理方面，县委、县政府定期召开经济分析会，研究和部署财税工作，解决遇到的新问题。2008年发生国际金融危机，县委、县政府提出“化危为机”的措施，全县财政收入保持持续增长的势头，一般预算收入首次突破亿元大关，达到1.05亿元，实现历史性的突破。同时，按照公共财政要求，大力优化支出结构，保证重点项目建设和民生事业投入。在税收管理上，坚持挖掘和培植税源，贯彻和运用好国家的税收政策，在发展工业支柱产业、园区经济以及第三产业中增加税收收入。

在价格管理方面，重点开展行业自律、价格检查监督工作。县物价部门通过规范全县行政事业性收费行为，抓好收费综合年审工作，及时纠正个别收费单位的乱收费行为。同时，认真做好价格和收费举报、投诉案件的处理，查处各种乱收费行为。完善收费公示制工作，提高收费的透明度，各行政事业单位依法收费意识明显增强，群众负担明显减少。通过加强粮食流通市场管理，全县粮食市场货源充裕，价格基本稳定。2011年，全县建立了新家惠、永安南城、惠福超市和军粮供应点共4家平价商店。平价商店肩负着价格异动时保供应、稳价格的职责，实现农产品与超市对接，农副产品减少中间环节，增加农民收入。

（二）加强生产环节的质量技术监督

为确保标准化、计量、质量、特种设备安全监察法律法规的贯彻落实，县委、县政府坚决打击违法行为，整顿和规范市场经济秩序，保护企业和消费者的合法权益。深入开展查农资保春耕夏种的专项打假活动、实行生产许可证管理制度的食品专项检查。与人民生活密切相关的液化气计量与茶楼酒店贵价商品计量以及超市定量包装专项检查、商品条码专项执法和水泥产品质量检查，增强执法的主动性和成效性。2005年5月，始兴通过“全国创建无公害蔬菜生产示范基地县”，成为韶关市唯一获此殊荣的县（市）。2010年9月3日，始兴“清化粉”被国家质量监督检验检

疫总局正式批准实施地理标志产品保护。这是始兴首个获得国家地理标志产品保护的特色产品。2012 年 3 月 15 日，县委、县政府组织公安、质监、药监、工商部门联合在县城白马大厦门口广场举办专项行动一周年成果展示活动，销毁查扣的假冒伪劣药品、红酒等物资，推进流通市场的规范运行。

（三）加强市场开发服务

县委、县政府重视对农贸市场的新建、改造和扩建工作，为人民群众生活服务。2003 年起，结合马市、顿岗新镇区建设，分别建成新肉菜市场。2008 年起，投入资金 826.69 万元对墨江市场进行改造，面积 9800 平方米。同时先后对全县 10 个乡镇的市场进行改造和扩建。全县规模最大的市场——城东农副产品批发市场建筑面积 112000 平方米。2011 年起引进外来资金改造兴建墨江高档次的超级市场，并围绕“盘活市场固有资产农贸市场加超市”的模式，促进市场增值，其中县城墨江小商品市场改造后被列为创建市十大样板肉菜市场之一。

三、建立多方配合的经济管理框架

（一）建立良性互动的劳动保障制度

开展劳动和社会保障社区平台建设。根据始兴经济形势发展的需要和调查情况，建立城乡富余劳动力资源数据库。2006 年起，县委、县政府每年组织“春风行动”城乡富余劳动力大型招聘会，较好地解决全县城乡富余劳动力的就业出路和企业用工问题，并推进下岗失业人员再就业工作，顺利通过市政府对始兴再就业工作目标责任制的考核达标。

2008 年 10 月 30 日，建成县劳动力市场办公场所，可容纳 100 人同时使用。县劳动力市场实现省、市、县、镇四级联网，使用全省统一的“再就业管理系统”。建立服务平台，实行求职登记、职业指导、职业介绍、培训申请鉴定申报、档案管理、社会保险关系接续等“一站式”就业服务，使全县的公益性职业介绍工作进入信息化、规范化、专业化轨道。

（二）实施土地保护政策合理利用国土资源

县委、县政府积极应对国土资源政策持续收紧的新形势，加强国土资源管理工作，积极实施土地保护政策，合理利用国土资源，为全县经济社会加快发展服务。

准确把握政策，解决建设用地。把握住补办历史用地手续契机，积极与省、市有关部门沟通联系，完成省、市补办历史用地报批工作，努力缓解始兴建设用地供求紧张的状况。认真做好建滔、标准、德宝等企业项目选址、测量、征地报批工作，做好县城中轴线、“五路一桥”（红旗路、北门路、兴平路、沿江南路、墨江南路；墨江桥）及县城市政建设用地报批工作。同时，认真清理闲置土地，盘活土地资源。2010 年起，通过实施“三旧”改造，盘活利用土地 49.07 公顷；2011—2012 年，先后启动实施了 16 项“三旧”改造项目，改造面积达 20.3 公顷，直接经济收益 2.08 亿元，拉动投资近 14 亿元，有效拓展了城镇建设用地空间。

坚持“十分珍惜、合理利用土地，切实保护耕地”的基本国策，切实加强耕地和全县基本农田保护。落实耕地保护责任，将耕地保有量和基本农田保护指标纳入全县目标责任制管理，明确政府“一把手”为耕地保护第一责任人，县、乡镇、村逐级签订《耕地保护责任书》，将耕地保护责任落实到村、组、农户。制定完善了《始兴县耕地保护激励机制实施办法》《关于始兴县补充耕地后续管理工作意见的通知》《始兴县基本农田保护补偿制度实施办法》等制度，为耕地保护特别是基本农田保护工作提供制度保障。2012 年全县耕地实际面积为 20897.53 公顷，上级下达的耕地保有量为 19819 公顷，耕地保有量和基本农田保护面积均高于上级规定的保有任务。

开展补充耕地异地开发和土地整理。始兴县充分利用土地后备资源丰富的优势，积极开展补充耕地异地开发和土地整理工作，2003—2012 年，县国土资源部门先后组织了太平镇江口、沈所石下村、罗坝镇上岗村、马市镇高水村、顿岗镇七北村乌泥圹等 101 个补充耕地项目，均顺利通过上级验收确认，建设总规模 1437.65 公顷，新增耕地 840.59 公顷。

（三）明确工作思路强化审计监督

县委、县政府创新审计工作思路，2003 年，按照国家审计署制订的第 5 个审计工作发展规划（2003—2007）精神，及时制订本县的五年审计工作规划。在规划实施中，重点开展四个方面的创新：一是创新工作理念，树立三个观念，即树立审计工作和改革开放与经济建设同步发展的观念，树立越是改革开放越要加强审计监督的观念，树立围绕经济工作中心强化审计服务的观念。二是创新工作思路，明确“一体二翼三重点”的工作模式，即以本级财政预算执行审计为主体，以党政领导干部经济责任审计和专项资金审计为二翼，突出重点领域、重点部门、重点资金三项重点审计。

通过创新工作思路，拓展审计的深度和广度，进一步提高审计效能，实现“三个转变”，即从财政收支审计转变为以财政收支审计为基础，逐步转向绩效审计，从重视违纪违规查错纠弊转变为深入揭露大案要案和绩效管理并重，从传统审计手段转变为现代信息化和应用 AO 审计（金审工程现场实施系统）。同时，认真处理好“三个关系”，即处理好加快推进经济的市场化进程与加强监督的关系，处理好审计与服务的关系，处理好审计监督与财税执法以及纪检监察人事部门的关系。

（四）加强安全生产监督管理

县委、县政府牢固树立安全发展的理念，坚持“安全第一、预防为主、综合治理”的方针，落实责任管理，县乡镇和企业层层签订《安全生产责任状》。2007 年 4 月设立乡镇级安监站，建立了安全生产监督网，配备专（兼）职安监人员，建立《乡镇安全生产监督管理站工作制度》《乡镇领导安全生产责任制》等 10 项工作制度，明确职责任务，保证安全生产监督工作的正常开展。

县委支持职能部门履行职责，加强宣传教育和监督监察队伍建设、加强安全基础工作、加强组织协作，做好“安全生产月”活动，举办各类安全生产业务技术培训班，并建立安全生产事故应急救援预案，适时在重点企业组织应急救援演练，提高预防和处理安全生产事故能力。此外，加强安全生产检查，对重点行业和生产领域进行专项监督检查和执法整治。特别是对各类非煤矿山、经营危险化学品及烟花爆竹的特种行业，严格按安全生产法律法规的规定，对企业设立、运作、安全设施及制度等进行全程监控，对发生严重安全事故的严格追究单位及相关责任人责任。2005 年以来，没有发生重特大安全责任事故。

第五节　加强对社会事业的领导

一、以科学发展观为指导作出全面部署

2003 年，县委提出：“大力推进各项事业，促进社会协调发展，科技进步是建设生态文明的基础。”同时，部署做好五方面的工作：继续深化教育改革，优化教育结构，巩固提高普及九年义务教育，加快发展高中阶段教育，积极探索社会办学的新路子；整合职业教育和成人教育资源，充分发挥党校、电大、进修学校、职业中学培养本县实用人才的作用，构建终身教育体系；深化科技体制改革，重视专业技术人才队伍建设，大力普及和推广实用科学技术，提高科技贡献率；深化医疗卫生体制改革，逐步建立农村卫生服务新体系，不断改善人民群众的就医条件，提高城乡居民的健康水平；大力发展群众文化体育事业，构建便民、利民的文化体育服务体系，推动全民健身活动广泛开展。

2006 年，县委围绕“坚持教育优先发展，推进人才强县战略”这个专题，作出努力创建教育强县的部署，并提出促进教育事业大发展、加强公共卫生服务以及推进科技、文化、体育事业发展的要求。

2011 年，县委围绕“推进生态建设、共创富民强县，建设和谐始兴”这个主题，按照省委、省政府《关于加强社会建设的决定》，把科技、教育、文化、体育、卫生各项事业作为推进基本公共服务均等化的组成部分一同部署。

二、实施“科教兴县”战略推动科技教育事业发展

（一）科技事业的发展

发挥科技协会和学会的作用。县委支持始兴县科学技术协会定期召开

全体会议，总结和部署全县的科技工作。2011 年召开的县科协六届三次全体会议，表彰获得省科技厅批准立项《毛竹资源产业化开发》项目；城南镇为省级创新专业镇称号；获得市级科普示范基地、先进农业专业技术协会、农村科普带头人、农村优秀创业青年等组织和个人。同时，指导基层科协组织和学会加强自身建设，增强服务能力，进一步探索建立适应社会主义市场经济体制，努力把基层科协组织和学会组织建设成充满生机与活力的创新型、学习型、服务型团队。在巩固其组织建设、制度建设和活动建设的基础上，进一步挖掘亮点，突出特色，争取基层科协组织和学会改革工作有新进展。3 月 14 日召开全县科技工作会议传达国家、省、市科技工作会议精神，总结了“十一五”期间的工作，并对始兴科学技术进步奖励办法和始兴专利申请资助办法进行了解读。2011—2012 年，县科协与县青少年辅导协会在县城中小学校开展青少年科技创新比赛，1000 名师生参加。县科协、县教育局联合发文表彰县青少年科技比赛中获奖的作品和先进个人。此外，公路、教育、医学等各类协会分别根据行业特点开展科研工作，在撰写论文、参加科技比赛中取得新的成绩。

开展科技宣传活动和科技培训。利用金科网、农业信息网宣传科技政策和科技项目的管理、申报程序。利用广播电视、报刊等宣传媒体，宣传依靠科技进步发展经济和有关科技知识。精心组织“科技进步活动月”活动，开展科技咨询、科技讲座和送科技下乡等活动，结合“世界知识产权日”“防震减灾宣传周”，加强宣传知识产权保护和防震减灾基本知识。同时，加强科学技术培训，提高全民信科学、学科学、用科学的意识，推动始兴县的科技进步。结合农村实际和科技计划项目实施，采取集中办班、现场培训、印发资料等方式，组织县内农业专家、邀请大专院校、科研院所的专家教授到生产一线开展技术培训。2006 年 10 月 26 日，省委组织部人才工作处周玲调研员、省科技厅何埭华处长及粤北各县区科技副职领导一行 20 人的调研组，对始兴县实施《科学技术普及法》进行调研。调研组在检查后，对始兴县开展科技普及的做法和成效给予充分肯定。2009 年会同卫生防疫部门，以“科学防控甲型流感”为主题的卫生防疫科普知识进行培训。2011 年 6 月，在马市镇举办农业科技下乡活动启动仪式，随后由农业局牵头，组织农科人员在县城及各乡镇派发有关林业、农业、医疗卫生科普资料和有关法律法规学习资料 12000 份，赠送新型控释肥料 3800 包。实施《全民科学素质行动计划纲要》。2011—2012 年，县委、县政府按照“政府推动、全民参与、提升素质、促进和谐”的方针，围绕全县公民科学素质建设目标，广泛动员更多的社会力量参与科普。在工作中，坚持加强领导，构建体系，拓展阵地，积极推进。认真组织开展科普活动和科普宣传。发放科普挂图和科普读物，全县 113 个行政村设立科普画廊。科普技术专题由县电视台在每月定期播出，为提高全民科学素质服务。在开展的送科技下乡活动中，组织科技下乡 68 次，举办科技现场咨询活动 23 场次；举办实用技术培训班 216 期，参加人数 9856 人次，发放书面资料及光盘资料 10000 份，获得各类农民技术职称 2106 人。

县委在开展科学技术知识培训和普及的同时，鼓励相关单位和企业兴办科技项目和申报科技计划项目、高新技术产品和企业认定以及知识产权保护等工作。在兴办科技项目方面，2005 年 7 月，县委、县政府举行位于太平镇的沙水科技园建设启动仪式，在东莞石龙（始兴）科技园兴办 6 个高新项目。此后，招商引资项目加大科技项目的引进力度，先后引进韶关盛怡文具有限公司等一批科技项目。2003—2005 年，全县有 6 个科技进步项目获得市级科技进步奖，其中获市一等奖 1 项、二等奖 2 项、三等奖 3 项；完成专利申请 6 件，授权 2 件。此后，先后引进盛丰有机农业科技有限公司、古塘实业等一批科技项目。在申报科技计划项目中，2009—2012 年全县申报市级科技计划项目 21 项；申报省级科技计划项目 9 项，获得立项；始兴县深渡水瑶族乡竹鼠养殖协会蓝县优被国家科协和财政部评为 2012 年“科普惠农兴村计划先进个人”。在知识产权方面，2008—2012 年，全县申请专利 133 件，超额完成市科技局、知识产权局下达全年申请专利建议指标的 111%。县科技局被韶关市科技局、知识产权局评为“专利工作先进单位”。2009 年 12 月，马市镇农技站被省农业厅评为“广东省农业科技推广先进单位”。

（二）教育事业的发展

从 2003—2012 年，始兴加强教育规范化建设，将教育事业纳入全县经济社会发展的整体规划中，采取一系列重要举措，促进始兴教育事业的发展。

提高办学综合能力。2003—2005年，县委不断拓展优质教育资源，逐步缩小城乡的差距，努力做到教育公平、教育均衡，推动教育实现跨越式发展，巩固提高"普九"成果。为发展高中阶段教育，拓展优质教育资源，融资3135万元完善始兴中学和风度中学的教学设施建设，风度中学于2004年创建成为省一级学校、始兴中学于2009年晋升为省"国家级示范性普通高中"、县职业技术学校晋升为省重点职业技术学校，使全县的普通高中学位全部达到一级学位。同时，抓好以下3项工作：开展县风度中学、始兴中学扩校的征地工作，推动改善学校办学条件，提高办学水平；积极推进学前3年教育，充分利用中小学校布局调整后闲置校产，积极推进学前3年教育，幼儿、学前教育不断向农村小学延伸，50%的乡镇都创建有1个以上学前教育基地，县机关幼儿园率先创建成为韶关市一级幼儿园；按照"因地制宜、统筹规划、分类指导、分步实施"的原则把创建等级学校与"改薄""建规"和布局调整工作结合起来，努力推动学校创等级、上水平。

推进学校基础设施和教育信息化建设。县委、县政府坚持把发展作为第一要务，积极筹措资金，在拓宽教育投入主渠道的同时，积极争取上级有关部门和社会各界的支持，加大投入，不断改善学校办学条件。同时，加大教育现代化基础设施设备建设力度，按照适度超前、科学规划、软（硬）件建设并重的原则，大力推进"校校通"工程，加快教育信息化建设的进程，以信息化带动全县教育的现代化。2005年，韶关市委书记覃卫东在始兴调研时，称赞始兴县教育取得的成绩体现出强教育态势，并鼓励做好规划，坚持高起点严要求，办一流的学校，努力成为教育强县。上级领导的勉励，对全县致力建设"功在当代，利在千秋"的教育事业给予极大的鼓舞和信心。2011年2月18日，召开全县教育工作会议，提出"十二五"期间教育改革与发展的目标和任务：全面贯彻落实教育优先发展战略，实现"学前教育社区化、义务教育均衡化、高中教育普及化"，全面普及15年基础教育，建成广东省教育强县。2012年，全县初中、中心小学已全部完成配备计算机室任务，中心小学以上学校都接入省基教网，并安装远程教育系统（互动课堂教学系统），中心小学以上学校均实现多媒体电教平台进课堂。2010—2012年，县财政拨款23万元为全县公办幼儿园、义务教育学校安装电子监控系统。

2012 年，全县有中小学校 48 所，其中独立普通高中 2 所，中等职业技术学校 1 所，初级中学 8 所，九年一贯制学校 2 所，完全小学 15 所，村级教学点 20 个；在校学生 30057 人，其中普通高中 4751 人，职业高中 1601 人，初中 8802 人，小学 14903 人；教职工 2238 人，其中小学 1022 人；初中 708 人，普通高中 414 人，职业高中 94 人；全县幼儿园 26 所，在园幼儿 7293 人，保教人员 439 人；乡镇成人文化技术学校 10 所。

深化基础教育改革。2003—2005 年，县委、县政府把推进新课程实验工作作为素质教育的重点工作来抓，按照“以点带面，步步推进”的工作思路，扎实推进新课改，重点开展示范点的建设。到 2005 年，全县建立以中心小学为基地的 17 个重点实验学校，带动全县课改实验深入发展。2011—2012 年，根据国家、省、市教育中长期发展规划，县委、县政府制定并印发《始兴县学前教育三年行动计划（2011—2013）》《始兴县中长期教育改革和发展规划纲要（2010—2020）》，全面部署中长期教育工作。按照以上部署，学前教育发展模式、义务教育均衡发展试点工作及普通高中“扩容促优”（扩大学校规模增加学位，促进学校优质发展）工作成效明显，各类教育发展日趋均衡化、优质化、普及化。县教育局连续 4 年被评为“韶关市教学工作先进单位”。2009—2012 年三年创强期间，全县中小学生参加各类学科竞赛获国家级奖励 72 人，省级奖励 134 人，市级奖励 321 人。全县获县级以上教学基本功竞赛奖励 406 人，班主任能力大赛活动奖励 39 人。

完善教师队伍管理体制。2006—2012 年，进一步落实义务教育“以县为主”的管理体制，完善中小学教师工资保障机制；同时严格落实教师资格准入制度、教师职务制度，全面实施义务教育学校绩效工资制度和新任教师公开招录制度。中小学按照“按需设岗、公开招聘、平等竞争、择优聘用、合同管理”的原则，落实教职工全员聘任制，初步建立重实绩、重贡献、向优秀人才和重点岗位倾斜的分配激励机制。同时，妥善解决中小学代课教师问题，至 2010 年，全县 8 名代课教师中，7 人招录为公办教师，1 人转岗为学校工勤人员。

推进教育民生实事建设。在开展义务教育方面，对农村学校进行重点建设，改善农村学校学生学习和生活条件，积极解决农村学生寄宿、交通、安全等难题。完成申报全国义务教育发展基本均衡县的所有程序，并通过省级确认公示，呈报教育部审批确认。在完善扶贫助学机制方面，2006年8月起，实施农村免费义务教育。在继续贯彻落实普通高中，中职家庭困难学生补助、义务教育阶段“两免一补”[①]等政策的同时，于2012年开始实施学前教育资助制度，进一步扩大贫困学生资助面，使扶贫助学范围从高中教育、义务教育扩展到学前教育。在加强职业教育方面，2004年始兴县职业技术学校与始兴县教师进修学校、始兴县广播电视大学合并，有效地整合教育资源，建立校园网及远程教育网站。

2012年9月，始兴“两基”[②]教育工作已全部完成。11月，司前、罗坝和沈所3个镇通过广东省教育强镇评估验收。全县中小学校的“校校通”已全部升级为6M光纤接入并开通使用，实现了基础教育信息网全覆盖。2012年，始兴县共有幼儿园26所，其中公办幼儿园1所。全县有市一级幼儿园7所，县一级幼儿园14所，市一级优质幼儿园比例达到26.92%。

三、以社会主义先进文化引领文化和体育事业发展

（一）以创建省文化先进县为契机完善基础设施

2003—2005年，县委积极推进文化体制改革，抓好文化体育等基础设施建设，改建文化公园、青少年宫、文化馆，加快县影剧院等文化体育设施建设。2003年4月12日，县委、县政府组织县城各单位党员、干部、群众、中小学生共3000人以步行方式环城行，省城乡“百万群众健身行”暨始兴县全民健身活动正式启动。8月16日，县委、县政府召开创建省文化和体育先进县动员大会，开展创建工作。2004年6月14日，始兴县文化局被广东省政府评为“实施山区文化建设议案先进集体”称号。

2006—2007年，县委、县政府加大对文体基础设施建设投入的力度，县、乡镇、村三级文体基础设施网络建设日臻完善。县城新建成九龄文化广场和儿童公园，实施电视“村村通”工程，实现省、市、县、乡镇、村

① “两免一补”，指免学费、免书杂费，家庭经济困难学生生活补贴。
② “两基”，指基本普及九年义务教育、基本扫除青壮年文盲。

有线电视光纤联网。做好文化站、馆的评估定级工作以及省流动图书馆始兴分馆的挂牌启用工作。

2008—2010 年，县委以农家书屋工程建设为抓手，抓好文化体育设施建设。争取省、市及社会各方支持，投资 130 万元建设 132 个农家书屋，完成在全县行政村建设农家书屋的任务。全县行政村共建有 150 个水泥地面篮球场，并建成县级全民健身广场，为全县群众提供良好的休闲健身场所。2010 年 8 月，县文化馆在第四次全国公共图书馆评估定级中被文化部评为“三级公共图书馆”。

2011—2012 年，积极推进城南、罗坝、马市等 5 个镇的农民体育健身广场达标建设，抓好顿岗镇、七北村、城南镇新村村等名镇名村创建单位的文体设施及文化文物保护的规划和建设，全面推进农村“十公里文化圈”建设。满堂客家大围维修工程启动实施，5 座围楼得到认养，“贵庐”“崇益堂”“红梨渡槽”被评为省级文物保护单位。2011 年 1 月，在广东省第三次文物普查实地文物调查阶段工作中，荣获“广东省第三次文物普查实地文物调查阶段先进集体”称号。

（二）开展群众性文体活动

2003—2005 年，全县逐步形成以节假日文体活动为重点，以大型活动为依托，以机关、企业、学校、农村、社区和社会的人群为对象，以广场文化艺术和全民健身活动为载体，以发掘、整理、推出民间民俗文化艺术为突破口，广泛开展群众喜闻乐见的、健康的文化和体育活动，不断适应城镇化建设水平和人民对精神文化生活的需求，不断提高全县文化体育活动的质量和品位。2003 年 4 月 12 日，在县城举行“城乡百万群众健身行”活动，县直机关、企事业单位和学生等 3000 人参加。

2006—2007 年，举办新春文艺晚会、2006 年始兴县“墨江杯”龙舟赛、迎新春文艺演出、“综合治理·保障平安”专题及国庆大型文艺晚会等活动。“千年古县”美术书法作品和摄影、奇石、根雕等作品展览，入选市展作品 300 多件。获得国家级奖项 990 幅（件）、省奖 98 幅（件）、市奖 177 幅（件）。组织参加上级系列文化活动中，参赛节目获市文艺调演金奖 1 个、银奖 3 个、铜奖 5 个。开展送戏、送电影下基层活动。成功申报《龟蚌舞》《舞阿妹》为省、市非物质文化遗产保护名录。积极开展送戏下乡活动，在抓好业余文艺队伍建设，提高业余文艺队伍的编、排、演水平，扶持组建“墨江民乐团”、隘子、司前、城南“民乐队”和镇、村文艺演出队伍共 26 个，演员 460 人。2007 年 8 月配置了流动舞台车后，文艺演出不受时间和场地的限制就可演出。2 年来共送戏下乡 80 场次，观众量达 10 万人次。11 月 16 日，在墨江中学广场举行“欢乐始兴，全民健身”集体舞大赛。

2008—2010 年，广泛开展群众喜闻乐见、健康向上的文化和体育活动，举办春节文艺晚会及民俗风情巡游活动。2008 年 11 月 14 日，深渡水瑶族乡举行首届盘王文化节。2009 年 9 月，参加韶关市第三届小戏小品、音乐舞蹈大赛中表演唱《山歌飞出杨梅园》获音乐、舞蹈类金奖；舞蹈《梦·飞翔》获音乐、舞蹈类银奖；组织举办春节文艺晚会、民间民俗文艺表演等活动，组织始兴县第六届“墨江杯”男子篮球赛（乡镇组）暨韶关市首届“百镇千村”篮球争霸赛始兴选拔赛决赛。

2011—2012 年，先后举办县民间民俗文艺表演、“五一”生态杯象棋赛等系列文体活动，2011 年 8 月 8 日举行“爱我父亲山·护我母亲河”大型畅游墨江活动，为群众的业余生活送上文化体育盛宴。参加韶关市“庆祝建党 90 周年”行业会演获得 2 个金奖、1 个银奖。2012 年参加省委宣传部、省文化厅组织举办“四国八省客家山歌邀请大赛”，始兴县文广新局根据非物质遗产创作、排演的《席草青·席草黄》节目荣获银奖。组队参加市青少年竞技体育锦标赛成绩位列全市第二名。抓好文化场所免费开放的服务和管理工作，让更多的群众享受公共文化服务权益。2012 年 10 月 16 日，在司前农场旧址江草村举办“知青乡恋·唱响始兴”大型联谊活动，800 名曾在始兴“上山下乡”的知识青年欢聚一堂，共叙昔日友情。

完善体育设施。县体育局行使体育管理职能，负责全县体育工作。2011 年 12 月 27 日晚举行县体育馆建成使用仪式。2012 年，全县体育场地 410 多处。其中 400 米塑胶标准田径场 2 个，400 米沙土标准田径场 9 个，全民健身广场 1 个，小型运动场 35 个，篮球场 316 个，室内羽毛球场 17 个，网球场 1 个，漂流企业 1 家。

（三）举行文化体育盛事

2004 年 6 月 3 日，在县体育馆举办始兴县第三届“墨江杯”体育运动会开幕式。这届运动会开设登山健步行、篮球、羽毛球、乒乓球、象棋、拔河、长跑、老年人门球、成年健身操、太极拳、太极剑等体育项目。

2007 年 11 月 1 日全国亿万农民健康促进运动“健康面对面 · 乡村行”启动仪式在顿岗镇举行。2009 年 1 月 1 日在怡东酒店隆重举行“广东自驾游十佳线路之满堂围—车八岭—东湖坪—丹霞山”启动仪式，民建广州市副主委赵同顺等出席。同时，在县城墨江中学举办万人以“生态始兴 · 绿色崛起”为主题的元旦健身跑活动。春节举办青少年“车八岭杯”篮球赛和“体彩杯”青少年羽毛球赛。

“南粤幸福活动周”活动是省委常委会 2012 年工作要点，结合县委、县政府的核心工作，经过精心组织，2012 年 8 月 8—27 日，共设 4 大活动版块：一是全民健身项目。有第九套广播体操和各基层晨晚点 4 个体育项目展示；二是举办第七届“墨江杯”篮球传统赛事——农信“墨江杯”篮球赛，本届篮球比赛共分为县直副科级以上领导干部组、县直机关企事业单位组和乡镇三个组别。参赛运动员有 290 人，经过 19 天的赛事，政府大院系统获得领导干部组第一名、农村信用联社获机关组第一名、太平镇获乡镇组第一名；三是开设社会体育指导员培训班，共培训体育教师、乡镇中层干部、村小组干部 300 人；四是体育馆免费开放。使更多人参与体育锻炼，为建设幸福美好始兴作出贡献。

（四）打造文艺创作的精品工程

县委、县政府重视文艺创作工作，县文化主管部门将文艺创作作为促进文艺繁荣，搞活文化工作的重点来抓。按照“以科学的理论武装人，以正确的舆论引导人，以高尚的精神塑造人，以优秀的作品鼓舞人”的要求，坚持“两为”方向和“双百”方针，打造以“精深的思想、精湛的艺术、精良的作品”为主要内容的文艺创作精品工程。为推动精品工程，文化主管部门在人力、财力上实行相应的倾斜政策，制定各种激励机制，充分调动和发挥文艺工作者的创作积极性，创作了一批获得国家、省、市奖励的艺术精品。2003—2005 年创作的作品中，获全国性奖励或展出的作品 70 件，省级奖励或展出的有 108 件，市级奖 250 件。

（五）推进城乡文化的协调发展

县委、县政府在创建文化先进县过程中，注重推动城市文化与乡村文化、历史文化与现代文化的协调发展，营造相关单位互相配合、新闻媒体共同努力的新局面。在图书和博物工作方面，2008年8月，省流动图书馆始兴分馆挂牌成立。2012年设立村、社区流动图书室4个，开展送书、送知识下乡活动。文物博物工作先后开展文物保护单位评定和非物质文化遗产申报等工作。始兴县第三次全国文物普查工作全面完成，全县已登录的不可移动文物45处，其中国家级2处、省级9处、县级34处。馆藏文物5367件（套）。

广播电视电影事业方面，重点开展广播电视设施建设，扩大覆盖率。2003—2005年，有线电视光纤网络实现纵深覆盖，在县城和各乡镇光纤联网的基础上，打造各镇至自然村的二级光纤网络，成为全市县级广播电视台有线电视覆盖面最广的光纤网络，实现全县广播电视“村村通”。2004年10月起先后建成7个乡镇广播电视站办公楼，2006年自筹资金1100万元，用于通光纤网及分配网改造升级，完成乡镇村分配网建设。全县有线电视网络覆盖10个乡镇、102个村、1112个自然村，传输39套电视节目，实现了县、乡镇、村同网工程（城乡一张网），城乡用户3.5万户。2011年4月，实现县城全面完成数字电视整个转换后便在各乡镇、村全面铺开，整转工程于2012年底全面完成，工程总投资2800万元，整转用户3.86万户，基本实现平稳过渡。2005年11月10日，县广播电视台被中央宣传部等十部门评为“全国婚育新风进万家活动先进单位”。2005—2011年始兴县广播电视台连续7年被南方传媒集团评为县级广播电视台先进单位。电影事业在改革中发展。2010年6月10日县新影电影放映有限公司正式开业，成为全市首宗转制后挂牌成立的电影公司。2011年11月18日，始兴火星湖天域数字电影院正式开业，设有3D标准电影厅，可容纳285人同时观映。2012年，认真做好“2131”农村电影放映工作，组织放映队进农村、进工厂、进学校，按时按量按质完成全年1356场放映任务，观众达15万人次。

档案事业工作方面。本着“对历史负责、为现实服务、替未来着想”的工作理念，不断探索档案工作新思路、新方法，进一步促进全县档案工作快速发展，围绕县委、县政府的中心工作大局，以“晋级达标”为抓手，坚持依法依规管档治档，着力加强档案基础建设，不断完善档案服务功能，为各级领导决策、各部门工作、社会各界和广大人民群众服务发挥了重要作用。通过执法监督管理、保管利用、业务指导、专业建档、科技兴档，2011 年 10 月 31 日县档案馆顺利通过省、市专家考评小组的考评验收，成功晋升为省一级档案馆，考评小组现场颁发了牌匾。至 2012 年，达到省特级标准的镇 4 个，其余 6 个乡镇为省二级，马市、罗坝、城南等镇村级建档已全面完成，其他乡镇村一级也相继开展工作。全县村（居）委会达到市一级的 17 个，达到市二级的 2 个。全县共有 17 个涉农单位，其中 6 个已经晋升为省特级档案室。

党史和方志工作方面，由史志部门确立“三个紧贴服务”[①]的总体思路，以改革创新为动力开拓史志工作新局面。2006 年 9 月编写出版《中共始兴县历次代表大会文件选编（1956.06—2003.02）》，2011 年 8 月，《始兴县志（1990—2000）》由方志出版社出版。12 月，编辑出版《始兴百年大事记（1912—2011）》、编纂出版《始兴年鉴（2010—2012）》。在做好以上工作的同时，指导有关部门开展专业志编纂工作，使一批有价值的专业志书顺利出版。2006—2012 年，编辑出版史志文献共计 28 部 2000 多万字，其中由女作家单小红创作的长篇人物传记《全赓靖传》及《中国共产党始兴县组织史资料》（第二卷）等重要文献相继出版，使始兴史志事业从范围、内容、数量上均取得突破性进展。此外，建立党史教育基地、建立“始兴地情网”也取得新的成效，全县登记在册的革命史迹共 45 处，其中沈所“红围”是省级文物重点保护单位、省“爱国主义教育基地”、省“党员教育基地”。

在办好《始兴报》倡导文明新风方面，紧紧围绕全县的中心工作，唱响主旋律，为全县各项事业的顺利推进做有力的宣传，努力把《始兴报》办成一份领导满意、群众满意、商家满意的报纸。1999 年 1 月《始兴报》更名为《今日始兴》，由原 4 开的套红报发展为 8 个版的彩报。2012 年 4 月起，《今日始兴》改为 16 开 36 页铜板彩色印刷，每期印刷 1500 册发行

① “三个紧贴服务”，指紧贴党委政府为科学决策、紧贴经济社会为发展大局、紧贴人民群众为传承文明服务。

到县各单位、厂场、乡镇、村、自然村一级。

四、以人为本推进卫生医疗工作

（一）医疗预防保健网络不断完善

2003—2005年，县委、县政府为应付突发性传染病的发生，制定预防机制和应急方案，抗击“非典”取得阶段性胜利，防控能力不断增强。2004年7月启动全县机关事业单位医疗保险制度改革。同时加强卫生医疗设施建设，2009年3月，划拨给县中医院建设用地20767.62平方米兴建住院综合楼，划拨用地给妇幼保健院建设新院区，支持县疾病预防控制中心建设综合大楼。投入专项资金6416.2万元，对县中医院、县人民医院、县疾病预防控制中心、县妇幼保健院、县慢病医院进行新建或改造，其中县人民医院新建门诊大楼、辅助综合楼和住院大楼。2008—2012年，争取国家扶助资金和地方配套资金，总投入0.5亿元全面加强县乡镇、村卫生基本设施建设，对未达标的乡镇级卫生院进行标准化建设，罗坝卫生院新大楼投入使用，新中医院主体工程、太平镇卫生院综合楼主体工程顺利完成。另由省财政对始兴33个行政村卫生站各补助16万元，进行卫生站改造扩建。

实施初级卫生保健。县委、县政府在2000年实现初级卫生保健达标的基础上，继续把初保工作纳入经济和社会发展规划，巩固初保达标成果，开展农民和中小学生的健康教育。农村居民和中小学生的卫生基础知识知晓率、基本健康行为形成率明显提高。

巩固爱国卫生工作。2001年取得创卫生城镇的成果，2003年起继续巩固太平镇省级卫生先进镇成果。全县各乡镇创卫生城镇工作得到发展，除“四害”工作有明显进展，农村改水工作稳步开展，自来水普及率明显提高。有9个村自来水普及率接近达到省的小康标准，城乡的卫生状态有了较大的改观。2012年调整县爱卫会委员的组成人员，由副县长担任县爱卫会主任。同年，全县的爱国卫生工作围绕“城乡环境卫生整洁行动”这个中心工作，结合“爱卫月”“城乡清洁工程”和“乡村美·大清洁”等工作齐抓共管，农村改水、改厕工作扎实推进，“广东省卫生县城”的成果得到巩固，各项爱卫工作取得明显成效。

（二）加强卫生监督工作

县委、县政府以保障人民健康为宗旨，强化卫生监督，按照“严格执法、热情服务、科学指导”的工作方针，以“抓基层、抓基础、抓落实、树形象”为主线，完善各项管理制度和制约机制，规范执法行为，在强化传染病执法监督、预防食物中毒和职业危害、取缔非法行医等方面，坚持依法办事，查处卫生违法行为。2004—2005 年，通过执行《广东省食品安全行动计划实施方案》，进一步落实省委、省政府《关于实施〈十项民心工程〉的通知》提出的卫生监督工作要求，认真落实食品卫生安全责任，提高公共卫生服务水平。同时，组织卫生监督职能部门，做好食品放心工程、整顿和规范市场经济秩序的专项整治和打击假冒伪劣产品等各项工作。

在开展食品放心工程方面，重点抓好直接关系人民群众身体健康和生命安全的商品打假专项整治活动。2012 年初起，县委、县政府在理顺机构和监管部门职责分工的基础上，调整和充实县食品安全委员会成员，全面加强综合协调能力，对餐饮、农产品、食品生产、食品销售、酒类和公共场所进行多次专项整治，加大对违法添加非食用物质和滥用食品添加剂行为的监管力度，深化乳制品、保健品等重点品种综合治理。10 月 9 日，结合“南粤幸福活动周”活动，在县城步行街举办“关注民众健康，安全合理饮食用药”宣传咨询活动。当年，在开展食品安全风险隐患排查治理，重点清理、取缔制售有毒有害食品的“黑作坊”“黑窝点”，依法查处从非正规渠道进货的食品经营单位，加大蔬菜农药残毒检测工作，加大畜禽产业检测力度，取得明显成效。

积极应对突发事件。2003 年春天，发生传染病性非典型肺炎，形势异常严峻。县委、县政府及时成立县抗击“非典”领导小组，抗击方案迅速出台。卫生监督部门做好食品生产经营单位预防“非典”和禽流感工作，加强监控，提高预警能力。同时，对全县大中型酒店、饭店、副食品店进行监督检查。在始兴遭受洪涝灾害期间，严格做好救灾防病工作，使灾区的救灾工作井然有序，常见传染病预防到位，环境卫生、饮用水消毒到位，没有发生肠道、呼吸道、虫媒、自然疫源性等疾病疫情和食物中毒事件，确保“大灾之后无大疫”。

（三）发展医疗事业

县委、县政府把发展农村合作医疗事业作为关系全县农民切身利益的大事来抓。2002 年起复办新型合作医疗后，全县参加农村合作医疗的人数不断增加，合作医疗覆盖率不断提高。2003 年起，县委、县政府召开全县农村合作医疗巩固扩面工作会议，确定每年的目标任务。2010 年起，农村合作医疗实现基本全覆盖。

2011—2012 年，进一步健全城乡基本医疗卫生服务体系，促进基本公共卫生服务逐步均等化，提升基层医疗服务水平，推动农村合作医疗的巩固和发展。全县 13 家基层医疗卫生机构全部实施国家基本药物制度，实行“六个统一”[①]，实现基本药物制度全覆盖；基层医疗卫生服务网络逐步健全；基本公共卫生服务均等化水平明显提高；公立医院改革稳步推进；通过健全基层医疗卫生服务体系，提高基本公共卫生服务均等化水平。

2012 年，全县有各类医疗卫生机构 137 家。其中县级综合医院 3 家、中医院 1 家、乡镇卫生院 13 家、私立医院 2 家、妇幼保健院 1 家、慢性病防治站 1 家、疾病预防控制中心 1 家、卫生监督所 1 家，卫生站 113 家、私人诊所 2 家。设有病床 557 张。全年总诊疗病人 89 万人次，比上年同期增加 17 万人次，增长 12.5%。

五、上下联动落实人口和计划生育基本国策

（一）确立人口和计划生育工作目标

2003 年，始兴计划生育工作列入全省“二类地区”行列。2005 年 1 月 15 日，被省确定为韶关市首个广东省计划生育优质服务县。9 月，县委、县政府召开全县人口与计划生育工作会议。县委书记冯寿宗在会议讲话中强调全县的人口与计划生育工作要明确争创全省人口与计划生育工作一类县的目标；树立大局观念、团结协作观念；增强进取、常抓不懈、实干的意识；落实四项措施，就是加强领导、狠抓落实；加强宣传、营造氛围；完善机制、堵塞漏洞；加强检查、务求实效。通过努力，始兴人口与计划生育目标管理责任制连续五年达标。2005 年 11 月 10 日，县人口与计

① “六个统一”，指统一配备和使用基本药物、统一上网采购、统一药品集中加送、统一零售率销售、统一结算、统一实行基本医疗保险政策。

生局刘华山被评为“全国婚育新风进万家活动”先进个人，受到中共中央宣传部、国家人口计生委等10部门的表彰。

2006年1月，深渡水瑶族乡横岭村被国家计生协会授予“计划生育先进集体”。5月11日，省委、省政府授予马市镇计生服务所“广东省人口计生工作先进集体”称号。6月，县计生服务所石应端被国家计生委授予“全国人口和计划生育科技工作先进个人”称号。7月13日，县委、县政府召开全县人口与计划生育工作会议，按照全县“十五”规划提出的落实责任、建立利益导向机制、严格控制人口过快增长的目标，对加强计划生育管理责任制作出部署。

2009年7月16日，县委、县政府召开创建“全国计划生育优质服务先进单位”动员大会，部署“创优”工作。认真落实“关心到户、服务到人”工作，加大人口出生控制力度，提高人口素质，在保持“连续五年达标”的基础上，实现计划生育优质服务上新台阶，连续多年受到省委、省政府的表彰奖励。2011年11月10日，荣获国家人口计生委颁发的2011年“全国计划生育优质服务先进单位”称号。

（二）建立上下联动责任制

县委高度重视人口与计划生育工作，牢固树立科学发展观，统一思想，提高认识，把人口与计划生育工作和经济建设紧密结合起来，纳入经济社会发展总体规划，摆到实施可持续发展战略的首要位置，把开展优质服务作为一项重要举措来抓。各乡镇主要领导做到亲自抓，负总责，各单位互相配合，严格把关，对履行职责较差的下属单位在年终考核时实行“一票否决”。县委组织部、县人事局对干部任免、提升、评先，均到县人口计生局审核计划生育情况，形成综合治理人口格局。同时，加大督促检查力度。由分管副县长带领人口计生局中层以上的干部，分别对全县各乡镇进行调研督导。按照《始兴县流动计划生育红、黄牌管理办法》的要求，对各乡镇进行每月一检查一通报，实行挂红、黄牌管理。对阶段性的工作情况定期通报，对工作开展不力、效果较差的乡镇进行预警通报，限期整改。2012年11月下旬至12月初，县人口计生局组织检查组分别到各乡镇的4个村（居）和全县25个县直计生兼职单位，按照市、县考核方案的相关指标，通过问卷调查、现场查看资料等形式进行检查考核，及时查找不足、落实整改，为迎接省、市组织的年终考核做好准备工作。

（三）落实计生工作重心下移措施

县委、县政府为完善计划生育工作制度，先后建立计划生育离任审计制度和预警通报制度、计划生育工作管理制度和动态管理责任制。在建立层级动态管理责任制中，2005 年 7 月完成太平镇试点工作。8 月，全县各乡镇均建立人口与计划生育层级动态管理责任制。为确保责任制落实到位，县委要求各乡镇在制定奖罚标准上不低于县的既定标准，防止因奖罚过轻而使责任制流于形式。县、乡镇两级不断加大投入，按照“改革、充实、规范、提高”的要求，营造良好的计生环境，全力推行计划生育优质服务。通过开展计划生育行风评议活动，以“查孕查环”为切入点，积极开展妇女常见病普查普治工作，实行普查不收费、治疗低收费的优质服务，全面提升技术服务水平，提高群众对计划生育的满意度和自觉性。2005 年，继马市镇通过市评估验收被评为计划生育优质服务镇后，其余 9 个乡镇随后被评为计划生育优质服务乡镇。

县委、县政府结合并镇并村工作，加大计生资源整合力度，着手完善乡镇、村阵地建设。各乡镇计生办均建设完善功能齐全的办证服务大厅，对部分村委会较为残旧的“一校两室三栏”① 进行重新规划建设。2011 年，投入 18 万元抓好马市镇安水村计划生育群众自治“市级样板村”试点工作，按照“四议两公开”工作程序在全市率先成功修订了《村规民约》。6 月 29 日，召开全市人口计生基层群众自治现场会，起到了示范带头作用。此后，全县 42 个村（居）成功修订了《村规民约》，占全县的 33%，对比市要求，超额完成了 3 个百分点。马市镇安水村、澄江镇潭坑村荣获全国人口和计划生育基层群众自治示范村称号，罗坝镇淋头村、太平镇斜潭村、深渡水乡长梅村荣获全省人口和计划生育基层群众自治示范村称号。

县委、县政府全面落实《广东省农村部分计划生育家庭奖励办法》，县财政及时划拨专项资金，确保奖励金足额落实。2004 年 9 月 30 日，韶关市农村部分计划生育家庭奖励金（始兴）首发仪式在县府小礼堂举行，会上，向首批 49 名农村计划生育奖励对象发放《广东省计划生育奖励金

① “一校两室三栏”，指婚育学校，计生办公室、计生服务室，计生宣传栏、计生读报栏、计生公开栏。

发放证》和奖励金。2005 年全县有 7921 名奖励对象受惠，按时足额领到奖励金。同时，制定《始兴县农村计划生育优惠卡制度》，向已落实计划生育措施的独女户、纯二女户家庭提供优惠。2009 年兑现省计划生育奖和市、县“节育奖”。全县享受省计划生育奖励对象和享受市、县“节育奖”对象及其子女共 11700 人免费参加农村合作医疗。启动计划生育意外伤害保险工作，在深渡水瑶族乡开展试点工作，全乡首批办理计划生育家庭意外伤害保险合计 280 户，受惠人数 1039 人。2010—2011 年，全县 16032 人享受到省规定的每人每月 80 元部分计生家庭奖励金，11408 人领到市、县规定的每人每月 30 元的“节育奖”。城镇独生子女家庭奖励制度落实到位，共 143 人及时领到奖励金。2012 年，全面兑现“三奖一扶”政策，全县 262 人领取城镇独生子女父母计生奖励金；798 人享受农村部分计生家庭奖励；6067 人领取了 50 元 / 人 / 月的农村计生“节育奖”；24 人享受计生家庭特别扶助金；为 398 名农村独生子女初中毕业生实行升学加分。同年，开展“幸福家庭 · 爱心护航”公益活动，为 961 户纯独生子女户、二女结扎户、计生困难户办理计生家庭意外伤害保险。农村计生“节育奖”家庭参加农村合作医疗给予补助每人应缴金额的 83%，受益人数达 14377 人。继续抓好纯二女家庭助学工程，对高中阶段的 30 名贫困纯二女家庭学生进行帮扶，提供每学期每人 1800 元的支助，并对考上大学的给予每人每学年 15000 元的支助。

第六节　基础设施和生态环境建设的加强

一、加强基础设施建设的部署

县委把加强全县基础设施建设作为重点任务来抓，坚持加强领导，加大投入，充分发挥全县各地和各单位、各阶层的积极作用，推动全县基础设施的不断完善。

2003年，县委提出：要把基础设施建设作为重要工作来抓，争取在较短时间内使全县基础设施有进一步的改善，为全县经济社会发展上新台阶打下良好的环境基础。2006年，县委强调："基础设施条件是决定一个地方综合竞争力高低、群众生活质量优劣的基础条件。要切实加强基础设施建设，优化发展环境。"2011年9月，县委围绕实施大县城、大集镇的战略，全力推进城镇特色化。根据以上战略，部署三项重点工作：大幅度提升城镇承载力、带动力和辐射力；大力推进名镇名村建设；加强城乡基础设施建设。2003—2012年，全县固定资产投资总额202.91亿元（平均每年20.291亿元），其中投入基本建设和建筑工程资金93亿元。

二、构建"两纵五横"为中心的现代化交通体系

县委根据韶赣高速公路始兴段竣工、始兴交通网络建设的进展情况及时调整工作思路和工作重点，从2003年起提出"以韶赣高速公路和国道323线为主骨架、省道和地方公路纵横交错四通八达的公路网络"的目标任务，构建多层次、多功能的现代化交通体系。2008年根据开创统筹城乡科学发展新局面的需要，完整地提出把"两纵六横"建设作为交通公路建设的重点任务。2009年10月26日，赣韶铁路线始兴火车站在太平镇桃树坑举行开工仪式。

"两纵五横"工程连续推进。"两纵"是指纵贯全县的武岗坳—亚吉山省道244线和顿岗至司前县道346线。"五横"是指国道323线古市—中古坑段，省道343线澄江下窖—始兴县城路段，省道344线司前下窝—龙斗斜路段，县道345线罗坝—花山水库路段，韶赣高速公路始兴县段。通过以上工程，把韶赣高速公路与始兴县境连成一体，发挥好高速公路助推始兴发展的作用。"两纵"中的省道244线北山段路面改善工程、凉口亚吉山段三级公路改建工程总投资5431万元，改造工程长75.649千米，分别于2002年3月10日动工，2005年6月16日竣工。县道346线顿岗至罗坝段三级公路改建工程总投资2200万元，改造工程10.3千米；2003年12月9日动工，2004年11月30日完工，2009年1月15日竣工。2006年7月，投入1600万元实施水南至五里山段全长17千米路灯安装工程。"五

横”中的省道343线马岗至顿岗、省道344线下窝至隘子段三级公路改建工程、国道323线东湖坪至中古坑段、国道323线古市至五里山段路面大修工程先后于2005—2007年间完成改建、改造。到2009年，“两纵五横”主干公路新网络基本完成。“两纵五横”公路新网络形成后，进一步完善始兴的交通主干道网络，实现顺接珠三角的目标，推动广（广州）韶（韶关）始（始兴）有机结合、连成一体的交通运输网络的形成。根据县委部署，交通公路部门制订规划方案，以构建“二纵五横”公路新网络为中心，开展县境内国道、省道和地方公路的新建与改造工程。

农村公路水泥路面硬底化工程。为完善城乡交通网络，镇通行政村公路水泥路面硬底化工程至2010年完成721.23千米。2009年，县委提出统筹城乡一体化发展的目标，采取多渠道筹集资金，并根据行政村公路建设的特点，灵活调整计划，实行先进行立项审批、再调整实施的办法，加快建设工程进度。同年，被省交通运输厅评为全省镇通建制村公路路面硬底化“先进单位”（全市唯一）。实现县到乡镇“一小时生活圈”2010年，全县10个乡镇113个行政村公路水泥路面硬底化工程全面完成，整项工程累计投入资金11658.3万元，提前完成省下达的建设任务，较好地改善农村道路基础设施，为促进农村经济发展提供良好的交通运输条件。同年，启动县内通较大自然村公路的改造扩建工程，重点是通较大的自然村水泥路面硬底化工程，进一步完善农村公路网络。2011—2012年，全县由高速公路、国道、省道、县道和乡村公路形成的五个层次有机结合的公路网络更趋完善，使始兴融入“珠三角两小时生活经济圈”，在县内构建起城乡结合的公路网络。2011年，全县公路通车里程1335.61千米。

客运站和农村客运服务均等化建设。在2004年2月和11月分别建成公路大厦和交通大楼的基础上，启动始兴新的客运站工程。新客运站占地2.96万平方米，总投资2300万元。2010年元旦，始兴县城公共汽车正式开通运行，结束了始兴无城市公共汽车的历史。1月29日，省交通运输厅副厅长杨细平到始兴县调研农村客运站场和候车厅建设以及春运准备情况。7月，始兴县被省交通运输厅确定为全省两个农村客运服务均等化试点县之一。农村客运服务均等化建设从2010年开始启动，至2012年全县9个镇均完成建设的预期目标。全县所有行政村建有86座农村客运候车厅，农村客运通达能力良好，实现全县100%镇有站、符合通客车条件的行政村100%通客车和100%有候车厅的目标；全县已开通城乡公交客运线路19条，城乡公交客运车辆64部，出租车30部，全县10个乡镇符合通班车条件的100个行政村已全部开通客运班车，形成了以县城为中心，以乡镇为辐射，安全畅通、经济快捷的农村客运网络。2012年，全县有客运经营企业5家，其中客运3家、货运1家、驾校1家；有营运车辆680部，其中客运164部、出租车30部，货运车辆486部；年道路旅客运量620万人，年道路货运量750万吨，比2002年分别增长4.4倍和3.6倍。

三、能源和水利建设的新进展

（一）能源基础设施建设工程的实施

2003—2005年，县委落实县第十次党代会关于加快能源基础设施的部署，相继完成墨江220千伏、司前110伏和都亨35千伏3个不同电压等级的输变电工程建设，总投资2.32亿元。这3个电网工程竣工，从根本上改善了全县电网结构，为小水电开发投运以及推动经济社会发展发挥了关键作用。完成全县农村电网以及城网改造与建设工程计划投资共计3900万元。受益用户8861户。建设与改造10千伏线路95千米，低压线路240千米，改造台区121台，墨江、司前、都亨变电站10千伏配套工程全面竣工投运。

2006—2010年“十一五”时期，全县共投入电网建设资金2.05亿元，其中主网建设方面：2009年投资6000万元完成了赤土岭变电站综合自动化改造；投资2000万元完成赤土岭至顿岗110KV线路改造，这两项改造的完成有效解决了县城周边工业园区用电难的问题。同时，完成了都亨变电站2井主变扩建工程，基本解决主网“卡脖子”问题。配电网方面：共改造10千伏线路359.03千米、低压线路250.34千米，更换高耗配电变压器182台、电能表8651只，电网输电能力显著增强。2010年投资480万元，架设10KV专线解决永光实业有限公司的用电难题。2006年，始兴县供电局荣获中国南方电网公司“县级供电企业基础管理达标企业”称号。

2011年，电网规划建设取得新进展。至12月，电网建设投资2402万元，共完成基建工程28项、业扩配套项目工程1项。其中中低压配电网基建常规项目建设和改造10KV电缆线路4.026千米，架空线路45.413千米，安装10KV电力分支箱1台，柱上开关3台；安装10KV配电变压器31台，容量7525KVA；建设和改造低压台区62个，低压线路277.127千米；投资500万元架设沙水的4回路10KV专线投运，有效满足了沙水工业园区3.2万负荷用电。

2012年，完成敷设10KV线路16.534千米，安装10KV分支箱1台，安装10KV配电变压器26台；建设和改造低压线路114.851千米，总投资2014万元。全县电力供电量2.64亿千瓦时，售电量2.5亿千瓦时，比2002年分别增长43.87%和45.55%。

2010—2012年，共解决了全县10个乡镇65个村电压偏低的问题。

（二）水利设施建设工程的实施

2003—2005年，完成墨江河城市防洪堤二期工程，花山水库除险加固等重点水利工程防洪能力进一步增强。2004年8月9日总投资1.15亿元，装容量1.2万千瓦江口电厂投产。2005年1月8日，始兴县"十五"水电农村电气化县建设达标通过省验收组验收。2005年，马市镇红梨、澄江镇下窖、司前镇刘屋等16个农村饮水解困工程竣工。工程总投资508.8万元，其中省补助资金272万元、市补助资金61.2万元、地方配套资金175.6万元。

2006—2010年，投入水利建设资金共21004.37万元，是"十五"期间的3.1倍。完成农村饮用水安全工程建设任务，解决5.2万人的饮用水安全问题。完成堤防建设和加固总长度17.3千米，完成病险水库除险加固工程10项。2010年9月城市防洪工程剩余5.23千米河堤建设全面开工。工程完成后，有效地改善了库区调洪环境，提高安全运行系数，增强县城供水能力。花山供水复线、白石坪水厂重建工程开工。投资632万元完成马市、澄江、司前和罗坝4个乡镇16项饮水工程建设，解决1.36万人饮水困难，受益人口2.4万人。工程完成后，继续实施农网、城网改造，电网运行质量明显提高。兴建江口水电厂等电站32座，新增装机容量3.93万千瓦；全县小水电装机容量达13万千瓦。2006年7月10日，省水利厅副厅长李粤安带领省大中型水库可持续利用现状实地调研组到始兴调研中小型水库发展现状建设，对始兴的做法给予充分的肯定，指出始兴在工程建设中做到决心大、底子明、规划早、管理新的做法与经验值得在全省推广。2010 年 12 月 3 日，顺利通过省“十一五”水电农村电气化县建设验收。2011 年起，围绕水务“安全、稳定、和谐、发展”的工作目标，重点开展 4 项水利工程建设。

小型农田水利建设加快推进。2011 年，全县小型农田水利冬修工程投入资金 967 万元，建设混凝土渠道 38.6 千米，机耕道路 5.3 千米，人行桥涵 23 座。受益范围包括马市镇高水、陂田、安水、红梨、柴塘、都塘、堂阁等行政村。项目建成后可改善灌溉面积 1592 公顷，改善除涝面积 98 公顷。2011 年 12 月 22 日，始兴县顺利通过由广东省财政厅、水利厅组织的竞争性评审（PK），成功争取到省级小型农田水利重点县建设项目，成为第一批省级小型农田水利重点县（全省 10 个县市之一）。同时，顿岗镇列为省小型农田水利建设示范镇。争取省级资金 1974 万元，进行小山塘、小灌区、小水陂、小泵站、小堤防的“五小”水利工程整治。

村村通自来水进一步实施。2011 年，完成太平镇瑶村村、浈江村、江口村，马市镇俄井村、黄田村、高水村、坜坪村，顿岗镇周所村，罗坝镇上营村，沈所镇石下村、兴仁村等 11 宗农村饮水安全工程建设，解决了农村 21076 人的饮水安全问题，工程总投资 1447.32 万元。通过扩网解决了 21 所农村中小学 4057 人饮水安全问题。2012 年，县政府印发《始兴县农村饮用水安全工程运行管理实施办法》《始兴县农村饮用水安全工程水源保护办法》《始兴县农村饮用水安全工程应急预案》，保证农村饮用水安全工程稳定运行。

城乡水利防灾减灾工程建设。2011 年，始兴县城防洪达标加固工程、沈所河治理工程和尖背水库除险加固工程纳入广东省城乡水利防灾减灾工程建设项目，3 项工程总投资 10057.25 万元。

2012 年 3 月，始兴县水务局规划计划股被省水利厅评为“全省水利规划计划工作先进集体”。

四、现代通信和信息化建设全面加快

（一）通信事业改革推进发展

2003 年，县委要求加快信息化建设步伐，推进信息技术在国民经济各领域的应用，逐步建立健全综合信息服务体系，抓好信息基础设施建设，为走新型工业化道路提供良好的基础。2006 年，建立健全县、乡镇、村三级信息服务体系，建成覆盖全县的高速宽带多媒体信息传输网和交换平台，加快电子政务、金融信息、电子商务等公共领域信息建设，为经济社会加快发展创造条件。2011 年，县委把现代通信和信息化纳入现代服务业，全面开展通信网络基本设施建设。

2003—2005 年，全县通信水平进一步提高。全县程控电话装机容量为 6.89 万门，程控电话装机 5.42 万门。完成各乡镇电信光纤接入网点建设，实现各行政村通电话，普及率在全市处于领先地位。国道和各乡镇公路无线电话信号覆盖分别达到 100% 和 98%，人口覆盖达 98%。2006—2012 年邮政、电信、移动、联通等部门深化内部改革，加强基础设施建设，提高服务质量，进一步改善始兴的通信环境，实现“信息村村通”。

电信业务扩大，启动三期 FTTB 和两期 FTTH 光纤到户工程建设，新增 FTTX 设备容量 8000 多线。以打造“光网城市”建设为主题，规模推进光纤到户建设，确保用户能以最优路径访问互联网。同时，开展公安网三级网络改造、城域网链路优化工作、移动网络覆盖优化工程等建设。

加强信息网络建设。2011—2012 年，电信部门投入 570 万元开展移动信息网络建设，完成 29 个，实施光进铜、FTTX 改造、EPON 网络建设；实施网络化“卓越行动”，建设新 C 网基站 16 座，建成 WLAN 热点 6 处，基本达到全县无线网络信号无缝覆盖；同时，实现了城区宽带接入速率普遍达到 4M，农村 4M 覆盖率达到 95%。移动部门投入 5800 万元开展移动信息网络建设，完成 52 个 CSM 基站的建设项目，同时开展宽带网络建设，计划完成 50 条集团专线，7 个 WLAN 热点，9000 个宽带用户，458 座楼宇覆盖宽带网络建设，全县通信网络环境得到更显著提升。

（二）推进社会信息化建设

为推进全县社会信息化建设，县委于 2001 年 1 月设立始兴县信息中心，印发《关于推进国民经济和社会信息化的实施意见》，提出始兴信息化发展目标：到 2010 年，建立起信息技术普遍使用、信息资源合理利用、覆盖国民经济和社会各领域的较为完善的信息化体系，初步进入信息社会。全县社会信息化建设按照县委制定的推进国民经济和社会信息化的实施办法稳步推进。

建立政府部门服务网站。至 2012 年，使用县电子政务系统服务平台的单位有 85 家，建立政府门户网、县纪检监察网、县委网、团委网、县打私网、县党风廉政信息公开平台、县农村饮用水安全信息网等。建立企业及社会机构网站，分别是城市网、山水论坛网、人才网、联合数据网、温泉度假山庄网、进出口贸易网等。全县电子政务、社会机构、企业联网从普及应用进入资源整合、业务协同发展。

扩大电子商务应用覆盖面。政府大力扶持行业电子商务服务平台建设和发展，带动中小企业通过加入第三方电子商务平台和自建网站开展企业电子商务应用推广，为本地企业发展铺路架桥。养殖业、种植业等涉农行业积极探索电子商务应用，取得显著效果。“枇杷、杨梅上阿里巴巴”的成功电子商务应用经典案例成效显著，开始发挥示范效应。形成一定规模和品牌影响力。至 2012 年，始兴行政企事业单位在阿里巴巴网站注册会员数达 1058 家，其中中小企业用户总数达 186 家，排名居全市前列。

五、以实施“三线一中心”工程为重点加强城镇建设

（一）“三线一中心”工程的实施

2009 年，始兴在贯彻落实科学发展观，坚持“东进、南延、西联、北优、中调”城乡建设的发展思路。2001 年，县委决定围绕城镇化建设，在县城实施“三线一中心”计划，所谓“三线一中心”，就是县城建设改造的中轴线（红旗路）、水轴线（墨江一河两岸）、交通线（323 国道县城段和县人民行政中心）工程。2003 年，县委要求：要从战略高度重视小城镇建设，努力加快城镇化进程。2006 年，县委提出要进一步加快城镇建设，加快县城东扩和南扩建设进程，彰显山水园林城市特色。同时以马市、顿岗为次中心，加快集镇建设步伐，完善集镇功能配套。2011 年，县委提出：按照“一城四区”[1] 总体布局，努力将县城建设成为宜商宜居山水园林城市，加快马市、顿岗、城南、沈所 4 个镇新区建设，全力打造宜居始兴。

① “一城四区”，指县城和马市、顿岗、城南、沈所镇区建设。

2001年7月起，县委、县政府实施县城“三线一中心”工程建设，以中轴线扩建为重点，加快县城建设步伐，着力抓好城区扩张和改造。2003年7月28日，县委书记冯寿宗主持召开党政班子联席会议。会议认为加快县城建设是事关始兴县经济社会发展和群众生活环境改善的大事，基本具备加快建设的条件，因此必须加快建设步伐。2009年4月28日，县人民行政中心主楼建成。2009年12月25日，举行县人民行政中心主楼落成暨升旗仪式。开展县城“中轴线”（红旗中路）建设，需拆除房屋面积76000平方米，搬迁360户，工作相当繁重。县委广泛听取意见，组织一支强有力的队伍，采取一系列强有力措施开展工作。2000年，启动中轴线房屋拆迁和建设工程。2012年，全面完成中轴线建设工程。县委把水轴线建设定位为“城防堤景观线、休闲路、亲水带”工程，于2004年省批准立项和初步设计，2006年全面施工。交通线的枢纽工程，即县城迎宾路与国道323线、韶赣高速公路始兴县城互通口的建设，于2011年完成。

（二）县城重点项目建设的推进

2005年，县委、县政府部署五大建设主战场，包括中轴线、水轴线、人民行政中心主战场（以上为配套完善工程）、县城东扩主战场、污水处理厂和体育馆及影剧院建设主战场。到2006年，五大建设主战场各项建设逐步推进。其中：人民行政中心兴建了财政、税务、公路、法院、检察院、社保、移动综合大楼、丹凤山公园等；中轴线兴建美景文化园、步行街、丹枫苑、白马大厦、聚源酒店、九龄美景公园等一批商务住宅中心。水轴线兴建亿城·金海岸、天元帝景等商宅区、县委党校及墨江广场。2011年12月16日，总面积125000平方米、总投资2.5亿元的山水名城商宅项目举行奠基动工建设。交通线兴建迎宾路、汽车客运站、超前假日酒店、雅乐轩商务酒店等。

县委、县政府围绕建设现代化山水园林城市的目标，实施县城“东进、南延、西联、北优、中调”城乡发展思路。至2011年底，先后建成兴平路、北门路、北山路、体育东路、丹凤路、韶赣高速出口迎宾大道等道路，天元大桥、兴隆大桥建成通车，县城“两横四纵”路网初具规模。2011年11月28日启动全县绿城行动，实施“百万树木进城入院”计划，动员全县用1—3年，全力建设绿色道路、绿色小区、绿色校园、绿色单位、绿色家庭等“五绿”县城。

本阶段，除加快县城建设外，各乡镇区分别改造办公楼，修建街道、农贸市场和街道美化亮化工程，增设自来水设施。马市镇建设了污水处理厂。

六、生态环境建设的开展

（一）开展环保宣传和专项检查

2003年起，县委在原来工作的基础上，根据生态文明建设的总体要求，启动全县生态环境建设，切实加强环境监督管理，把“保护环境，人人有责”落实到工作全过程。根据国家、省、市环保部门的部署，认真积极开展清理整顿不法排污企业，保障群众健康专项行动，加强建设项目环境管理，严格执行“三同时”（环保项目与建设项目同时设计、同时施工、同时投产）制度，大力协助新办企业做好选址、环保评价和上报审批等工作。同时坚持实施环保目标责任制考核，做到有布置、有检查、有考核，推动环保工作的开展。实现辖区内建设项目环境影响评价执行率为100%。

县委、县政府充分利用广播、电视、报刊等媒体宣传环保法律法规，加强中小学生环保教育，开展创建绿色学校活动。2006年起，全县创建省级绿色学校1所，市级绿色学校1所，市级绿色幼儿园1所。每年“6·5”世界环境日期间都围绕主题开展多种形式活动，向广大市民宣传环境保护知识。2010年6月，县委宣传部、文明办共同主办由县墨江艺术团举行的始兴县“文明·环保”宣传文艺巡回演出活动，分别到万达工业园、城东市场、马市、顿岗、沈所等地进行演出。

2006—2007年，县委、县政府通过县环保部门重点开展辐射环境安全、放射源、毒鼠强等专项检查。通过专项检查，制定辐射环境安全应急预案及监管方案。同时，组织开展高考期间噪声污染控制和监督检查的专项行动，为高考学生提供安静的学习、考试环境。2008—2010年，县委、县政府开展禁止焚烧农作物秸秆的工作，并根据韶关市环保局《关于迅速查处非法堆浸提金作坊的紧急通知》的精神，在全县10个乡镇开展排查工作。2011—2012年，县政府向各乡镇政府、县直有关单位发出《关于印发2011年始兴县整治违法排污企业保障群众健康环保专项行动工作方案的通知》，对重点行业、重金属排放企业及铅蓄电池企业进行集中整治，以保障群众健康。开展打击非法开采稀土矿行动，对所发现的非法采矿点进行检查和监测。根据监测结果做好相应的环境治理工作，直至完全消除环境安全影响因素，确保全县农村饮用水、农田灌溉用水安全。

（二）加强环境监管执法和应急事件处理

县委、县政府为确保全县环境质量，对全县重点污染源及敏感排污单位进行全面的环境监察工作，对违反环保相关法律法规的行为，坚决严肃处理，促使企业对环保的重视，完善环保治理设施。同时，加强对列入国控、省控、市控重点污染源的10家企业的日常监管，采取“一企一档”的管理方式，对有关材料收集归档，建立和健全重点污染源档案。加强环境保护执法，监督全县“环保专项行动”不断深入开展，对“五小”企业、“新五小”企业进行重点防、控、查。为加强企业排污的实时监控，要求全县排污比较大的企业安装在线监控设备，至2007年，全县有多家企业安装了在线监控。2008—2010年对重点环境问题和严重环境违法企业实行督办，综合运用经济、行政、法律等手段和排污许可、限批等措施，有效遏制以违法排污、污染环境和牺牲公众利益转嫁生产成本等行为。对77家有严重环境违法行为的企业进行立案处罚，罚款金额共255.28万元。2011—2012年，对全县77家重点污染企业进行整治，全县工业废气排放量、废水排放量、工业固体废物产生量均有明显减少。

（三）全面开展污染减排和水源保护工作

县委根据国家和省主要污染物总量减排工作部署和要求，加大全县污染减排工作力度，全面推进工程减排，深化结构减排，落实管理减排、化学需氧量、二氧化硫等主要污染物的减排工作取得明显效果。2005年5月，市组织检查组到始兴开展环保考核现场检查工作，认为始兴党政领导重视，环境保护工作顺利开展。2006年2月23日，投资1400万元，日处理污水量1万吨的县城生活污水处理厂通过市验收组验收。2009年11月10日，省检查组到始兴开展节能减排检查，对始兴取得的成效给予肯定。2010年3月，被国务院全国污染源普查领导小组办公室、环境保护部、国家统计局、农业部授予“第一次全国污染源普查先进集体”荣誉称号。2011—2012年，全县各项减排指标均按要求达标。县委、县政府加强水源保护工作。2007 年，县政府发出《关于进一步加强县城生活饮用水源保护区管理的通告》，同时采取加强企业环保管理、饮用水源监管等措施，清除各种威胁饮用水源、生态环境安全的隐患，确保饮用水源水质长期稳定达标。2001 年，马市、顿岗等中心镇污水处理厂建设工程动工，于 2012 年全面竣工投入运行，为保护墨江、浈江水质发挥重要作用。

第七节　加强精神文明和民主法制建设

一、精神文明建设的部署和推进

（一）对精神文明建设的部署

县委按照中央和上级党委关于加强精神文明建设的精神，按照精神文明“重在建设、贵在坚持”的理念，加强对精神文明建设的领导，推动精神文明建设上水平、上台阶，取得明显实效。

2003 年，县委强调：要坚持“两手抓，两手都要硬”的方针，加大精神文明建设力度，同时提出精神文明建设的重点是：加强思想道德建设，加强社会公德、职业道德和家庭美德教育；大力发展先进文化，坚持“两为”方向和“双百”方针，努力为人民群众提供更多更好的精神食粮，提高广大群众的文化生活质量；以讲文明、树新风为主要内容，继续深入开展创建文明新村、文明行业、文明窗口、文明户活动，努力提高精神文明建设水平。2006 年，县委根据中共中央精神文明建设指导委员会《关于深入学习实践社会主义荣辱观大力加强思想道德建设的意见》，对加强精神文明建设作出新的部署，并提出加强思想道德建设、大力弘扬爱国主义和集体主义精神、开展精神文明创建活动、构建“诚信社会”等 7 项重点工作。2011 年，县委把精神文明建设纳入民主法治工作一同部署，要求全县各级加强精神文明建设，努力提高公民思想道德文化素质；加强社会诚信建设，培育良好的社会心态。

（二）健全精神文明建设网络开展舆论宣传

县委主持建立始兴县社会主义精神文明建设委员会，成员由县委、县政府职能部门及各乡镇领导担任，并设立办公室。精神文明建设主要由县宣传文化部门会同领导小组成员单位开展，全县各级各阶层共同参与，形成遍布全县各地、各单位的精神文明建设网络。

2003—2005 年，县委、县政府成立宣传舆论协调领导小组，进一步完善县广播电视中心、各乡镇广播电视站的建设工作。县委宣传部围绕经济建设、精神文明和政治文明建设，做好宣传报道。先后策划推出“倔起始兴”“招商引资项目巡礼”“加快县域经济发展”“贯彻县委县政府会议精神访谈录”等系列专题专版，有计划、有步骤地对始兴招商引资、城镇建设、农业农村、基础设施建设等工作的进展情况和“三化一园”战略的新举措、新成效，进行全面的宣传报道，营造进一步解放思想，加快发展的舆论氛围。2004 年，县委组织开展全民参与的“新时期始兴人精神大讨论”，通过讨论和评议，确定新时期始兴人精神为：道德风尚良好、文化健康繁荣、社会文明安定、环境洁净优美。

2006—2007 年，在党的十七大召开前组织“快速发展看始兴”等系列报道，在党的十七大召开后开设“学习十七大，开拓新局面”系列宣传报道。做好全县经济工作的宣传，推出“工业建设”等系列报道，宣传工业园区建设、招商引资工作以及 2007 年始兴县重点项目签约、奠基、剪彩庆典活动。开设“文明建设巡礼”专版专题，宣传报道“十一五”时期全县各行各业、各条战线的成就和经验以及“十一五”规划的战略目标和任务，以及宣传报道精神文明建设示范点创建、“推进生态县建设，构建和谐新始兴”活动。加强和改进未成年人思想道德建设工作、创建全省文明县城活动，营造全县上下关心支持精神文明建设的浓厚氛围。

2008—2010 年，组织开展统筹城乡发展的新闻宣传，制作“科学发展看始兴”“思想大解放，促进大发展”等专题栏目，做好开展解放思想学习讨论、创新抓好“民情日记”、学习实践科学发展观活动工作、支援抗击冰雹灾害救灾复产重建、抗灾救灾、法治始兴建设和创先争优等系列活动的宣传报道。开展经济发展主题宣传，推出“加快转变促发展”等系列报道，宣传全力推进“三区六园”建设的典型事例，并做好社会各界迎接庆祝北京奥运会、广州亚运会、上海世博会以及纪念改革开放 30 周年、新中国成立 60 周年活动的宣传报道。此外，县报社与中国移动始兴分公司合作，推出“手机彩信周报”，把全县的各种动态及时发送到全县副科级以上干部的手机上。

2011 年，整合平面媒体信息发布平台，精心策划主题宣传系列活动，推出全县学习宣传贯彻省、市党代会精神报道，做好省、市领导视察调研始兴、社会主义新农村建设和省名镇名村示范村建设等宣传报道。

2012 年，抓好学习贯彻省第十一次党代会和“喜迎党的十八大”的宣传报道。省第十一次党代会召开后，策划推出“落实省党代会精神，迎接十八大召开”专栏，组织开展“践行‘广东精神’大家谈”活动，报道始兴县贯彻落实市“桥头堡”发展战略和发展理念的新举措、新成效。抓好“三打”专项行动，结合全县性的首届生态文化活动月暨“南粤幸福周”活动将“广东精神”融入“幸福我健身”“幸福我来秀”“幸福大集市”“幸福大家谈”五大板块系列活动中，在满足群众自我服务、自我娱乐的需求、提升社会和谐度和群众幸福感的同时，使新时代“广东精神”在全县家喻户晓。重视舆论信息的收集和处理，充分调动基层通信员及时向县内媒体上送新闻稿件，及时向县委宣传部报送社情动态、舆情信息，主动做好与外界媒体特别是国家和省、市的主流媒体沟通联系，全方位开展舆论工作。

（三）加强对外宣传

2003—2005 年县委通过出版《始兴投资指南》，完善始兴公众信息网，建立多渠道、多层次的对外宣传网络，大力宣传始兴良好的投资环境。加强与市外宣办联系，在境外报纸《香港商报》《文汇报》和省市报纸《南方日报》《羊城晚报》《广州日报》《韶关日报》刊登介绍始兴社会经济发展的专题报道。2003 年 7 月，中央电视台摄制组拍摄制作始兴县招商引资、建设现代生态县及改革开放以来发生巨大变化的新闻短片并在中央电视国际新闻台播放。2004 年 4 月编辑出版《开放的始兴欢迎您》，利用“今日广东”这个对外宣传阵地，图文并茂地向海外推介始兴县经济社会发展的最新情况。借助省市传媒推介始兴。

2006—2007 年县委借助全国和省、市媒体做好对外宣传工作，在《香港商报》刊登“十五”成就、“十一五”规划始兴专版。同时，协助亚洲电视台拍摄《东湖坪藏宝图》专题片，协助南方电视台拍摄《走进始兴最美小城》专题片，通过境内外主流媒体宣传推介始兴。配合省、市宣传部门做好《始兴采访指南》《学习贯彻十七大精神采访线索材料》的编写工作，以 2007 年始兴县重点项目签约、奠基、剪彩庆典活动，邀请省市、香港媒体前来采访，通过中央电视台、广东卫视、《凤凰周刊》和深圳电视台等电视媒体报道始兴。在《香港商报》《文汇报》《南方日报》《南方都市报》《韶关日报》《中国旅游报》《游遍天下》刊载始兴专版，向现场嘉宾派发《中国最美小城——始兴欢迎您》专题 DVD，积极宣传推介始兴。

2008—2010 年，县委通过开设专用对外宣传频道，宣传推介始兴县具有鲜明地域特色的人文资源、自然景观、旅游资源，加强与上级主流媒体的联系与合作，在人民网、新浪网等网站刊载以及在省市传媒上刊播《“法治始兴”建设初见成效》《“双轮驱动”打造“始兴创造”》等 800 多条信息，宣传推介始兴统筹城乡发展的新经验、新成就。同时，充分利用“2009 广东始兴杨梅节之旅游文化活动”和“2009 广东始兴杨梅节之经贸招商活动”这一平台，组织中央和省、市以及海外近 100 家媒体（网站）集中宣传报道始兴的情况。2010 年 6 月 19 日举行 2010“相约中国最美小城”广东始兴经贸洽谈活动。

2011—2012 年，县委利用大型节庆活动，邀请大型的知名媒体做好始兴品牌的对外宣传推广工作。通过举办杨梅节、2011 年广东国际旅游产品博览会，开展一系列旅游宣传推介与交流活动，宣传“中国最美小城”和“中国优秀生态旅游县”旅游形象。“2011 广东（始兴）印象风情摄影大赛”暨系列活动期间，邀请新华社、中新社、《广州日报》等 10 多家知名媒体参加采访报道及宣传推介工作，使始兴生态县的品牌进一步为外界所知晓。大力宣传基层党组织和广大党员开展创先争优活动的进展、经验、成效，始兴县创先争优的经验总结多次在国家的创先争优网站刊载。

（四）深入开展思想道德建设

2003—2005 年，为贯彻落实中共中央《公民道德建设实施纲要》，县委先后印发《关于贯彻〈公民道德建设实施纲要〉的意见》《始兴县关于开展“爱国、守法、诚信、知礼”现代公民教育活动的意见》，全县思想道德建设工作有序、扎实开展，利用广播、电视、报刊等大众媒体，大力宣传反映新时期道德要求的新事物、新典型、新经验，弘扬美德、树立正气。开辟“始兴人精神大家谈”“公民道德征文”“群众劝语选登”“革命历史故事”等道德宣传教育专栏，举办公民道德知识比赛，召开公民道德建设座谈会，挑选县实验小学等单位作为公民道德建设、现代公民教育示范点。宣传文化部门组织社会公德“一二三四”系列活动、始兴人精神大讨论以及现代公民教育送戏下乡、进社区、进企业等活动，县文明办、工商部门联合开展“消费者满意一条街”活动，县关工委、团县委开展成人宣誓、革命故事巡回报告会等活动。为加强未成年人思想道德建设，县委宣传部于2005年6月召开专题会议，制定《关于进一步加强和改进未成年人思想道德建设实施意见》，建立健全工作机制和工作体系，在全县形成由学校、家庭、社会共同组成的未成年人思想道德建设的工作平台。

2006—2007年，县委协调、督促、指导各基层党委、职能部门开展社会主义荣辱观教育活动和优秀现代公民评选活动。办好工商局、县实验小学等社会主义荣辱观示范点工作。进一步加强和完善烈士陵园等爱国主义教育基地、图书馆等公益性活动场所的建设、使用和管理。县委宣传部配合相关部门加大“扫黄打非”力度，净化未成年人成长的社会环境，建立始兴中学、逸夫小学特色思想道德教育示范点，带动全县中小学校“孝行”“感恩”教育活动深入开展。

2008—2010年，县委组织开展社会主义核心价值体系的实践活动。广泛开展文明礼仪教育活动，开展迎接北京奥运会、广州亚运会、上海世博会等盛会，纪念改革开放30周年、新中国成立60周年大型活动，做好爱党、爱国、爱社会主义教育。同时，健全未成年人思想道德建设的工作机制，加强校园周边整治和校外活动场所管理，推进校外教育建设，抓好爱国主义教育基地、未成年人校外活动阵地场所的建设、使用和管理，开展“争当文明小公民”“告别陋习，走向文明”等主题教育活动，引导广大青少年自觉学习实践社会主义核心价值体系。2008年3月14日，县委、县政府在县政府小礼堂举行了全县2006—2007年度精神文明建设先进单位和先进工作者表彰大会，太平镇城中居委会获省级文明社区、罗坝镇淋头村为省级文明村；陈顺球为市级助人为乐“感动韶关十佳道德模范”；烟草公司、经贸局获市级文明单位；邮政局获市级文明示范窗口；深渡水乡获市级文明城镇；太平镇城郊居委会获市级文明社区；马市镇红梨村、司前镇温下村获市级文明村；刘新文等 4 位同志获市级精神文明创建活动先进个人。并授予一批“始兴县文明示范窗口”“始兴县文明镇”“始兴县文明村”和“始兴县精神文明创建活动先进工作者”光荣称号。2009 年，太平镇获省级文明镇；建设局、县检察院获市级文明单位；县行政服务中心、电信始兴分公司城区客户服务中心获市级文明示范窗口；马市镇获市级文明城镇；马市镇坜坪村、城南镇新村村获市级文明村；王步伟等 4 位同志获市级精神文明建设先进工作者。全县开展“身边好人·感动你我”“始兴县十佳道德模范”推荐评选活动，通过层层推荐、组织干部群众网上集中投票、评委评选和报县委审定，最后评出廖向荣、官桂根等 10 位同志为“始兴县首届十佳道德模范”，兴德农场场长卢年强被评为“诚实守信韶关好人”。始兴县顿岗小学教师李小燕、交警大队马市中队中队长邓军明被评为“敬业奉献全国好人”。

2011—2012 年，县委、县政府评选并表彰始兴县第二届十大道德模范。结合建党 90 周年开展热爱中国共产党、热爱社会主义祖国的“我们的节日”主题活动。大力发展志愿服务事业，成立始兴县志愿者联合会，全县志愿者活动逐步形成由文明办牵头、以共青团为依托、社会齐抓共管的工作格局。由县关工委主持，在全县 113 个行政村全部挂上“校外教育辅导站”牌子。在学雷锋活动月期间，组织志愿者开展“关爱留守儿童”“送医下乡”等活动。省第十一次党代会召开后，迅速部署全县开展“践行广东精神大家谈”等系列活动，大力弘扬新时期广东精神。县委宣传部组织县妇联、县教育局等单位联合印发《始兴县指导推进家庭教育五年规划（2011—2015）》，推进未成年人活动阵地建设。

（五）开展群众性精神文明创建活动

2003—2005 年，县委按照县第十次党代会的部署，重点开展创建文明村、文明城镇工作。在文明村创建方面，采取多渠道筹集资金等办法，在全县创建文明单位 57 个，文明示范窗口 6 个，文明城镇 3 个，文明小康村（行政村）15个，文明村（小组）16个，十星文明户54户，精神文明创建活动积极分子（先进工作者）85人。城南镇杨公岭村获全国创建文明村镇工作先进村称号；马市镇塘阁新村获省级文明示范村、沈所镇瑶族村获省级文明村称号。县烟草公司、财政局、广播电视台获市级文明单位；行政审批服务中心、地税局获市级文明示范窗口；太平镇、马市镇获市级文明城镇；太平镇城中社区连续两届获市级文明社区；沈所镇独丰村饶屋新村、江口镇水南村水南新村获市级文明小康村；马市镇都塘村、隘子镇湖湾村获市级文明村；徐省洲、肖强运获市级精神文明建设积极分子；卢保新、邓炳光获市级精神文明创建活动先进工作者；刘东梅、肖凤优获市级十星文明户称号。同时，文明城镇工作扎实推进。参照《广东省文明城市评选办法考核标准》，制订文明城市创建规划，有组织、有计划地开展创建文明城市活动。结合中轴线改造和"五路两桥"城镇建设高潮，在红旗路、北门路开展"百城万店无假货""文明诚信示范街"等活动，开展科技、文体、法律、卫生"四进小区"活动。

2006—2007年，县委认真开展创建文明县城的各项工作，大力做好文明村、文明单位等创建活动。开展太平镇教场下新村等社会主义新农村示范点精神文明建设工作，把城南镇玲珑新村、马市镇塘阁新村、罗坝镇淋头新村等13个自然村创建为韶关市生态文明村。做好韶关市文明诚信企业创建和评选工作，全县申报各类文明表彰项目有90个单位，其中：申报创建文明单位53个、文明窗口9个、文明社区2个、文明镇4个、文明村22个，根据有关单位的具体情况推荐创建省市级文明表彰项目的有15个。

2008—2010年，县委、县政府积极开展创卫工作，于2009年11月始兴县获得创建省卫生城镇称号。在此基础上，县委、县政府在巩固"省卫生城镇"的成果，对照《广东省文明县城测评体系》标准，制定《始兴县创建广东省文明县城实施方案》并做好群众性文明创建活动，太平镇政府成功创建省文明单位。

2010—2011年始兴县获得省、市精神文明建设表彰奖励的单位20个、个人2个，其中始兴县获得创建广东省文明县城工作先进县城称号、太平镇获得广东省文明镇称号。在此基础上，县委加大各级文明单位、文明村镇、文明社区的创建力度。2012年8月，全县共评出表彰精神文明建设各类先进集体39个、道德模范10名、文明家庭20户、先进个人22名，通报表扬了一批获省、市精神文明建设表彰的先进单位和先进个人。在全县广泛开展“广东好人”的推荐评选活动，挖掘和树立了李贱芳等一批新的时代典型在电视和报刊上进行宣传报道让群众学有典型，做有榜样。同时，认真做好2012—2014年度全国和省、市精神文明创建活动的规划和申报工作，积极动员有条件的单位主动申报各级精神文明建设表彰创建项目。

二、依法治县和民主法制建设的开展

（一）制订依法治县计划

加强党对依法治县工作的领导，不断健全“党委统揽全局、各方积极推进狠抓贯彻落实”的领导体制和工作机制。县依法治县领导小组会同各单位，汇聚成依法治县的合力开展工作。县人大及其通过制订常委会依法治县规划，落实责任，开展“一府两院”工作的监督，并做好执法监督检查工作，推动依法治县工作。2002年起，制定《始兴县2002—2005年依法治县工作规划》《始兴县依法治县工作领导小组成员单位工作职责》，将15个成员单位的工作职责以制度的形式予以明确，重点督促县直37个执法单位制定执法责任制和执法过错责任追究制，使法律法规的实施任务落实到执法单位和执法人员，同时督促各乡镇制定《依法治镇工作规划》和《村民自治章程》，规范基层依法治理工作。对依法治镇工作进行检查、考核。

2006年、2011年，先后制订依法治县5年规划，并在2006—2012年每年制定《依法治县工作要点》。其中2010年制定“法治始兴”创建活动方案，2011年县委印发《法治始兴建设五年规划（2011—2015年）》和转发《始兴县贯彻落实〈法治广东建设五年规划（2011—2015年）〉实施意见》的通知，推动依法治县工作的正常化、制度化。

（二）部署民主法制建设

在2003年召开的县第十次党代会上，县委提出：“积极推进民主法制建设，建设社会主义政治文明。”同时提出要做好6项工作：坚持和完善人民代表大会制度、共产党领导的多党合作制度和政治协商制度，进一步扩大基层民主；拓宽人民群众反映意见的渠道；加快依法治县进程；加强法制宣传教育；进一步加大社会治安综合治理力度；开展国防和国家安全教育。

2006 年 12 月召开县第十一次党代会，县委对加强民主法制建设进行了部署，要求做好 7 项工作：积极支持人大及其常委会依法履行各项职能，拓宽各界人士反映意见的渠道；坚持和完善党领导下的政治协商制度，支持人民政协履行政治协商、民主监督和参政议政的职能；充分发挥工、青、妇等群众团体的桥梁纽带作用；进一步做好统一战线、民族、宗教、对台和侨务工作；巩固和发展基层民主，着力推进党委决策的科学化、民主化，深化政务公开、厂务公开、村务公开，确保公民依法行使选举权、知情权、参与权和监督权；加快依法治县进程，全面推行依法行政；加强社会治安综合治理和信访工作，切实加强信访突出问题的排查和调处工作。

2011 年 9 月召开县第十二次党代会，县委对加强民主法制建设提出原则性要求：努力营造民主法治环境；支持人大及其常委会依法履行职责，拓宽人大代表知情知政和参与经济社会建设的渠道；认真实施政治协商规程，创造宽松和谐、规范有序的协商环境，确保协商程序得到尊重、成果得到落实深入；推进“法治始兴”建设，积极开展“六五”普法工作全面建设法治政府，确保司法廉洁公正，切实维护群众合法权益；加强精神文明建设，努力提高公民思想道德文化素质，培育良好社会心态。

（三）健全政权、参政议政机关和基层民主制度

健全政权机关的民主制度，保证人民群众当家作主的权利，是社会主义民主的核心和根本体现。县人大及其常委会按照宪法和法律的规定，通过召开全体会议和常委会议、检查视察以及办案议案、建议、批评和意见等方式，落实民主议政制度，保证人民群众的知情权、参与权、选举权、监督权正常行使。2002 年 11 月—2012 年 11 月，先后召开过 11 次会议，其中在县人大第十二、十三、十四届的第一次会议上，均由人大代表以无记名投票选举的方式，选举产生新一届县人大常委会组成人员、县政府正副县长、县法院院长和县检察院检察长。县人大代表由各选区的选民直接选举产生，行使宪法和法律赋予的职权。在各次全体会议上，由县人大代

表审议“一府两院”的工作报告和相关的文件以及民主议决的方式决定全县大事。同时，县人代会开会期间，代表以提出议案、建议、批评和意见的方式，代表人民群众行使民主权利。在2006年3月召开的县人大十二届四次会议审议通过全县的“十一五”规划；在2011年1月召开的县人大十三届六次会议审议通过全县的“十二五”规划。

健全多党合作、政治协商制度，是社会主义民主制度的重要内容。政协始兴县委员会是县的参政议政机关：在县委的领导下，按照政协章程开展工作，发挥参政议政职能。2002年11月—2012年11月，政协始兴县委员会第七至第九届共召开过11次会议。政协委员是参加政协各党派团体和各界代表人士，通过提出提案的方式履行委员职责。政协高举爱国主义和社会主义两面旗帜，突出团结和民主两大主题，积极行使政治协商、民主监督和参政议政三大职能，在构建社会主义民主中发挥重要作用。

镇作为国家的基层政权，通过定期召开党代会和人代会健全民主制度。2002年11月—2012年11月，全县合并后的10个乡镇于2004年10月、2006年10月、2011年4—10月召开乡镇党代会、人代会进行换届选举。此外，全县在2005年5月并村后共有113个行政村和14个社区，分别按照村、社区的组织规定进行换届选举，其中2011年4月全县顺利完成村、社区“两委”的换届选举工作，选出新一届班子成员488名，高中以上文化的289名，占60%；党员430名，每个村（居）委会至少配备1名女干部；“两委”成员交叉任职比例87.6%，书记、主任“一肩挑”比例92%。通过定期进行换届选举，健全基层民主制度，保证人民群众的民主权利。

（四）开展法制宣传教育

由县依法治县工作领导小组会同县委、县政府有关职能部门，抓好“三五”“四五”和“五五”普法规划的宣传启动和组织实施。2004年5月31日，在影剧院中心广场举行庆祝“六一”儿童节暨万名青少年远离毒品宣誓仪式。此后，开展法律进机关、进乡村、进社区、进学校、进企业、进单位的活动。具体做到“四抓四突出”：抓重点，突出领导干部学法；抓骨干，突出对执法人员的培训；抓基础，突出青少年法制教育；抓基层，突出农村群众法制普及。

开展“12·4”全国法制宣传日活动。2012年12月3日，县依法治县办、普法办、县委政法委等17个单位联合在九龄法治文化公园开展以“弘扬宪法精神，服务生态发展”为主题的大型宣传活动，现场发放宣传资料，接受群众咨询，展出宣传挂图及展板10幅（块），形成全社会自觉学法守法用法的良好氛围。同时，利用电子显示屏开展法制宣传。

（五）开展民主法治示范活动

县委采取层层落实责任的措施，开展民主法治示范村创建工作，由乡镇党委加强领导、村党支部组织实施。2006年7月，县依法治县工作领导小组协同有关单位对全县民主法治示范村创建活动情况进行检查，重点检查民主法治示范村的村务公开栏、法制宣传栏、法制课室等硬件设施，听取民主法治示范村创建工作情况的汇报，总结和推广民主法治示范村推进基层民主法制建设和民主政治建设的经验。结合社会主义新农村建设，在农村开展以民主选举、民主决策、民主管理、民主监督和村务公开、财务公开为主要内容的民主法治示范村创建活动，有效地推动民主法治建设。至2007年，全县127个村（居）委会开展创建工作，创建率达100%，达到标准的有121个村（居）委会，达标率为95.2%。有力地推进基层民主政治建设。

为加强民主法治示范点建设，将法治文化元素融入农村公园，打造覆盖全县的农村法治文化教育基地。2012年，根据《广东省民主法治村创建基本标准（施行）》的要求，印发《始兴县农村公园建设奖励办法》，采取以奖代补的办法：制定扶持政策，鼓励广大农村建设农村法治文化公园，2012年建成农村公园73个。

（六）创建“法治始兴”

2008年起，县委结合“依法治县”工作，开展创建“法治始兴”工作，在工作中，坚持学法普法，全民法治意识有新的提高。建立健全领导干部和公职人员学法制度。全县的行政执法人员通过专业培训，经考试领取“执法证”，持证上岗。同时，结合县委“法律六进”（进机关、进单位、进企业、进学校、进乡村、进社区）活动、“每月一法”宣传活动、“12·4”全国法制宣传日、“法治广东宣传教育周活动”等载体，开展《中华人民共和国宪法》和各类专业法律法规宣传活动。切实加强基层民主法治建设，坚持“四民主两公开”，接受群众监督，实行政府行政管理与基层群众自治有效衔接和良性互动。

开展法治宣教活动。县依法治县工作领导小组与省市法治办抓好法治楹联格言大赛作品的征集活动，组织动员全县干部群众积极参与。2011年9月22日，县依法治县办与教育局、司法局联合举办了中学生“乾图”杯法治演讲比赛，通过比赛，遴选出1名优秀中学生选手参加韶关市举办的“乾图”杯法治演讲比赛并荣获二等奖。

总结推广法治工作经验。2012年，县委在全县推广顿岗派出所、马市镇安水村的工作经验，有力地促进了创建“法治始兴”工作的开展。充分利用“民情日记”，深入开展“双联双进”活动。“民情日记”活动已成为转变干部作风、发展农村经济的推手，化解农村基层矛盾、促进社会和谐的抓手。在全县推广马市镇安水村的成功经验，以“四议两公示”[①]工作法，依法修订《村规民约》，严格落实新《村规民约》，矛盾纠纷明显减少。在全县推广顿岗派出所自主研发创建的农村公安基础信息管理平台，全面掌控农村社会治安情况，有效避免和减少治安案件发生，维护社会稳定。县领导班子成员带领县机关部门领导协同各乡镇综治信访维稳中心与乡镇干部一起接访群众，倾听群众诉求，对群众提出的诉求严格做到“五个到位”[②]，有效化解了一批矛盾纠纷。2012年9月18日，以省司法厅巡视员李新建为组长的省检查考核组到始兴县，通过采取听、问、看、谈等形式对始兴“法治县”创建工作进行了检查考核。检查考核组对始兴“法治县”创建所做的工作和取得的成效给予充分肯定。11月19日，省依法治县工作领导小组、省普及法律常识领导小组印发《关于通报表扬全省首批城市第二批法治县（市区）创建活动先进单位的决定》，授予始兴县第二批“广东省法治县（市区）创建活动先进单位”称号。

① “四议两公示”，指支委提议、两委商议、党员大会审议、村民代表大会决议，《村规民约》草案公示、执行结果公示。

② “五个到位”，即对按法律和政策必须解决的，坚决解决到位；对诉求不合理的，但生活确实困难的，救济救助到位；对提出过高或无理要求的，教育疏导到位；对患有心理、精神疾病的，人文关怀到位；对经反复工作、仍坚持缠访闹访并有违法行为的，依法处置到位。

三、加强维稳综治工作创建平安始兴

（一）创新工作思路和方式

为深入贯彻韶关市政法工作暨实施社会治安大防控“红袖章”工程现场会的精神，切实加强社会治安综合治理，推进始兴经济社会的和谐发展，县委、县政府2011年11月2日印发《始兴县社会治安大防控“红袖章”工程实施方案的通知》，组织一支400人的义务治安巡逻队。构建以各机关党委和乡镇党委、政府、村“两委”和企业事业单位为基础，群防群治队伍为依托，以案件多发的街道、区域、行业、时段为重点，覆盖全县，防范严密、控制有效、群防、物防、技防相结合的社会治安防控体系。健全县社会治安防控长效机制，夯实社会治安综合治理基层基础，强化突出治安问题和治安复杂地区整治，充分调动全社会参与社会治安综合治理的积极性，实现发案少、秩序好、群众满意的工作目标，为全县经济社会发展营造良好的治安环境。

（二）保持严打高压态势、整治社会治安

县委支持政法机关开展严打整治行动，坚持快侦快破快审的原则，先后破获农村恶势力、车匪路霸、抢劫、绑架、故意伤害、强奸等严重暴力犯罪分子。2005年，县法院共受理刑事案件107起176人，审结107起176人，结案率100%。2006年4月29日，县公安机关在县城九龄广场举行公开处理大会，对郑某、邱某等21名涉嫌抢劫、抢夺、盗窃、强奸、伤害、交通肇事逃逸、“六合彩”赌博、破坏森林资源等违法人员执行逮捕和刑事拘留。2010年3月5日，县委召开全县“治暴缉枪缴刀”专项行动动员大会。县委常委、政法委书记、县公安局局长严石磊对“治暴缉枪缴刀”工作进行动员部署，县委有关领导就开展“治暴缉枪缴刀”专项行动提出要求，当年在全县范围内先后开展两次集中行动。2011年，继续执行严打整治的方针，开展打击严重犯罪活动工作。在工作中，县委政法委依法组织开展执法监督，指导、协调政法各部门的工作，为创造幸福始兴提供更有力的法治保障。

2012年，全县政法机关发挥部门职能，始终保持“严打”方针不动摇，严厉打击各类违法犯罪活动，先后组织开展“三打”“粤安12”“破案会战”“缉枪治暴”等一系列严打专项活动，取得良好成绩。县公安

机关立刑事案件270起，破案率绝对数为42.59%；抓获犯罪嫌疑人202人、刑拘146人、批捕116人、移送起诉137人，分别下降20.2%、上升17.7%、上升16%；打掉犯罪团伙8个28人，成功破获“8·13”故意伤害致死案，实现命案必破。打黑除恶工作。坚持“打早打小，露头就打，综合施策，除恶务尽”的工作方针，以“三打两建”工作为契机，打掉涉案8起的恶势力团伙2个，抓获涉嫌人员10余人。追逃工作。共抓获网上逃犯8名，成功将潜逃12年已漂白身份为“桂江”的涉嫌入室抢劫、故意杀人、故意伤害致死的犯罪嫌疑人宁军抓获归案。县人民检察院共受理审查批捕案件118起183人，依法批准逮捕106起158人，决定不予批准逮捕案件9起20人；共受理移送审查起诉案件113件166人，其中决定依法起诉100起158人，依法决定不起诉11起14人。县人民法院共受理刑事案件108起，审结107起，结案率99.07%。共查处各类案件830起，查处各类违法人员590人。其中查处“黄赌毒”案件148起483人，查破涉枪涉爆刑事案件4起、行政案件2起，打击处理违法犯罪人员7人；收缴枪支5支、火药约8克、铁砂子171粒、“击子”11只，炸药6.9公斤，雷管69枚，导火索15米。县司法行政部门受理民间纠纷1855起，各级人民调解组织成功调处1828起，调解成功率98.5%。在全县政法机关的共同努力下，全县社会治安态势良好。

（三）开展“三打两建”专项行动

根据省、市部署，2012年2月县委成立“三打两建”[①]专项行动领导小组。3月1日，召开“三打两建”专项行动领导小组第一次会议，研究工作的开展。3月5日，召开动员大会，在全县范围内统一开展打击欺行霸市、制假售假、商业贿赂为主要内容的“三打”和以建立社会信用体系、市场监管体系为目标的“两建”专项行动。在“三打”专项行动中，做到依靠群众、引导群众，相互配合、协调沟通，宣传造势、营造氛围，突出重点、全面推进，保证“三打”的顺利进行。7月13日，县委召开“三打”工作组织专项考核会议，县委常委、政法委书记卢保新传达市委专门会议精神，对全县“三打”组织专项考核作出部署。县委、县政府多次召

① “三打两建”，指打击欺行霸市、打击制假售假、打击商业贿赂，建设社会信用体系、建设市场监管体系。

开专门会议，推动“三打两建”工作的开展。至年底，共出动警力 1868 人次，排查村庄 964 个，破获案件 159 起（其中刑事案件 33 起），打击处理 49 人。核查制假售假线索 25 起，立案查处 24 起，查破制假售假案件 23 起（其中刑事案件 12 起），打击处理 25 人、打掉制假窝点 6 个。打击欺行霸市团伙 25 个，抓获犯罪嫌疑人 101 人，打击商业贿赂案件 2 起，涉案财物 32.8 万元。打掉为制假售假、欺行霸市、商业贿赂提供“保护伞”案件 4 起 4 人。为规范市场秩序，促进诚信建设优化发展环境提供了强有力的保障。

（四）改革维稳和综治体制机制

建立各乡镇社会治安综合治理工作中心。根据省委政法委、省维稳及综治办关于开展平安建设及省、市 2009 年 6 月 15 日关于加强镇街综治信访维稳中心建设的电视电话会议精神，19 日县四套班子召开专门会议进行部署，县委、县政府印发《始兴县加强乡镇综治信访维稳中心建设工作方案》，并选择罗坝镇为加强镇街综治信访维稳中心建设为先行试点乡镇。在建立综治工作中心过程中，建立中心的联动机制，包括联调机制、联勤机制、联防机制、联治机制、联创机制，并建立各项制度。此后，筹集 140 万元对全县 10 个乡镇综治中心及县中心进行建设，于 12 月全部建成并投入使用。县委组织部县综治办严格按照干部考察程序选拔一批懂政策、懂业务、有较强责任心、事业心的干部充实中心工作。在整合维稳资源、化解矛盾纠纷、维护社会稳定，提升平安始兴建设水平发挥重要作用。

打造全县三级综治信访维稳工作平台。根据中办发〔2009〕14 号、粤办发〔2009〕17 号、省综治委《广东省县（区、市）级综治信访维稳中心建设指导意见》和《关于印发县、镇、村三级综治信访维稳工作平台建设考核验收细则的通知》等文件精神，开展县综治信访维稳中心建设。2009 年 6 月—2010 年 11 月期间，县、乡镇、村（居）三级综治信访维稳中心（站）全部建立。全县 10 个乡镇综治信访维稳中心下设 127 个综治维稳工作站，其中村委 113 个，居委 14 个。每个中心设有受理大厅、受理总台、候访区、背景图、调解室、联席会议室、档案室、综治法制宣传栏，落实制度及工作流程示意图上墙的要求。2010 年 10 月起，县、乡镇、村三级信访维稳中心（站）已经建立，其中有县中心 1 个，乡镇中心 10 个，村、居委 127 个，学校工作站 19 个，医院工作站 4 个。

（五）建立群防群治工作机制

健全群防群治网络。全县群防群治组织，有党、政、工、青、妇、社会团体及各阶层的参与，形成遍布城乡各地的有机结合的网络体系。2003 年 6 月，县委办发出《关于转发〈始兴县加强社会治安防范工作实施方案〉的通知》，对构建农村、城镇、单位、公共场所等 6 种治安防范网络作出部署，在县城区域内，设有 110 报警中心、巡警队、保安队、辅警队以及快速反应队伍。在机关系统内部设有保安员、值班员和门卫。在各乡镇村内分别设有联防队、巡逻队、护村队、护校队，设立治保会、调解会，有的地方还由群众自发组织禁毒会、禁赌会等群众组织。群防群治组织的建立和健全，为开展群防群治提供组织保证。群防群治组织在工作中主要实行“三个结合”，即专责机关与群众组织相结合、维稳与综治相结合、宣传教育与排查调处相结合，开展排解矛盾和纠纷工作，群防群治组织的作用得到进一步发挥。

开展平安创建活动。2006 年起，政法部门以创建“平安和谐始兴”为中心，以创建平安县、平安乡镇、平安村、平安社区、平安校园为基础，加强社会治安综合治理工作。在工作中，重点加强政法队伍和综治基层建设。政法部门坚持从严治警，开展队伍规范化建设，使干警队伍保持良好的思想状态。同时，进一步健全群防群治网络，加强基层政法、综治组织以及村（居）委会、治保会、调解会的建设，加强县辅警大队和保安队伍的教育管理，充分发挥各类组织在维稳和综治工作中的积极作用，为开展群众性创建工作提供组织保证。为调动党员、干部、群众和人民群众参与综合治理的积极性，认真组织开展创建安全文明小区活动，把无毒社区、减毒社区列为创建的重要内容。

配合开展维稳和综治工作。群防群治组织具有分布广、成员多、情况熟的特点，成为配合政法机关开展维稳和综治工作的重要力量。多年来，群防群治组织先后开展的重点工作有：配合开展缉毒破案工作。按照坚持打团伙、摧网络、破大案、抓毒枭、缴毒资、促防控的工作思路，开展零包毒、娱乐服务场所涉毒问题、易制毒化学品管理等专项整治行动。2012

年全县收戒吸毒人员104人，破获涉毒案件74起。公安机关切实加大整治力度，工、青、妇等群众组织密切配合，采取定期考核、落实责任、教育疏导与查处相结合的方式坚持开展禁赌工作，使“六合彩”赌博活动得到有效的遏制。配合开展遏制传销和变相传销活动。按照县维稳及综治委2007年印发《关于做好我县越战退伍军人维稳工作　维护社会稳定的紧急通知》的精神，配合做好始兴县越战退伍军人思想教育引导工作，把可能上访的越战退伍军人稳定在当地。配合开展校园及周边治安环境整治。根据《关于加强校园及周边治安环境管理的紧急通知》和《始兴县加强校园安全防范工作实施方案》，组建100多人的校园保安大队，加强学校师生的安全教育及安全防范工作，切实维护全县校园及周边环境的安全。

（六）开展清理涉法涉诉信访积案和“百万案件评查”活动

2010年起，按照中共中央政法委的部署，县委政法委制定《始兴县政法系统开展清理涉法涉诉信访积案活动工作方案》，全县政法系统开展清理涉法涉诉信访积案。全县主要清理围绕征地拆迁、林地权属纠纷、涉军、涉警、涉企、涉法涉诉等领域，开展拉网式、滚动式排查，按法制框架解决基层矛盾，将矛盾纠纷有效化解在基层，共排查不稳定因素95起，处置化解群体性苗头39起。涉及群众利益的信访积案。针对全县涉法涉诉信访问题，县委政法委领导多次召集政法部门领导、办案骨干、责任单位主持召开涉法涉诉信访联席工作会议，研究处置群体性上访案件和涉法涉诉信访积案，实行领导包案，全力以赴做好全国“两会”“深圳大运会”等特别防护期的涉军稳控、涉疆维稳、防范邪教等工作，圆满完成上级政法部门交办的信访积案维控化解任务。

2011—2012年在全国全省开展为期3年的“百万案件评查”活动中，全县政法部门高度重视，精心组织，成立工作机构，制定《始兴县政法系统开展案件评查活动工作方案》，对执法司法案件开展案件评查。全县共评查案件200起，评查率100%；化解进京访积案8起，化解率100%；中央交办的8起案件全部息诉罢访，取得了良好的社会效果。

第八节　以构建和谐民生为目标创新社会管理

一、加强对社会组织的管理

县委按照“以人为本”的理念，以构建和谐社会和提高人民群众生活水平为目标，贯彻持续发展战略，推动社会建设，使社会管理和民生事业得到进一步推进和加强。

加强民间组织和社会团体登记管理工作。2003年起，规范社会事务管理工作。至2005年，全县共有社会团体7个，民办非企业单位4个。县民政部门除认真做好登记审核、复查、年审工作之外，还配合县社工委加强对这些社团、组织的自律与诚信建设活动。

加强专业协会管理。2006年，培育发展农村专业经济协会，成立农村专业经济协会2个。2007年起，指导和加强专业经济协会管理。2007年县治贿办、监察局、民政局和县政府纠风办联合召开全县社团组织行业协会自律和治理商业贿赂工作会议，推动社团组织行业协会自律和治理商业贿赂工作的深入开展，依法规范民间组织的行为。2009年顺利完成社会组织清理整顿工作，参加整顿的社会组织29个，其中社团22个，民办非企业7个。通过对社会组织清理整顿，对多年未进行年检的“摄影协会”“机动车驾驶协会”予以撤销登记。进一步规范社会组织行为，提升全县社会组织整体水平和社会公信力。2010年4月12日，举办始兴县志愿者协会成立大会暨“创光争优、青年先行”志愿服务启动仪式，县委常委、宣传部部长高忠在仪式上致辞，并在仪式上为青年志愿者协会12支志愿者服务队授旗。2012年1月，县委成立始兴县社会工作委员会，与县委政法委合署办公，负责社会组织的改革和管理工作。7月起全县降低登记门槛，放宽准入条件，简化登记手续，发展社会组织。同年，成立始兴县民情志愿服务队。全县共有社会组织37个，其中社团28个、民办非企业单位9个。

二、完善社会保障体系

（一）提高城乡低保和五保户供养标准

县委根据改革开放以来社会保障虽逐步开展，但一直处于保障标准不高、体系不完善状况，在本时期突出重点，从人民群众关注的热点问题着手，加大公共财政投入，推动社会保障体系的完善，提高社会保障的水平，加快推进和谐始兴的建设步伐。

在开展城乡低保工作中，县委通过民政部门分组深入各单位、乡镇、村做好低保对象的调查、审查工作，把符合低保对象的特困人员纳入最低生活保障范围，并做出经费预算方案呈报县政府批准实现应保尽保，把保障金按时足额发放到低保对象手中。2006年，《始兴县城乡最低生活保障对象家庭收入核算暂行办法》经县人民政府审议批准实施，为规范家庭收入审核工作，实现低保工作规范管理提供有力保障。此后，每年开展核查工作，根据实际提高低保保障金标准，并及时发放。2008年5月，正式启用“广东省民政统一软件——低保子系统”，实现网络界面的“受理、审核、审批、待遇发放、待遇变更、业务查询、报表”等操作，做到随时申请及时审批，实现真正的低保动态管理。2011—2012年，城乡低保制度日益完善，实现动态管理下的应保尽保。严格民主评议阳光操作、依法审批，真正做到公开、公平、公正，以村为单位进行公布。2011年12月开始提高全县的最低生活保障标准，城镇居民从原来的每人每月230元提高到280元，农村从原来的每人每月150元提高到180元。

在开展农村五保供养工作中，县委、县政府全面贯彻国务院《农村五保供养工作条例》，切实落实省委、省政府的五保供养政策，五保管理启动“广东省民政业务统一软件——五保子系统”，实现系统化管理，做到公平、公开、公正、应保尽保，五保对象的供养标准根据当地村民平均生活水平的提高适时调整，2012年9月开始提高全县五保户供养标准，达到《广东省农村五保供养工作条例》的要求。县财政将五保资金纳入财政预算，全县五保户的春节慰问金、生活费按月及时足额通过银行实行社会化发放。

（二）城乡医疗救助和老龄工作

县委、县政府为加强城乡医疗救助工作，于2011年8月重新修订印发《始兴县城乡困难群众医疗救助暂行办法》，对救助对象、救助标准和申请审批程序作合理的调整和规范。民政部门全额资助全县五保、低保对象参加基本医疗保险和养老保险的个人负担部分，并对相关保障制度补偿后个人负担医疗费用仍有困难的救助对象，按规定给予医疗救助，有效解决困难群众看病难、看病贵问题。同时，按照规定完善审批发放手续，全年下拨各乡镇医疗救助资金共计49.8万元，实施救助224人。2012年，全县共救助困难群众289人，发放医疗救助金64.9万元。

2011—2012年，认真贯彻落实第三次全国老龄工作会议精神，依照《广东省老龄事业发展“十二五”规划》的要求，认真开展老龄工作，取得显著成效。主要抓好以下几项工作：加大对《中华人民共和国老年人权益保障法》等老龄政策法规和敬老先进事迹的宣传力度，在全县范围内营造敬老、助老的良好氛围，2011年10月，城南镇敬老院院长陈胜坤等2人获“韶关市首届十大敬老之星”光荣称号；开展“星光老年之家”活动推动老龄工作，并逐步对全县敬老院进行扩建和翻新，完善相关的配套设施和管理制度；落实老年人优待办法，发放60岁以上老人优待证；丰富老年人的文化生活。在每年重阳节期间，县委组织部、县老干部局都会举行老干部游园活动。县老龄办会同县老干局和县文体部门组织始兴退休老干部参加韶关市老年文艺调演晚会、韶关市老年人运动会。

三、开展社会保险工作

县委、县政府2001年起制定《始兴县城镇职工基本医疗保险暂行规定》《始兴县城镇职工基本医疗保险实施办法》《始兴县城镇职工补充医疗保险暂行办法》《始兴县国家公务员医疗补助暂行办法》《始兴县城镇职工基本医疗保险费用结算管理暂行办法》《始兴县城镇职工基本医疗保险定点医疗机构管理暂行办法》《始兴县城镇职工基本医疗保险定点零售药店管理暂行办法》等相关配套文件，做好实施的准备工作。2003年1月1日，如期启动第一批企业及自收自支事业单位医疗保险。参保职工人数

52111 人，当年征收医疗保险费 189.38 万元，医疗费用快速增长的势头得到有效控制，参保者看病相对公平，重病患者医药费得到及时有效解决。2004 年 9 月 1 日全县机关事业单位医疗保险制度改革启动，主要做好本县行政机关、事业单位的医疗保险制度改革的宣传发动工作。举办全县行政机关、事业单位人事干部参加的医疗保险知识培训班。争取上级的重视，并通过自身的努力，于 2004 年 12 月把社保 IC 卡发放给每位参保人。从 2005 年 1 月起实行刷卡享受医保服务，使全县的医疗保险工作逐步走向科学化和规范化。2008 年 5 月 19 日，召开全县动员大会，启动城镇居民基本医疗保险工作。

扩大社会保险业务。2003—2005 年，全县实施基本养老保险、工伤保险、失业保险、生育保险和医疗保险五个险种，社会保险业务不断扩大。2006—2007 年，建立农民工医疗保险和地方补充养老保险、补充医疗保险制度，始兴医保中心与县劳动和社会保障局合建劳动保障服务中心大楼。2008 年，开展新农保试点，树立“阳光社保”“和谐社保”“亲民社保”的良好形象。2011—2012 年，城乡医疗保险顺利实现统筹发展和全覆盖，新农保试点工作继续深入推进，城镇居民养老保险试点铺开。以扩大社会保险覆盖面为中心，严格执行各项社保政策，做好征缴、扩面、待遇发放等各项工作，顺利完成各项参保征缴任务；推进规范化、标准化管理。推进信息化平台建设，不断完善社会保障公共服务体系、社会养老服务体系建设。随着社保政策逐步深入人心，全县参保人数逐年增加，养老、医疗、失业、工伤、生育等五大险种参保人数均持续增长。

2012 年，全县参加社会养老保险参保 32936 人，基金征收 8964 万元。参加医疗保险 31296 人，基金征收 3427 万元。失业保险参保 16485 人，工伤保险参保 15945 人，生育保险参保 6284 人。全县新型农村和城镇居民社会养老保险参保 84544 人，基金征收 1114 万元。同年，被省新型农村和城镇居民社会养老保险试点工作领导小组办公室评为“广东省第三批城乡医保试点工作全覆盖达标单位”。

四、发挥群团组织共建和谐始兴的作用

工会、青年团、妇联组织是在党委领导下建立和按照各自章程开展活

动的群众团体，在推动经济社会发展特别是共建和谐社会中发挥着重要的作用。县委按照《中共中央关于构建社会主义和谐社会若干重大问题的决定》，加强对群团工作的领导，支持各类群团组织按照各自职能开展工作，共建和谐始兴。

2005 年 5 月 6 日，广东省人大常委会副主任、省总工会主席汤维英到始兴检查指导工作，对帮扶中心从经济和源头上帮扶困难职工的做法给予充分肯定。2008—2010 年，建立和完善企业劳动争议调解工作机制，全县 80% 以上的非公企业建立劳动争议调解组织。县总工会制定“创建学习型组织，争做知识型职工”方案，全县有 63 家企事业单位共 1.1 万多名职工参加内容丰富、形式多样的读书自学、技术创新、劳动竞赛、岗位练兵等实践活动。县丝绸公司工会等 4 个单位工会组织获得省级荣誉称号。2011—2012 年，建立健全县、乡镇、基层工会三级帮扶网络，制定《困难职工帮扶中心工作制度》，扎实开展以帮扶困难职工群众为重点的“惠民行动”。在强化职工维权方面，县总工会与政府有关部门建立合作机制，组成联合执法检查组，定期对企业进行相关法律法规执行检查，督促企业规范用工。此外，先后推行厂务公开、加强劳模管理、开展劳动竞赛和评优活动。

共青团工作以创新和发展为主线，以“高举团旗跟党走”为主题，充分发挥共青团服务大局、服务社会、服务青年的作用，积极推进团的建设，不断深化共青团的活动，努力培育“四有”新人，积极引导全县团员青年坚定理想信念，提高自身素质，争创时代业绩，展现青年风采。2005 年，成功举办了始兴县“十大杰出青年”评选活动。2003—2005 年，组织开展创建“青年文明号”和争当“岗位能手”活动，远东酒店、中国移动始兴分公司等企业被评为市级“青年文明号”；评选出县级“青年文明号”15 个。团县委被团中央评为 2005 年全国保护母亲河行动先进集体。在组织建设方面，努力扩大团组织的覆盖面，以党建带团建大力推动全县“两新”（新经济组织、新社会组织）组织的团建工作。在开展主题教育方面，团县委统筹组织，与有关单位联合举办团干活动日、青少年夏令营等活动，每年举办 18 岁成年人宣誓仪式、始兴县青少年新世纪读书活动、“新世纪我能行”“我是啄木鸟护林员”下乡镇巡回宣讲报告会等主题活动，不断强化青少年的思想道德教育。2006—2007 年，团县委创新工作思路，夯实组织基础，推动始兴共青团工作实现新跨越，创造新业绩，团结带领广大团员青年在建设和谐始兴的进程中奉献青春和力量，并获得多项荣誉，2007 年团县委被评为广东省“两新”组织团建先进单位，万达工业（始兴）有限公司团支部被评为广东省“五四”红旗团支部，2007 年 5 月，团县委报送的“城南民俗文化”被团中央评为“第九届全国乡村青年文化优秀活动项目”。2006—2007 年，共获得 1 个国家级先进集体、3 个省级先进集体、10 个市级先进集体、20 个县级先进集体。2008—2010 年，全县表彰了一大批先进团组织、优秀团干、优秀团员、农村青年致富带头人和优秀青年志愿者，并涌现出 44 个省级先进集体、8 个市级先进集体，26 个国家、省、市级先进个人。2011—2012 年，努力搭建服务平台，积极开展乡镇实体化“大团委”建设工作，新建乡镇直属团组织 231 个覆盖团员 2101 人。始兴县“大团委”建设工作在全市第二个完成并且超额完成任务，团县委“边建团边开展实质性活动”的做法被团省委作为先进经验在全省推广。扶持创业青年 10 人，发放青年创业小额贷款 44 万元。建立了 6 个“希望家园”（其中省级 3 个），为留守儿童提供活动场所的“希望家园”和学生改善厨房条件的“幸福厨房”项目。组织青年志愿者 812 人次开展了 31 次青年志愿者服务活动。此外，团县委积极推动关爱农民工子女的“朝阳行动”，组织 1020 位志愿者与 22 间学校 2094 位农民工子女实现了结对帮扶。成立网络站点 10 个。2012 年，按照“党建带团建、团建促党建”的工作思路，组织开展在无党员“两新”组织中“推优入党”工作，推进“两新”组织中的党建和团建工作。

妇联工作在“党政所急、妇女所需、妇联所能”上找准结合点，创新工作思路，拓展工作平台，促进妇联工作社会化体系的形成。各级妇女儿童工作委员会充分发挥议事、协调作用，各级妇女组织解放思想、实事求是、与时俱进，一手抓发展、一手抓维权，妇联工作不断创新发展。2003—2006 年，重点开展“双学双比”① 和“五好文明家庭”评选活动。2006 年，由县妇联与县计生局、县文明办、县卫生局联合开展百万妇女卫

① “双学双比”，指学文化、学技术、比成绩、比贡献。

生健康行、百万妇女学法律、创建百万平安和谐家庭的“三个百万”活动启动仪式。各级妇女组织多形式多渠道宣传妇女法律法规、卫生保健知识和开展创建平安和谐家庭活动。2007 年，在开展党群共建“温暖之家”活动中，先后开展“巾帼致富”科技直通车行动、低学历妇女技能培训转移就业行动、“农村姐妹牵手”行动、“美化家园”行动、“百万妇女卫生健康”行动等系列活动，成为服务广大妇女的有效载体。2008 年，县金兴茧丝绸有限公司徐顺端、澄江镇善亨村黄妃凤分别获得全国农村妇女“双学双比”活动先进工作者、妇女能手称号。在开展“巾帼创建”活动中，2007—2012 年全县成功创建全国岗 1 个、省级岗 2 个、市级岗 5 个、县级岗 8 个。2010 年，县妇联获得韶关市“爱心父母牵手困境儿童志愿行动”优秀组织奖；顿岗镇高留村被全国妇联授予“首批全国妇联基层组织示范村（社区）”、城南镇被授予省“平安家庭”创建活动先进示范镇荣誉称号；赖香山荣获“广东省十大杰出父亲”、聂楠等 5 位同志荣获“百名好父亲、好母亲”荣誉称号；获市表彰“双学双比”先进个人 2 名，“巾帼建功”先进个人 1 名。

2011 年，县妇联积极参与社会管理和创新，促进妇女与社会协调发展，取得了显著的成绩。沈所镇被评为市“平安家庭”创建活动先进镇，城南镇新村村、马市镇高水村、太平镇城郊居委会被评为市“平安家庭”创建活动先进村；朱丽珍被评为“广东省三八红旗手”；在组织开展“广东省好丈夫好妻子”评选表彰活动中，有 8 名好丈夫、好妻子，14 个金婚、银婚、铜婚家庭获得了“广东十大现代好丈夫、好妻子”和“金婚、银婚、铜婚好夫妻”表彰；戴月玲被省妇联评为“广东省好丈夫、好妻子”活动先进个人。10 户家庭被评为韶关市“五好文明家庭”；单小红家庭被韶关市妇联授予“优秀书香家庭”荣誉称号。

2012 年，成立社会组织妇女儿童工作委员会，并以此为切入点，成立法律咨询、爱心帮扶、卫生保健、文艺宣传、科技培训、低碳环保、家庭教育等 8 种类型 446 名队员的巾帼志愿服务队。以“南粤幸福周”活动为契机，大力开展巾帼志愿者“一对一”牵手留守儿童活动，有 262 名巾帼志愿者与 291 名留守儿童牵手结对。各乡镇、各单位开展关爱留守儿童等各项巾帼志愿服务活动达 16 次。2012 年，县妇联获“广东省家庭文化建设工作先进集体”“韶关市妇联系统先进集体”称号；澄江镇澄江村被评为“第二批全国妇联基层组织建设示范村”；城南镇新村村妇女之家被评为“广东省优秀妇女之家”；始兴中学英语科组荣获“广东省巾帼文明岗”称号；供电局太平营业部等3个集体获“韶关市巾帼文明岗”称号。始兴县被广东省妇联定为“广东省农村留守流动儿童关爱服务体系”试点县。戴月玲被评为“广东省三八红旗手”，麦美娇等2人被评为“韶关市城乡巾帼建功先进个人”，刁启佑家庭荣获“第八届全国五好文明家庭”称号；有4名好婆婆、10名好媳妇荣获“广东省现代好婆婆、好媳妇”称号；钟俊波等2个家庭荣获“韶关市书香之家”称号。

县工商联工作以商会组织形式为载体，以拓展服务功能为重点，按中共中央制定的“团结、帮助、教育、引导”工作方针，加强非公有制经济代表人士的思想教育工作，鼓励和引导非公有制经济健康发展，为全县经济社会发展服务。在开展参政议政工作方面，坚持把主动、积极参政议政作为主要任务，做到“三个坚持”：坚持调查研究，广泛听取工商界人士的意见和建议；坚持为县委、县政府建言献策，以调查报告以及情况反映等方式，提出意见和建议；坚持加强联系协调，在会员企业中宣传贯彻县委、县政府的决议、决定。2003—2006年，深入会员企业开展调研活动，引导会员中的政协委员积极参政议政，认真撰写政协提案，提出建议和意见，增强工商界代表、委员的参政议政和民主监督意识。县工商联会员中有1人当选省人大代表，2人当选市人大代表，2人当选县人大代表（其中1人当选县人大常委），15人当选政协县委员（其中政协常委2人）。在热心为会员服务方面，坚持为会员办好事实事，先后帮助会员解决注册、招工以及引进专业技术人才等问题。对联发家私商场因地盘发生纠纷、华夏电器商行的权益受到侵害等问题给予必要的帮助并得到县政府和有关部门的重视，使企业的问题有初步的解决方案。在开展光彩事业活动方面，坚持加强引导，注重激励，通过开展以公益事业为主体的多种形式的活动，提高会员回报社会的积极性，推动光彩事业的持续发展。2005—2012年，全体会员为各项公益事业捐款达163.2万元，为光彩事业作出了积极贡献。通过开展光彩事业活动，体现出广大会员的热心、爱心、诚心和奉献精神，有力地推动始兴的精神文明建设。

五、发挥社会组织作用创新社会管理方式

（一）促进老区建设发展

县委加强对老区建设的领导，努力促进老区建设发展。县老促会深入老区调查研究，积极向党委、政府建言献策，发挥党和政府联系老区群众的桥梁和纽带作用，努力当好党委、政府加强老区建设的参谋助手。县委认真抓好老区宣传工作，弘扬老区精神，2001 年起先后在老区镇、村学校办起 14 个旨在弘扬老区精神，继承革命传统的爱国主义教育基地。对广大群众特别是青少年进行革命传统教育的纪念场所有：中共广东省委机关旧址——沈所红围，风度抗日自卫大队成立旧址——北山新屋场，中共始兴县委机关在隘子风度学校旧址、桃村坝风度大队战斗纪实、沈所外营惨案略记、全赓靖烈士传略等传、史略纪念碑。

2002—2006 年，按照省老促会的统一部署，县老促会配合有关部门全力抓好老区小学危房改造、老区公路建设硬底化工程。向省、市争取到老区小学危房改造专项资金 890 万元，改造老区小学、破危小学 37 所。使老区小学的校容校貌焕然一新，教学条件进一步改善。在老区硬底化公路工程建设方面，向省老促会争取道路维修补助款 100.7 万元，维修了 17 条村道。2007—2012 年，争取省市老区建设资金 70 万元。其中用于老区公路维修资金 43 万元，其余用于帮助太平镇奇心洞等老区村公路硬底化工程、完善沈所八一村革命历史博物馆教育基地费用、帮助马市镇涝洲水等 4 个村改水，使老区村民早日饮上干净清洁的自来水。同时，配合县卫生局对老区镇卫生院改造工作稳步推进，老区医疗条件和群众就医环境明显改善。县委力促“老区优先”政策的落实，全县老区的农田水利基本建设、饮用水安全工程建设、文化体育设施建设持续开展，老区群众得到更多的实惠。

县委帮助老区发展特色农业，促进老区农业增效、农民增收。2007—2008 年，县老促会联合关工委、扶贫办举办了 2 期共 96 人的农村创业青年培训班，重点学习《农民专业合作社法》《商标法》《经济合同法》《农产品质量法》等有关法规，通过培训，使创业青年增强依法组织生产、依法经营的意识，先后组建了 17 个农村专业合作社。2009 年以农村专业合作社为基础，举办了养鸡、水果、食用菌三期农村青年培训班，参加培训

人员214人。

县委重视并认真做好革命烈士后裔的助学工作。从20世纪90年代中期开始，县老促会每年按照上级的要求，配合有关部门把助学金及时发放到受助革命烈士后裔的手中，使革命后裔及其家人从中感受到党和政府的关怀。2007—2012年，全县受助革命烈士后裔93人受助金额17.22万元，保证家庭有困难的革命烈士后裔顺利完成学业。

2005—2012年，始兴县老区建设促进会连续8年荣获年度“中国老区建设”宣传工作三等奖。

（二）做好服务凝聚侨心

县委支持侨务部门发挥职能作用，坚持为侨服务的宗旨，有组织、有计划地开展为侨服务活动。2007年12月7日，政协始兴县第八届港澳侨委员会及港澳热心人士捐助始兴县慈善事业善款19.5万元。2010—2012年，县侨联积极做好捐资助学工作，分别引进香港梁广榕中国教育基金会奖助学金57万元、香港鲍思高基金27万元和始兴县民营企业家的爱心行动资助贫困大学生9万元，使全县获奖获助大中学生达到1200多人。2012年首次设立全县梁广榕模范教师和梁广榕先进教师奖励项目，共奖励5位模范教师、41位先进教师。

县委支持侨务部门开展对外宣传，做好招商引资工作。2003年3月20日，组织在香港华润大厦举行“始兴县（香港）春茗酒会”，在始兴投资的外商及在港部分始兴乡亲近百人参加。会上，为省政协副厅巡视员曾肇林颁发“突出贡献奖”，为罗景云、郭展城先生等16名外商颁发了“经济顾问”证书。在港期间，借助酒会等平台宣传始兴的投资优惠政策及投资环境，探访港澳投资商人，洽谈招商引资项目，签订投资合同。2007年6月，县外事侨务部门与有关单位联合举办庆祝香港回归10周年座谈会。2008年起，外事侨务部门接待来自美国西盟石大学、日本国驻广州领事馆官员等考察团，与新华社、中新社等宣传媒体联合，宣传始兴的招商引资优惠政策和良好的投资环境。同时，进一步扩大对侨务法律、法规的宣传力度和广度，配合涉侨部门进行涉侨法律法规执法监督。

（三）推动残疾人工作的开展

县委为推动残疾人工作的开展，始兴县残疾人工作委员会（简称残工委）积极开展工作。2003 年起，先后建成县残疾人综合服务中心，内设就业、康复、辅具适配等 3 个服务中心。还投入 5 万多元建立社区康复点，为城乡残疾人提供康复服务。2006 年，圆满完成“十五”计划目标，取得了一定的成绩，被国务院残工委授予“全国残疾人工作先进县”荣誉称号。2007 年，始兴被定为全省 50 个创建“全国白内障无障碍县”之一，经过努力工作，2010 年 12 月获得全国残疾人康复办公室授予“全国白内障无障碍县”称号。2008 年，获得市政府残工委授予“2008 年残疾人扶贫工作先进单位”“2008 年残疾人康复工作先进单位”等称号。

在营造扶残助残社会环境方面，通过开展“助残日”活动，提高残疾人地位。2010 年，在广州举办的残疾人亚洲运动会中，我县残疾人运动员刘秀梅以优异的成绩获得女子 100 米—T38 和女子 200 米—T38 2 块银牌，成为我县首位在亚运会场上获得奖牌的残疾运动员选手。

（四）关心下一代事业的开展

县委于 2000 年 8 月成立始兴县关心下一代工作委员会（简称县关工委），通过层层发动离退休老同志参加关工工作，关工组织基本覆盖全县。各级关工组织加强青少年思想道德教育，发动和组织“五老”[①]开展“十个一”[②]活动。在活动中加强对后进学生的转化工作，对“三失”[③]青少年进行帮教，解决“三业”[④]问题，为青少年办好事实事。2004 年 5 月组织了 8 个报告团到学校和校外辅导站上辅导课，同青少年作辅导报告 408 次，为青少年写有教育意义的文章 4656 篇，与青少年进行谈心活动 16821 次，向青少年传授科技技术 603 项，帮教失足青年 236 人，为贫困学生提供资助 283 人、资金 350380 元。积极推动全县中小学生开展朝阳读书活动，达到陶冶情操、积淀文化、提高素质的目的。全县已构成了学校、家庭、社会“三结合”的教育网络。形成了“党政领导、关工指导、学校协助、‘五老’主抓、家长配合”的青少年教育活动格局。

① “五老”，指老干部、老党员、老教师、老复退军人、老科技人员。

② “十个一”，指为青少年作一次辅导报告、为帮助青少年健康成长写一篇有意义的文章、为营造良好育人环境提一条建议、为保护青少年的合法权益做一件事、就青少年教育问题做一次专题调研、为青少年进行一次谈心活动，向青少年传授一项科学技术、帮教一个失足青少年、为贫困学生提供一点资助、为青少年办一件好事实事。

③ “三失”，指失学、失业、失足。

④ “三业”，指学业、就业、创业。

本阶段，在开展关心下一代工作中，县关工委对农村创业青年的培训和跟踪服务，坚持每年举办农村青少年培训班，培育了一大批优秀创业青年。通过培训加入党、团组织 38 人，当上镇、村干部 13 人，担任专业合作社正副理事长、专业协会正副会长或龙头企业董事长总经理 32 人。

2012 年 1 月，县关工委被评为韶关市“山区创业青年培训工作优秀单位”“创业青年培训工作优秀单位”。12 月，被省关工委评为“广东省关心下一代工作先进集体”荣誉称号。

六、坚持以人为本加强民生事业

（一）多措并举开展扶贫工作

2003 年起，加大扶贫开发力度，在发展贫困村集体经济、扶持老区建设、贫困户免费技能培训、农村安居工程“大禹杯”山水田林路综合治理等方面，采取“千村扶贫”工程、实施安居工程、科技扶贫和智力扶贫等措施，加快脱贫步伐。2011 年培训农村劳动力 5622 人，输出 1933 人。改造农村低收入住房困难户住房 190 套，重点推进沈北村中烟新村（省级幸福安居工程）、贤丰村岭一新村、围下村祠堂门新村、七北乌泥塘新村、潭坑村上黄组新村、八一村上下营新村等整村推进示范点改造工作。扶持澄江镇潭坑村和深渡水长梅新村饮水工程、顿岗镇七北村和围下村路圳建设、太平镇奇心村原机耕路扩建、沈所镇石下村吕麦组通村委会道路建设。6 个省定贫困村落实各级资金 3781 万元，完成农业项目 23 个，其他项目 11 个。全县完成 2303 户 8121 人的脱贫任务，其中省贫困村有劳动能力的 335 户 1312 人 100% 实现稳定脱贫。

2012 年，扶贫开发规划到户、责任到人的“双到”工作顺利开展，主要措施是多途径筹集扶贫资金，多渠道增加集体经济收入，争取重点企业支持改造危房，加强劳动力技能培训。当年，全县累计落实帮扶资金 5912.17 万元，新增农田水利设施受益面积 2433.5 公顷，完成农村低收入住房困难住房改建 360 户。全县 6 个省定贫困村的集体经济收入从 2009 年平均 1.42 万元增长到平均 8.2 万元，增长 6.78 万元，增幅达 477.46%；贫困村有劳动能力的贫困户年人均纯收入均超过元 2500 元，其中省定贫困村有劳动能力的贫困户年人均纯收入均超过 10901 元，100% 实现了脱贫的目标。

（二）实施八项民心工程

县委、县政府从2003年起每年实施八项民心工程。2003年3月，县委印发《关于实施〈八项民心工程〉的意见》，主要项目有：完成县城部分街道改造和亮化工程，改造建设北门路，改造建设儿童公园，改造县道346线顿岗至司前路段，改造省道343线顿岗至澄江下窖路段，改造省道244线马市至顿岗路段，兴建九龄步行街第一期工程，完成贫困瑶民迁移安置第二期工程。此后，每年根据调查收集群众反映的热点难点问题，确定八项民心工程的内容项目，由县委、县政府发文实施。

2011年的八项民心工程是：丹凤山公园改造，市政生态文化休闲广场建设，县文化交流中心建设，墨江南岸道路建设，九龄公园改造，兴建新城郊中学，困难家庭子女就学帮扶工程，尖背灌区改造工程。

2012年，全力推进并基本完成8件民生实事，取得较好效果。其中平价商店建设超额完成任务，成果惠及广大群众；花山、尖背和山口灌区农田水利小型灌区改造工程进展顺利；建立全县80岁以上老人津贴制度，进一步改善老年人生活；成立县慈善会，社会保障体系日臻完善（归入2007年民心工程）；全面完成危房改造任务，农村贫困群众的居住条件得到改善；不断提升基层医疗服务水平，落实隘子、城郊卫生院建设用地，实施优抚对象和残疾人政策优待力度有效加强；保障性住房建设进展顺利。

（三）抗灾复产解民困

县委、县政府落实县、乡镇两级救灾工作分级管理、救灾资金分级负担、救灾款专户管理等项制度。提高自然灾害应急处置能力和综合协调能力，充实救灾应急队伍，加强救灾物资储备，完善自然灾害处置预案，确保在重大灾害发生时做到领导到场指挥，抗灾措施得力，灾后及时核查灾情上报和将救灾物资运抵灾区，并千方百计筹集复产重建资金支援灾区，把灾情造成的损失降到最低限度。在本时期，始兴境内发生重大水灾5次、旱灾2次、冰灾1次、风灾1次、冰雹暴雨1次，均采取得力措施抗灾复产，纾解民困。

2008年1月24日，始兴遭遇百年一遇的雨雪冰冻灾害，造成供水管道爆裂、水利工程渠道崩塌、电站及输电线路等设施受损严重。水利工程直接经济损失共3005.27万元。全县受灾达6728户，3.07万人，房屋损毁420间（其中危倒户有110户）、农作物和经济作物受灾39211.633公顷，造成直接经济损失41545万元。灾情发生后，县委书记何正平一行到县内冰灾严重的山区察看冰雪灾情。29日，县委、县政府下发《关于做好抗寒救灾工作的紧急通知》，启动抗寒救灾工作。县供电局职工刘焕松同志在北山抢修电力线路抗冰雪、保电网战斗期间中牺牲。2月2日，广东省人民政府正式批准刘焕松为烈士，中华全国总工会追授刘焕松“全国五一劳动奖章”。2月3日，按照县委、县政府的指示，澄江镇组织四村大塘肚、小油草、下洞3个村小组的村民大转移。300名群众安全转移到澄江中学安置点，度过了一个安全、欢乐、祥和的春节。11日，韶关市委书记徐建华等领导率领民政、交通、林业等部门负责人到澄江镇四村察看灾情。此后县委、县政府启动灾后复产重建家园工作。在县财力十分困难的情况下拿出30万元支持重建工作，同时还积极争取上级有关部门和香港爱心人士的支持，筹措资金86万元，弥补资金缺口，使澄江镇四村油塘村按统一规划重建新村。6月18日，韶关市委、市政府在始兴县召开全市灾后复产重建家园工作现场会。市委常委、副市长张志才，市重建家园工作领导小组成员、各县（市、区）分管灾后重建工作的领导出席会议并参观澄江镇四村油塘新村重建家园施工现场。9月27日，澄江四村小油草、大塘肚两个社的61户冰灾全倒户迁入油塘新村居住。

2011年5月1日凌晨4时左右，一场严重冰雹暴雨突袭始兴，农作物大面积受损，给始兴造成重大损失。7个乡镇53个村3.9万人受灾，房屋受损6121间（全倒户22户），农作物和经济作物受灾2956.73公顷，水利设施15座陂头、2.6千米水圳损毁，造成直接经济损失6346.3万元，无人员伤亡。截至5月8日，全县直接经济损失1.6亿多元。

灾情发生后，县委、县政府高度重视，县领导第一时间带领有关部门分组赶赴受灾最为严重的澄江、城南、顿岗、沈所等4个乡镇，靠前指挥，了解灾情，看望受灾群众，指导抢险救灾工作。灾后，市委副书记艾学峰带领市农业、民政、财政、交通等相关部门负责人到始兴视察“5·1”冰雹灾害地区的救灾复产情况。争取上级救灾资金及物资共计240

万元，还发动本县干部和外来投资者踊跃捐款，始兴县慈善会向社会各界发出《倡议书》开展捐助活动共筹得善款 286241 元。在灾后复产和重建家园期间，全（重）危房修建房屋于 7 月前全部入住，其中全倒户于 2012 年春节前入住。这次严重冰雹暴雨灾害虽然给始兴造成重大的经济损失，但由于措施得力，救灾资金到位，通过各级干部群众的共同努力，取得抗灾救灾和灾后复产以及重建家园的全面胜利。在短短的几个月时间内，使灾民的生产和生活恢复正常，没有出现异常现象，确保始兴社会的稳定。

第九节　中共始兴县第十至第十二次代表大会的召开

一、中共始兴县第十次代表大会的召开

2003 年 3 月 10—12 日，中共始兴县第十次代表大会在县城召开。参加这次代表大会的正式代表 363 人，代表全县 9861 名党员。

这次大会是新世纪召开的第一次党代会，也是党的十六大提出全面建设小康社会、开创中国特色社会主义事业新局面的新形势下召开的一次十分重要的大会。大会听取和审议县委书记冯寿宗代表中共始兴县委所作的题为《以“三个代表”为指导努力开创现代生态县建设新局面》的工作报告，听取和审议了县纪委书记何正平代表中共始兴县纪律检查委员会向大会所作的工作报告。

县委工作报告回顾县第九次党代会以来的工作情况，充分肯定过去 5 年全县上下齐心、班子团结、政通人和、经济发展、社会稳定、人民生活水平不断提高的 5 年，是为今后实现快速发展奠定基础的 5 年，并为今后更快发展打下牢固的基础。5 年来的工作重点和成绩有 7 个方面：基础设施建设迈上新台阶；城乡人民生活服务设施得到较大改善；招商引资取得新突破；农业产业化形成了新格局；国企改革开创了新局面；生态工程建

设迈出了新步伐；党的建设增添了新活力。

工作报告根据以上工作和取得的成绩，归纳的主要体会有：必须始终坚持解放思想，实事求是，与时俱进的思想路线，不断创新发展思路；必须始终坚持以经济建设为中心，用发展的办法解决前进中的问题；必须始终坚持招商引资不动摇，努力营造良好的发展环境，打造出招商品牌：必须始终坚持可持续发展战略，正确处理好眼前利益和长远利益的关系；必须始终坚持加强和改进党的领导，做到依法治县和以德治县相结合，物质文明和精神文明两手抓；必须始终坚持执政为民作为第一要务，形成全县上下齐心协力干事创业的良好氛围。归结到一点就是，必须始终坚持以“三个代表”重要思想为指导，一心一意谋发展，大力促进始兴经济、社会的全面进步。

报告提出今后 5 年全县工作总的指导思想是：深入贯彻党的十六大精神，高举邓小平理论伟大旗帜，全面贯彻“三个代表”重要思想，以全面建设小康社会为总目标总任务统揽工作全局继续实施外向带动、科教兴县、可持续发展和区域协调发展战略，大力推进工业化、产业化、城镇化的建设，5 年打基础，10 年上台阶，20 年基本建成现代生态县。切实加强精神文明建设和民主法制建设，全面加强党的组织建设，推动社会的全面进步。

报告提出为实现奋斗目标必须加快推进现代生态县建设，全县广大党员干部必须进一步解放思想，实事求是，与时俱进，开拓创新，大力实施外向带动、科教兴县、可持续发展、绿色品牌“四大战略”，进一步弘扬“诚实守信、少说多干，艰苦奋斗、廉洁高效”的始兴人精神，坚持走生态立县、工业强县、农业稳县、旅游旺县的发展路子，加强党的建设和精神文明建设，努力探索生产发展、生活富裕、生态良好的文明发展之路。

纪委工作报告回顾 5 年来的纪检工作，归纳为 5 个方面的体会和认识：必须坚持党委统一领导；必须紧紧围绕经济建设这个中心来开展党风廉政建设和反腐败工作；必须坚持标本兼治、综合治理；必须坚持与时俱进，开拓创新；必须坚持加强纪检干部队伍自身建设，为完成党风廉政建设和反腐败各项任务提供有力的保障。

纪委工作报告提出今后 5 年工作的指导思想是：高举邓小平理论伟大

旗帜，全面贯彻“三个代表”重要思想，认真贯彻落实党的十六大和县第十次党代会精神，紧密围绕经济建设中心和改革发展稳定大局，坚持党要管党和从严治党的方针，与时俱进，开拓创新，标本兼治，综合治理，进一步加大从源头上预防和解决腐败问题的力度，把党风廉政建设和反腐败工作提高到一个新的水平，为我县全面建设现代生态县提供有力的保障。

根据以上指导思想，提出今后的6项重点工作：加强学习和监督检查，保证党的十六大精神和县第十次党代会各项工作部署的贯彻落实；深化改革，创新体制，不断拓宽从源头上预防和解决腐败问题的领域；加强党风廉政宣传教育，筑牢拒腐防变的堤防；推进反腐败工作向纵深发展，更有效地遏制腐败现象的产生；坚持党要管党，从严治党，全面贯彻落实党风廉政建设责任制；与时俱进，进一步加强纪律检查机关自身建设。

大会按照党章规定和民主集中制原则，选举产生中共始兴县第十届委员会和中共始兴县纪律检查委员会。中共始兴县第十届委员会委员29人，候补委员6人；中共始兴县纪律检查委员会委员15人。选举产生县委常务委员11人。会议一致通过中共始兴县纪律检查委员会第一次全体会议选举结果。

二、中共始兴县第十一次代表大会的召开

2006年12月6—8日，中共始兴县第十一次代表大会在始兴县城召开，大会应到会代表301人，实到会代表296人。大会得到了市委的关心和重视，市委常委、市委秘书长司庆伟代表市委在开幕式上致了贺词。这次大会的主题是坚持以邓小平理论和“三个代表”重要思想为指导，以科学发展观统揽工作全局，全面贯彻党的十六届六中全会、省委九届九次全会和市委九届六次全会精神，进一步动员全县广大党员干部和人民群众，解放思想，改革创新，抢抓机遇，开拓进取，为推进生态县建设，构建和谐始兴而努力奋斗。

大会听取和审议县委书记何正平代表中共始兴县委所作《抢抓机遇加快发展为构建和谐始兴而努力奋斗》的工作报告，听取和审议县委常委、纪委书记曹镅代表中共始兴县纪律检查委员会所作《全面履行职责构建惩防体系为始兴经济社会和谐发展提供保证》工作报告。县委工作报告回顾

县第十次党代会以来县委工作的总体情况有6个方面：招商引资和民营经济，工业化进入初期阶段；农业产业结构布局调整，农村经济稳步发展；国家级生态示范区创建工作，生态建设成效显著；依法治县工作，民主法制建设扎实推进；现代公民教育和民心工程，精神文明建设和社会事业全面进步；先进性教育活动，党的建设得到进一步加强。

县委工作报告通过回顾4年的奋斗历程，深深体会到，要全面建设生态县，推进经济社会更快更好发展，必须始终坚持解放思想，实事求是，与时俱进的思想路线，不断更新观念，创新发展思路；必须始终坚持以经济建设为中心，千方百计加快发展，用发展的办法解决前进中的问题；必须始终坚持科学发展观，促进经济社会可持续发展，努力构建和谐社会；必须始终坚持以人为本，实现好、发展好、维护好最广大人民的根本利益，促进人的全面发展；必须始终坚持加强和改进党的领导，提高党的执政能力，永葆党的先进性。

县委工作报告还查找自身发展中存在的问题和不足，主要表现在：一是县域经济欠发达，经济总量偏小，民营经济发展缓慢，县级财政还较薄弱，收支矛盾比较突出；二是交通主干道和城市基础设施建设仍然滞后，成为制约经济发展的“瓶颈”；三是影响社会和谐的因素还比较多，改革中遇到的深层次矛盾和问题仍没有得到有效解决。

县委工作报告提出今后5年全县工作的指导思想是：以邓小平理论和“三个代表”重要思想为指导，以科学发展观统揽经济社会发展全局，以推进生态县建设，努力构建和谐始兴为总目标继续实施“外向带动、科教兴县、特色经济、可持续发展”四大战略，坚持走生态立县、工业强县、农业稳县、旅游旺县的发展路子，进一步加快工业化、城镇化、农业产业化进程，大力发展社会各项事业，全面加强党的建设，努力构建和谐始兴。大会报告在提出今后5年和2007年全县经济社会发展目标的基础上，提出要实现奋斗目标的5个方面重点工作：推进县域经济建设，夯实构建和谐始兴的物质基础；推进民主法制建设，夯实构建和谐始兴的法治基础；推进精神文明建设，夯实构建和谐始兴的思想基础；推进社会事业建设，夯实构建和谐始兴的社会基础；推进党的建设，夯实构建和谐始兴的政治基础。

纪委工作报告把县第十次党代会以来的工作归纳为 7 个部分：抓深化，领导干部廉洁自律工作进一步加强；抓热点，切实纠正损害群众利益的不正之风；抓惩处，加大了查办案件的力度；抓教育，不断筑牢党员干部拒腐防变的思想道德防线；抓巩固，全面推进源头治腐工作；抓监督，为始兴的经济发展创造良好的环境；抓队伍，强化纪检监察干部的自身建设。

纪委工作报告对今后工作提出 8 个方面的工作意见：加强对科学发展观、构建和谐始兴贯彻落实情况的监督检查，为各项工作部署的顺利实施提供政治保证；扎实有效地推进惩治和预防腐败体系建设；加强农村基层党风廉政工作，促进社会主义新农村建设；从严治党，坚决查处违纪违法案件；坚决纠正损害群众利益的不正之风；深化反腐倡廉教育，促进领导干部廉洁从政；加强行政监察工作，进一步改变机关作风；加强纪检机关自身建设，不断提高执纪执法能力。

大会按照党章规定和民主集中制的原则，选举产生中共始兴县第十一届委员会和中共始兴县纪律检查委员会。中共始兴县第十一届委员会委员 45 人，候补委员 10 人；县纪委委员 17 人。8 日上午大会闭幕后，新一届县委和县纪委在县地税局会议室分别召开了中共始兴县第十一届委员会第一次全体会议和县纪律检查委员会第一次全体会议。选举县委常务委员 11 人。会议一致通过中共始兴县纪律检查委员会第一次全体会议选举结果。

三、中共始兴县第十二次代表大会的召开

2011 年 9 月 21—23 日，中共始兴县第十二次代表大会在县行政会议中心召开。大会得到了市委的关心和重视，市委常委、市委组织部部长肖怀跃代表市委在闭幕式上作了讲话。

这次大会是在实施全县“十二五”规划的第一年召开的，也是经济和社会保持高速发展的形势下召开的。大会听取和审议县委书记许红代表中共始兴县第十一届委员会向大会作题为《立足优势发挥特色努力开创生态富民强县新局面》的工作报告，听取和审议县纪委书记高忠代表中共始兴县纪律检查委员会所作的题为《服务科学发展推进反腐倡廉实现生态富民强县提供坚强的政治保证》的工作报告。

县委工作报告对第十一届县委5年来的工作情况作了回顾总结，有4个方面的深刻体会：必须始终坚持生态发展、绿色崛起不动摇；必须始终坚持招商引资、借力赶超不动摇；必须始终坚持改善民生、维护稳定不动摇；必须始终坚持提能增效、优化环境不动摇。

面对新形势新任务新要求，报告提出今后5年全县经济社会发展的总体要求：以邓小平理论和“三个代表”重要思想为指导，深入贯彻落实科学发展观，以加快发展为主线，以“坚持生态发展、实现绿色崛起”为核心，推进“新型工业化、特色城镇化”两大工程，全面加强经济、政治、文化、社会和生态建设，不断开创党的建设新局面，成功创建“广东省旅游强县”“广东省教育强县”“广东省文明县城”“国家生态县”，努力实现跨越发展、绿色发展、和谐发展。

报告对全面加强党的建设提出新的要求：县委既定的目标能否顺利实现，是对全县各级党组织和广大党员干部思想作风、工作作风和精神状态的大考验，必须全面加强党的执政能力建设和先进性建设，以改革创新的精神，全面推进党的建设新的伟大工程，为生态发展，富民强县提供强有力的保证重点工作是“四个强化”：强化思想政治建设，以新理念引领发展，思想政治建设既是领导班子建设的灵魂，也是提高党的执政能力的重点和基础，要坚持用中国特色社会主义理论体系和党的理论创新成果，武装全县党员干部的头脑，进一步坚定党员干部的理想信念；强化干部队伍建设，以新作为促进发展，坚持以提高素质、优化结构、改进作风为重点，切实抓好领导班子和干部队伍建设，把各级领导班子建设成为善于领导生态发展的坚强核心；强化基层组织建设，以新面貌推动发展，广大基层党组织和共产党员是推进生态富民强县的组织者、推动者和实践者；强化党风廉政建设，以新举措保障发展，坚持标本兼治、综合治理、惩防并举、注重预防的方针，严格执行党风廉政建设责任制，大力加强惩治和预防腐败体系建设。

纪委工作报告把县第十一次党代会以来5年的工作归纳为7个方面：加强监督检查，注重有效预防腐败；加强反腐倡廉教育，提高党员干部廉洁从政意识；完善监督制约机制，促进权力正确行使；加大纠风工作力度，解决损害群众利益的突出问题；严肃查处违纪违法案件，保持惩治腐败的强劲势头；加强组织协调，推进党风廉政建设责任制的贯彻落实；严格教育管理，提升纪检监察干部队伍素质。

回顾5年来的纪检工作主要体会有：只有坚持科学发展观，才能为全县经济社会发展提供有力的纪律保证；只有坚持党委统一领导，才能落实好反腐败领导体制和工作机制；只有坚持始终把群众利益放在首位，才能真正肩负起党章赋予纪律检查机关的神圣使命；只有坚持不断创新，才能将党风廉政建设和反腐败工作不断引向深入；只有坚持抓好班子和队伍建设，才能为党风廉政建设和反腐败工作提供有力的组织保证。

纪委工作报告提出今后5年全县的党风廉政建设和反腐败工作总体要求是：深入贯彻落实科学发展观，坚持标本兼治、综合治理、惩防并举、注重预防的方针，继续解放思想，坚持改革创新，严格执行党风廉政建设责任制，以完善具有始兴特色的惩治和预防腐败体系为重点，进一步加强反腐倡廉制度建设和党员干部作风建设，着力解决人民群众反映强烈的问题，加强推动科学发展重大决策部署的监督检查，推动党风廉政建设和反腐败斗争全面发展，以反腐倡廉建设新成效取信于民，为共创富民强县、建设幸福和谐始兴提供坚强政治保证。

纪委工作报告提出今后5年的重点工作有7项：发挥纪检监察职能，着力推进重大决策部署贯彻落实；依法依规办案，着力加大违纪违法案件的惩处力度；开展廉政教育，着力筑牢拒腐防变思想道德防线；强化制约和监督，着力促进领导干部权力规范运行；深化制度创新，着力推进反腐倡廉治本根源；加强专项治理，着力解决损害群众利益的突出问题；加强自身建设，着力提升纪检监察干部队伍战斗力。

这次代表大会按照党章规定和民主集中制原则，选举产生中共始兴县第十二届委员会和中共始兴县纪律检查委员会。中共始兴县第十二届委员会委员42人，候补委员10人；纪委委员21人。9月23日上午大会闭幕后，新一届县委和县纪委在县行政中心分别召开了中共始兴县第十二届委员会第一次全体会议和中共始兴县纪律检查委员会第一次全体会议，选举县委常委11人。会议一致通过中共始兴县纪律检查委员会第一次全体会议选举结果。

本时期中共始兴县第十至第十二次党代会都是在跨入新世纪初期召开

的，是面对深化改革、加快发展的新形势，担负着开创始兴发展前景的重大责任。这三次党代会都以科学发展观为指导，体现了求真务实、开拓进取的精神，目标任务明确、催人奋进，是在始兴县党的历史上具有里程碑意义的大会。

第十节　党的建设的全面展开

一、按新形势要求部署党建工作

2003年，县委根据中共十六大、十七大和省、市委关于加强党的建设的精神，结合形势发展和始兴的实际，县委提出：全面加强党的建设，为全面建设小康社会提供坚强有力的保证。加快全面建设小康社会的步伐，关键在于按照“三个代表”重要思想要求，全面深入地推进党的建设新的伟大工程，把全县各级党组织建设好，不断提高全县各级党组织的创造力、凝聚力和战斗力。坚持“强化党建是加快发展之本”的理想信念，始终坚持立党为公、执政为民，坚持以人为本；始终坚持发挥党委统揽全局、协调各方的领导核心作用；始终坚持党要管党、从严治党的方针，全面加强党的建设。

2006年，县委强调：必须坚持不懈地加强党的建设，不断增强各级党组织的凝聚力、战斗力和创造力，充分发挥党的领导核心和全体党员的先锋模范作用，为加快发展、奋力崛起、构建和谐始兴提供坚强的组织保证。2009年9月，中共十七届四中全会通过的《中共中央关于加强新形势下党的建设若干重大问题的决定》下发后，县委进一步加强全县党建工作措施的落实。

2011年，县委重申：必须发挥党委的核心领导作用，必须妥善处理好党委与人大、政协等几套班子的关系，做到既分工协作，又相互配合；必须坚持党委总揽而不包揽，集中精力谋大事抓全局，调动方方面面积极性、主动性；必须始终贯彻民主集中制原则，规范决策程序，提高决策水平，真正使党委做到总揽全局有驾驭力、团结统一有战斗力、科学决策有号召力、赶超跨越有推动力。

二、党的思想建设的加强

（一）加强思想建设的部署要求

2003 年，县委对加强党的思想建设提出新的要求，强调："坚持把理论武装摆在首位，加强党的思想建设。"着重抓好党委理论中心组的学习，抓好科级以上领导干部的培训与学习，抓好理论学习的检查、考核，确保各项学习制度的落实，同心同德，一心一意谋发展，聚精会神搞建设，确保全县胜利实现新世纪新阶段的奋斗目标。2006 年，县委要求把解放思想落实到实际行动中，形成敢闯敢干、生动活泼的政治局面。各级干部特别是高级领导干部要坚持解放思想，彻底破除满足现状不思进取消极畏难无所作为、只步后尘不为人先的思想障碍，敢于正视现状，勇于迎接挑战，进一步增强"闯"的胆略、"试"的意识和"干"的勇气，以超前的发展理念，创新的发展思路，过硬的发展举措，不断开创各项工作的新局面。2011 年，县委面对新形势新任务，提出要把解放思想作为党的思想政治工作的重中之重，以思想上的不断解放、理论上的不断提升、实践上的不断创造，推动事业不断前进。

理论学习中心组开展学习活动。2001 年 3 月 9 日，县委学习中心组组织学习中共十六大公报，启动全县学习中共十六大精神的活动。此后制定《中共始兴县委进一步建立健全县委中心组理论学习制度的决定》，每年从组织、计划、纪律、时间、经费、检查考核等方面提出具体要求，并对县委中心组成员的学习记录、考勤登记、发言提纲进行归档管理。中心组成员在认真学习理论基础上，深入调查研究，撰写有一定理论深度的学习心得和调研文章，为县委、县政府决策服务，进一步提高中心组成员的政治素质和理论水平，带动全县理论学习的深入开展。同时，基层党委学习中心组等各个层面的理论学习更加深化。

2006—2007 年，县委印发《中共始兴县委学习中心组理论学习实施方案》，明确全县干部教育培训的总体要求、工作重点、保障措施和组织领导。扎实开展干部培训工作，进一步提高党员干部的综合素质和工作能力。坚持以领导干部为重点，以党委中心组为龙头，着眼于提高理论素养和领导能力，促进领导干部做学习的模范和表率。县委中心组开展了“建设社会主义新农村”“牢固树立社会主义荣辱观”和“江泽民文选”三个专题的学习，写了一批调研文章，对如何在我县建设新农村、如何知荣辱、树新风、促和谐献言献策，理论学习和实际行动做到有机结合。组织开展了“八种良好作风”、科学发展观、省第十次党代会精神、党的十七大精神等专题的集体学习；举办了4期农村基层党员干部培训班，共培训干部500人；抓好全县干部理论学习；举办“落实科学发展观，推进五个建设”宣讲报告会；在全县各乡镇举行党的十七大精神巡回宣讲和贯彻十七大精神乡镇书记访谈，广泛宣传党的十七大精神，掀起学习贯彻十七大精神的热潮。

2008—2010年县委中心组实行“沉下去调研、坐下来讨论、走出去考察、请进来辅导”的学习形式，确保了学习的针对性和有效性，充分发挥理论学习对工作的指导作用。同时，把中心组学习郑州制度延升到全县各机关单位进一步规范各单位的学习机构、制度、计划、内容及学习督促检查。认真组织开展经济社会发展建设文化强县等专题理论研讨活动。2010年10月，县委理论学习组召开专题学习会，县委书记许红多次带头授课，亲自为县委中心组作“汪洋书记在全省第九期干部党纪政纪法纪培训班上的讲话精神”“党的十七届五中全会精神”等专题学习的辅导。并结合始兴创建文化强县等重点工作进行研究和探讨。

2011—2012年按照推进学习型党组织建设的要求，做好县委中心组学习计划和工作安排，指导各级理论学习组组织学习加快转型升级、建设幸福始兴、加快转变文化发展方式、依法治县、换届选举、社会主义新农村建设等系列专题。

（二）以理论武装为主线加强干部培训

2003—2005年，县委举办科级干部理论培训班9期，共培训干部2000人次，举办中青年干部培训班7期，培训中青年干部832人次。同时，配合省、市做好选送干部参加省、市培训学习工作。

2006—2007 年，县委印发《2006—2010 年全县干部教育培训规划》（以下简称《规划》），按照《规划》的总体要求，通过多形式、多渠道、多层次的培训方式加大对在职干部政治理论等相关业务的培训，进一步提高党员干部的综合素质和工作能力，共举办各级干部和各类人才培训班 39 期，参加培训的各级干部和各类人才有 5353 人，其中科级干部 2 期参加培训的有 295 人，公务员专题 7 期参加培训的有 1158 人，初任公务员 1 期有 43 名参加培训考试并举行了宣誓仪式；选送 176 人参加市级以上培训，其中选送中央 5 人、省级 19 人、市级 152 人，其中处级干部进修班 4 人、科级领导干部中青班 3 人、部门正职 5 人、乡镇级领导干部 102 人。通过培训，提高了广大领导干部的政治理论水平，干部队伍的思想作风建设得到明显加强，整体素质得到全面提高。

2008—2010 年，先后举办新提拔科级干部培训班、科级干部轮训班、中青年干部、招商引资业务知识、电子政务、信息能力培训班等班次。据统计，各级党组织、各部门单位共举办各类培训班 93 期，培训干部 7179 人。同时，选送领导干部参加上级培训共 304 人，其中选送参加省级以上的培训班 14 人，选送参加市级举办的培训班 290 人。在干部培训中注重增强针对性和实效性，围绕新农村建设、工业经济发展和项目建设、城市建设等重点工作，在学习理论的同时组织干部外出考察学习，并举办专题讲座邀请省市专家、学者前来主讲。

2011—2012 年，按照推进学习型党组织建设的要求，做好县委中心组围绕适应加快转变经济发展方式这个主题，制订《2011—2015 年始兴县大规模培训干部计划》，坚持分类别、分层次、分专题大规模培训干部。2011 年，举办创新社会管理、新提拔科级干部、初任公务员等主体培训班。全年举办各级干部培训班 6 期，共培训干部 1967 人、选送干部到上级部门参训 86 人，通过组织外出参观、参加市委举办的学习论坛等方式，提高领导干部在发展、稳定、民生、党建等重大问题上的决策、谋划发展和推进工作能力。2012 年，制订《始兴县 2012 年干部教育培训计划》，以县委党校为主阵地，以网络自主选学为补充，继续加大大规模干部培训工作力度，广大干部素质能力得到大幅度提高。全年举办各级干部培训班 12 期，培训干部 1923 人，选送参加省级以上培训 16 人、市级培训 21 人；其中处级干部

18人，科级干部13人，一般干部6人。全县举办各类业务培训班12期培训1886人。此外，开展县级党政领导班子驻点“补课”，将6名县党政领导班子成员安排到6个经济比较薄弱、矛盾问题较多或发展任务较重的村驻点“补课”。

（三）送理论下乡活动

2003年2月，宣传、组织部门结合学习十六大精神，发出《关于在全县掀起学习贯彻“三个代表”重要思想新高潮的通知》，结合县委印发的《始兴县开展“送理论下乡”活动的意见》，进一步明确指导思想、主要做法及实施步骤，并由县委宣传部牵头，会同县委各职能部门和有关单位组成“送理论下乡”宣讲团。各乡镇、各系统党委指定理论教员，协助宣讲团做好工作。

中共十六大召开后，县“送理论下乡”宣讲团根据形势发展和县委、县政府的中心工作，认真编写学习中共十六大的宣讲材料。编写宣讲材料遵循易记、易懂、易讲的原则，注重针对性，讲求实效性，切实帮助农村基层干部和群众了解党的路线、方针、政策，分析和解决当时的热点和难点问题。宣讲团深入到广大党员、干部、群众中去，掀起理论学习新高潮。全县基层党委分别成立宣讲团，有挂联乡镇、村任务的副科级以上单位分别成立宣讲小组。2003—2005年，始兴县“送理论下乡”工作获得韶关市委宣传部“首届基层宣传思想工作创新奖”，全县累计举办各类型宣讲活动700场，参加人数达5万多人，收到良好的学习教育效果。

2006年起，在巩固扩大“送理论下乡”成果的同时，把“送理论下乡”与送理论到企业、到社区结合起来，扩大理论学习的覆盖面。在全县举办“建设幸福始兴大家谈”系列活动和“广东精神”①征文比赛，广泛动员公众议幸福，集民智。围绕韶关市委“桥头堡”发展战略和“从容发展”的理念，组织宣传队伍深入企业和社区开展宣传，通过举办报告会和专题学习会等形式，组织全县党员、干部、群众认真贯彻省第十一次党代会、市委全会和省、市领导视察始兴时的指示精神，激发基层干部和党员、群众的学习积极性，形成学理论、重实践、促工作的良好氛围。

①“广东精神”是2012年5月召开的中共广东省第十一次人民代表大会提出的，内容是厚于德、诚于信、敏于行。

（四）多种渠道开展党史宣传教育

征集和整理党史资料。先后编纂出版《中国共产党始兴县历次代表大会文件选编》《中国共产党始兴县组织史资料》，为开展党史宣教工作提供了真实生动的素材。

完善党史教育基地。根据对青少年和学生加强宣传教育的需要，在全县11所老区村小学和3所中学建立了革命历史纪念碑。县党史部门组织人员，对全县抗日战争和解放战争时期的革命遗址逐一进行调查，掌握具体情况并向县委提出保护和重修的建议。2012年1月，县委向全县党组织发出“学党史、用党史”的号召，并要求把“学党史、用党史”活动同开展党内专题教育活动以及当前全县中心工作结合起来。在县委的号召下，全县各级密切配合，共同努力，特别是宣传、文化、教育、民政等部门以及县关工委、县老促会和各乡镇党委，更是做到密切联系协调，使全县党史宣教工作迈开新的步伐。

以教育基地为依托开展宣传教育活动。组织青少年学生参观革命历史纪念碑，邀请老同志讲革命故事，以有声有色的方式开展宣传教育。党史部门的宣教人员会同兼职党史人员到单位、农村和学校巡回讲党史辅导课、党课。为促进党史宣传教育的经常化，县委还把每年清明节前后的一个月定为革命传统教育月，开展以祭扫烈士墓为中心的缅怀先烈、宣传革命精神的系列活动。

利用报刊、会议等开展宣传教育。在《始兴报》上开辟党史专栏，刊登革命斗争史料及文章，介绍本县党史人物事迹，扩大宣传教育面。利用纪念大会、专题讨论会、座谈会等开展党史宣传教育活动。2005年8月，县委结合世界反法西斯战争和中国人民抗战胜利60周年纪念活动，与宣传、武装等部门联合召开座谈会，进行党史座谈讨论。县党史部门除配合有关部门做好革命历史纪念碑建设等工作外，还提供有关资料，为县委、县政府开发“红色之旅”服务。

结合党内活动开展党史宣传教育工作。结合开展“三个代表”重要思想教育、保持共产党员先进性教育、实施“固本强基”工程以及县直机关“排头兵”实践活动，进行党史宣传教育。如在开展保持共产党员先进性教育活动时，县委组织的宣讲团每到一地，都以当地党史作为生动的素材，结合当地的革命斗争事迹和英雄人物进行宣讲，增强宣讲报告的感染力。

三、领导班子和干部队伍建设的加强

（一）以优化结构为重点加强各级领导班子建设

2003年，县委提出："要努力建设政治坚定、结构合理、素质优良、精干高效的坚强领导班子，特别要重视选好配强'一把手'。建设一支高素质的干部队伍。"2004年，县委按照《中共中央关于加强党的执政能力建设的决定》和省委的贯彻意见，围绕建设经济强县、文化强县、法治县、和谐县目标，加强各级领导班子和干部队伍建设。2006年，县委强调，要以科学的机制选人用人。选好用准干部，是加强党的执政能力建设、保持党的先进性的重要保证。要坚持干部"四化"方针和德才兼备原则，把政治标准放在首位，以思想定品位，以实绩论英雄，看发展评功过，让品德优秀、干事创业的人有施展才华的舞台。同时深入推进干部人事制度改革，加大干部交流的力度，加强对优秀年轻干部、妇女干部、少数民族干部和党外干部的培养和使用，调整优化各级领导班子结构，做好老干部工作等方面，都作出原则性的布置。

2011年，县委部署切实强化干部队伍建设。要求进一步提高各级领导班子素质、优化班子结构、增强班子团结、激发班子活力、改进工作作风，把各级领导班子建设成为善于领导生态发展的坚强核心；高度重视党政正职队伍建设，切实做到选准配强、用好管严。进一步拓宽选人用人视野，把选拔德才兼备、政绩突出、群众拥护的优秀干部选拔到领导岗位上来；进一步提高培训质量，努力把各级领导干部培养成勤奋工作、科学决策、依法办事、作风民主、廉洁自律的骨干中坚。同年，在县、乡镇、村三级领导班子换届工作中，县委强调紧紧围绕"好民意、好班子、好风气"的换届工作目标，认真落实发扬民主、推进改革、严肃换届纪律三项关键举措，实现科学换届、平稳换届、和谐换届。在换届工作中，坚持把谋划和推动科学发展作为选干部、配班子的出发点，把"德"情作为选拔任用干部的"风向标"，注重改善领导班子知识、专业和工作经历结构；加大选拔年轻优秀干部、女干部和党外干部的力度；大力选拔那些落实科

学发展观态度坚决，转变经济发展方式有思路、能力强、实绩突出、切实维护群众利益的干部。在全县公务员中选拔 8 名 32 岁以下的优秀年轻干部作为新进乡镇领导班子人选，全县 10 个乡镇均一次成功选举产生新一届党委和人大、政府班子，班子成员搭配结构合理、优势互补、效能提高，全面实现组织意图、体现了群众意愿。

2012 年，按照“德才兼备、以德为先”的选人用人导向和党管干部工作方针，推进“五好四有”工作开展及领导班子建设和“四实”干部队伍建设。提升领导班子的凝聚力、执行力、发展力和战斗力。促进各级领导干部廉洁勤政、敬业务实。

县委认真贯彻落实《公务员法》《深化干部人事制度改革纲要》《党政领导干部选拔任用工作条例》等文件精神，初步形成相互配套、有机衔接、日趋完善的干部人事工作制度体系。干部选拔程序在原有的基础上进一步得以规范，选任标准也进一步严格，推进干部工作的科学化、民主化、制度化。2012 年，切实落实重视基层的工作导向。健全来自基层的干部选拔制度，将具有基层一线工作经历的人选拔到干部队伍，重视基层的导向进一步形成，干部队伍的结构进一步优化。认真组织优秀村（居）“两委”正职，以及优秀工人和农民参加全省选拔乡镇公务员工作，通过层层选拔，2 名优秀村（居）“两委”正职被录用为乡镇聘任制公务员；2 名优秀工人、农民被录用为乡镇公务员。同时，创新党外干部、妇女干部、年轻干部选拔机制，采取上下挂职锻炼相结合、培训与使用相结合的办法，不断提高干部队伍整体素质。

（二）加强人才队伍建设

2006 年，县委贯彻落实《中共中央　国务院关于进一步加强人才工作的决定》，不断建立和健全人才激励机制、培养机制和人才合理有序流动机制，努力营造尊重知识、尊重人才、尊重创造的社会氛围。县委制定《始兴县专业技术拔尖人才选拔管理办法》，结合实施全县“十一五”人才发展规划，推动全县专业技术人才队伍建设，坚持党管人才原则，建立健全人才工作领导机构，强化对人才工作的宏观指导。2007 年，县委、县政府印发《关于进一步加强人才工作的意见》，努力营造有利于人才成长的环境。2006—2007 年全县引进各类专业人才 38 人，充实人才队伍。

2008—2010年，县委坚持党管人才原则，大力实施人才强县和人才优先发展战略，贯彻落实《始兴县关于加强人才工作实施办法》，完善人才管理机制，切实加强人才队伍建设。卫生、教育、林业、建设、法院等行业和部门，主动到省内外高校招聘所需专业人才，人才引进层次有很大提升。在教育系统的人才引进上，转变思路，从注重引进刚毕业本科生教师的同时，加大对县内紧缺的美术、音乐等艺术类及具有中高级职称、有教学经验的优秀教师引进工作。对引进的高层次人才、优秀人才，积极做到"政治上关心、工作上支持、生活上照顾"，实现事业留人、感情留人，对引进的优秀教师，积极专业技术拔尖人才为其安排住房，解决家属子女随迁等后顾之忧。3年内全县共引进各类人才91人。

2011—2012年，继续落实人才发展规划，大力实施"科教兴县，人才强县"发展战略，全面加强人才队伍建设。根据全县各行业、各部门的人才需求，积极吸收和招聘人才，全县共引进各类人才85人。2012年，全县分两批次共招录88名公务员充实到各乡镇和县直机关。引进人才13人，其中博士研究生1名，硕士研究生4名，毕业于国家"985""211"工程高等院校的大学生学士8名，开展事业单位工作人员招聘工作，共招聘各类专业技术人才64名。

（三）创新机制做好老干部工作

县委重点抓好离休干部"两个待遇",保证"三个机制"①的正常运行，保证老干部的离休费和各项补贴按规定按时、足额发放。

2011—2012年，开展"一二三"②老干部工作法，扎实推进"六个必访"③工作机制，春节前夕和"七一"前夕开展走访慰问工作，上门走访慰问老干部260多人次。

① "三个机制"，指离休费保障机制、医疗费保障机制、财政支持机制。

② "一二三"，指抓好每月一次的十八级离休干部思想政治学习，搭起老干部的学习平台；建立并抓好每两个月一次的电话问候机制，当好老干部的"联络员"；每三个月一次安排县委领导与老干部代表面对面沟通座谈，架起老干部的"连心桥"，听取老干部对全县经济社会发展的建议和意见，为县委、县政府决策提供参考。

③ "六个必访"，指生病住院必访、重要寿辰必访、新春佳节必访、矛盾纠纷必访、生活困难必访、丧葬大事必访。

四、以创先争优为动力推动基层党组织建设

（一）基层党组织建设的部署要求

2003 年，县委提出："切实加强基层组织建设，努力把基层党组织建设成为贯彻'三个代表'重要思想的组织者、推动者和实践者。"2006 年，县委围绕"创新党的基层管理机制，不断增强基层党组织的凝聚力和战斗力"，部署加强基层党组织工作。2011 年，县委要求：进一步发挥基层党组织推动发展、服务群众、凝聚人心、促进和谐的作用；建立健全乡镇党委、部门党组抓基层党建工作责任制，提高基层党建工作的整体水平；扎实推进农村基层组织建设，培养造就一支政治素质强、发展能力强的新农村建设带头人队伍；完善社区党建工作新格局，加大新经济组织、新社会组织的党建工作。2012 年，根据中组部《关于在创先争优活动中开展基层组织建设年的实施意见》，县委部署开展"强组织、增活力、创先争优迎十八大"主题活动。

县委按照党章规定和本县实际情况，根据加强领导和方便党内活动的原则，及时理顺基层党组织设置。在本阶段，因国有企业转制、单位合并或撤销、有的省市直管单位的党组织关系划归省市垂直管辖，使基层党组织设置发生变化。

至 2012 年，全县基层党（工）委 22 个（其中乡镇党委 10 个）、党总支 20 个、党支部 402 个，党员 12434 人（其中预备党员 453 人），女性 2842 人，少数民族党员 309 人；年龄 35 岁及以下 2361 人，60 岁以上 41241 人；学历大中专及以上 5058 人，高中、中技 2114 人，初中及以下 5262 人。

（二）加强党支部班子建设

县委以村级领导班子换届为契机，加强农村党支部班子建设。2005 年 3 月，县委办印发《关于做好 2005 年村党支部和村委会换届选举工作的意见》，实行"两推一选"（指党内推荐、群众推荐支委候选人，由党组织内全体有选举权的党员无记名投票选举党支委）制度。通过"两推一选"，努力实现有文化知识、有开拓进取精神、能够带领群众奔康致富的能人进入村"两委"班子，重点选好村党支部书记，达到"选准一个支书，配强一个班子，带好一支队伍，致富一个村子"的效果。2005 年上半年，部分

行政村调整撤并，同时进行村“两委”换届选举工作，加强了以村党支部为核心的村级配套组织建设。2008年，在村（社区）“两委”换届选举中实行县、乡镇领导包镇、村（社区）换届工作责任制。2011年，县委加强基层组织带头人队伍建设，选优配强村（居）“两委”班子，全面完成全县村（居）“两委”换届选举工作，全县村（居）“两委”结构更加合理，战斗力更加强。新一届班子成员488名，比上届减少26名；高中以上文化289名，占60%，比上届提高5%；党员430名，比上届多34名；每个村（居）委会至少1名女干部；“两委”成员交叉任职比例87.6%，书记、主任“一肩挑”比例92%，均比市的要求高7.6%。

健全机关基层党组织按期换届制度，按党章规定进行换届选举。2003—2005年，县直机关工委属下的38个党支部均顺利进行到期换届选举，实行党政班子交叉任职。在过去一段时期，机关存在重行政、不重党组织的不良倾向。县直属机关工委为扭转这个不良倾向，发文要求各行政单位“一把手”原则上交叉担任党支部书记。通过教育引导和换届选举，县直属机关工委下辖的38个党支部基本实现行政一把手和支部书记交叉任职。通过交叉任职，班子主要领导落实“一岗双责”，既抓政务又抓党务，增强班子的核心战斗力。

（三）创新基层党组织建设机制

县委以保持党的先进性教育为着力点，以各级党校为阵地，以党支部为基本单位，采取党员远程教育以及邀请专家进行科普教育的方式，开展大规模的党员教育培训工作，提高党支部的凝聚力和战斗力。2010年起，全县创建远程教育网络终端接收学用示范点26个，其中市级示范点2个，县级示范点20个，乡镇级示范点4个。通过远程教育网络开展有关党建知识、新农村建设、农村实用技术等知识，提高党员的思想政治素质，增强带头勤劳致富的能力。2012年，远程教育“学用”工作取得新的成效，全县站点开机率达98.8%以上。

扩大党的工作覆盖面。通过加强党建带工建、团建、妇建工作，推动新领域党的基层组织建设不断加强，认真抓好国企、非公、社区的党建工作。加强对破产企业党员的管理，将破产企业党员的组织关系转入到户籍所在地党委，解决多年来破产企业党员组织关系接转方面遇到的难题。

2012年，全县在“两新”组织中建立党组织185个（其中单独组建11个，联合组建174个），“两新”组织党员793名，并按照“四有”[①]推进“两新”组织党组织活动场所规范化建设，实现了党的组织和工作“两个全覆盖”。

健全完善农村基层组织保障激励机制。2003年起，建立健全村干部补贴逐步增长机制，不断提高村干部经济待遇。2007年起全县在10个乡镇统一建立党员服务中心，充分体现党组织对党员的关怀。2012年组织实施党内“三类待遇”[②]，制定《始兴县进一步加大农村基层组织工作经费保障力度的实施方案》，全县实现村级组织年度办公经费达2万元以上、村“两委”干部每月报酬不低于1050元；对正常离任的村干部按任职时间每年给予一定的生活补助；做好农村“三老”人员300元/年的一次性生活补贴发放、困难老党员定月发放生活补贴、重病困难党员发放一次性生活补贴。让村干部收入有保障、干事有希望、退休有所养，充分调动村干部的工作积极性。

创新党代表工作机制。2011年，设立党代表联络工作办公室，搭建党代表联系党员群众的桥梁。大力推进党代表工作室网络建设，全县各基层党（工）委建立党代表工作室13个，并按要求配备党代表工作室联络员。在建立机构的同时，不断规范和健全党代表工作室的运作机制，建立工作制度、工作流程、联络员职责等一系列规章制度，使党代表工作室真正成为党代表联系党员群众的桥梁。

创建农村党建模式。2012年，通过实行“三重三强”（重管理强责任、重机制强监督、重民生强服务）措施，着力推行县委书记党建创新项目“2+N”基层党建模式。重在严格遵守《中华人民共和国村民委员会组织法》《中国共产党农村基层组织工作条例》的基础上，完善《村党组织工作章程》《村民自治章程》，建立以党的领导为根本保证、村级组织依法依规充分发挥作用的基层治理模式，进一步明确村党组织与村民委员会各自的职责，实现“依法决事”。重机制强监督，建立健全村级组织议事决策、

① “四有”，指有场所、有设施、有党旗、有制度。
② “三类待遇”，指对“在职”的给合理待遇、对“离任”的给保障待遇、对“困难”的给暖心待遇。

工作落实等 N 项机制，实现村级组织“制度管事”。

积极探索“1+1”（支部加专业合作社）党建模式。2010 年，在推行“支部加协会”模式的基础上，在马市镇坜坪村试行“支部加黄烟专业合作社”模式，实行党员联系帮扶烟农，规范黄烟生产专业合作社的运作模式，把党的组织建在产业链上，把党的政治优势和专业合作社的经济优势有机结合起来，初步实现了农村党建和经济发展“双赢”。2011 年，全县“1+1”农村党建工作模式的村增加至 37 个。在“1+1”带动下，100 多名会员或社员成为党员，全县黄烟、蚕桑、马蹄、果蔬等产业进一步规模化产业化。2012 年，开展“六抓六注重”[①] 推进薄弱村整治工程。采取入股电站和以“村委会 + 基地 + 农户”“支部 + 专业合作社 + 农户”模式发展特色产业，拓宽村级集体经济收入来源和渠道，增加收入的持续性和稳定性。全年全县各整治工作组为薄弱村筹措资金 186 万元，制定解决问题的措施 96 项，规范《村规民约》26 项，建立健全村级组织工作制度 50 多项，完善党务、村务、财务公开事项 150 多项，为民办好事实事 10 项。

五、党风廉政建设的加强

（一）开展反腐倡廉工作

2003 年，县委提出：“保持党和人民群众的血肉联系必须加强党风廉政建设，要充分认识反腐败斗争的紧迫性和长期性，坚持党要管党、从严治党方针，旗帜鲜明、毫不动摇把反腐败斗争深入下去。”同时提出 6 个方面的要求：抓好领导干部廉洁自律，查处大案要案；加强对党员干部的思想教育，筑牢拒腐防变的堤防；探索和完善党内监督机制，强化党内监督；扩大基层民主，加强群众监督；完善管理制度，把反腐败寓于各项重要政策措施之中；落实党风廉政建设责任制，形成齐抓共管的局面。

2006 年，县委提出：“深入持久地开展反腐败斗争，自觉维护党的形象。”要求着重抓好 5 项工作：落实党风廉政建设责任制，强化党内监督；把党风廉政教育作为基础，从思想上筑牢拒腐防变的坚强防线；坚持党风

① “六抓六注重”，指抓认识，注重思想观念；抓矛盾，注重村情稳定；抓规范，注重村务管理；抓硬件，注重基础设施；抓发展，注重产业结构；抓民生，注重干群关系的整改。

廉政建设责任制，坚持领导带头，分级负责；健全监督约束机制，加大各方面的监督力度；开展专项治理，严厉惩处腐败分子。

2011 年，县委要求：要切实转变党员干部作风，密切党群干群关系，真正实现“群众身边有干部，干部心里有群众。”要求大兴求真务实之风、艰苦奋斗之风、优质服务之风，严格实行领导干部包重点项目、重点工作责任制，实行公开承诺，形成倒逼机制，在落实工作中比高低、见分晓、论英雄。要加强机关效能建设，强化监督、考核、问责，扎实开展示范教育、警示教育和廉洁从政教育，推进廉政文化建设，守住廉政这个底线，做勤政、善政、廉政的表率。

2012 年，深入推进廉政文化“六进”示范点创建，县实验小学成功创建市廉政文化“六进”示范单位。紧扣“加强思想道德建设，保持党的纯洁性”主题开展纪律教育学习月活动；组织开展“弘扬清风正气，构建和谐始兴”民间文艺汇演。全县 3000 名党员干部参加“警示身边人和事，走好人生每一步”反腐倡廉典型案例教育图片展；组织全县财会人员和卫生、金融系统等单位举行“廉政从业”巡回讲座 22 场。组织各单位观看《一手遮天下的腐败》等反腐倡廉电教片，编印《以案说法》警示教育读本，警示教育效果明显。

（二）纪检信访及查处违纪案件

2003—2006 年，县纪委贯彻实施新《信访条例》，建立信访网络，严格把握政策，依纪依法妥善处理信访突出问题和群体性事件，认真查核信访件。全县纪检监察部门受理群众来信来访和举报电话 208 件（次）。所办的信访案件，做到该惩处的严肃惩处，能挽救的尽力挽救，该保护的坚决保护，通过查办信访案件促进经济发展和社会稳定。在查处案件中，严肃认真进行案件审理工作，县纪委共审结各类违法违纪案件 59 起，给予党纪处分 46 人，政纪处分 17 人。

2007—2011 年，受理群众来信、来访 377 件，其中属检举控告类的 349 起，转立案 24 起，为 60 名受到错告的党员干部澄清了是非；纪检监察机关新立案 87 起，结案 87 起，给予党纪处分 78 人，政纪处分 18 人，移送司法机关 4 人。同时，全面推行加强对基层纪委查办案件工作的指导，推行“镇案县审”制度，提高乡镇办案质量。通过查办违法违纪案件，挽回经济损失870万元。此外，加大对商业贿赂和工程建设领域突出问题案件的查办力度，切实维护群众利益。

2012年，县纪委受理群众来信、来访和电话举报60件（次），接转上级交办案件1起；查办应核信访案30起，核查率100%。立案18起，涉案人员23人，结案18起，办结率100%。给予党纪处分24人，受刑事处分3人，为国家和集体挽回经济损失1000多万元。加强与公、检、法、审计等执纪执法部门协作配合，县纪委向检察机关移送案件（线索）3起，公检法机关向县纪委移送案件（线索）6起。

（三）落实党风廉政建设责任制

2003—2006年，县委根据省、市委的部署，按照中共中央颁发《建立健全教育、制度、监督并重的惩治和预防腐败体系实施纲要》的有关要求，为把党风廉政建设和反腐败工作引向深入，制定印发《始兴县党风廉政建设和反腐败工作任务责任分解表》，部署党风廉政建设和纠风专项工作，规定专项任务和目标要求，建立各级班子“一把手”负总责、分管领导具体负责的制度，形成党风廉政建设的机构网络。县委先后印发《始兴县重大事项报告制度》《始兴县党委系统重大事项议事规则》《关于实行领导干部述职述廉制度的实施意见》，保证责任分解到人，认真落实责任追究制度，促使党风廉政建设责任制落到实处。同时，认真开展监督检查，严肃查处有令不行、有禁不止的行为，保证政令畅通。严格执行党政机关、事业单位“一把手”不直接分管财务的制度，对各乡镇和部、委、办、局的“一把手”进行任期经济责任审计。此外，认真落实《中国共产党党内监督条例（试行）》，坚持从严治党、从严治政的方针，充分发挥县人大对政府部门“一把手”行使权力的监督作用。

2007—2011年，加强组织协调，推进党风廉政建设责任制贯彻落实，县纪委协助县委建立“年初部署、年中督查、年终考核”工作机制，狠抓责任分解、责任考核、责任追究三个环节，按照“谁主管、谁负责”原则和“一岗双责”要求，把各年工作任务细化分解到县领导和职能部门，各乡镇、各部门也都结合各自职责和承担任务，做到层层分解，责任到岗，任务到人，从而建立了“一把手亲自抓、分管领导重点抓、职能部门具体抓、纪委组织协调抓”的工作机制，通过严格执行党风廉政建设责任制，全县各级党委（党组）的反腐倡廉责任主体意识和领导干部“一岗双责”意识普遍强化，形成了全党动手抓反腐倡廉工作的良好局面。始兴县在2007—2008年度全市党风廉政建设责任制考核中排名第一，被评为全市党风廉政建设先进单位；2009—2011年度全市党风廉政建设责任制考核中获得基础分第一、总分第三的好成绩。

2012年，县委、县政府制订《始兴县领导班子成员党风廉政建设岗位职责》《始兴县2012年党风廉政建设工作计划》，细化责任分解、责任考核和责任追究，年终成立10个考核组分赴各乡镇各部门对落实情况进行考核。强化廉政风险防控，全面筑牢前期防控、中期预警和后期处置三道防线。

（四）加强纪律监督检查

县委认真贯彻落实《中国共产党党内监督条例》《中国共产党党员领导干部廉洁从政若干准则》《中共中央纪委关于严格禁止利用职务上的便利谋取不正当利益的若干规定》，围绕促进始兴经济提速、生态环境保护、重视改善民生和维护社会和谐稳定及安全生产等一系列决策部署落实情况进行监督检查，确保政令畅通。

2007—2011年，县纪委会同有关部门认真开展执法专项检查，共收缴涉嫌违规金额2214万元。查处林业行政案件51起处罚102人，并依法处理6名失职渎职干部；查处工程建设领域案件2起；开展“小金库”专项治理工作，将治理范围延伸到社会团体、国有企业。同时，在始兴电视台进行广泛宣传，公布举报电话，发现有问题的单位坚决严肃查处。全面执行领导干部“三谈两述”（指廉政责任谈话、任前廉政谈话、信访监督谈话，述职述廉）制度，在全县各单位、乡镇开展党政“一把手”述廉评廉活动。实施领导干部任前廉政考试，共对12批次206名拟提拔副科级以上干部进行了考试。认真开展党务公开工作，政务公开、厂务公开、村务公开、公共企事业单位办事公开制度进一步完善；认真落实《关于实行党政领导干部问责的暂行规定》，对7名副科以上领导干部进行了问责。对涉及重大决策、重要人事任免、重大项目和大额度资金使用情况实施监督，对领导干部贯彻执行民主集中制情况进行监督检查，做到关口前移，形成以预防为主的反腐倡廉建设工作体系。认真执行有关厉行节约、反对铺张浪费的规定，加强对公务出国（境）人员的管理及对公务用车的监督检查，切实做到“四个减半”。加强对公务用车购置运行费、会议、公务接待、党政机关出国（境）、办公等五项费用“零增长”落实情况的监督检查，严格禁止领导干部违反规定收送现金、有价证券。

2011年，县纪检监察部门落实倒逼工作推进工作，加强对扩大内需中央投资项目落实情况的监督检查，全县31个中央投资项目中有24个项目已经竣工；加强对落实党风廉政责任制的监督检查。10月，对全县19个牵头单位党风廉政建设和反腐败工作落实情况进行了检查，对存在的问题责令整改；围绕县委、县政府中心工作，加强对县政府承办的8件民生实事及招商引资、产业转移园区建设等工作进行检查监督；加强对全县29个重点项目、30个重点跟踪服务项目进行监督，严格目标责任制倒逼制度。深入推进工程建设领域突出问题专项治理，对查找出的问题均已进行整改。加强对规范和节约集约用地、节能减排、安全生产的监督检查。加强对县、乡镇、村换届纪律的监督检查，确保换届风清气正。加强对违法用地和非法采矿查处整治工作的监督检查，立案查处土地违法案件23起，打击非法采矿行为22起。

（五）强化机关作风优化经济社会发展环境

2007年以来，县纪委监察局加强明察暗访，破除庸懒散陋习，提高勤实廉能力。2008—2010年，全县安排重点项目65项，重点跟踪服务项目42项，重点建设预备项目44项，计划总投资237.43亿元。县效能办会同县重点项目办、县督办对各重点建设项目和跟踪服务项目进行督查督办42次，推进项目的建设进程。同时，加大投诉件的督办力度，对109起群众投诉件进行督办，已办结106起，办结率97.3%，群众满意率达94.3%；开展绩效考评工作。从2008年起，对41个被考评单位完成年度绩效指标情况进行考核，根据考评结果进行奖优罚劣。建章立制，建立机关作风建设长效机制，印发出台《始兴县关于推行目标责任制倒逼制度的意见》和《始兴县发展环境机关效能责任制追究实施办法》，对12个单位39名干部进行了效能责任追究，机关作风进一步好转。

2012年8月13日，县召开试点探索领导干部重大事项报告工作动员会议，省委常委、省纪委书记黄先耀，市委书记郑振涛参会并作重要讲话。始兴作为全省开展领导干部家庭财产申报试点地区之一，在省预防腐败局的指导下，通过充分调查研究，制定《韶关市始兴县试点探索领导干部重大事项报告申报工作实施方案》，对全县500多名申报对象进行了报告前的辅导培训。组织各单位领导干部认真填写报告申报表，经县财产申报办审核后在单位内部公示。将公示后的领导干部重大事项信息录入电脑，为下一步在县域网内公示做好前期准备工作。此后，县纪检监察部门加大机关效能建设工作力度，先后制定印发《始兴县行政效能过错责任制追究暂行办法》《始兴县行政效能投诉处理暂行办法》《始兴县政府部门行政首长问责暂行办法》《关于对网上咨询投诉处理实行末位通报制》等，进一步完善网络咨询投诉处理相关制度。在县政府网、纪检监察网公布行政效能监督投诉电话和电子举报邮箱，开展不定期的明察暗访，加大对全县性会议或其他重要会议的会风监督力度，切实转变机关作风。完善行政审批电子监察系统。对31个县直单位、8个省市垂直管理单位进行了2011年度综合绩效考评并进一步完善绩效考评实施方案。对绿城行动、省政府10件民生实事、县政府承诺为民办好的八件实事、22个进展缓慢的重点建设项目等进行督促检查。开展明察暗访8次，受理各类投诉6起7人次。推进电子监察系统建设，对业务窗口进行视频监控管理，提高电子业务审批效率。

（六）开展行风建设和纠风工作

2003—2006年，县委、县政府坚持标本兼治、纠建并举的方针，组织有关部门密切配合，解决损害群众利益的不正之风。重点工作是：预防为主，加大对教育检查工作力度，规范中小学校的收费行为。认真抓好水利、林业、司法、广播电视台和财政等部门行风评议活动和计划生育、食品药品监督等部门行风评议“回头看”工作，被评单位满意率都在95%以上。认真抓好党政机关及事业单位用公款为个人购买商业保险的监督检查工作，抓好减轻农民负担监督管理工作和治理党政部门报刊散滥及利用职权发行工作。

2007—2011年，县委、县政府紧紧围绕纠正损害群众利益的不正之风这条主线，切实解决群众反映强烈的问题。通过设立投诉电话和投诉信箱，坚决纠正医药购销和医疗服务中的不正之风，收到主动上缴回扣资金14万余元，全县医疗单位医药购销实行了网上跟标、阳光采购。加强公路“三乱”治理，对有关媒体曝光县交警不规范执法行为进行查处，责成有关单位进行了整改。在加强资金监督和管理方面，健全社会保险基金内控制度，各项支农惠农政策落实到位，确保惠农资金及时发放到农民手中。继续开展教育乱收费检查，对墨江中学教育乱收费行为进行了查处。开展机关作风监察，对全县21个办事窗口、10个乡镇基层站（所）、39个绩效考评单位的工作纪律进行明察暗访，检查情况在全县进行通报。加强对全县各单位开展“破除庸懒散陋习，提高勤实廉能力”活动情况进行督查。深入开展民主评议政风行风工作，重点对10个具有行政执法职能部门、3家县直医疗单位、各乡镇基层站所进行评议。开展保障性住房政策措施监管、纠正违法违规强制征地拆迁行为、开展“四项资金”监督检查、深化食品药品安全专项整治、推进市场中介组织防治腐败等专项治理工作。认真开展“民声热线”工作，受理群众投诉371起，全部做到有着落、有回音。开展网络问政，通过网络信访、网络监督、网络反腐，切实做到问政于民、问需于民、问计于民。深入开展治理商业贿赂工作，查处商业贿赂案件2起，给予党纪处分2人。

2012年，县委、县政府结合开展“六民六先锋”活动及“千名干部走基层”活动，组织开展“公开评议”“公述民评”活动，在全县窗口单位开展争创“五星示范窗口”活动。同时，建立“廉情巡查接访”制度，充分发挥各基层派驻监察组的作用，利用电子监察系统加大对审批事项和便民事项的监察力度。结合“三打两建”专项行动，县纪委监察局牵头开展“打贿”专项行动，加大查办商业贿赂案件力度，受理商业贿赂线索90件，立案62起，已办结61件；给予纪律处分16人，行政处罚37人，刑事处罚9人；涉案金额693.9万元。认真开展强农惠农资金、涉农价格和收费政策落实清理工作，查处制假售假伪劣农资坑农害农案件53宗，行政处罚涉及金额6.08万元。扎实开展政风行风建设，对公共服务行业单位开展民主评议政风行风，组织开展“行风热线”直播节目活动，推动政风行风的好转。

（七）打造始兴特色的党风廉政品牌

开展岗位廉政风险防范机制建设，打造机关党风廉政建设工作品牌。2010年6月，县纪委根据中共中央《建立健全惩治和预防腐败体系2008—

2012年工作规划》，印发《始兴县岗位廉政风险防范机制建设试点工作方案》，选择试点开展岗位廉政风险防范机制管理工作，加强对岗位廉政风险防控分析与调研，对岗位权力行使中的风险源实施有效防控，最大限度地减少违法违纪行为的发生。在试点工作取得成效和经验的基础上，县委办于2012年3月印发《关于创建廉政风险防控示范县的实施意见》，运用教育、制度、监督等有效措施，最大限度地降低腐败发生的风险，营造风清气正的良好环境。

开展农村基层党风廉政建设，打造党风廉政建设示范乡镇村品牌。县纪委下发了《关于印发始兴县2012年农村党风廉政建设工作要点的通知》，并选定城南镇、马市镇为县级“廉洁镇”示范镇，每个乡镇选取2个村作为乡镇级“廉洁村”示范村，树立典型，以点带面，促进全县农村基层管理进一步公开化、规范化和科学化，推动全县农村基层党风廉政建设工作上新水平。全县10个乡镇113个村委和14个社区居委会全面完成基层党风廉政建设信息公开平台的建设任务。全面实行“村账镇管”，规范财务监督，有效解决农村基层存在的财务管理混乱、监督不到位等突出问题，切实加强农村基层党风廉政建设。

开展纪检监察信息平台建设，打造纪检监察信息工作品牌。以人为镜明得失，以史为鉴知兴替，2003—2006年，县纪委、监察局收入全县纪检、监察和检察机关查处的12起典型案例，组织编印《以案说法警示教育读本》一书，发至各机关单位、乡镇、村党员干部中学习，用案例的人物照一照，切莫以身试法。县纪委制定和实施新闻稿件采用奖励措施，被市级以上新闻单位采用稿件230篇。2007—2011年组织各单位观看《一手遮天下的腐败》等反腐倡廉电教片，编印《以案说法》警示教育读本，警示教育效果明显。党风廉政建设和反腐工作相关文章被中央级新闻媒体采用8篇，省级1篇，市级98篇。2009—2010年信息量化考核得分排全市第一、总分第三，得到省、市纪委的充分肯定。

六、进一步增强统战工作的政治优势

（一）统战宣传和理论调研工作形成新气势

县委以学习贯彻全国、全省统战工作会议精神为主线，贯彻执行党的统一战线政策，围绕全县的中心工作，发挥党的政治优势，进一步增强统一战线的功能，坚持与时俱进，开拓创新，促进统战的各项工作跃上新台阶。

加强统战政策的学习宣传。县委结合开展学习实践科学发展观等党内集中教育活动，采取举办培训班、召开统战工作会议等形式，宣传党的统战政策。全县统战系统带头学习宣传，提高贯彻党的统战政策的自觉性。2005 年起，县委党校正式把统一战线基础知识纳入干部培训必修课的内容，推动统战政策的学习宣传工作。县委认真贯彻《中共中央关于进一步加强中国共产党领导的多党合作和政治协商制度建设的意见》，进一步健全党政领导班子与党外人士联系制度，定期召开党外人士的情况通报会、协商会、座谈会，建立健全县政协与县纪委的廉政通报会制度，认真征询和听取党外人士对全县重大决策、党员领导干部廉洁从政情况和重要人事安排的意见、建议。2008—2010 年，县委统战部开展对全县 8 家台资企业的专题调研，形成调研报告报送县委。2011 年，县委统战部门举行“我为幸福始兴建功业”活动，在“5·1”冰雹灾害和“扶贫济困日”发出倡议，共筹集募捐善款 30.8 万元。

（二）多党合作、政治协商制度有新进展

县委指导民主党派加强思想建设和组织建设，把坚持和完善中国共产党领导的多党合作和政治协商制度工作摆在突出位置，以协助民主党派加强思想建设和组织建设为重点，推动民主党派组织朝着规范健康的方向发展。县委统战部协助民主党派深入开展“三增强、四热爱”[①]教育活动，推进多党合作夯实思想基础。同时，协助民进始兴县总支部做好换届工作，为新形势下进一步搞好参政党建设、发挥参政议政作用打下了良好的组织基础。

县委重视、支持民进始兴县总支部培养后备干部，推荐优秀人才，加强队伍建设，进一步提高民主党派参政议政的水平。2006 年，担任副科级以上干部的会员有 2 人。同时鼓励、支持民进组织积极参政议政，被选为

① “三增强、四热爱”，指增强对中国共产党“三个代表”重要思想的认识、增强对社会主义制度优越性的认识、增强中华民族凝聚力，热爱中国共产党、热爱祖国、热爱社会主义、热爱人民。

县人大代表的民进会会员 2 名，县政协委员 5 名。民进组织和会员中的政协委员积极向县政协提交提案，其中有 3 件提案被评为县政协优秀提案，会员有 4 人被评为县先进政协委员。2012 年，县民进共有会员 43 人，任副科级以上干部 4 人，其中副处级 2 人。市人大代表 1 人、市政协委员 1 人、县人大代表 2 名，县政协委员 8 人。民进组织和会员中的政协委员积极向县政协提交提案，其中有 9 件提案被评为县政协优秀提案，会员有 8 人被评为县先进政协委员。民进始兴县总支部 2010—2012 年连续 3 年被民进韶关市委授予“组织建设先进集体”称号；2010 年，被评为“韶关市民进会务工作先进基层组织”；2012 年，被民进广东省委授予“先进基层组织”荣誉称号，是韶关市 14 个基层组织获得先进集体奖项最多的总支部。

（三）做好党外干部实职安排及非公有制代表人士工作

县委进一步加大党外干部实职安排工作的力度。2005 年，县人大、县政府、县政协领导班子按照规定已全部配齐党外领导干部，全县在职的副科级以上党外干部共 33 人，其中担任实职的党外干部有 7 人，党外干部实职安排的数量、结构均达到上级的要求。同时，认真做好县政协委员人选推荐、安排工作和党外人大代表的推荐工作。党外人士任县级及以上人大代表 63 人，担任县级以上政协委员 91 人。

2011—2012 年，县委开展党外人士工作专题调研，完成创建党外人士数据库工作，并印发《关于明确县党政领导干部与党外人士联系对象的通知》，建立联系工作制度和责任制度，完善培养选拔党外干部机制。县委统战部把做好非公有制经济代表人士的统战工作摆在重要位置，坚持“团结、帮助、引导、教育”的方针，加强在新形势下加强非公有制经济人士思想政治工作的思想引导工作。通过举行座谈会、参观学习等形式，帮助非公有制经济人士提高勤劳致富、政策致富、科技致富、文明致富的认识，收到良好效果。认真组织开展创先争优活动和光彩事业活动，积极引导广大非公有制经济人士参与各项公益事业活动，鼓励他们积极回报社会，回报人民群众，为全县经济社会发展助力。

（四）海外统战及对台工作取得新成效

县委统战部加强海外联谊，积极为地方经济建设和教育事业发展牵线搭桥，通过多种形式，加强与港澳台同胞及其亲属、归侨、侨眷以及台商的联系沟通，广交海外朋友，为全县的招商引资穿针引线。2003—2005 年引进外资项目一批，外商捐赠 105 万元用于社会福利和兴教助学。此后，继续加强交友联谊和帮扶归侨、侨眷工作。2012 年，县委统战部组织有关人员赴港与香港 10 多个社团及一批行业代表人士交友联谊，为全县招商引资穿针引线做出积极的努力，出色完成上级和县委交办的有关工作。

加强涉台宣传教育。县委统战部多次派员到落户在始兴的兴马木业有限公司等台资企业调研，积极宣传党的对台方针政策，想方设法为台商排忧解难，加强与他们的联系和沟通，增强台商在始兴投资置业的信心。

（五）开展统战系列活动

县委统战部认真学习宣传贯彻《宗教事务条例》。2005 年 4 月，召开全县学习贯彻《宗教事务条例》会议，组织驻县内的宗教负责人参加韶关市贯彻《宗教事务条例》培训班，加强对宗教政策的学习。同时，做好港澳等宗教团体来始兴访问的监督管理工作，依法加强对澄江镇方洞天主堂等活动场所的管理工作。2009 年县委统战部协同县民宗局认真做好宗教事务工作，依法加强对宗教场所的管理、年审登记。加强对教职人员的培养和教育。

2011 年，县委以创先争优活动为契机，配合“建设幸福始兴”这个中心，组织开展统战工作“为幸福始兴建功业”系列活动。活动包括六个系列内容：开展为经济发展方式转变助力活动，开展“百家民企进老区扶百村感恩行动”，开展建言献策行动，开展经济统战活动，开展扶贫开发“双到”行动，开展共建和谐行动。2012 年，开展“同心·建言献策”“同心·助推转型升级”“同心·扶贫攻坚”“同心·共促和谐”等相关主题的“四大同心”系列活动。

七、保持先进性和学习实践科学发展观等重点工作的开展

（一）实施“固本强基”工作

2003 年，县委按照省委、市委的部署，于 5 月 19 日在罗坝镇召开了实施“固本强基”工程现场会，对实施“固本强基”工程工作作了总动员、总部署。制定并印发了《中共始兴县委关于实施“固本强基”工程，全面推进党的基层组织建设的决定》《中共始兴县委 2003—2005 年实施

"固本强基"工程总体规划》和《中共始兴县委2003年实施"固本强基"工程工作计划》，明确了全县实施"固本强基"工程的总目标、总要求。实施"固本强基"工程，是通过创新载体和完善制度，全面提高党员队伍素质，全面提高基层党组织的创造力、凝聚力和战斗力。主要措施有：紧紧围绕统筹城乡经济社会发展，全面加强农村基层党组织建设；紧紧围绕加快国有企业改革，切实推进国有企业党建工作；紧紧围绕构建社区党建工作新格局，深入开展城市社区党建工作；紧紧围绕不断扩大党的工作覆盖面，大力加强非公有制经济组织党的建设；紧紧围绕加强和改进机关作风，认真抓好机关党建工作；紧紧围绕保持共产党员先进性，全面提高党员素质。

在实施"固本强基"工程中，县委成立领导小组和办公机构，加强领导，明确要求，落实责任，加强督查指导。2003年5月，县委发出《关于在全县掀起学习贯彻"三个代表"重要思想的新高潮的通知》，要求在实施"固本强基"工程中，加强学习贯彻"三个代表"重要思想并派出宣讲团到各乡镇、各机关举办宣传讲座。到2005年，全县"固本强基"工程规划设定的各项目标基本达标，通过省、市组织的检查验收。此后，"固本强基"工程与"十百千万"干部下基层驻农村、保持共产党员先进性活动结合开展。

（二）"十百千万"干部下基层驻农村

2004年12月25日，县委根据省市委部署，召开全县组织干部下基层驻农村暨在党员中开展"理想、责任、能力、形象"教育活动工作会议，组织"十百千万"干部下基层驻农村，在党员队伍中开展"理想、责任、能力、形象"教育活动。活动分为4期连续开展，每年从县、乡镇选派200多名干部驻农村，建立重点帮扶责任制。2008年结合县委开展的"解放思想、深化改革，争当生态文明建设排头兵"学习讨论活动，组织机关党组织开展"百名干部下基层驻农村""城乡基层党组织互帮互助"等主题实践活动，发挥机关党组织和党员的作用。2008年，扎实开展城乡基层党组织互帮互助工作。按照省委部署，省侨办15个党支部、省储备粮食管理总公司7个党支部、省广晟公司52个党支部和韶钢集团39个党支部共113个城市党支部分别与县113个农村党支部"一帮一"结对共建。县委配合省、市结对单位党组织与全县各村党支部建立了联系，并广泛开展“五个一活动”，同时，县委组织部也安排113个县直机关单位党组织与113个农村党支部进行了结对共建。认真抓好第四批干部下基层驻农村工作，此次驻村干部有128名，其中省2名、市12名、县96名、镇18名。驻村围绕“双学、双促、双建”的工作主题，认真开展驻村帮扶工作切实解决好农村“一保五难”问题，通过努力工作，为群众办了很多好事实事，密切了党群关系，各级驻村干部共帮助支持村级新发展经济项目24个，累计投入资金130多万元，扶助贫困学生105人，解决农村矛盾纠纷58宗。2010年7月，县委召开庆祝中国共产党成立89周年暨“七一”表彰大会，表彰互帮互助工作的先进集体和个人，进一步推动互帮互助工作的进展。

（三）保持共产党员先进性教育活动

2005年1月30日，县委按照中共中央和省委、市委关于开展以实践“三个代表”重要思想为主要内容的保持共产党员先进性教育活动的部署，召开全县保持共产党员先进性教育活动工作会议。2月，县委印发《关于开展以实践“三个代表”重要思想为主要内容的保持共产党员先进性教育活动的实施意见》，对全县保持共产党员先进性教育活动进行动员和部署。

全县保持共产党员先进性教育活动分三批进行，每批半年左右时间，从2005年1月开始到2006年6月基本结束。参加第一批保持共产党员先进性教育活动的是县属机关单位、县城中小学校党支部，第二批是乡镇党委及下辖机关党支部，第三批是全县村委和乡镇村中小学校党支部。每批次的教育活动分为学习提高、分析评议和整改提高3个阶段开展，总的要求是：以“三有一好”（指有理想、有责任、有能力、形象好）的标准提高党员素质；以巩固党执政的组织基础为主线加强基层党组织建设；以建设和谐始兴为重点加强群众工作；以履行党的宗旨为中心改进工作作风；以树立正确的政绩观为动力促进各项工作。

2006年3月20日开始，县委在县直机关单位和省市直管单位开展以“三个走在前面”为主题的争当排头兵实践活动。6月28日，县委召开纪念中国共产党建党85周年暨先进性教育总结和开展纪律教育月动员大会，对全县保持共产党员先进性教育活动进行全面总结，对40个“固本强基”先进基层党组织、102名“三有一好”优秀共产党员、35名优秀党

（总）支部书记和25名优秀党务工作者进行了表彰。2007年3月，县委办公室印发《关于加强党员经常性教育的实施意见》《关于做好党员联系和服务群众工作的实施意见》《关于加强和改进流动党员管理工作的实施意见》《关于建立健全基层党委、县直工委抓基层党建工作的责任制实施意见》，巩固和发展保持共产党员先进性教育成果。5、6月，县委组织部先后《印发〈关于在全县机关党员中开展以"四好"[①]承诺活动的实施〉的通知》《关于在全县共产党员中开展"坚持科学发展、促进社会和谐"为主题教育活动的通知》，进一步增强保持共产党员先进性教育的实效。

（四）转变干部作风创新抓好"民情日记"活动

2002年3月，县委作出加强和创新基层党建工作的战略举措，在全省率先开展以"记民情、解民忧、暖民心"为主题的"民情日记"活动。

2003年6月12日，县委把"民情日记"活动作为实践"三个代表"，转变干部作风的一项重要举措来抓，在罗坝镇召开动员大会，"民情日记"活动在全县范围铺开。主要做到"四抓"：一是抓机构。成立以县委副书记任组长、县委常委、组织部长为副组长的"民情日记"活动领导小组，下设办公室，专门负责"民情日记"活动日常事务工作。同时，各乡镇、县直各单位也成立领导工作机构；二是抓宣传。通过电视台播放宣传片、开设宣传专栏、制作户外广告宣传牌、张贴宣传标语和悬挂横幅等形式，同时，县"民情日记"推广办公室还及时做好《民情日记》简报活动的宣传报道；三是抓管理。县委制定《"民情日记"活动管理办法》，对"民情日记"实行"五个一"[②]的日常管理制度。同时，县委还印发了《民情日记》本，县委基层办配套印发《民情民意处理情况记录簿》和《始兴县"民情日记"每周一汇报记录簿》，建立每月对各单位活动情况进行公布制度；四是抓检查。县"民情日记"活动领导小组办公室采取随时调阅、定期检查等形式对各单位"民情日记"活动情况经常进行检查指导，并制定了《民情日记》审阅制度，即班子成员由本单位党政一把手审阅，一般干部由本单位主管领导审阅，单位党政一把手由县委组织部审阅。县委还落

① "四好"，指学好一本党员读物、写好一篇学习心得体会文章、做好一件实事好事、提好一个党建工作建议。

② "五个一"，即一周一汇报、一月一检查、一季一交流、半年一小结、年终一考核。

实了责任制，对各单位“民情日记”活动实行主要领导负责制，单位一把手为第一责任人。每年将对开展“民情日记”活动的情况实施考核，考核情况作为选拔任用干部的重要依据之一。

2006年2月8日，中共中央政治局委员、广东省委书记张德江到始兴县调研指导“民情日记”工作；2007年1月，省委办公厅印发《关于在农村基层干部中开展“民情日记”活动的意见》，该活动作为先进性建设长效机制在全省推广；2008年3月，始兴县“民情日记”活动荣获“广东省固本强基创新成果奖”；2012年1月，始兴县“民情日记”系列活动被评为广东省首届组织工作十大品牌之一。

开展“民情日记”活动，切合了基层组织建设的核心要求。经过10年的实践，充分证明始兴县开展的“民情日记”活动对推动全县基层组织建设，服务发展、服务民生、服务群众，为大力推动农村经济发展起到了积极作用。“民情日记”活动取得的明显成效体现在五个方面：一是有效转变了干部作风；二是使各类矛盾纠纷得到及时排查，使各类矛盾纠纷得到有效化解；三是解了民忧，落实了群众新愿望；四是暖了民心，激发了基层创造力；五是顺了民意，保障了政令畅通。

（五）开展县直机关“效率年”活动

2007年6月8日，召开县委十一届二次全会。传达省委第十次党代会和市委十届三次全会精神，部署了全县“效率年”活动工作。7月12日，韶关市“落实科学发展观，推进五个建设”巡回宣讲团在县府小礼堂举行始兴宣讲报告会。会上县委副书记、县长许红就推进“效率年”活动和招商引资工作，促进县域经济跨越式发展作了具体部署。县委办印发《始兴县县直机关“效率年”活动实施意见》，县直各机关各单位围绕建设生态县、构建和谐始兴的总目标，以服务基层、服务群众、服务大局为宗旨，以提高机关的管理效率、服务效率、决策效率为目的，迅速开展“效率年”活动与树立机关干部队伍形象相结合，进一步加强干部道德素养和能力建设，建设“六型机关”①，构建公道正派、严谨细致、勇于创新、求真务实的机关干部队伍，把“效率年”活动寓于各单位工作的具体业务中。

① “六型机关”，指学习型、服务型、效率型、创新型、廉洁型、和谐型。

在开展县直机关“效率年”活动期间，各机关单位均成立以“一把手”为组长的活动领导小组和办公室，制定本部门的实施方案，开好动员会，抓好政治理论和相关政策法规学习，撰写学习心得，认真开展征集改进作风合理化建议和问卷调查活动，召开群众代表座谈会、分析评议会，制定整改方案，认真抓好整改，既完成规定动作，又结合工作实际，加强机关干部队伍建设，提高机关干部素质，培养好学勤思观念，提高机关干部“会说、会写、会干”的能力，着力提高机关干部的政治素质和工作综合能力，树立机关干部的良好形象；坚持用“三个代表”重要思想武装党员，进一步加强执政能力建设，以开展“效率年”活动为契机，建设“六型机关”树立和展示机关干部形象，促进各方面工作的提高推动机关工作上新台阶。

通过“效率年”活动进一步增强了机关干部的学习意识，形成了良好的学习风气，提高了干部素质；进一步增强了服务意识，提高了机关干部的工作效率，取得了较为明显的效果。各单位从依法按程序办事、办事效率、工作质量、工作态度、服务意识、廉洁自律和总体评价等七个方面向群众征求对本部门的具体意见，从收回的征求意见表中统计得出满意率均为 91% 以上。结合县直机关“效率年”活动按照县委办印发《关于印发〈县纪委关于 2007 年开展纪律教育学习月活动的意见〉的通知》，各单位认真开展了纪律教育学习月活动。通过教育学习，筑牢党员干部特别是党员领导干部拒腐防变的思想道德防线，推动党员特别是党员领导干部切实改进作风，做到为民、务实、清廉，推进和谐始兴的建设。

2008 年 1 月 17—18 日县委召开十一届三次全会，县委书记何正平在会上作了《深入贯彻落实科学发展观　为实现县域经济跨越式发展奠定坚实基础》的报告，提出了“建设现代生态县，构建和谐始兴”的发展目标。2009 年 3 月 18 日，举办“深入学习实践科学发展观”宣讲报告会，邀请中共韶关市委宣讲团成员、市委党校常务副校长周镇嘉作辅导报告。全县深入学习实践科学发展观活动于当月启动第一批、10 月启动第二批学习实践活动，全县学习实践科学发展观活动于 2009 年 3 月结束。

（六）创先争优活动

2010 年 7 月 1 日，县委召开纪念中国共产党成立 89 周年暨创先争优活动动员大会，启动全县创先争优活动。在活动中，全县党组织围绕“推动科学发展、促进社会和谐、服务人民群众、加强基层组织”的总体要求，建立党组织和党员“创优争优、争先竞位”的工作机制。党员领导干部坚持听民意、集民智、解民困，开展调查研究、深入剖析、积极整改各个环节工作，发挥党组织的战斗堡垒作用和党员的先锋模范作用。2010 年全县有 52 个单位，20 户家庭，24 人获得省、市表彰。

2012 年，县委切实加强党员教育管理工作，坚持创先争优“六化”[①]活动：开展纪念建党 91 周年暨创先争优活动专项表彰活动，表彰全县 40 个先进基层党组织和 60 名优秀共产党员，党组织的凝聚力、党员的荣誉感进一步增强。为 47 名 50 年党龄老党员颁发南粤“七一”纪念奖章，进一步激发老党员为党的事业发挥余热的积极性；深化创先争优活动，积极开展各基层党组织和党员承诺践诺活动，2012 年全县党组织承诺事项 958 件、党员承诺事项 9125 件，已兑现承诺 1 万多件；举办专题讲座、党课辅导等活动，利用广东省党员教育基地红围对党员干部开展红色教育，280 个单位、3 万多人次党员干部前往红围接受红色教育；围绕实现“三个规范”（规范设备管理、规范收看记录、规范学用管理），组织各终端站点每月定期收看节目，开展远程教育“领导带学”活动和终端站点分类定级工作。加强业务指导和线路保通工作，远程教育“学用”工作取得新成效；拍摄电教片《小小书记的大大梦想》和《小本子记出大文章》，在电教平台播出，并参加市电教片评比；坚持“十六字”工作方针，着重在村（居）委非党干部、复员退伍军人、外出务工经商人员、妇女、专业户、重点户和科技示范户中发展农村党员 281 人。

（七）“正风”行动

2012 年 7 月 26 日，中国共产党始兴县委召开第十二届委员会第二次全体会议作出部署，认真落实党风廉政建设责任制，围绕“强化责任意识，提升履职能力”主题，开展廉政风险防控管理“责任年”建设的“正风”行动，有效转变机关作风，提升机关效能，促进工作落实。

全县各级通过媒体、网站、公开栏、电子显示屏等多种方式公开“庸

① “六化”，指坚持教育活动动力化、坚持党员教育诚信化、坚持教育形式多样化、坚持教育方式现代化、坚持教育手段多元化、坚持发展党员规范化。

懒散软”举报电话和电子邮箱，在行政服务中心、窗口单位、公共场所设置举报箱，县纪委以及具有行政执法职能的31个部门在网上开通官方微博，加大政民沟通互动，实行“阳光投诉”。开展“公述民评”活动以及“十佳示范窗口”活动，发扬民主，开门纳谏，查找问题，深入整改。加强财政资金运行、工程招投标、政府采购监督，加大行政审批、政务公开力度，逐步拓展“电子监察”领域，实行咨询投诉处理“末位通报”制。县纪委成立4个联合督查组加强监督检查，组织县委机关作风暗访行动8次，对县委、县政府60项中心工作的进展情况进行插“红旗”表扬、亮“黄牌”警告，形成倒逼工作机制。对暗访曝光违反工作纪律的8个单位11人次进行全县通报。

本章小结

2003年2月—2012年11月，是全面推进社会主义现代化建设时期，也是“十五”规划进入第2年至“十一五”规划前2年共9年的阶段，同时也是始兴经济社会加快发展形成“始兴速度”的阶段。本阶段县委先后向全县提出“生态立县、农业稳县、工业富县、旅游旺县，建设幸福始兴”的口号和部署，全面加快经济社会的科学发展，取得多个方面的重大突破，使始兴呈现出前所未有的新面貌，基本实现“争当全省山区科学发展排头兵”的目标。

在经济建设方面，通过招商引资推动外向型和内源型经济发展，全县经济实力呈现不断增强的趋势。按五年规划期间的地区生产总值（GDP）实绩分析，“十五”期间的增长幅度为11%，比“九五”期间的8.1%增加2.9个百分点；“十一五”期间的增长幅度为12.2%。2003—2012年全县地区生产总值从13亿元增加到53亿元，增长4.1倍。地方财政预算收入从3954万元增加到25025万元，增长6.3倍；社会消费品零售总额从32823万元增加到115322万元，增长3.5倍，

在落实惠民政策方面，通过实施十大民生工程、加大社会保障力度等

措施，不断提高人民群众生活水平。2003—2012 年，全县人均纯收入从 3157 元增加到 8817 元，在岗职工平均年工资从 9095 元增加到 32190 元；城乡居民储蓄存款余额从 119661 万元增加到 433458 万元，增长 3.6 倍；2012 年社会保险基金历年滚存累计结余 1.47 亿元。

在社会事业方面，通过先后制定“科教兴县”“依法治县”以及统筹城乡科学发展、推动可持续发展、建设幸福始兴、新格局等一系列战略决策，不仅经受起“非典”和国际金融危机的考验，而且在推动物质文明发展的同时，推动精神文明、政治文明、生态文明同步发展，开创“四个文明”建设的新局面。在本时期，始兴被确定为“全国现代生态示范县”等工作示范称号有 10 多项，被评为“广东省教育强县”等各级创强称号也有 10 多项。

在党的建设方面，通过重点开展保持共产党先进性、学习实践科学发展观等一系列集中教育活动，推动党的建设的全面加强，形成党的思想建设、组织建设、党风建设、廉政建设和制度建设“五位一体”的新格局，各级党组织的科学决策能力、执政能力和组织领导能力不断增强，为全县经济社会科学发展提供坚强的组织保证和领导保证。

本阶段仍存在的困难和问题有：粗放式发展的县域经济状况没有根本改变；农业、农村、农民问题仍然是始兴发展的重点和难点；化解资金困扰、征地拆迁、资源短缺等深层次矛盾的力度仍然不足；各级领导班子的思想政治水平和执政能力同形势发展要求仍有一定的差距。

2012 年 11 月，中共十八大胜利召开，向全党、全国提出全面建成小康社会的战略任务，吹响了向新征途进军的号角。中共始兴县委和全县各级党组织以及广大共产党员、干部、群众，下定决心，增强信心，坚定不移地沿着中国特色社会主义现代化道路不断前进，为把始兴全面建设成为小康社会而努力奋斗。

后 记

党史工作是党的一项具有全局意义和深远影响的工作，为认真贯彻落实中共中央《关于加强和改进新形势下党史工作的意见》及中共广东省委《关于进一步加强党史工作的意见》等文件精神，切实抓好党史基本著作的编纂工作，我县于2016年4月以县委办的名义下发了《〈中国共产党始兴县历史（第三卷）〉编写工作方案》，正式启动了我县党史第三卷的编纂工作。在县委、县政府的重视和支持下，经过全体编纂人员的共同努力，于2018年完成了《中国共产党始兴县历史（第三卷）》初稿。为确保书稿质量，我室多次组织有关单位领导和专家对书稿进行审核，提出修改意见。之后，数易其稿，现已完成编纂任务，即将付梓。本书为始兴这一时期党的活动记录下了厚重的一页。

编纂《中国共产党始兴县历史（第三卷）》，是一项政治性、政策性、科学性很强的工作，县委予以高度重视，专门成立了《中国共产党始兴县历史（第三卷）》编写领导小组，确定专人具体负责编纂工作。在编写过程中，我们坚持以马克思列宁主义、毛泽东思想、邓小平理论、“三个代表”重要思想、科学发展观和习近平新时代中国特色社会主义思想为指导，用辩证唯物主义和历史唯物主义的立场、观点、方法来研究党史。坚持以实事求是为准则，以地方党组织如何贯彻落实中央路线、方针、政策的实践为主线，力求客观、全面地反映中共始兴县委和各级党组织领导经济社会发展的实践和加强党的自身建设的历程，揭示历史的本质和规律，使党史更好地发挥资政育人的作用。

在《中国共产党始兴县历史（第三卷）》编写过程中，我们得到省、市党史部门的悉心指导，以及全县各部门、老领导、老同志和知情人士的大力支持，使编写工作得以顺利进行。在此，对所有关心、支持编写工作的领导、同志们表示衷心感谢。

由于编者水平有限，加上涉及的内容包含各领域，书中难免存在错漏之处，恳请领导、专家和广大读者批评指正。

中共始兴县委党史研究室

2023 年 12 月